Joachim Jauer
Urbi et Gorbi

Joachim Jauer

Urbi et Gorbi

Christen als Wegbereiter der Wende

HERDER

FREIBURG · BASEL · WIEN

© Verlag Herder GmbH, Freiburg im Breisgau 2008
Alle Rechte vorbehalten
www.herder.de

Register: Antonia Manderla
Satz: Weiß-Freiburg GmbH – Graphik & Buchgestaltung
Herstellung: fgb · freiburger graphische betriebe
www.fgb.de

Gedruckt auf umweltfreundlichem, chlorfrei gebleichtem Papier
Printed in Germany

ISBN 978-3-451-32253-2

Inhalt

Deutsches in Ost und West
Ein Vorwort

1989: Was für ein Jahr! Mit seinen historischen Veränderungen kann es dem Revolutionsjahr 1789 gleichgesetzt werden. Ein freundlicher Fingerzeig der Geschichte. Der französische Politiker und Historiker Charles Alexis de Tocqueville schrieb über 1789, es habe niemals ein Ereignis gegeben, das von langer Hand besser vorbereitet, aber von den Herrschenden weniger vorhergesehen worden sei. Exakt 200 Jahre später hätte Tocqueville über 1989 ein ähnliches Urteil fällen können. Mitte des 18. Jahrhunderts hätte der Monarchie und den Feudalherren dämmern müssen, dass ihre Ausbeuter-Herrschaft zu Ende ging. Warnungen gab es genug. Französische Schriftsteller hatten die Revolution geradezu *herbeigeschrieben*.

200 Jahre später, 1989, hatten die grenzüberschreitenden Medien des elektronischen Zeitalters den Wandel geradezu *herbeigesendet*. Wer zu spät kommt, den bestraft das Leben. Warnungen gab es genug. Doch die alt gewordenen Politbürokraten und Mitglieder von Zentralkomitees, die Parteisekretäre und Propagandachefs waren Gefangene ihrer eigenen Ideologie und glaubten unerschütterlich an das Marxsche Gesetz, dass sich der Sozialismus in dialektischen Sprüngen zur klassenlosen Gesellschaft im Kommunismus entwickeln würde. Nur der vergleichsweise junge sowjetische Parteichef Michail Gorbatschow störte und irritierte sie. Doch auch die Herrschenden in den sozialistischen Staaten wollten 1989 nicht erkennen, dass ihre Zeit abgelaufen war.

Westdeutsche hatten keinen besseren Weitblick. Kaum jemand in Bonn und Umgebung glaubte an das, was in Sonntagsreden den Brüdern und Schwestern in der DDR-Zone „Verbindend-Verbindliches" gesagt worden war. „Deutsche Einheit", so hieß in den siebziger Jahren eine gute Zigarrenmarke, das Stück eins fuffzig. Eine Wiedervereinigung mit „denen da drüben", mit den Kommunisten, galt an den westdeutschen Stammtischen eben als blauer Dunst. Schon das gängige Doppel im Adjektiv „deutsch-deutsch" offenbarte die Dialektik. Es drückte irgendwie Gemeinsamkeit und Trennung zugleich aus. Der Kabarettist Wolfgang Neuss sprach von „Doppeldeutschlands Anti-Denkschablonen". Das einst bedeutende „Kuratorium Unteilbares Deutschland", das überall in der Bundesrepublik Schilder mit der Parole „Dreigeteilt – niemals" aufgestellt hatte, war eingeschlafen. Deutschlands Teil drei, die ehemaligen Gebiete jenseits von Oder und Neiße, war ohnehin als Folge der Hitlerei verloren. Und das „Gesamtdeutsche Ministerium" war in „Innerdeutsches Ministerium" umbenannt worden, wurde jedoch wegen seines Namens von Ost-Berlin als unerträgliche „Einmischung in die inneren Angelegenheiten der souveränen Deutschen Demokratischen Republik" betrachtet.

Bonn hat der SED nie den Gefallen getan, deren Teilstaat als Ausland anzuerkennen. Kontakte oder gar Verhandlungen vom Auswärtigen Amt in Bonn zum Außenministerium der DDR in Ost-Berlin waren tabu. Gespräche und Beziehungen: ja; Anerkennung als normaler Staat, als Ausland: nein. Alles lief nach den Gesetzen der schönen diplomatischen „Salvatorischen Klausel", die schlicht besagt: „Wir sind uns darüber einig, dass wir uns in bestimmten Punkten nicht einig sind." Der kleinste gemeinsame Nenner oder auch der Eiertanz von feindlichen Geschwistern, die, weil sie nebeneinander zu leben gezwungen sind, nicht voneinander lassen können. Die gewaltsame Spaltung Deutschlands ging mitten durch Familien. Je länger sie andauerte, desto mehr wurden Verwandte in Ost und West bis zur Sprachlosigkeit voneinander getrennt.

Auf keinem Gebiet waren die „Meinungsverschiedenheiten" zwischen Bonn und Ost-Berlin so unüberwindlich groß wie beim sogenannten Westreise-Verbot. Denn Bonn verlangte immer wieder Reisefreiheit für DDR-Bürger. Die Bundesrepublik sah sich in der Verantwortung für die Ost-Deutschen, die sich mit der Mauer und dem Westreise-Verbot einfach nicht abfinden wollten. Für das Menschenrecht der Reisefreiheit hatten tausende sogar gesellschaftliche Ächtung in der DDR und Gefängnis in Kauf genommen. Und hunderte hatten den Versuch, die Mauer zu überwinden, mit dem Leben bezahlt.

Das alles war „deutsch-deutscher" Alltag. Die Menschen auf beiden Seiten der Mauer hatten das Elend der Spaltung, so gut es eben ging, verdrängt. Die im Osten hatten sich zwischen Pritzwalk und Pasewalk eingerichtet, die im Westen hatten sich in Richtung Mallorca oder New York orientiert. Die Bonner Parteien, die politische Klasse Westdeutschlands und die Bürger zwischen Flensburg und Bodensee hatten sich mit der Teilung arrangiert, eine Mehrheit der Bevölkerung hatte sich wohl mit der Zweistaatlichkeit abgefunden. Dass da zu Lebzeiten etwas geändert würde, wagte bis kurz vor Toresschluss des SED-Regimes niemand zu glauben. In Weimar konnte ich noch zu DDR-Zeiten silber- oder goldfarbene Gingko-Blätter als sentimentales Symbol für die deutsche Einheit kaufen. Das fächerartige Gingko-Blatt hat in der Mitte einen tiefen Spalt. Goethe hatte es in seinem „West-Östlichen Diwan" in Versen beschrieben:

Dieses Baum's Blatt, der von Osten meinem Garten anvertraut,
gibt geheimen Sinn zu kosten, wie's den Wissenden erbaut.
Ist es ein lebendig Wesen, das sich in sich selbst getrennt,
sind es zwei, die sich erlesen, dass man sie als eins erkennt?
Solche Fragen zu erwidern, fand ich oft den rechten Sinn,
fühlst du nicht in meinen Liedern, dass ich eins und doppelt bin?

Feine Dialektik, Deutschland als „ein lebendig Wesen, das sich in sich selbst getrennt" hatte und „eins und doppelt" war. Doch dies war Lyrik. Die Prosa des doppeldeutschen Alltags hatte sogar dazu geführt, dass sich auch die „Goethe-Gesellschaft" in der DDR von den westdeutschen Jüngern des Meisters trennen musste. Mit Fleiß arbeiteten nun die Germanisten mit dem SED-Parteiabzeichen daran, Goethe als „Nationales Kulturerbe der DDR" in Weimar zu vereinnahmen. Die Goethe-Liebhaber West pflegten den Olympier in Frankfurt am Main. Und wenn sich Germanisten Ost und West – nunmehr angeblich „international" – begegneten, so sprachen sie trotz alledem noch miteinander deutsch. Als „Trost" kursierte in der DDR unter der Hand auch Goethes Satz, der auch nur doppeldeutig zu verkaufen war, weil man mit der Ausrede, es werde irgendwann einmal eine Einheit unter sozialistischem Dach geben, hausieren ging: „Mir ist nicht bange, dass Deutschland nicht eins werde … Es sei eins, dass der deutsche Thaler und Groschen im ganzen Reiche gleichen Wert habe. Eins, dass mein Reisekoffer durch alle 36 Staaten ungeöffnet passieren könne."

Jetzt waren es nur zwei deutsche Staaten, doch das Reisen über die eine Grenze war wohl noch beschwerlicher als zu Zeiten der deutschen Kleinstaaterei. Verglichen mit der Zahl von gut 60 Millionen Einwohnern der westdeutschen Republik hielten nur wenige Bundesbürger den Kontakt zu den „Landsleuten" in der Ost-Republik aufrecht. Sie schickten Briefe und folgten dem Aufruf „Dein Päckchen nach drüben", das pauschal – höchst erfreulich für den Absender – von der Steuer abgesetzt werden konnte. Manchem mag die Paketaktion zur Weihnachtszeit – mit Kaffee, Schokolade oder Kosmetik – auch das schlechte „nationale" Gewissen beruhigt haben. Eine Zeit lang hatten die Westbürger sogar demonstrativ im „Gedenken an die Brüder und Schwestern im Osten" Kerzen ins Fenster gestellt. Gutgemeinte Zeichen einer politischen Hilflosigkeit. Auch Ostdeutsche schickten fleißig Päckchen als Dankeschön, meist mit Kunsthandwerklichem oder einem Buch mit dem Imprimatur der DDR. Bei der Deutschen Post der DDR wurden die Paketsendungen in großen Fabrikhallen von Stasi-Kontrolleuren untersucht, nach Waffen oder Sprengstoff, wie es hieß. Gefunden wurden allenfalls Zeitschriften oder in der DDR verbotene Bücher, die für die SED gefährlicher als Waffen waren. Und manches Pfund West-Kaffee verschwand bei der Schnüffelei und wurde von den Kontrolleuren dann unter der Hand verkauft.

Partnerschaften von Kirchengemeinden West zu Ost wurden von evangelischen wie katholischen Christen aufrechterhalten. Der verstorbene Bundespräsident Johannes Rau hat in jungen Jahren viele Male – wie andere auch – Bibeln und andere religiöse Literatur heimlich über die Grenze in die DDR geschafft. Und obwohl sich die evangelischen Landeskirchen Ost unter dem Druck der SED-Spalterpolitik gezwungen sahen, eine offizielle Trennung von den Landeskirchen West zu einem DDR-Kirchenbund zu vollziehen, hielten die Protestanten, so gut es ging, über die Grenze Kontakt. Die Katholiken in der DDR, gemessen an der Gesamtbevölkerung von 17 Millionen Menschen eine Minderheit, hielten auch dem Vatikan stand, der bereits plante, mit Ost-Berlin eine der Zweistaatlichkeit Deutschlands entsprechende Neuregelung der Bistümer auf DDR-Gebiet zu treffen. Das Bistum Berlin blieb bis zum Ende der DDR die einzige und letzte gesamtdeutsche Institution.

In den Wohnzimmern der DDR vor den Schrankwänden mit dem Fernsehapparat bildete sich allabendlich eine Parallelgesellschaft zur „sozialistischen Menschengemeinschaft", wie die SED es gern gehabt hätte. Im Vergleich mit der westlichen „Gegenwelt", die auf den Bildschirmen als Realität in den Nachrichten oder als Fiktion eines schöneren Lebens erschien, hatten die Kommunisten auf Dauer keine Chance. Jeden Abend, pünktlich zur Nachrichtenzeit, kam der Klassenfeind per Bildschirm ins Haus. Für DDR-Bürger war das Bild der Bundesrepublik Deutschland nur viereckig, schwarz-weiß, ohne räumliche Dimension, ohne erlebten Hintergrund. Es fehlte der Vergleich mit der Wirklichkeit, und so blieb vieles von dem, was sie aus der westlichen Welt zu sehen bekamen, für sie schwer vorstellbar. Dennoch waren die Deutschen in Ost und West sehr oft vor den Bildschirmen vereint, sicher bei „heute" und „Tagesschau" und in Massen bei Hans Rosenthal im ZDF oder Rudi Carrell in der ARD. Die durch Mauer und Stacheldraht und verschiedene Ideologien getrennten Deutschen begannen wie Nachbarn einander in die Fenster zu schauen, obwohl die Gardine beim DDR-Nachbarn meist zugezogen war.

Erst spät begannen Politiker in Ost und West zu begreifen, welche immense Wirkung die Bilder aus der westlichen Welt im Osten hatten. Die DDR versuchte, das West-Fernsehen zu bekämpfen. In großangelegten Aktionen waren FDJ-Trupps in den sechziger Jahren auf die Dächer von Wohnhäusern gestiegen und hatten die nach Westen ausgerichteten Fernsehantennen abgebrochen. Mit gezielten Kampagnen der SED-gesteuerten Medien sollte das West-Fernsehen der Lüge überführt werden. Denn die Partei wusste, dass die Mehrheit des DDR-Volkes den Westkanal bevorzugte ... und sah sich schließlich gezwungen, das widerwillig zu dulden.

Merkwürdig genug und wohl einmalig auf der Welt war, dass Zuschauer in der DDR über das West-Fernsehen aber auch Einblicke in Ereignisse ihres Staates erhielten, die von den parteigelenkten ostdeutschen Medien verschwiegen wurden. Da hat eine kirchliche Friedensgruppe in Rostock erst durch West-Fernsehen von den Aktivitäten einer gleichgesinnten Gruppe in Dresden erfahren. Über Kritiker des real existierenden Sozialismus wie Rudolf Bahro oder Querdenker in Kunst und Literatur wie Hans-Joachim Schädlich, Stefan Heym und Reiner Kunze wurden DDR-Bürger nur durch West-Medien informiert. Brachte das DDR-Fernsehen in Interviews systemkonforme oder sogar parteilich mobilisierende Antworten, so sprachen DDR-Bürger vor Westkameras und -mikrofonen zuweilen ungewohnten Klartext, selbst wenn „zwischen den Zeilen" formuliert wurde. Denn DDR-Bürger mussten damit rechnen, dass die Staatssicherheit und eigene Nachbarn als deren eifrige Zuträger ARD und ZDF einschalteten.

Bis 1972 fuhren die Deutschen in Ost und West noch mit dem einheitlichen Autokennzeichen D. Die SED-Führung hat dieses D dann abgeschafft und den Wartburg- und Trabantfahrern ein voluminöses Kennzeichen DDR verordnet. Der eine Buchstabe D war als Symbol für das ganze Deutschland den auf strikte Eigenstaatlichkeit erpichten deutschen Kommunisten zu viel. Wir im ZDF hatten im September 1971 mit dem Magazin „Kennzeichen D" begonnen, nahmen dann in den Vorspann der Sendung neben anderen Autokennzeichen auch das der DDR auf, blieben aber bei dem politischen Anspruch des einen Kennzeichens D. Dann verbot die SED sogar, die eigene „DDR-Nationalhymne" des Dichters Johannes R. Becher zu singen, deren Text auch das vereinte Vaterland heute schmücken würde:

Auferstanden aus Ruinen und der Zukunft zugewandt,
Lass uns dir zum Frieden dienen, Deutschland, einig Vaterland.
Alte Not gilt es zu zwingen, und wir zwingen sie vereint,
Dass die Sonne schön wie nie über Deutschland scheint.

Wer unter den Genossen an „Deutschland, einig Vaterland" dachte, und sei es unter roter Fahne vereint, musste summen statt singen. Nach dem Sturz der SED hätte die Becher-Hymne wieder gesungen werden dürfen, doch die Melodie galt als DDR-belastet, und nun wird sie nicht einmal mehr gesummt.

In vielen Jahren als ZDF-Korrespondent in der DDR habe ich „die Leute" über die Lage im Lande meckern hören. Schon 1967, bei meiner ersten Reportage aus Oberwiesenthal im Erzgebirge, kursierte im vertraulicheren Gespräch mit DDR-Bürgern für all die Mängel und Beschwernisse des Alltags der Ausdruck „typisch Zone". Doch als „Dissidenten" wurden nur wenige Prominente bekannt. Der Kommunist Robert Havemann, Haftgefährte von Erich Honecker im Zuchthaus Brandenburg während der Nazi-Zeit, war zunächst überzeugter SED-Genosse und kooperierte sogar mit der Staatssicherheit. Mitte der sechziger Jahre jedoch kritisierte er in philosophischen Vorlesungen an der Ost-Berliner Humboldt-Universität den real existierenden Sozialismus, wurde aus der Partei ausgeschlossen, lebte – von der SED zur Unperson gestempelt – im bewachten Hausarrest und wurde zur Symbolfigur des Widerstands. Geächtet wie er war sein Freund, der Liedermacher Wolf Biermann, der elf

Jahre Auftrittsverbot hatte und nur in seiner Wohnung singen durfte. Während eines erstmals vom Staat genehmigten Konzerts in Köln wurde der Protestsänger aus der DDR in den Westen ausgebürgert. Man entzog ihm die Staatsbürgerschaft der DDR und verwehrte ihm damit die Rückkehr nach Ost-Berlin. Im Protest gegen seine Ausbürgerung verließen wichtige Schriftsteller und Künstler die DDR.

Andere Prominente wie der systemkritische Schriftsteller Stefan Heym blieben und warteten auf „bessere Zeiten". Wurden in den Anfangsjahren der DDR Oppositionelle verschiedener Überzeugungen, Sozialdemokraten, Christen, Freidenker, ja sogar Kommunisten von der Staatssicherheit verschleppt und ins Gefängnis gebracht, so hatten sich spätestens unter Erich Honecker die Methoden verfeinert. Die Opposition musste unfreiwillig-freiwillig ins Exil. Die Schriftsteller Hans-Joachim Schädlich, Thomas Brasch, Jürgen Fuchs, Monika Maron, Erich Loest, der widerständige Roland Jahn und eine ganze Gruppe von „Jenaer Jungarbeitern" um den Theologen Thomas Auerbach mussten die DDR verlassen. Sie galten der SED als Ansteckungsgefahr. Viele Gegner des Regimes wurden ausgebürgert, so konnte sich Opposition nur schwer organisieren. Schriftsteller und Künstler gingen zwangsweise in den Westen oder hielten in innerer Emigration stand. Querdenker wie die Philosophen Ernst Bloch und Hans Mayer mussten ihre Lehrstühle in Leipzig Richtung Westen verlassen, und Querköpfe wie die Marxisten Wolfgang Harich oder Rudolf Bahro wanderten erst einmal ins Gefängnis. Eine ganze Kirche konnte man nicht ins Exil schicken, also versuchte der SED-Staat die Christen konspirativ zu unterwandern oder offen zu bekämpfen.

Ungezählte Unbekannte leisteten einsam Widerstand, landeten im Stasi-Knast; viele erlitten monatelange Einzelhaft. Schon ein mit Nachdruck gestellter Ausreiseantrag in den Westen war Staatsverbrechen genug. Familien wurden auseinandergerissen, kleine Kinder in staatliche Heime gesteckt, Eheleute in Verhören gegeneinander ausgespielt. Das Anpinseln der Inschrift „Solidarität mit Biermann" nach dessen Ausbürgerung aus der DDR brachte dem 18-jährigen „Täter" Andreas Schmidt aus der sächsischen Kleinstadt Crimmitschau dreieinhalb Jahre Haft. Das mehrfach verschärfte politische Strafrecht gab dem SED-Regime die Handhabe, gegen „Staatsfeinde" aller Art vorzugehen. Bonn hat in 25 Jahren bis zum Fall der Mauer 33.755 Häftlinge aus DDR-Gefängnissen freigekauft.

Ausgerechnet die DDR-Führung, die missliebige Bürger für bis zu 100.000 DM an die Bundesrepublik verschacherte, nannte im Herbst 1989 die Massenflucht ihrer jungen Generation einen „von Bonn organisierten Menschenhandel". Zu Beginn der Freikäufe – Anfang der sechziger Jahre – wurde noch Bargeld im Koffer nach Ost-Berlin transportiert. Später hat man das geheime Geschäft durch Warenlieferungen an die DDR in Höhe von insgesamt 3,5 Milliarden DM in über 20 Jahren abgewickelt. Es ist wohl immer ein fragwürdiges Geschäft, dem Erpresser Geld zu zahlen. Doch Solidarität mit den Verfolgten gebot dem Westen dieses menschliche Handeln, das kein Menschenhandel war.

Die älteren „gelernten" DDR-Bürger hatten sich in die vom Regime geduldeten privaten „Nischen" zurückgezogen und achteten darauf, dass ihr bescheidener Lebensstandard, der höher lag als in den meisten Bruderstaaten, nicht geschmälert wurde. Sie lebten zwischen staatlicher Fürsorge und Diktatur der Partei. Sie wollten, wie es der Schriftsteller Edzard Schaper ausdrückte, „der Suppenkelle sicher sein, die immer kam, der Stock nur bisweilen". 20 Jahre nach dem Ende des SED-Regimes hat so mancher den „Stock" verdrängt und erinnert sich nur noch an die „Suppenkelle".

Doch eine organisierte Opposition gab es lange Zeit nicht, so sehr das mancher im Westen vermisste und so eifrig die Staatssicherheit auch danach suchte. Erst in der zweiten Hälfte der achtziger Jahre machten sich oppositionelle Gruppen auch öffentlich bemerkbar, fast ausschließlich unter dem Dach der Kirche. Die selbsternannte „Diktatur der Arbeiterklasse" hatte vier Jahrzehnte lang mit einem über das ganze Land ausgebreiteten Unterdrückungsapparat das Entstehen oppositioneller Gruppen, auch die Fraktionsbildung kritischer Genossen innerhalb der SED, verhindert. Die Partei hatte es sogar geschafft, dass Bewegungen wie die polnische Solidarność mit ihren politischen Dauerstreiks von zahlreichen DDR-Bürgern skeptisch bis verärgert beobachtet wurden. Man fürchtete in erster Linie eine Destabilisierung des eigenen Lebensstandards. Und einen Vorkämpfer wie den regimekritischen Schriftsteller Václav Havel in der Tschechoslowakei, der mit seiner „Charta 77" grundsätzlich Demokratie und Menschenrechte erkämpfen wollte, gab es in der DDR nicht, weder eine solche Leitfigur noch ein solches Programm.

Die kleinen Gruppen von Andersdenkenden, die sich in evangelischen Kirchen der DDR trafen, hatten zunächst andere Anliegen. Ihnen ging es um Frieden, Abrüstung und den Schutz der Umwelt. Die Innenpolitik der SED und deren Verweigerung elementarer Bürgerrechte war erst gegen Ende der DDR zum wichtigen Thema geworden. Lange Zeit waren auch die Systemkritiker bemüht, nicht das SED-Regime direkt anzugreifen; man plädierte für Reformen in der Überzeugung, dass dieses System reformierbar sei. Man wollte eine bessere DDR, die nicht westlichen Kapitalismus einführte, aber Menschenrechte und bürgerliche Freiheiten gewährte. Weil man auf eine irgendwie geartete Kombination von Sozialismus und Demokratie hoffte, übersah man offenbar, dass die Zulassung solcher Demokratie das Ende der kommunistischen Herrschaft bedeuten würde. Die reformorientierten Kritiker blieben bewusst in der DDR. Wer kapitalistische Vorzüge und vor allem westliche Freiheit wollte, versuchte dem Sozialismus à la SED per Ausreise den Rücken zu kehren.

Aber erst diese Ausreisebewegung, die Flucht der Jungen vor einem „Sozialismus ohne Zukunft", machte deutlich, dass das Regime Schwäche zeigte und seinerseits dem Druck nachgeben musste. Dieses Erlebnis von Ohnmacht der SED gegenüber den zehntausenden, die wegliefen, gab den Daheimgebliebenen Mut, ebenfalls Forderungen zu stellen. Gleichzeitig waren viele Menschen verärgert oder gar empört darüber, dass die SED hartnäckig die Reformansätze von „Glasnost und Perestrojka" des bislang hochgelobten „Großen Bruders" ablehnte, deren Publikation verbot und deren Sympathisanten verfolgte. Die abgegriffene Losung „Von der Sowjetunion lernen heißt siegen lernen" wurde nun zum Leitsatz der Bewunderer von Gorbatschows Glasnost- und Perestrojka-Reform. Jahrzehntelang hatte die Partei dieses Motto gepredigt, jetzt machte sich jeder verdächtig, der „von der Sowjetunion siegen lernen" wollte.

Der vergleichsweise junge Generalsekretär der Kommunistischen Partei der Sowjetunion, Michail Gorbatschow, hatte einsehen müssen, dass das Projekt Leninismus-Stalinismus in seinem Riesenreich gescheitert war, doch – und das war wohl sein großer Irrtum – auch er hielt es immer noch für erneuerbar. Die ungarischen Kommunisten witterten, dass sie von Gorbatschow keinen Widerstand zu erwarten hätten, wenn sie aus der Diktatur der Arbeiterklasse sowjetischer Prägung eine Demokratie nach westlichem Muster formen würden. Eifersüchtig schauten sie nach Polen, wo eine breite Volksbewegung nach wochenlangen Streiks mit Hilfe der katholischen Kirche und dem Fürsprecher aus Rom, Papst Johannes Paul II., die erste freie Gewerkschaft im sozialistischen Machtbereich durchgesetzt hatte. Es war die Zeit, als in der Deutschen Demokratischen Republik noch über die „Pollacken" geschimpft wurde. Der von der SED-Propaganda gestreute Vorwurf war, dass die Polen streikten statt zu arbeiten. Deshalb seien sie auf Lebensmittellieferungen aus der DDR angewiesen, die in den HO-Geschäften und den Konsumläden der DDR dann fehlten. Mit solcher Hetze gegen den „Sündenbock" Polen konnte man bequem Mängel bei der eigenen Versorgung erklären. Viele Menschen drückten aber auch persönlich ihre Solidarität mit der freien Gewerkschaft Solidarność in Lebensmittelpaketen nach Polen aus. Besonders Kirchengemeinden haben das organisiert.

Nach 20 Jahren, in denen ich mit längeren Unterbrechungen aus der DDR berichtet hatte, nach der Arbeit für „drüben" und

„Kennzeichen D", war ich als Korrespondent für ganz Ost-Europa in Wien gelandet, rechtzeitig, um die Auswirkungen von Gorbatschows Programm „Glasnost und Perestrojka" in den Ländern des Warschauer Pakts zu beobachten. Alles, was ich über den real existierenden Sozialismus wusste, hatte ich in der DDR gelernt. Vier Jahre habe ich als Korrespondent in Ost-Berlin gewohnt. Zwar konnte ich mit meinem „Arbeitsvisum" und einer sogenannten Grenzempfehlung jederzeit und vergleichsweise vereinfacht von Ost- nach West-Berlin fahren, um dort meine Filme zu schneiden und zu texten. Auch konnte ich, wann immer es nötig war, in West-Berlin einkaufen. Doch über Monate habe ich mich ausschließlich aus dem Lebensmittel-Regalen der „Kaufhalle" gegenüber meiner Wohnung in der Ost-Berliner Leipziger Straße versorgt, um zu erfahren, ob und wie man mit dem täglichen Warenangebot leben konnte. Man konnte. Ich habe die ständige Begleitung und Beobachtung durch Mielkes Agenten erfahren und die tiefsitzende Angst der Bürger vor Spitzeln und Bütteln der Stasi erlebt. Ich habe über die Sehnsucht der Menschen nach westlichem Lebensstandard ebenso berichtet wie über meist kleine Erfolge und eher große Misserfolge in Landwirtschaft und Industrie. Aber insgesamt war das Land DDR „still", wie der kritische Liedermacher Wolf Biermann sang.

Aufbruchsstimmung gab es jedoch in Budapest und Warschau, neues Denken in Moskau, dagegen Eiszeit in Prag oder Bukarest. Alles das habe ich mit meinen Erfahrungen in der DDR verglichen und gelernt, dass es Länder gab, die wirtschaftlich noch ärmer dran waren als Ostdeutschland, und andere, die weniger dogmatisch, polizeistaatlich und muffig waren als der deutsche SED-Staat.

In ganz Polen waren die Kirchen übervoll. In Warschau, Breslau, Krakau oder Kattowitz wurden in den großen Kirchen sonntags zehn Messen gefeiert. In Budapest konnte man schon in den achtziger Jahren westliche Presse vom Tage in den internationalen Hotels frei kaufen, westdeutsche Zeitungen von BILD bis

FAZ. Auch in Prag waren westdeutsche Zeitungen zu haben, jedoch mit Tagen Verspätung. In DDR-Kulturzentren dieser Länder waren sogar Bücher von DDR-Schriftstellern zu haben, die in Ost-Berlin nur unter der Hand kursierten.

Ostdeutsche Kommunisten wurden in Polen, Ungarn oder der Tschechoslowakei als penetrante Oberlehrer empfunden; die SED sah die polnischen, ungarischen und sogar die tschechischen Genossen als unsichere Kantonisten an. Die Dogmatiker aller Länder beäugten sich gegenseitig voller Argwohn, aber alle Dogmatiker gemeinsam misstrauten den Abweichlern aller Länder, denn die begannen unter dem ideologischen Schutzmantel Gorbatschows Netzwerke untereinander zu knüpfen. Das Ministerium für Staatssicherheit der DDR wusste über all diese für das Regime bedrohlichen Entwicklungen in der DDR und den „Bruderstaaten" Bescheid, fand jedoch mit seinen Analysen und Warnungen im greisen SED-Politbüro offenbar nicht ausreichend Gehör.

So wurden Honecker, Husák, Ceaușescu, Schiwkow und Co. von den Ereignissen überrollt. Sie hatten wohl auch den geradezu prophetischen Appell des Polen auf dem Papstthron, Karol Wojtyła, nicht ernst genommen. Bei seiner Amtseinführung hatte Johannes Paul II. ausgerufen: „Habt keine Angst! Öffnet, reißt die Tore auf für Christus. Öffnet die Grenzen der Staaten, die wirtschaftlichen und politischen Systeme für seine rettende Macht!" Angesichts von Nachrüstung mit SS-20-Raketen Ost und Pershing-II-Raketen West hat ihn damals so mancher als weltfremden Phantasten aus dem Osten betrachtet. Die Sprengkraft der Freiheitsbotschaft des Papstes, die den Widerstand der ganz überwiegend kirchentreuen polnischen Katholiken angeleitet hat, haben wohl alle in Ost und West damals unterschätzt.

Der damalige polnische Ministerpräsident, Mieczysław Rakowski, Kommunist und Chefredakteur des Wochenmagazins Polityka, bestätigte vor unserer Kamera den entscheidenden Beitrag von Karol Wojtyła beim Zusammenbruch des kommunistischen Systems in Polen:

*Selbstverständlich war es der Papst, der das Volk von den Knien
aufgehoben hat, der das Volk ermutigt hat. Und dass es deshalb
zur Entstehung der Solidarność kommen konnte, natürlich auch,
weil das alte System die Bedürfnisse der Menschen nicht befriedigt
hat.*

Dass die Menschen dieses alte System satt hatten, haben als Erste wohl die Reformer der Ungarischen Sozialistischen Arbeiterpartei gespürt und als einzige herrschende Kommunisten aus dieser Erkenntnis Konsequenzen gezogen. Ihr einsamer Entschluss, auf eigenes Risiko und gegen den Rest der „Bruderstaaten" den Eisernen Vorhang niederzureißen, hat im Sinne des Wortes den Menschen einen Ausweg gezeigt. Der Exodus der hinter Mauer und Stacheldraht Eingesperrten begann. Diese Ereignisse habe ich aus nächster Nähe beobachtet. Es waren Schritte unserer Nachbarn im Osten, die das Ende der deutschen Teilung und schließlich die Einheit Europas brachten.

Die Vorkämpfer des unglaublichen Wandels von 1989 waren die Polen mit ihrer ersten freien Gewerkschaft Solidarność, die den Segen des polnischen Papstes erhielt. Das war in der Tschechoslowakei der Theaterschriftsteller und Philosoph Václav Havel, der für die Menschenrechte jahrelang ins Gefängnis gegangen war. Das waren die Ungarn, die auf eigenes Risiko gegen den „Rest der kommunistischen Welt" den Eisernen Vorhang öffneten. Das war die deutsch-ungarische Malteserfrau Csilla von Boeselager, die mutig und selbstlos den „DDR-Ausreisern" in Budapest ein erstes Flüchtlingslager baute. Das waren 100.000 meist junge DDR-Bürger, die mit ihrer Massenflucht Mauer und Stacheldraht ad absurdum führten. Und das war nicht zuletzt der sowjetische Reformer Michail Gorbatschow, der alle diese Freiheitskämpfer gewähren ließ.

Das waren schließlich, wie in der Leipziger Nikolaikirche, der Berliner Gethsemane-Kirche oder in Pfarrer Schorlemmers Wittenberg, „ein paar hundert Schmuddelkinder aus den Kellern der Gemeindehäuser und ein gutes Dutzend evangelischer

Pastoren, die die waffenstarrende Diktatur überwunden" haben, so der Historiker Stefan Wolle.

Natürlich sind die folgenden Kapitel eine Nachbetrachtung. Voraussehen konnte diese stürmische Umwälzung wohl niemand – vielleicht der mit visionärer Hoffnung begabte Pole Karol Wojtyła. So ist mein Nachdenken über 1989 keine verklärende Rückschau, sondern noch immer Staunen über diesen einmaligen Gang der Geschichte.

Von den Vorkämpfern und Wegbereitern, den freien Informationen über Mauer und Stacheldraht hinweg und dem Zusammenspiel der „Dominosteine" im Warschauer Pakt handelt in Momentaufnahmen dieses Buch.

Ich widme es meiner Frau und meinen Kindern.

Das Buch ist in besonderer Weise für die junge Generation bestimmt, die nach dem Zusammenbruch des Kommunismus und dem Fall des „Eisernen Vorhangs" in einem geeinten Deutschland ohne Mauer, Stacheldraht und Schießbefehl aufgewachsen ist.

Für Rat und Hilfe danke ich Dr. Zenon Hanas, Rom, und P. Jan Kofron, Prag. Für kritische Hinweise bei der Erst-Lektüre des Textes schulde ich meinem Freund und Kollegen Wolfgang Drescher Dank.

Joachim Jauer

Die Solidarność und der Papst
Wie Karol Wojtyła die freie Gewerkschaft
unterstützt hat

Die Freiheit – eine fortwährende Eroberung.
Sie kann nicht einfach Besitz sein!
Sie kommt als ein Geschenk,
doch bewahrt wird sie durch den Kampf.

Die Freiheit bezahlst du mit deinem ganzen Selbst –
darum wirst du Freiheit nennen,
was dir, während du zahlst, erlaubt,
immer neu dich selbst zu besitzen.
Um diesen Preis gehen wir in die Geschichte ein,
rühren an ihre Epochen.
JOHANNES PAUL II.: GEDANKEN ÜBER DAS VATERLAND

Zu Fackelzügen, Freundschaftstreffen, Großdemonstrationen und „nicht enden wollender Begeisterung" – so die Parteizeitung „Neues Deutschland" – waren zu Pfingsten 1979 über eine halbe Million Jugendliche aus allen Bezirken der DDR nach Ost-Berlin bestellt worden. Beim „Nationalen Jugendfestival" sollten die jungen Leute „ihrer Republik" schon Anfang Juni vorab zum 30. Geburtstag gratulieren. Der stand erst im Oktober an, aber die SED feierte sich monatelang selbst. Der Zentralrat des Staatsjugendverbands der DDR nannte das Pfingsttreffen der Freien Deutschen Jugend, FDJ, ein Ereignis von „wahrhaft historischer Bedeutung". Vielleicht erinnert sich – 30 Jahre danach – noch mancher Teilnehmer an die „Fahrt nach Berlin, Hauptstadt der DDR"; in den Geschichtsbüchern fand das „wahrhaft historische Ereignis" jedenfalls keinen Niederschlag. Ich selbst habe am Pfingstsonnabend nahe dem Alexanderplatz ein Schlagerkonzert von DDR-Künstlern für ein paar tausend „Blauhemden" mit meinem Kamerateam beobachtet. Gesendet haben wir dann den sehr melancholischen Song, der großen Beifall erhielt. Sein Text spiegelte eher die unerfüllten Sehnsüchte einer jungen Generation ohne Reisefreiheit als eine „nicht enden wollende Begeisterung" für die Parolen der SED: „Lasst mir meine Träume, ach, ich brauche sie. Ohne Träume leben kann man nie."

Am gleichen Tag warteten 500 Kilometer weiter östlich in der „Partnerstadt Berlins" eine halbe Million Menschen auf ungewöhnlichen Besuch. In Warschau war die Menge freiwillig, ohne Kommando der Partei, zusammengekommen, im Zentrum der polnischen Hauptstadt, auf dem Siegesplatz, den die deutschen Nazi-Besatzer „Adolf-Hitler-Platz" genannt hatten. Und es gab wirklich etwas zu feiern. Der Pole Karol Wojtyła, zuletzt Kardinal und Erzbischof von Krakau, war nur ein halbes Jahr nach seiner Wahl zum ersten slawischen Papst als Johannes Paul II. in seine Heimat zurückgekehrt. Der Besuch wurde zu einem historischen Ereignis, in dessen Folge der Machtblock des sowjetischen Imperiums erschüttert werden sollte. Bis zuletzt hatte die herrschende Polnische Vereinigte Arbeiterpartei PVAP versucht, diesen Besuch zu verhindern. Vom damaligen Parteichef Edward Gierek wird berichtet, er habe den vatikanischen Ausruf „Habemus papam" in „Habemus klapam" gewandelt, das hieß dann nicht mehr „Wir haben einen Papst", sondern „Wir haben einen Misserfolg".

Bischof Alojzy Orszulik, damals Sekretär der Polnischen Bischofskonferenz, erinnerte sich im Gespräch mit mir:

Sein Reiseplan traf auf heftigen Widerstand bei den Kommunisten. Sie suchten nach Argumenten, warum der Papst nicht nach Krakau, nach Polen, in seine Heimat kommen darf. Und schon gar nicht im Monat Mai. Da nämlich feierten wir das Fest des heiligen Stanislaus, der als polnischer Märtyrer ein Symbol für Widerstand gegen den Staat ist. Darum hatten sie Angst, wenn er kommt.

Streikende am Eingang der Danziger Lenin-Werft im August 1980. Der polnische Papst ist mit am Werkstor. © dpa Picture-Alliance / Lehtikuva Oy

So kam Johannes Paul ein paar Wochen später im Juni und erinnerte feierlich an das 900. Todesjahr des Nationalheiligen. Die Kommunisten wussten sehr genau, welche Bedeutung der Patron Polens hatte, der Märtyrer Stanislaus, der als Bischof von Krakau ein früher Vorgänger Wojtyłas war. Stanislaus hatte in Opposition zum König Bolesław II. gestanden und wurde während eines Gottesdienstes in der Kirche auf dessen Befehl ermordet. Seitdem wird Stanislaus in Polen als Symbol für den Kampf um die Freiheit verehrt.

Der Papst kniete nieder am Mahnmal des Unbekannten Soldaten, vor den Resten der Kolonnade, die von den deutschen Truppen 1944 zerstört worden war. Der Mann, der als Student den Terror der Nazis und später als Priester und Bischof die Diktatur der Kommunisten erlebt hatte, gedachte der Opfer seiner Nation von Auschwitz bis Katyn, 40 Jahre nach Hitlerdeutschlands Überfall auf Polen, 35 Jahre nach Gründung der Volksrepublik. Auf dem Siegesplatz, sonst Ort befohlener Aufmärsche der Partei, stand für die Eucharistiefeier mit dem Papst ein Altar. Statt kommunistischer Propaganda-Transparente war nun ein unübersehbares Kreuz der Mittelpunkt. Und auf „ihren" Heiligen Vater warteten dort mehrere hunderttausend Gläubige. Die Machthaber fanden gegen den ersten Slawen auf dem Stuhl Petri kein Rezept. Auf den Polen Wojtyła waren sie stolz, der Papst als Gegner des Regimes machte ihnen Angst.

Nach langem Zögern hatten sie die Einreise für Johannes Paul II. genehmigt und hofften, dass die Sicherheitsorgane die Zahl seiner Anhänger unter Kontrolle halten könnten. Wojciech Jaruzelski, damals Politbüromitglied und für Sicherheit verantwortlich, später Staats- und Parteichef Polens, hat mir 2004 erklärt, dass das Regime gegen diesen Mann praktisch keine Chance hatte:

Ein polnischer Papst, das bedeutete viel für Polens Prestige, für den Ruhm Polens in der Welt. Denn wir Polen haben einen historisch bedingten Minderwertigkeitskomplex. Andererseits war da aber auch die Furcht, dass die katholische Kirche bei uns ungemein gestärkt wurde. Und das in einer Zeit, wo die Beziehungen Staat/ Kirche – vorsichtig ausgedrückt – nicht gerade ideal waren. Und dass das alles durch diesen Papst noch schlimmer werden würde.

Es kam dann doch so schlimm, wie die Partei es befürchtet hatte. Sie hatte eine „Pilgerreise" des populären Kirchenführers nicht verhindern können. Denn bei einer Absage des Besuches hätte das Regime einen Proteststurm von großen Teilen der Bevölkerung riskiert. Johannes Paul II. machte bereits auf dem Warschauer Siegesplatz klar, dass er als Pilger und Prediger des Evangeliums, aber auch als Pole mit der Erfahrung von zwei Diktaturen gekommen war:

Man kann Christus nirgendwo auf Erden aus der Geschichte des Menschen ausschließen, gleich, um welchen Längen- oder Breitengrad es sich handelt. Der Ausschluss Christi aus der Geschichte des Menschen ist ein gegen den Menschen selbst gerichteter Akt.

Ohne Christus kann man die Geschichte Polens nicht verstehen.
... Wir befinden uns hier am Grab des Unbekannten Soldaten.
In der Geschichte Polens – der alten wie der neueren – hat dieses
Grab eine besondere Bestätigung gefunden. An wie vielen Orten
der Heimat ist dieser Soldat gefallen! An wie vielen Orten Euro-
pas und der Welt hat er durch seinen Tod bezeugt, dass es ohne ein
unabhängiges Polen auf der Karte Europas kein gerechtes Europa
geben kann!

Ohne ein unabhängiges Polen kein gerechtes Europa. Mit der
Forderung nach Unabhängigkeit für Polen traf Johannes Paul II.
den empfindlichsten Nerv der Partei. Denn jeder Pole, auch jeder polnische Kommunist, wusste, dass die Heimat nach Jahrhunderten der Unterdrückung, nach Hitler und Stalin auch weiterhin nicht frei war, sondern ein Satellit der Sowjetunion.

Der Papst erinnerte gleich in seiner ersten Predigt daran, dass
Warschau unter zwei Diktatoren zu leiden hatte, dem mörderischen Aggressor Hitler und dem Tyrannen Stalin, der den Polen
nicht zu Hilfe kam.

Es ist unmöglich, diese Stadt, Warschau, die Hauptstadt Polens,
die sich im Jahre 1944 auf einen ungleichen Kampf gegen den Ag-
gressor einließ – einen Kampf, bei dem die verbündeten Mächte sie
im Stich ließen; einen Kampf, in dem sie unter ihren eigenen Trüm-
mern begraben wurde –, zu verstehen, wenn man sich nicht daran
erinnert, dass unter diesen gleichen Trümmern auch Christus, der
Erlöser, mit seinem Kreuz lag. ... Man kann unmöglich die Ge-
schichte Polens begreifen, vom Märtyrer Stanislaus bis zu Maximi-
lian Kolbe in Auschwitz, wenn man nicht auch auf sie dieses eine
fundamentale Kriterium anwendet, das Jesus Christus heißt.

Und dann sagte er am Sonnabend vor dem Hochfest der Aus-
sendung des Geistes Gottes noch geradezu beschwörend, wie
dieses unabhängige Polen in einem gerechten Europa in den Augen des Papstes aussehen sollte:

Ich, ein Sohn polnischer Erde und zugleich Papst Johannes Paul II.,
ich rufe aus der ganzen Tiefe dieses Jahrhunderts, ich rufe am Vor-
abend des Pfingstfestes: Sende aus deinen Geist! Sende aus deinen
Geist! (odnów oblicze ziemi, tej ziemi) Und erneuere das Ange-
sicht der Erde! – Dieser Erde!

Mit seinem Hirtenstab auf den Boden des Siegesplatzes stoßend, markierte er für alle unmissverständlich, welche Erde er meinte, wobei das polnische Wort „ziemia" nicht nur Erde, sondern auch *Land* bedeutet. Also: „Der Geist des Pfingstfestes erneuere das Angesicht dieses Landes!" Bereits mit dieser Geste wurde sichtbar: Hier trat der oberste Repräsentant einer weltweiten Institution, die den Anspruch, allein seligmachend zu sein, erhob, gegen ein weltweit mächtiges System an, in dem der Grundsatz galt, dass „die Partei immer recht" habe.

Niemand ahnte damals, dass nur ein Jahr später durch die Solidarność, mit der Fürsprache dieses Papstes, die Veränderung dieses Landes und schließlich ganz Europas begann. Auch der Heilige Vater hatte nicht sicher sein können, dass ihn „die Warschauer Gesellschaft freundlich aufnehmen würde". So erinnerte sich im Gespräch mit mir Stanisław Dziwisz, der Karol Wojtyła als dessen engster Mitarbeiter fast 40 Jahre lang begleitete. Dziwisz ist heute Kardinal von Krakau und damit in diesem Amt ein Nachfolger des früheren Kardinals Wojtyła. Spätestens am nächsten Besuchstag wurde offenbar, dass die Furcht der Kommunistischen Partei vor dem Auftreten des Papstes ebenso groß war wie die Zustimmung, die Begeisterung der Bevölkerung für den Polen aus Rom. Denn am nächsten Tag fügte der Wojtyła-Papst seiner christlichen Mission noch eine polnisch-nationale Komponente hinzu. In Gniezno / Gnesen stimmte der Pole Karol Wojtyła die kämpferische Nationalhymne an. Er sang die erste Strophe allein … „Noch ist Polen nicht verloren, solange wir leben. Das, was fremde Übermacht uns raubte, werden wir mit dem Schwert wiedergewinnen" … und zehntausende junge Leute stimmten ein. Die Hymne, der Mazurek Dambrowskiego, erinnert an Polens bittere Geschichte. Nach dem Wiener Kongress waren alle Hoffnungen auf ein souveränes Polen zerschlagen. Galizien kam zu Österreich, Preußen erhielt die Provinz Posen und Russland nahm sich die Oberherrschaft über den Rest, das kleine „Königreich Polen". Auch General Dambrowski, den die Hymne zu Hilfe rief – Refrain der Hymne: „Marsch, Marsch, Dambrowski" –, konnte die neue Teilung des Vaterlandes nicht verhindern. Aber natürlich war der Gesang des Papstes kein Ausflug in die Vergangenheit, sondern hatte harten Bezug zur Gegenwart. Er verkündete nicht allein die christliche Botschaft, er appellierte an den Katholizismus mit polnischer Tradition. Anders als in vielen anderen europäischen Ländern stand die katholische Kirche Polens in den Jahrhunderten der Teilung und Unterdrückung stets auf der Seite des Volkes, gegen Preußen und Habsburg, gegen das zaristische Russland, gegen Stalin und Hitler und ganz aktuell gegen die kommunistische Diktatur. Selbst in den Zeiten der Alleinherrschaft der Kommunisten, die den Atheismus propagierten, blieben weit über 90 Prozent der Polen katholisch und die Mehrheit von ihnen kirchlich aktiv. Offenbar hatte Johannes Paul II. für die Hymne mit Bedacht Gnesen, das älteste polnische Bistum ausgewählt:

… unser Nest ist hier. Polen ist auf der Basis dieses Nestes für viele Jahrhunderte gewachsen. Wenn wir hierher zurückkommen, so zeigen wir die Verbundenheit mit unserem Ursprung – diese Verbindung hat stets bestanden und sich entwickelt, unabhängig von den Veränderungen, denen unsere Nation und unser Staat unterworfen waren.

Indem der Papst eine tausendjährige Einheit von Christentum und polnischer Nation postulierte, erklärte er unausgesprochen den Kommunismus zu einem importierten Fremdkörper. Das alles in einem Land, in dem auch Worte der Bischöfe der Zensur unterlagen. „So war beispielsweise das Wort ‚Nation' nicht erlaubt", erinnert sich Stanisław Dziwisz, „… gar nicht zu reden von irgendeiner Kritik am kommunistischen System oder einer positiven Würdigung des Handelns der Kirche. Nichts, nichts ging durch", beschreibt der Kardinal die Lage. „Es waren nicht enden wollende Kämpfe zu führen, damit Texte wie die Dokumente des Heiligen Stuhls ohne Kürzungen veröffentlicht werden konnten. Es gab sogar Versuche, die Schriften der Päpste zu zensieren."

Der Pole Johannes Paul II. aber trat am 4. Juni 1979 gegenüber den Vertretern des kommunistischen Regimes als Souverän des Vatikanstaates auf, behauptete so etwas wie eine „doppelte Staatsbürgerschaft" und zog dann daraus seine politische Konsequenz:

Gestatten Sie mir, meine Herren, das Wohl Polens auch weiterhin als das meine zu betrachten und zutiefst daran Anteil zu nehmen, ganz so, als ob ich noch in diesem Lande lebte und Bürger dieses Staates wäre.

Das war Einmischung in die inneren Angelegenheiten Polens durch die Hintertür. Und das gegenüber einem Staat, für den wie in der ganzen sozialistischen Welt „die Nichteinmischung" eine heilige Kuh war, das wichtigste Argument der Kommunisten gegen allzu viel westliche Entspannungspolitik. Ungezählte Gläubige pilgerten zu den Gottesdiensten des Papstes, Polen voller Nationalstolz und Katholiken von tiefer Frömmigkeit. Besonders viele kamen in den Blonie-Park nach Krakau, wo sich mehr als eine Million Menschen versammelten. Auch einer der Mächtigen war dabei, allerdings inkognito. Ministerpräsident Mieczysław Rakowski, vor seinem Regierungsamt renommierter Journalist und Herausgeber der Wochenzeitschrift „Polityka", wollte, wie er mir später erzählte, unbemerkt das Phänomen Johannes Paul II. beobachten: „Beim ersten Papstbesuch in Polen war ich in Krakau. Die Messe war auf den Krakauer Wiesen. Ich hatte ein Hotelzimmer, da konnte ich alles genau sehen. Vom Fenster aus habe ich die Kraft dieses Menschen gespürt.

Der riesige Platz war voll von Menschen, und mächtiger Gesang kam an mein Fenster."

Vernon Walters, Sonderbotschafter des amerikanischen Präsidenten, erkannte damals eine völlig neue Lage in einem Land des Sowjetblocks: „Das gab es noch nie in der Geschichte des Kommunismus, dass sich Millionen versammelten, die nicht der Partei angehörten. Eine Million kann man nicht unter Kontrolle halten, auch nicht mit Maschinengewehren. Von da an wussten wir, dass Polen nicht länger kommunistisch war."

Immer wieder beschwor der Papst die Menschenrechte und rief den Massen zu: „Habt keine Angst!" Bei seiner Antrittsrede in Rom, ein halbes Jahr zuvor, hatte er hinzugefügt: „Öffnet die Grenzen der Staaten und Gesellschaftsordnungen für Christus und seine rettende Macht!"

Neun Tage lang – von Warschau bis nach Krakau – begleiteten Millionen von Menschen die Pilgerfahrt „ihres" Papstes. Tausende winkten ihm in jedem Dorf, in jeder Stadt zu, überall wurde er mit Blumen begrüßt. Seine Wallfahrt erzeugte – gewollt oder ungewollt – regimekritische Massendemonstrationen. 1979 war das zunächst ganz überwiegend ein Kräftesammeln und noch kein offener politischer Protest. Die Menschen erfuhren plötzlich, dass sie nicht allein, sondern vielmehr eine unübersehbare Menge Gleichgesinnter waren.

Auch Gläubige aus den Nachbarländern waren nach Polen gefahren, natürlich auf eigene Faust. Organisierte Pilgerreisen gab es für DDR-Katholiken nicht. Kardinal Georg Sterzinsky, damals Pfarrer im thüringischen Jena, erinnerte sich vor meiner Kamera:

Viele aus der Gemeinde in Jena sagten, koste es, was es wolle, wir fahren rüber. Manche erzählten hinterher, dass sie Schwierigkeiten an der Grenze gehabt hatten, andere hatten keine Schwierigkeiten. Das war unterschiedlich, aber alle waren ganz begeistert und erzählten, was sie gesehen hatten. Das war wie ein Siegeszug, als ob einer als Befreier heimkehrt. Unsere Katholiken aus Jena konnten ja kein Polnisch. Sie haben ja fast nichts verstanden von dem, was er gesagt hat, aber er hat den Leuten Mut gemacht, die Leute kehrten ermutigt wieder heim.

Und der Prager Kardinal Miloslav Vlk berichtete, tschechische und slowakische Katholiken hätten bei ihrer Wallfahrt zum Papst bei der Predigt in Gnesen ein Transparent gezeigt, „um den Papst zu begrüßen und zu zeigen, dass die Tschechen auch da sind. Und sie haben den Papst aufgefordert, die Tschechen nicht zu vergessen."

Johannes Paul II. war über die Verfolgung der katholischen Kirche in der benachbarten Tschechoslowakei genau informiert. Als die Tschechen ihr Transparent hochhoben, sprach der Papst gerade über den misshandelten und ermordeten Apostel der Slawen, den heiligen Adalbert. Johannes Paul sah das Transparent und ging spontan in seiner Ansprache darauf ein:

Es ist gut, dass ich gerade jetzt vor meinen Augen eine Schrift in einer Brudersprache sehe, in der des heiligen Adalbert. Da steht: Denke, Heiliger Vater, auch an deine tschechischen Söhne! In vergangenen Zeiten haben unsere so benachbarten Sprachen noch viel ähnlicher geklungen. Also: Denke, Heiliger Vater, auch an deine tschechischen Söhne! Dieser Papst, der das Erbe des Adalbert in sich trägt, kann diese Söhne nicht vergessen. Und wir alle, liebe Brüder und Schwestern, die wir in uns das Erbe des Adalbert tragen, können diese unsere Brüder nicht vergessen.

Der Pole Johannes Paul hat das für die Menschen hinter dem Eisernen Vorhang unerreichbare Rom ganz einfach nach Krakau verlegt. Niemand weiß, ob das Intuition oder strategischer Plan war. Und so nannte der erste slawische Papst bei seiner Pilgerreise in das „Reich des Bösen", wie US-Präsident Reagan das Sowjetimperium genannt hatte, alle slawischen Völker beim Namen: Er erinnerte an die über tausend Jahre alte Christianisierung und Taufe von Tschechen, Mähren, Slowaken, Slowenen, Kroaten, Serben, Bulgaren und Russen. Damit markierte er überdeutlich einen Schwerpunkt seines Pontifikats.

In seiner ersten Enzyklika „Redemptor Hominis" hatte Johannes Paul II. eine Art Regierungsprogramm formuliert. Es behandelte nahezu ausschließlich den Vorrang der Menschenrechte und traf damit präzise die politischen Ziele, für die „Solidarność" und das „Komitee zur Verteidigung der Arbeiter" KOR in Polen und „Charta 77" in der Tschechoslowakei kämpften. Diese Dissidentengruppen und oppositionellen Bürgerbewegungen hatten in Polen politisch den Boden für die Botschaft des Karol Wojtyła bereitet. Der Papst als Souverän des Vatikanstaats und Oberhaupt der weltweiten katholischen Kirche konnte in seinen Predigten Themen aufgreifen, die zuvor aus der öffentlichen Debatte ausgeschlossen waren: Freiheit, Menschenwürde, individuelle Bürgerrechte und Meinungsvielfalt. Was bislang nur in Familien und in der Öffentlichkeit allenfalls hinter vorgehaltener Hand gesagt werden konnte, wurde nun durch Lautsprecher an ein Millionenpublikum übertragen. Etwa zehn Millionen Menschen, damals jeder vierte Pole, sollen den Papst auf seiner ersten Pilgerreise gesehen haben, und wohl die ganze Nation hatte ihn zumindest in zensierten Berichten des Fernsehens erlebt.

Dass der kommunistische Sowjetblock nur zehn Jahre später implodieren würde, hat der Papst natürlich nicht im Voraus gewusst. Die Sprengkraft aber, die sein erster Polenbesuch auslösen sollte, suchten die kommunistischen Parteien zwischen Moskau und Ost-Berlin, so gut es ging, zu entschärfen. Ihr probates Mittel als Beherrscher der Medien war stets entstellende Berichterstattung oder – wie in Prag und Ost-Berlin – Schweigen über diese Ereignisse in Presse, Funk und Fernsehen.

Der Publizist Jan Ross meint, es sei Karol Wojtyła ebenso wie dem tschechischen Schriftsteller Václav Havel um den „Versuch, in der Wahrheit zu leben" gegangen:

Es ging nicht um den Sturz des Kommunismus; der stand einstweilen in den Sternen oder lag in Gottes Hand. Es ging darum, sich von der machtgestützten Lüge nicht anstecken, sich nicht vergiften zu lassen – und durch diese Selbstbehauptung wenigstens den absoluten Herrschaftsanspruch des Regimes zu brechen, seinen Anspruch auf Herrschaft sogar über die Seelen.

In den katholischen Gemeinden Polens hatte der Papstbesuch nachhaltige Wirkung. Jeder einzelne Teilnehmer an den Open-Air-Messen des Papstes hatte staunend selbst erlebt, „wie viele sie waren". So formierte sich unter dem Dach der Kirche auch politischer Widerstand, zumal die allgemeinen Versorgungsmängel und der miserable Alltag ausreichend sozialen Sprengstoff lieferten. Ein Jahr nach dem Besuch des Papstes kam es daher in ganz Polen zu Protesten der Arbeiter. Auslöser waren massive Verteuerungen von Lebensmitteln, insbesondere der Fleischpreise.

Auf der Lenin-Werft in Danzig hatte der Ausstand am 14. August 1980 begonnen. Die Arbeiterin Anna Walentynowicz hatte von der Werksleitung eine tägliche warme Mahlzeit und bessere Arbeitsbedingungen verlangt. Frau Walentynowicz, die wegen ihrer nur 1,53 Meter Körpergröße als die kleinste Kranführerin bei allen Arbeitern der Werft bekannt war, wurde daraufhin fristlos entlassen – nach 30 Jahren Arbeit auf der Werft. Da übten ihre Kollegen Solidarität – „Solidarność" – und streikten für Annas Wiedereinstellung. Der Streik breitete sich aus, und bald wurde die Auseinandersetzung mit der Werksleitung durch die Forderung nach höheren Löhnen grundsätzlich. 80.000 Arbeiter in 300 Betrieben entlang der Ostseeküste schlossen sich dem Streik an.

Vom 14. August an legten die Werftarbeiter den Betrieb lahm. Nun forderten sie auch die Wiedereinstellung des bereits ausgesperrten Elektrikers Lech Wałęsa, der sich außerhalb des Betriebsgeländes befand. Wałęsa setzte mit einem – inzwischen legendären – Sprung über das Werkstor, erklärte die Werft für besetzt und wurde zur Symbolfigur des Ausstands.

(Die Übertragung der Streikführung an Wałęsa oder die Übernahme der Leitung des Ausstands durch Wałęsa führte später zu heftigem Streit zwischen einer Minderheit, den Anhängern von Anna Walentynowicz, und der Mehrheit der Arbeiter, die zu Lech Wałęsa hielt. Bis heute trennt diese Gruppen unversöhnlicher Hass. Wałęsa sah sich im Frühsommer 2008 sogar einer von Staatspräsident Lech Kaczyński unterstützten Kampagne ausgesetzt, in der ihm vorgeworfen wurde, Anfang der siebziger Jahre ein Agent der polnischen Staatssicherheit gewesen zu sein. Ein Vorwurf, der unhaltbar erscheint, selbst wenn es dunkle Stunden in den frühen Jahren des späteren Friedensnobelpreisträgers gegeben hat. Wałęsa hat eingeräumt, als junger Arbeiter nach Polizei-Verhören unter Druck ein Papier unterschrieben zu haben, jedoch keine Verpflichtungserklärung für die Stasi. Denn wäre Wałęsa tatsächlich in Diensten der polnischen Geheimpolizei gewesen, dann hätte die Stasi durch ihn die Solidarność mit bis zu zehn Millionen Mitgliedern geführt, die erste freie Gewerkschaft im sozialistischen Machtbereich durchgesetzt und schließlich sogar den Kommunismus in Polen gestürzt und sich damit selbst abgeschafft.)

Streik: Das war unerhört, widersprach total der kommunistischen Doktrin. Ein freies, nicht „von oben" organisiertes Arbeiterbündnis trat gegen ein Regime an, in dem seit Lenin angeblich eben diese Arbeiter an der Macht waren. Es ging um höhere Löhne, bessere Versorgung mit Lebensmitteln und besonders auch um die Freiheit.

Die katholische Kirche war bei den Streikenden. Der Pfarrer der Danziger Gemeinde Sankt Birgitta, Henryk Jankowski, feierte am 17. August eine Heilige Messe in der Lenin-Werft. Die Arbeiter beichteten in aller Öffentlichkeit, einzeln neben einem Priester kniend. Unfassbar für das herrschende Regime und die Beobachter aus den sozialistischen „Bruderländern": Die Arbeiterklasse, eine riesige Gemeinde im Blaumann, feierte vor den Toren der Lenin-Werft eine Messe. Gottesdienst unter dem Namen des Mannes, der wie Karl Marx Religion für das Opium des Volkes hielt. Unüberhörbar der Gesang von tausenden, das war Bittgottesdienst und Protestdemonstration zugleich. An das

Tor der Werft hatten die Arbeiter ihre 21 Forderungen, ein Bild der Madonna von Tschenstochau und ein Porträt ihres Papstes gehängt. Dieser Ausstand wurde sehr schnell zu einem politischen Streik. Zum ersten Mal wurde die Zulassung freier, von der Partei unabhängiger Gewerkschaften und ein garantiertes Streikrecht verlangt. Mit dem Streik sollte auch die Freilassung aller politischer Gefangenen und die Aufhebung der Pressezensur für die Solidarność erreicht werden.

„Brich aus den Mauern die Zähne der Gitter, reiß die Handschellen auseinander – und die Mauern werden fallen und unter sich die alte Welt begraben", so ein Song von Jacek Kaczmarski, der zu einem der Kampflieder der Solidarność werden sollte. Ein prophetischer Text, denn zehn Jahre später fiel die Mauer von Berlin.

Die Nachricht vom Arbeiterprotest im Nachbarland Polen machte auch an der Grenze zur DDR nicht Halt. Im Sommer 1981 hat mir der Verantwortliche für die politische Wandzeitung eines großen Volkseigenen Betriebes in Ost-Berlin heimlich eine Karikatur übergeben, die er illegal gezeichnet hatte und deshalb in seinem Schaukasten nicht ausstellen konnte. Das Bild mit dem Titel „Dornröschen 1981" zeigte einen kleinen polnischen Arbeiter, der eine dicke schlafende DDR-Werktätige wachzuküssen versuchte. Doch ein mit Ritterrüstung gepanzerter Sowjetmensch verhinderte das: „No Kiss" stand über der Szene. Nachdem ich dieses Bild in einem ZDF-Bericht gezeigt hatte, wurde ich vom Außenministerium der DDR „ein letztes Mal verwarnt", weil ich mich in „unverschämter Weise in die inneren Angelegenheiten der DDR eingemischt" hätte. Überflüssig zu erwähnen, dass jede Art von Journalismus „Einmischung" in irgendwelche Angelegenheiten ist. Jedenfalls bewies die harsche Reaktion, wie groß die Angst der SED-Funktionäre vor dem Solidarność-Bazillus war. Zahlreiche Ost-Berliner Stimmen zeigten jedoch wenig Solidarität mit der Solidarność. Aus der Bevölkerung hörte ich meist Unverständnis für die Dauer-Streiks der Polen, Tenor: „Die Polacken sollen arbeiten gehen und nicht auf unser aller Kosten faul rumsitzen! Wir müssen die dann noch mit unseren knappen Lebensmitteln unterstützen."

Evangelische und katholische Kirchengemeinden in West- und Ost-Deutschland schickten dagegen reichlich Pakete nach Polen, um die darbende Bevölkerung zu unterstützen. Die DDR-Medien aber waren voll von Drohungen gegen Polen. Die Nachrichtensendung des DDR-Fernsehens „Aktuelle Kamera" zitierte am 28. August 1980, also drei Tage vor der „Danziger Erklärung", einen vom Zentralkomitee der SED autorisierten Bericht der Ost-Berliner Agentur ADN: „Ein Ausbau der Position antisozialistischer Kräfte darf nicht zugelassen werden. Streiks sind kein geeignetes Mittel, den Problemen zu begegnen. Wenn die Versuche nicht aufgegeben werden, auf anarchistische Weise Forderungen durchzusetzen, muss das zu bösen Folgen für Polen führen."

Doch überraschend beugte sich die kommunistische Partei drei Tage später, am 31. August 1980, dieser „außerparlamentarischen Opposition". Am 17. September wurde die Solidarność als erste, freie und unabhängige Gewerkschaft im kommunistischen Lager gegründet und von der Regierung anerkannt. Alle Forderungen der Arbeiter wurden widerwillig akzeptiert. Die kommunistische Weltsicht wurde ad absurdum geführt. Denn der neue echte Arbeiterführer Lech Wałęsa, ein „Werktätiger" wie aus dem marxistischen Lehrbuch, unterzeichnete die „Danziger Erklärung" neben dem Repräsentanten des herrschenden Regimes, dem stellvertretenden Regierungschef Mieczysław Jagielski, der angeblich die „Arbeiterklasse" vertrat. Zum ersten Mal in der Geschichte des Kommunismus, seit es die sogenannten „Volksdemokratien" gab, hatten sich Arbeiter – wie in bürgerlich-demokratischen Staaten – das Streikrecht erkämpft. Wałęsa zeigte seinen staunenden Kollegen triumphal den überdimensionierten Kugelschreiber, mit dem er unterschrieben hatte. In dessen Halterung konnte die Menge das Porträt von Johannes Paul II. erkennen. Der Papst hatte symbolisch mitunterzeichnet.

Die Solidarność erstarkte und wurde zur mächtigen Opposition gegenüber der herrschenden, aber schwächelnden Polnischen Vereinigten Arbeiterpartei. Millionen Menschen traten ihr freiwillig bei. Die kommunistische Partei geriet in die Minderheit. Rakowski erkannte, dass die Arbeiter nun jemanden hatten, der zu ihrem Fürsprecher geworden war.

Ich begriff plötzlich, wie sehr diese Millionen Hunger nach einer neuen Sprache hatten. Bis dahin gab es ja nur Parteijargon. Die Parolen kannten sie auswendig. Die waren oft ohne jeden Bezug zum Alltag der Menschen. Und plötzlich erscheint da einer, der eine völlig andere Sprache gebraucht, ohne leere Parolen. Was er sagt, bedeutet Hoffnung auf ein besseres, sicheres Leben.

Friedensgemeinde und Friedensstaat
Wie die evangelische Kirche in der DDR zum Freiraum für Regimekritiker wurde

31. Mai 1981: Eisenhüttenstadt, DDR, Robert-Koch-Straße 37. Die Zufahrten über Karl-Marx- und Friedrich-Engels-Straße wurden von auffällig Unauffälligen beobachtet. Volkspolizei stoppte unseren Kamerawagen. Meine Papiere, insbesondere der Korrespondentenausweis wurden genau inspiziert. Auf die Frage, wohin wir wollten, antwortete ich: „Zum Kirchweihfest." Ob wir da Fernsehaufnahmen machen wollten und wenn ja, ob wir eine Drehgenehmigung hätten. Meine Antwort: „Der Korrespondentenausweis ist die Arbeits- und Drehgenehmigung." Kurze Beratung mit einem Herrn in Zivil und dann die wenig freundliche Aufforderung: „Sie können fahren." Zwei Ecken weiter eine Posaunengruppe mit dem Choral „Lobe den Herren". Etwa 3000 Schaulustige, Ungläubige und Gläubige, hatten sich bei herrlichem Frühlingswetter vor einem Klinkerneubau versammelt. Eine ungewöhnliche Feier begann, die in keiner Zeitung der DDR angekündigt war.

Ausgerechnet in Eisenhüttenstadt, der „ersten sozialistischen Stadt der DDR", wurde 1981 der erste evangelische Kirchenneubau seit Kriegsende feierlich eingeweiht. Er erhielt den Namen „Friedensgemeinde". Eine doppelte Provokation für den SED-Staat. Denn nie war eine Kirche an diesem sozialistischen Industriestandort geplant. Und außerdem: Der Staat, der sich in seiner Propaganda als eine einzige Friedensbewegung verstand, hielt eine kirchliche „Friedensgemeinde" für überflüssig und obendrein für eine unerträgliche Konkurrenz. Das hatte Pfarrer Heinz Bräuer jahrzehntelang erfahren. Die Deutungshoheit für so ehrenwerte Begriffe wie Demokratie, Freiheit und Frieden hatte sich die SED vorbehalten. Sie hatte ihre DDR selbst zum „Friedensstaat auf deutschem Boden" ernannt. Diese Gemeinde aber setzte sich aus christlichem Geist für einen viel umfassenderen Frieden ein als die SED, die sich selbst zum „Friedenslager" zählte, gegenüber dem Westen jedoch zum Hass erzog. Die DDR hatte sich von Anfang an als die „friedliche antifaschistische Alternative zur militaristisch-kapitalistischen BRD" dargestellt. Sie behauptete, der Nationalsozialismus sei in der Sowjetischen Besatzungszone „mit Stumpf und Stiel ausgerottet" worden. Der regimekritische Liedermacher Wolf Biermann hatte das rotzfrech in Verse gefasst: „So eisern haben wir geschrubbt mit Stalins hartem Besen, dass rot verschrammt der Hintern ist, der vorher braun gewesen."

Die SED-Propaganda nannte die Nazizeit stets Faschismus, weil sie den Begriff Nationalsozialismus unbedingt vermeiden wollte, um etwaige ideologische Vergleiche oder gar eine Nähe zu ihrer Art von „Sozialismus" von vornherein unmöglich zu machen. Diese Sprachregelung hatte schon unter Stalin begonnen, dessen Sozialismus mit dem National-*Sozialismus* Hitlers nichts zu tun haben wollte.

Als Korrespondent habe ich die Entwicklung der Kirchen in den sozialistischen Ländern immer mit besonderer Hinwendung beobachtet, aus der Erkenntnis, dass die Kirchen die einzige institutionalisierte Alternative zur staatlich verordneten „Religion des Arbeiterparadieses" war, aber auch aus persönlicher Nähe zum Christentum. Die meisten Kirchen in der DDR waren tagsüber verschlossen, aber in jede offene ging ich hinein. Es waren Räume für Andersdenkende, frei von der offiziell gepredigten Ideologie. Die Hohenpriester und Schriftgelehrten der Partei hatten hier nichts zu sagen, die angeblich gesetzmäßigen dialektischen Sprünge des Götzen Fortschritt endeten vor der Kirchentür. Mit großem Respekt habe ich die Standhaftigkeit von Christen beobachtet, die sich zum Überleben im kommunistischen Staat den evangelischen Theologen Dietrich Bonhoeffer oder den katholischen Jesuiten Alfred Delp und deren Kampf gegen die braune Diktatur zum Vorbild genommen hatten. Da die Christen mit ihren Anliegen in den offiziellen Medien der

DDR praktisch keine Stimme hatten, war es außerdem für mich journalistische Pflicht, über die Kirchen, vor allem von den offen kritischen Synoden, zu berichten, wenn es nicht sogar ein Akt der Solidarität war.

Im Osten Deutschlands hat die evangelische Kirche *die* herausragende Rolle beim Zusammenbruch des real existierenden Sozialismus gespielt. Sie hat sich der Gesellschaft geöffnet und bot Protestanten und Protestierern unter ihrem Dach Schutz. Weil nicht nur Christen den Raum der Kirche suchten, wurden die Gotteshäuser zum Ende der DDR so voll wie nie. Die Kirche hat den lange Zeit leisen Protest der Menschen verstärkt und sich vor die Bedrängten gestellt.

Eisenhüttenstadt entstand gewissermaßen auf der grünen Wiese, oder besser gesagt, auf gelbem Sandboden und bekam 1953 wenige Tage nach dem Tod des sowjetischen Diktators zunächst den Namen Stalinstadt. Bereits 1950 grenzte sich die junge DDR, die Sowjetische Besatzungszone, von den Westzonen, ab. Im Ruhrgebiet boomte gerade die Nachkriegs-Stahlproduktion, von der die SBZ nicht abhängig sein wollte. Im Lesebuch 3 der Ausgabe von 1970, „vom Ministerium für Volksbildung der Deutschen Demokratischen Republik als Schulbuch bestätigt", fanden die Schüler unter der Überschrift „Genossen schreiten voran" dazu folgenden Text:

Als unsere Deutsche Demokratische Republik ein Jahr alt war, erhielten wir aus der BRD nicht mehr das Roheisen, das wir bis dahin von dort gekauft hatten. Da sagten die Genossen der Sozialistischen Einheitspartei Deutschlands: „Wir brauchen Eisen und Stahl, wenn wir Häuser und Maschinen bauen wollen. Aber wir haben keine Hochöfen und kein Erz. Wir müssen ein Hüttenwerk bauen. Erz und Koks bekommen wir von der Sowjetunion und von unseren polnischen Nachbarn. Dann können wir Eisen selbst schmelzen." Um ein solches Werk errichten zu können, brauchte man erfahrene Arbeiter, Ingenieure, Architekten. Von diesen Fachleuten gab es damals in unserer Republik nur wenige. Es schien also beinahe unmöglich zu sein, das geplante Vorhaben in kurzer Zeit zu verwirklichen. Aber unsere Republik hat starke Freunde, und alle Menschen in unserem Lande arbeiten gemeinsam. Deshalb schaffen wir, was wir uns vornehmen. So fuhren viele Mitglieder der FDJ, viele junge und ältere Arbeiter an die Oder-Neiße-Friedensgrenze, wo das neue Werk errichtet werden sollte. Sie fällten Bäume, bauten Fundamente für Hallen und Hochöfen. Aus der Sowjetunion kamen Fachleute mit großen Erfahrungen und halfen den deutschen Kollegen. Und schon nach kurzer Zeit floss aus dem ersten modernen Hochofen in der DDR das erste Eisen. Weitere Hochöfen folgten.

Dass der Ort damals Stalinstadt hieß, ist in dem Schulbuch nicht zu lesen. Bei der Grundsteinlegung des neuen Industrieortes am 7. Mai 1953 hatte der damalige kommunistische Parteichef Walter Ulbricht in seinem singenden Sächsisch – laut DDR-Nachrichtenagentur ADN – gesagt: „Man hat uns gefragt, ob wir auch Türme bauen. Jawohl, das Gebäude, das die neue Volksmacht repräsentiert, das Rathaus, wird selbstverständlich einen schönen Turm bekommen. Im Stadtplan ist ein schönes Kulturgebäude vorgesehen. Das wird einen noch schöneren Turm bekommen."

Den Satz „Andere Türme brauchen wir nicht" hat ADN nicht zitiert. Der damalige Pfarrer des Nachbarortes Fürstenberg hat dokumentiert, dass Ulbricht weiter versichert hat, diese erste sozialistische Stadt benötige „Türme bürgerlich-kapitalistischer Verdummungs-Anstalten" nicht. Und jeder hatte damals verstanden, dass im Plan für die neue „sozialistische Stadt" Kirchen keinen Platz haben würden.

Pfarrer Heinz Bräuer war Anfang der fünfziger Jahre mit den ersten Arbeitern zum Aufbau des neuen Industriestandortes an der Grenze zu Polen gekommen. Wie sie lebte er in einem Bauwagen, und ein solcher Wagen der „Goßner-Mission" diente auch als erster Gottesdienstraum. Gepredigt hat der Missionar von Stalinstadt in der offenen Tür auf dem Treppchen des Bauwagens, die Gemeinde stand unter freiem Himmel davor. Die

Katholiken besaßen 1953 bereits eine Baracke als provisorischen Kirchenraum. Doch die wurde bald bei Nacht von Unbekannt zerstört und daher abgerissen. Später, in den sechziger Jahren, bekam auch Pfarrer Bräuer eine solche Baracke, feierte dort den Sonntagsgottesdienst, erteilte Bibelstunde und Religionsunterricht, und im kleineren Teil des Provisoriums wohnte er mit seiner Frau. Treppauf, treppab sammelte der Pfarrer in der „ersten sozialistischen Stadt" unter zuletzt 55.000 Einwohnern rund 2000 Gemeindeglieder. Und das, nachdem die Kommunisten in mehreren Wellen des Kirchenkampfs Millionen zum Austritt aus der Kirche gedrängt hatten. Denn eine Karriere im SED-Staat war mit der aktiven Mitgliedschaft in einer der christlichen Kirchen praktisch nicht vereinbar. Die Partei setzte das eindeutige Bekenntnis zur marxistisch-leninistischen Weltanschauung und damit zum Atheismus voraus. Die Zeitung „Junge Welt", Organ der FDJ, des kommunistischen Staatsjugendverbands Freie Deutsche Jugend, hat das einmal grundsätzlich erläutert. Die Frage des Lesers Hans-Wolf Dorias aus Leisnig: „Kann ich auch als Christ Mitglied der SED werden?", beantwortete der Altkommunist und damalige SED-Propagandachef Professor Gerhart Eisler: „Wenn Sie, lieber Freund, der evangelischen Kirche angehören und trotzdem Mitglied der SED werden wollen, so ist das möglich. Aber Sie müssen sich dann darüber klar sein, dass Sie sich durch Ihren Eintritt freiwillig verpflichten, die Weltauffassung des Marxismus-Leninismus zu vertreten. Wenn Sie aber das Bedürfnis haben, den Protestantismus zu vertreten, für ihn zu werben, so könnten Sie das als Mitglied der SED nicht tun." Und dann versichert Eisler auch noch: „Bei uns gibt es keinen Kampf gegen Atheisten und auch keinen Kampf gegen Protestanten, Katholiken, Juden und andere Glaubensbekenntnisse."

Dennoch wurden ungezählte Christen zum Austritt aus ihrer Kirche und zum Eintritt in die Partei gedrängt. „Ganze Brigaden und Abiturklassen sind geschlossen aus der Kirche ausgetreten", erzählte mir Bräuer. 1958 konnte die Partei 1400 Kirchenaustritte unter knapp 20.000 Einwohnern verbuchen, zu einem

Zeitpunkt, da ein Großteil der Bürger des damaligen Stalinstadt schon nicht mehr kirchlich gebunden war. Im Zuge der späten Entstalinisierung in der DDR erhielt der Ort erst 1961 seinen heutigen Namen Eisenhüttenstadt.

Pfarrer Heinz Bräuer, Jahrgang 1916, geprägt durch die Bekennende Kirche während der NS-Zeit, hat alle Ansinnen, in staatlichen oder parteilichen Organisationen mitzuarbeiten, abgelehnt. Er lebte im Wechselbad von Lockung und Drohung. In unseren Gesprächen Anfang 1980 war Pfarrer Bräuer völlig offen und ohne Scheu vor den großen Ohren der Staatssicherheit. Der SED-Staat unternahm wie die anderen kommunistischen „Bruderländer" verschiedene Versuche, Pfarrer, Priester, auch kirchlich aktive Laien in staatlich gelenkte, christlich getarnte Organisationen zu ziehen. Wie sich die SED die Unterwanderung der evangelischen Gemeinden vorstellte, propagierte sie mit einem Kommentar, den der französisch-reformierte Pfarrer Etienne Mathiot nach einer Rundreise durch die DDR 1959, also bereits nach den schweren Attacken gegen die Kirche, vor Theologen in Ost-Berlin abgab:

Alles, was in der DDR vor sich geht, ist für einen Protestanten äußerst bedeutsam. In der DDR trifft der Sozialismus auf den am tiefsten verwurzelten Protestantismus der Welt. Eure Kirche wird zum Schmelztiegel der Zukunft und euer Land ein großes Laboratorium, in dem das Zusammentreffen von Sozialismus und Evangelium unter den günstigsten Bedingungen vor sich geht. Wir müssen mit dem Sozialismus einen großen gemeinsamen Weg gehen, den Weg zum Frieden, im Kampf gegen Rassendünkel und Rassenhass, und den für den Frieden und die Würde des Arbeiters. Sie zusammen sind ein Ausdruck der Liebe zum Nächsten, und das ist die Hälfte des göttlichen Gesetzes. Die Kirche ganz Europas weiß, dass ihr alles tut, dass die Begegnung zwischen Sozialismus und Reformation sich echt vollzieht.

Mit solchen Sätzen „fortschrittlicher" Geistlicher wurden „rückständige" Pfarrer von geschulten Genossen zur Linientreue, zur Begegnung von Sozialismus und Reformation, gedrängt. Pfarrer Bräuer wurde aufgefordert, Mitglied im „Christlichen Arbeitskreis der Nationalen Front" zu werden, in die „Christlich-Demokratische Union der DDR" einzutreten, den Vorsitz im DDR-Friedensrat zu übernehmen.

Er lehnte alle diese Angebote ab, er wollte keinen „Friedens*rat*", er sorgte sich um seine „Friedens*gemeinde*". Und dort machte man ihm das Leben schwer genug. 1957 war es auf Druck der SED zur ersten großen Austrittswelle aus der evangelischen Kirche gekommen. Die örtliche Parteizeitung von Stalinstadt ließ die Lehrerin I. Kolpin zu Wort kommen, die in dem Blatt ihren Austritt aus der Kirche erklärte „aus Protest gegen den Missbrauch der kirchlichen Lehre". Sie beschuldigte Pfarrer Bräuer, er habe „Kinder und Jugendliche im Gottesdienst dazu angehalten, Losungen und Plakate, die zur Jugendweihe einladen, zu entfernen". Und weiter: „Ein Schüler der Mittelschule in Stalinstadt benahm sich, gestärkt durch die Einflüsterungen des Geistlichen, herausfordernd und frech." Unter der Überschrift „Kinderfänger von Stalinstadt" empörte sich die Zeitung „Neuer Tag": „Was denkt sich beispielsweise Pfarrer Bräuer in unserer Stadt, wenn er einige Schüler der Mittelschule II von der Straße ohne Wissen der Eltern wegholen lässt, um diese Kinder in Räumen der Kirche zum Beten zu veranlassen und ihnen anschließend als Lockmittel Filme von ‚Max und Moritz' zeigt? Man wird dabei irgendwie an den Rattenfänger von Hameln erinnert." Es folgt ein Protest „gegen die Methoden, Kinder in die Kirche zu zwängen": „Wir Lehrer und Erzieher der Mittelschule II protestieren gegen solche Machenschaften und fordern alle Eltern auf, sich im Interesse ihrer Kinder schärfstens gegen solche Gewaltakte zu verwahren."

Zur Vorbereitung der atheistischen Jugendweihe aber wurden mit großer staatlicher Unterstützung Gruppen für sogenannte Jugendstunden gebildet. Allen wurden Ausflüge zur Gedenkstätte KZ Buchenwald oder ein Besuch bei den „Nationalen

Luftstreitkräften" als Belohnung versprochen. Die beste Gruppe durfte zur Leipziger Frühjahrsmesse reisen. Sie wurde ausgewählt nach ihren Leistungen beim Nationalen Aufbauwerk, bei der Sammlung von Altstoffen und bei der Betreuung von „Arbeiterveteranen". Die Kampagne gegen die Kirche und für die Jugendweihe konnte der Staat auch in Stalinstadt als Erfolg verbuchen: 1956 zählte Pfarrer Bräuer über 60 Konfirmanden in seiner Baracke, 1969 waren es nur noch vier. Im Gegensatz zu anderen Gemeindpfarrern hat Bräuer einen weichen Kompromisskurs stets abgelehnt. Er hat Konfirmanden, die gleichzeitig zur atheistischen Jugendweihe gegangen sind, nicht zur Konfirmation zugelassen. Einen Mix aus Christentum und Marxismus-Leninismus, aus dem Gebot der Nächstenliebe und dem real existierenden Sozialismus, wie ihn etwa Pfarrer Mathiot empfahl, lehnte er ab.

Über die Einweihung der Friedenskirche in Eisenhüttenstadt Ende Mai 1981 habe ich für das ZDF berichtet. Nach ersten Jahren im Bauwagen und 25 Jahren Baracke hatte Pfarrer Bräuer damit für 2000 eingetragene Gemeindeglieder endlich ein Zuhause. Nach dem Gottesdienst versuchte ich vor dem Gebäude der Friedensgemeinde eine Umfrage unter den vielen Menschen, die keinen Platz mehr im Gottesdienstraum gefunden hatten. Ein junger Mann sagte gerade, wie großartig er das fände, dass es nun endlich nach 30 Jahren auch in Eisenhüttenstadt eine Kirche gebe, als ein Mann uns unterbrach und laut zu mir sagte: „Sagen Sie mal, was Sie da machen, ist doch gar nicht genehmigt!" Ich sagte, ich wüsste gern, wer er sei, und dass diese Befragung beim DDR-Außenministerium angemeldet und genehmigt sei. Interviews und Befragungen aller Art waren nämlich durch Verordnung des Staates für Korrespondenten genehmigungspflichtig. Der Mann, offenbar von der Stasi, insistierte, mein Interviewpartner wurde unsicher, ich brach die Befragung ab, um den jungen DDR-Bürger nicht in Gefahr zu bringen. Am nächsten Tag protestierte ich bei der Abteilung „Journalistische Beziehungen" des DDR-Außenministeriums, die solche Genehmigungen vermittelte. Man

Kirche in Stalinstadt: Predigt und Christenlehre in den 50er Jahren /
Pfarrer em. Heinz Bräuer (Aufnahme von 1990) / Nächste Seite: 1956:
Konfirmation vor dem Kirchenkampf der SED / 1969: Konfirmation nach
dem Kirchenkampf der SED / Fotos: Heinz Boche

sicherte mir zu, dass ich drei Tage später die Befragung wiederholen könnte. Erneute Reise von Ost-Berlin nach Eisenhüttenstadt. Und wieder stand der Stasi-Aufpasser vor der Kirchentür. Die Menschen gingen ihm und damit auch der ZDF-Kamera aus dem Weg. Wir haben diese Szenen im Magazin „Kennzeichen D" als Beweis dafür gezeigt, wie sich die „Maulkorb-Verordnung" der SED in der Praxis ausgewirkt hat.

Im Staatsgebiet der DDR – einst urprotestantisches Luther-Land – hatte sich die herrschende Partei bemüht, alles Kirchliche aus der Öffentlichkeit zu verdrängen. Kirche sollte für Alte und ein paar Ewiggestrige auf den engen Raum eines Gotteshauses beschränkt sein. Aktivitäten mit Kindern, Jugendlichen, Familien außerhalb des Kirchenraumes wurden behindert oder verboten. Pfarrer sollten sich auf sakrale Handlungen und auf Verkündigung beschränken. Von ihren Kanzeln aus sollten sie sich unter gar keinen Umständen in staatliche oder gesellschaftspolitische Belange einmischen. Pfarrer Heinz Bräuer hat die „Antikirchliche Propaganda" dieser Zeit so beschrieben:

Die SED stellte den christlichen Glauben als ein Überbleibsel vergangener Zeiten hin, das in der modernen technisierten Welt den Fortschritt behindere. Diese Vorstellung von der Kirche hämmerten die „Boten des Fortschritts" allen Schichten der Bevölkerung ein. Das Spektrum reichte vom Kindergarten bis zum Feierabendheim und erfasste natürlich auch die gesamte Arbeitswelt. Ein wahres Trommelfeuer ideologischer Angriffswellen ergoss sich über die Christen. Diese nicht immer mit „vornehmen" Mitteln geführten Beeinflussungen verunsicherten die Christen von Stalinstadt, sowohl die treuen, mehr aber noch all die, die nur der Form nach zur Kirche gehörten.

Dieser Einbruch einer dem volkskirchlich geprägten Christen fremden Weltanschauung hinterließ seine Spuren. Diesen ununterbrochenen massiven Angriffen auf die über Jahrhunderte unangefochtene Institution der Kirche (über die nationalsozialistische Zeit wäre gesondert zu reden) standen die Christen weithin hilflos gegenüber. In einem geradezu atemberaubenden Tempo versetzten die ständigen Attacken unsere Gemeindeglieder in eine panische Angst. Sie fürchteten, ihr bisheriges gutes Ansehen zu verlieren, ihren Platz in der Gesellschaft am äußersten Rand zu finden, und sahen ihr weiteres berufliches Fortkommen in Frage gestellt, wenn sie sich so weiter wie bisher zur Kirche hielten. Die in ein gutbürgerliches Milieu eingebettete Existenz unserer Gemeinde geriet aus den Fugen.

Die SED-Bezirkszeitung hat sich mit zahlreichen Beiträgen an der Hetzkampagne gegen die Kirche in Stalinstadt beteiligt. So ließ sie etwa den „Angehörigen der Evangelischen Kirche, Kollegen Roth", wegen West-Geldspenden aus der Bundesrepublik zu

Wort kommen: „Mit Entsetzen las ich im ‚Neuen Tag' von den Währungsschiebern der Evangelischen Kirche. Als Christ habe ich nie glauben können, dass sich Würdenträger der Evangelischen Kirche zu solchen Verbrechen hinreißen lassen. Es kann daher kein Vertreter der Evangelischen Kirche jemals mehr von mir verlangen, dass ich den Fuß über die Schwelle einer Kirche bringe. ... Meine Kinder werden nie zur Konfirmation kommen, um die Schlechtigkeit, mit der die Kirchen heute arbeiten, nicht erst kennenzulernen. Die Jugendweihe zeigt unseren Kindern einen realen Weg und erzieht sie zu ehrlichen, aufrichtigen Menschen und zu Kämpfern für den Frieden."

Noch Jahre nach dem Bau der Mauer und der damit verbundenen Abtrennung von den westdeutschen Schwestern und Brüdern haben sich die evangelischen Christen in der DDR wegen dieser mit Erfolg betriebenen Kampagne als austrocknenden Ableger der reichen und in der westlichen Welt bedeutenden Kirche verstanden. Im Gegensatz zur kleinen katholischen Diasporakirche, die bis zum Ende der DDR an ihrer Westbindung festhielt, hatten die evangelischen Landeskirchen Ost Ende der sechziger Jahre die Konsequenz aus der staatlichen Teilung gezogen, sich administrativ von der EKD, der Evangelischen Kirche in Deutschland, getrennt und einen Bund der Evangelischen Kirchen in der DDR gegründet. Das Schielen nach Westen wurde nun abgelöst durch den Blick nach innen und machte später „souveräne" Gespräche mit dem Staat möglich.

Der Ost-Berliner Bischof Albrecht Schönherr brachte das auf den kurzen Slogan: „Kirche im Sozialismus". Nicht mehr unter dem Sozialismus leiden sollte die Kirche, noch über ihm schweben, noch neben ihm vegetieren, sondern mittendrin im Sozialismus leben. Einige Pfarrer – manche in der Kirche meinen: zu viele Pfarrer – haben Bischof Schönherrs plakative Formel von der „Kirche im Sozialismus" als „sozialistische Kirche" missverstanden und eine angebliche Verwandtschaft von christlicher Nächstenliebe und kommunistisch geprägter „internationaler Solidarität" gepredigt. Eifrig sei die evangelische Kirche unter Bischof

Schönherr gewesen, wenn es darum ging, unisono mit dem Staat DDR Verletzungen der Menschenrechte in Südafrika oder Chile anzuprangern, kritisiert der ehemalige Pfarrer Rainer Eppelmann, aber zur Diktatur der SED habe man sich vornehm zurückgehalten. Statt eine „Kirche im Sozialismus" hätte eine „Kirche der Freiheit" propagiert werden müssen. Pfarrer Eppelmanns „Bluesmessen" in der meist überfüllten Ost-Berliner Samariterkirche zogen Jugendliche aus allen Bezirken der DDR an. Immer wieder musste Bischof Schönherr die „Bluesmessen" gegen Beschwerden von Staat und Partei verteidigen. Die gottlosen Genossen hatten sehr genau erkannt, dass diese neue Form von Gottesdiensten in den Augen der Jugendlichen vor allem Protestveranstaltungen waren.

Der nach der Wende wegen seiner Kontakte zur Staatssicherheit heftig angegriffene Konsistorialpräsident Manfred Stolpe war in der DDR einer der ganz wenigen, die nicht nur im Vier-Augen-Gespräch mit mir, sondern auch vor der West-Kamera deutliche Worte sprachen. Die Rolle der evangelischen Kirche definierte er immer wieder so: „Weder eine integrierte sozialistische Organisation noch eine antikommunistische Widerstandsbewegung, weder eine Auswanderungsgesellschaft noch eine sektiererische Fluchtburg" (hier zitiert nach Martin-Michael Passauer, Generalsuperintendent). Und der sächsische Landesbischof Johannes Hempel wollte seinen Aufruf zur Standhaftigkeit 1983 keineswegs als billige Durchhalteparole verstanden wissen: „Gott hat uns hierher nicht aus Zufall, Laune oder Strafe gebracht, sondern uns diesen Bewährungsraum hier gegeben. Wir gehören Gott, dem Herrn aller Geschichte, aber gerade deshalb sind wir keine Saboteure. Es ist nicht gut, den Ort, an den Gott uns gestellt hat, innerlich oder äußerlich zu verlassen."

Der innerkirchlichen Opposition waren die führenden Christen zu angepasst und viele in der Kirchenleitung fühlten sich durch christliche „Störer und Provokateure" in ihrem Ringen um Kompromisse behindert. Bischof Schönherrs Devise im Verhalten gegenüber dem Staat hieß: „Immer unter der Schwelle der

Konfrontation bleiben". Seine Kritiker hielten ihm zum Beispiel vor, das Thema Haft für Regimegegner bei seinen Kontakten mit der Regierung nicht offen thematisiert zu haben. Die evangelischen Kirchen in Ost und West aber hatten sich dem Bemühen der Bundesregierungen angeschlossen, auf stillem Wege DDR-Häftlingen in die Freiheit zu verhelfen. Laut und deutlich wurden sie dagegen in ihren Kirchenparlamenten. Das historische Verdienst der evangelischen Kirchen in der DDR liegt in ihren Synoden, in denen der Mängelkatalog von Freiheit, Menschen- und Bürgerrechten öffentlich angeprangert wurde. Er reichte von der staatlich angeordneten „Erziehung zum Hass gegen den Klassenfeind" bis zur Benachteiligung junger Christen in Schule und Universität, von der vormilitärischen Ausbildung über die Gängelung von Wehrdienstverweigerern bis zum schmerzhaftesten aller DDR-Themen, der dauernden „Republikflucht".

Wir Korrespondenten von ARD und ZDF haben diese Synoden mit ihren öffentlichen Klagen aufgezeichnet, von Westen aus zurück über die Grenze auch in die DDR gesendet und damit „republikweit" bekanntgemacht.

Die kleinen katholischen Gemeinden, die meist erst durch die Flüchtlingswelle nach dem Ende des Zweiten Weltkriegs entstanden waren, verhielten sich dagegen nach außen still. Vertriebene Katholiken aus den ehemals deutschen Ostgebieten und den Sudeten lebten vereinzelt im traditionell protestantischen Lutherland und verschlossen sich tatsächlich und spirituell in ihren Kirchen vor der atheistischen Umwelt. Den Vorwurf, die Katholiken seien unpolitisch gewesen, weil sie sich vor dem SED-Staat in die innere Emigration zurückgezogen hätten, weist der Berliner Kardinal Georg Sterzinsky zurück. Die aktive Verweigerungshaltung der kirchentreuen Katholiken sei riskant und daher hochpolitisch gewesen.

Zwar schrieben die katholischen Bischöfe in ihren Hirtenbriefen Klartext, sie kritisierten die kirchenfeindliche Haltung des Staates und die Benachteiligung von aktiven Christen in der kommunistischen Gesellschaftsordnung, doch ihre deutlichen

Worte blieben im Raum der Kirche und drangen kaum an die Öffentlichkeit. Der damalige Berliner Bischof Alfred Bengsch formulierte in den siebziger Jahren die Unvereinbarkeit der Weltanschauungen von Christen und Marxisten-Leninisten:

Sicher ist der Friede und die Sicherung des Friedens ein öffentliches Anliegen. Aber zu sagen, der Friede wird nur gesichert durch den Aufbau des Sozialismus und dieser nur gesichert durch das Bekenntnis zur dialektisch-materialistischen Weltanschauung, das ist schwer für einen Christen, ja nahezu unmöglich, sofern er gläubiger Christ, Katholik ist.

Nur in zwei überwiegend katholischen Gebieten, dem thüringischen Eichsfeld und der Lausitz mit der Stadt Wittichenau, zeigte sich auch öffentlich katholischer Widerstand. In Wittichenau gelang es nicht, Parteigruppen der SED zu formieren. Dort musste der kommunistische Bürgermeister stets aus dem benachbarten Hoyerswerda importiert werden. Und fromme Prozessionen wie etwa die der Kreuzreiter zu Ostern waren deutlich besser frequentiert als staatlich angeordnete Demonstrationen. Zu Fronleichnam blieben die Lehrer von Wittichenau mit zwei oder drei Kindern in der Schule allein. Fast alle Schüler nahmen an diesem hohen katholischen Feiertag frei und einen Zeugniseintrag wegen unentschuldigten Fehlens in Kauf. Sie zogen mit der ganzen Gemeinde singend und betend durch die Stadt und sogar an ihrem Schulgebäude vorbei zum Markt, wo ein drei Meter hohes Kruzifix auf dem Parkplatz der zahlreichen Wartburg und Trabant stand.

Überall im katholischen Eichsfeld blieben zu DDR-Zeiten, wie es schon immer Brauch dort war, Madonnen und Kreuze, Zeichen des Glaubens, an den Häusern und auf den Straßen stehen.

In Eisenhüttenstadt dagegen hatte Pfarrer Heinz Bräuer erst eine evangelische Insel errichten müssen. Er hat mir in mehreren Begegnungen von der Mühsal dieser Jahre berichtet. Viele demütigende Niederlagen, kleine Erfolgserlebnisse und viel Gottvertrauen haben diese Zeit geprägt. Erst 30 Jahre, nachdem er mit dem Bauwagen seine Mission in Stalinstadt gestartet hatte, bekam Eisenhüttenstadt 1981 seine Friedenskirche. Mit Hilfe von Spenden evangelischer Christen aus der Bundesrepublik war das Gemeindezentrum errichtet worden, ohne Turm, dafür reichte das Geld nicht aus, aber mit einem freistehenden Glockengestell. DDR-Kombinate hatten für den Gesamtbau knapp zwei Millionen Westmark als Devisen erhalten.

Vorausgegangen war ein Treffen evangelischer Kirchenführer mit dem Vorsitzenden des DDR-Staatsrates, Erich Honecker, am 6. März 1978. Der Staat begrüßte danach „das gemeinsame Engagement für die humanitäre Sache der Erhaltung und Sicherung des Friedens". Die Kirche kommentierte das Ergebnis des Spitzengesprächs mit der Kurzformel: „Das Verhältnis von Staat und Kirche ist so gut, wie es der einzelne Christ in seiner gesellschaftlichen Situation vor Ort erlebt." Folgt man diesem Satz, so war das Verhältnis von Staat und Kirche in der DDR nie befriedigend, fast immer gespannt und stets von gegenseitigem Misstrauen geprägt. Denn den kirchentreuen Protestanten oder Katholiken machte der Staat das Leben schwer. Wer zur Kommunion oder Konfirmation aber nicht zur atheistischen Jugendweihe ging, wurde in der Regel nicht zur Erweiterten Oberschule mit Abitur zugelassen, durfte also nicht studieren. Betriebliches Fortkommen wurde aktiven Christen meist erschwert. Für Menschen mit einem solchen „Aberglauben" fern von der „wissenschaftlichen Weltanschauung des Marxismus-Leninismus" und seinem Glauben an den angeblich gesetzmäßigen Fortschritt gab es nur Plätze auf den hinteren Rängen der „sozialistischen Menschengemeinschaft".

In offene Auseinandersetzung mit dem atheistischen Staat trat Anfang der siebziger Jahre in Droßdorf-Rippicha bei Zeitz der evangelische Pfarrer Oskar Brüsewitz. Er hatte eine Gemeinde übernommen, die sein Vorgänger verlassen hatte, weil praktisch niemand mehr zum Gottesdienst kam. Pfarrer Brüsewitz schaffte es in kurzer Zeit, alle Familien im Ort, auch die von SED-Genossen, zu besuchen. Die Folge: Bis zu 150 Menschen nahmen an seinen Gottesdiensten teil. An der Dorfkirche brachte er ein großes, weit leuchtendes Kreuz aus Neon-Röhren an. „Hier", so wollte er damit zeigen, „hier herrscht nicht der Sozialismus, hier herrscht die christliche Kirche." Die SED wertete das als offenen Widerstand und verlangte, das Kreuz zu entfernen, weil es die Autofahrer ablenke und daher zu Verkehrsunfällen führen könne. Oskar Brüsewitz war im Gegensatz zu einem Teil der evangelischen Pfarrerschaft zu keinem Kompromiss mit der atheistischen Staatsideologie bereit und machte mit außergewöhnlichen Aktionen auf sich und die Kirche aufmerksam. „Unsere Kirchenglocken werden noch läuten, wenn sich draußen keiner mehr an Marxismus-Leninismus erinnert", wurde er zitiert, und weiter: „Ich habe nicht viel Zeit. Jedem, dem ich begegne, muss ich Christus bezeugen, damit mich keiner bei Gott verklagen kann, ich hätte es ihm nicht gesagt."

Die SED in Kreis und Bezirk war alarmiert. Sie beschwerte sich bei Verantwortlichen der Kirche und forderte sie auf, Brüsewitz zur Ordnung zu rufen. Dem beliebten Pfarrer drohte die Versetzung in eine andere Gemeinde. Die Kirchenleitung suchte nach einem Kompromiss, Oskar Brüsewitz aber blieb konsequent. Am 18. August 1976 erhielt seine Familie von ihm einen Brief. Er schrieb: „Ich habe mich lange durchgerungen und bin nun auch froh darüber, für meinen König und Feldmarschall in dieser so scheinbar friedlichen Welt ein Zeichen aufzurichten."

Am gleichen Tag fuhr Oskar Brüsewitz mit seinem Trabant auf den Platz vor der Michaeliskirche von Zeitz. Am Dachgepäckträger seines Autos befestigte er Transparente: „Die Kirche in der DDR klagt den Kommunismus an wegen Unterdrückung von Kindern und Jugendlichen."

Als die Volkspolizei einschreiten wollte, übergoss sich der Pfarrer mit Benzin und zündete sich an. Etwa 100 Menschen waren Zeugen dieser Verzweiflungstat. Oskar Brüsewitz starb vier Tage später als Märtyrer seiner Kirche, der dies Fanal des ohnmächtigen Protests ungelegen kam, weil sie das ohnehin gespannte Verhältnis zum Staat auf eine schwere Bewährungsprobe stellte. Es gab Pfarrer in der DDR, die Brüsewitz' Tat verurteilten. Doch mehr als 80 Geistliche im Talar, auch katholische Priester, nahmen an seiner Beerdigung teil. Die Behörden werteten die kirchliche Trauerzeremonie als gefährliche Demonstration. Aber in seiner Grabrede lehnte Propst Bäumer es ausdrücklich ab, sich von seinem Amtsbruder zu distanzieren. Die gelenkte Presse der DDR stempelte Brüsewitz als „Geisteskranken" ab. Zynische Kommentare machten sich über den Toten lustig. Besonders das SED-Zentralorgan „Neues Deutschland" verhöhnte das Abschiedswort von seinem „König und Feldmarschall" (Christus). Der Beitrag war vom Zentralkomitee der Partei autorisiert: „Ob er unter seinem General, zu dem er heimkehren wollte, Gott oder den Bundesnachrichtendienst verstand, wollen wir hier nicht näher erörtern. Seine Handlungen entsprachen sehr oft mehr den Geschichten von Karl May als den Geboten der Kirche."

Vergeblich versuchte die Leitung der Kirchenprovinz Sachsen eine Gegendarstellung, in der sie gegen den Kommentar im „Neuen Deutschland" protestierte: „Es ist beschämend, wie hier die persönliche Würde eines Menschen grob missachtet und das Andenken eines Verstorbenen verletzt wird. Solche Praktiken stören alle Bemühungen um ein Vertrauensverhältnis zwischen Staat und Kirche."

Es hat zu DDR-Zeiten kein Denkmal für Oskar Brüsewitz gegeben, aber mit vorsichtigen Hinweisen haben mir Passanten in Zeitz die Stelle gezeigt, wo auf dem Pflaster vor der Kirche noch Spuren des Brandes zu sehen waren. Immer wieder haben dort Menschen in stillem Gedenken verharrt, bis ein Volkspolizist sie zum Weitergehen aufgefordert hat.

Sicher hat der Opfertod des Oskar Brüsewitz auch bei staatlichen Stellen Wirkung gezeigt, weil sie Nachahmungstäter und damit ein verheerendes internationales Presseecho über den „Friedensstaat DDR" fürchteten. Und vielleicht hat das auf

Seiten der Funktionäre schließlich auch zu dem Versuch beigetragen, beim Treffen der Kirchenvertreter mit Honecker am
6. März 1978 die Beziehungen Staat – Kirche zu entkrampfen.
Selbstverständlich blieb die Staatssicherheit nicht draußen
vor der Kirchentür. Die Firma „Horch und Guck" drang auch in
die Kirchen ein und machte Gläubige zu Verrätern. Es ist ihr gelungen, Priester und Pastoren, Männer und Frauen aus Kirchen-
vorständen oder Pfarrgemeinderäten zur inoffiziellen Mitarbeit
zu gewinnen oder zu erpressen. Dabei wurde die Kenntnis von
Schwächen, zum Beispiel eine deutliche Neigung zum Alkohol
oder für Priester unerlaubte intime Beziehungen, als Druckmit-
tel eingesetzt. Einige wenige Kirchenvertreter, auch hochrangige, arbeiteten auf freiwilliger Basis mit der Stasi zusammen, weil
sie sich von Mielkes Männern einreden ließen, ihre Berichte aus
dem Inneren der Kirchen würden helfen, den „Weltfrieden" zu
sichern.

Der Geheimdienst lockte psychologisch raffiniert so manchen,
dem er das Gefühl vermittelte, wichtig zu sein. Einige Geistliche
dachten, die Stasi-Kontakte zu nutzen, und wurden dabei selber
benutzt. Andere meinten, im konspirativen Gespräch mit dem
MfS Vorteile für die kirchliche Arbeit aushandeln zu können.
Dafür gaben sie internes Wissen über christlichen Widerstand
preis. Sie verständigten sich mit dem Staatssicherdienst darüber,
dass politischer Widerstand in ihrer Kirche ein Störenfried sei.
Es gab Synoden, die von mehreren Inoffiziellen Mitarbeitern unterwandert und so durch die Stasi mitbeeinflusst wurden.

Die SED hatte es in ihrem Kirchenkampf einerseits verstanden, Gläubige durch staatliche Pressionen massenhaft zum Austritt aus der evangelischen Kirche zu drängen, und andererseits,
der Kirche eine Dauerdebatte über Anpassung an das Regime
zu oktroyieren und damit in manchen Gemeinden eine Spaltung
zwischen bibeltreuen „Fundis" und kompromisslerischen „Re-
alos" herbeizuführen. Die überwiegende Zahl der kirchentreu-
en Protestanten und Katholiken aber blieb trotz Mielkes Ver-
suchungen standhaft. Die katholischen Bischöfe hatten schon

Anfang der fünfziger Jahre die Weisung an Priester und Laien erteilt, bei Kontakten mit der Staatssicherheit sofort den Bruch der von den Mielke-Agenten geforderten Geheimhaltung anzukündigen und klarzustellen, dass dem Bischof oder einem Pfarrer unmittelbar über das Gespräch mit der Stasi Bericht erstattet würde. Das hatte zur Folge: Wer die geforderte Konspiration nicht einhielt, war für den Geheimdienst nicht mehr interessant. Viele evangelische Pfarrer haben sich ebenfalls nach diesem Muster ihren Vorgesetzten offenbart.

Pfarrer Heinz Bräuer aus Eisenhüttenstadt hat mehrfach mit einer Gruppe seiner Friedensgemeinde die polnische Partnerstadt Nowa Huta besucht. In dem Ort nahe Krakau war ebenfalls ein großes Hüttenwerk errichtet worden und dazu für die Arbeiter ein großes Wohngebiet. Es waren Besuche der Solidarität. Denn im Nachbarland Polen, das trotz kommunistischer Alleinherrschaft zu weit über 90 Prozent katholisch geblieben war, taten die Behörden ebenso alles, um in neuen Städten Kirchen zu verhindern. Die Genehmigung zum Bau einer Kirche wurde lange verweigert. Da errichteten die Arbeiter im Stadtteil Bienczyce ein großes Holzkreuz. Die Behörden betrachteten das als Provokation und ließen das Kreuz entfernen. Das führte zu schweren Auseinandersetzungen mit der Polizei. Es gab Tote und Verletzte und zahlreiche Verhaftungen. Der junge Weihbischof von Krakau, Karol Wojtyła, schaffte es, den Behörden in zähen Verhandlungen eine Baugenehmigung abzuringen. Solange es keinen überdachten Kirchenraum gab, feierte er auch bei winterlichen Temperaturen mit der großen Gemeinde von Nowa Huta unter freiem Himmel die Messe.

1977 – nach 20 Jahren des Wartens – wurde die Kirche von Nowa Huta „Arche des Herrn" durch Karol Wojtyła, inzwischen Kardinal von Krakau, geweiht. 18 Monate später wurde der Pole zum Papst gewählt. Pfarrer Heinz Bräuer traf sich mit den polnischen Partnern an der neuerbauten Kirche „Arche des Herrn". Er lobt die polnische Gastfreundschaft und erinnert sich staunend an die permanent überfüllten katholischen Gottesdienste. Das sei für die Protestanten aus der DDR „fremd, aber auch überwältigend" gewesen.

Nahezu alles Katholische in Ostdeutschland blieb den Westkameras zu DDR-Zeiten versperrt. Die Bischöfe und Priester hatten Sorge, die kleinen Gemeinden und ihre Gläubigen per Bildschirm identifizierbar der Stasi vorzuführen. Und sie fürchteten, dass nach ZDF oder ARD auch das DDR-Fernsehen Einlass in die Kirchen verlangte. Nur ein einziges Mal während meiner Korrespondentenjahre konnte ich einen katholischen Gottesdienst mit der Kamera beobachten. Denn die 750-Jahr-Feier der heiligen Elisabeth, der Schutzpatronin von Thüringen, fand im Freien statt. Auf den Stufen von Dom und Severi in Erfurt war an einem Septembersonntag 1981 ein großer Altar aufgebaut und auf dem Platz davor waren mehrere zehntausend Menschen zusammengekommen. Ich staunte noch mehr, als ich erfuhr, dass die vielen Besucher des Festgottesdienstes ohne Sonderzüge der Reichsbahn aus dem katholischen Eichsfeld, aber auch aus allen Teilen der DDR gekommen waren.

Die Volkspolizei hatte in der Menge Durchgänge freigehalten. Als ich mit meinem Kamerateam durch eine solche, etwa 100 Meter lange Gasse nach vorn in Richtung Domtreppe ging, kamen fröhliche Rufe und Beifall auf: „Es lebe das ZDF!" Es war ein Spießrutenlaufen der anderen Art, Alarmstufe eins für die Staatssicherheit. Ich hatte Sorge, das Treffen der Katholiken mit meinem Auftreten zu behindern. Josefa Kendzia von der Erfurter Domgemeinde hat das beobachtet und sich noch Jahre nach der Wende erinnert: „Wir sahen, da kommt ein Team vom ZDF. Das war schon was Besonderes. Ich weiß zwar nicht, wie Sie da reingekommen sind. Aber Sie waren da."

Nach dem Gottesdienst hatte Frau Kendzia uns zu Kaffee und Kuchen eingeladen. Dann fuhren wir mit dem Drehmaterial zum Schnitt zurück nach West-Berlin. Unmittelbar nach unserem Abschied waren Männer der Staatssicherheit in Zivil erschienen und hatten Josefa Kendzia wegen des Besuchs vom

Klassenfeind ins Verhör genommen. Was wir sie gefragt hätten, was wir ihr gesagt hätten, ob wir irgendwelche Dinge bei ihr deponiert hätten, Schriftliches, Filmmaterial oder gar Geld? Unvorstellbar für diese Leute, dass es nur um eine Tasse Kaffee normaler Gastfreundschaft gegangen war. Nach einer Durchsuchung der Wohnung waren die Stasi-Leute abgezogen. Frau Kendzia: „Angst habe ich nicht gehabt, weil ich mir gedacht habe, du hast ja nichts Verkehrtes getan. Ich habe denen gesagt, dass ich auch das DDR-Fernsehen eingeladen hätte, aber die waren ja nicht zum Gottesdienst gekommen."

Mielkes Feindziel Nummer eins in der katholischen Kirche war Erfurts Priesterseminar, das einzige in der ehemaligen DDR. Im Auftrag der Stasi sollte sich ein Spitzel dort zum Priester ausbilden lassen. Seine Tarnung flog auf, als Kommilitonen entdeckten, dass er in einer Nachbarstadt als verheirateter Mann lebte. Und eine atheistische Frau erhielt von Mielkes Kirchenspezialisten sogar eine Art katholischen Beichtunterrichts, allerdings, wie die Stasi-Akten beklagen, ohne Erfolg.

Die Erfurter Kirchenhistorikerin Andrea Wilke erzählte mir, dass „diese Frau eingesetzt werden sollte, um während des Beichtgesprächs besonders zu jungen Priestern Kontakt aufzunehmen und sie dann zu verführen". In der Stasi-Akte schrieb ihr Führungsoffizier: „Sie ist wirklich hübsch, sie hat einen guten Umgang mit Männern, sie weiß sich also ganz genau zu bewegen. Aber da sie ausgesprochen dumm ist, kommt diese Perspektive für sie überhaupt nicht in Frage."

Aus dem Film über die Einweihung der Friedenskirche von Eisenhüttenstadt hatten wir ein Bild des Stasi-Mannes, der unsere Aufnahmen von der Kirchweihe gestört hat. Nach der Wende wollten wir den Mann, sein Motiv und seine Auftraggeber ausfindig machen und haben in Eisenhüttenstadt und Frankfurt/Oder nach ihm gefahndet. Einige Mitarbeiter der dortigen Behörden bestätigten, diesen Mann zu kennen. Sie alle weigerten sich aber, seinen Namen zu nennen, manche behaupteten, er sei unbekannt verzogen. Mielkes Spitzel, die nach dem Fall der

„Schwerter zu Pflugscharen" – Friedensideale, inspiriert vom alttestament-
lichen Propheten Micha.

Mauer in der gewendeten Gesellschaft der neuen Bundesländer abgetaucht sind, hatten seinerzeit das Klima von Misstrau-
en und Angst, den ängstlichen Blick nach ungebetenen Zuhörern geschaffen. Sie sind verantwortlich für zwei Generationen
von Janusköpfen, Menschen, die wie der altrömische Gott Janus
zwei Gesichter hatten, eines für die real-sozialistische Öffentlichkeit und eines für die Nische daheim. Kinder sind von klein
auf zu zwei „Wahrheiten" erzogen worden, einer für die Schule
und den eifernden Lehrer und einer für den vertrauten Famili-
entisch. Erwachsene haben in Betrieb oder Büro den Fortschritt
beim „Aufbau des Sozialismus" pflichtgemäß gepriesen und im
Stillen beim vergeblichen Anstehen nach frischem Obst geflucht.
Im Raum der Kirche aber gab es diese Doppelgesichtigkeit nicht.
Wenn Pfarrer Bräuer über den Paulus-Brief an die Epheser predigte, „Christus ist unser Friede", dann war damit wirklicher
Friede gemeint, ja sogar christlich gebotene „Feindesliebe" und
nicht der Stechschritt der Nationalen Volksarmee oder der Einsatz von Grenztruppen an der Mauer als Teil des „Friedensla-

gers" Moskauer Definition. Wenn auch manches notgedrungen „zwischen den Zeilen" gesagt werden musste, die Alternative zur Parteidoktrin habe ich in jeder Predigt erlebt. Das Dauerabonnement der SED auf „Frieden" haben viele Menschen wegen der Schüsse an der Grenze und der Erziehung zum Hass als durch und durch verlogen empfunden.

Der selbsternannte „Friedensstaat DDR" entlarvte sich am deutlichsten bei der Verfolgung junger Christen, die den Stoff-Aufnäher „Schwerter zu Pflugscharen" an der Jacke trugen. Das Abzeichen zeigte das Bild eines Muskelmannes, der mit einem Hammer ein Schwert zu einem Pflug umschmiedete. Im Original steht der Schmied vor dem Gebäude der Vereinten Nationen in New York und ist nicht etwa eine Erfindung pazifistischer Gruppen, sondern eine Spende der Sowjetunion aus dem Jahre 1959. Sehr listig hatten kirchliche Friedensgruppen in der DDR gedacht, sie könnten die Friedensparolen der Kommunisten beim Wort nehmen und mit dem Slogan „Von der Sowjetunion lernen heißt siegen lernen" den friedlichen russischen Muskelmann unangreifbar den misstrauischen Behörden unterjubeln. Damit bekam die Parole der SED „Der Friede muss bewaffnet sein" plötzlich Konkurrenz mit dem Satz „Frieden schaffen ohne Waffen". Der mutige Pfarrer Friedrich Schorlemmer hat in der Lutherstadt Wittenberg einen Schmied in seinen Pfarrhof bestellt. Vor einer Westkamera hielt der Mann ein Schwert ins Feuer und hämmerte die Waffe zu einer friedlichen Pflugschar um. Der junge Reporter Peter Wensierski hat Filmmaterial von dieser Veranstaltung in den Westen zur ZDF-Sendung „Kennzeichen D" geschmuggelt.

Die SED-Propaganda unterschied stets zwischen „friedlichen Waffen" der Nationalen Volksarmee und des Warschauer Pakts und „Waffen der Kriegstreiber" bei der Bundeswehr oder in der NATO. Eine Gleichsetzung der Rüstung von Ost und West war schon dem Liedermacher Wolf Biermann schlecht bekommen, als er sang: „Soldaten sind sich alle gleich, lebendig und als Leich." Die Staatssicherheit fahndete nach der Herkunft des Satzes

„Schwerter zu Pflugscharen" und wurde beim Propheten Micha im Alten Testament der Bibel fündig. Dort heißt es:

… Sie werden ihre Schwerter umschmieden zu Pflugscharen und ihre Speere zu Winzermessern. Nicht mehr wird ein Volk wider das andere das Schwert erheben und nicht mehr werden sie das Kriegshandwerk erlernen.

Und tatsächlich wollten die kirchlichen Jugendgruppen mit dem Aufnäher demonstrativ gegen den 1978 an den Schulen eingeführten „Wehrkundeunterricht" mit seiner „Erziehung zum Hass" gegen den „Aggressor" im Westen protestieren. Auch der Hinweis darauf, dass das sowjetische Denkmal mit dem Schmied sogar in einem DDR-Schulbuch abgebildet war, nützte nichts. Die Aufnäher wurden als „westliche Importe eines undifferenzierten Pazifismus und Kennzeichen einer vom Staat unabhängigen Friedensbewegung" verboten. Da wurden Pädagogen zu Polizisten, schnitten den Schülern oder Studenten das inkriminierte Stoffschildchen aus der Jacke. Wer das Abzeichen nicht freiwillig entfernte, wurde außerdem von der Erweiterten Oberschule verwiesen, bekam keinen Studienplatz oder flog als Lehrling aus dem Betrieb.

Die 4. Synode des Bundes der Evangelischen Kirchen tagte Ende Januar 1982 in Herrnhut. Sie warnte öffentlich davor, das „Anliegen der christlichen Jugendlichen als friedensfeindlich zu verdächtigen". Und weiter in vorsichtigen, aber unmissverständlichen Worten: „Mit Befremden hat die Konferenz Berichte entgegengenommen über Schwierigkeiten, die jungen Menschen an verschiedenen Orten gemacht wurden, weil sie das Symbol ‚Schwerter zu Pflugscharen' getragen haben. Die Konferenz hat sich hinter die betroffenen Jugendlichen gestellt und erwartet, dass ihnen keine Nachteile erwachsen."

Wie wenig sich der Staat um derlei Appelle kümmerte, wurde nur zwei Wochen später deutlich. Am 13. Februar 1982 wollte ich in einem Fernsehbeitrag an den Jahrestag der Zerstörung Dresdens durch alliierte Bomber erinnern. An der Ruine der Frauenkirche traf ich ein paar hundert Menschen, die schweigend oder leise betend der Opfer der Bombennächte gedachten. Plötzlich wurden junge Leute von Stasi in Zivil abgeführt, weil sie das kleine christliche Friedenssymbol „Schwerter zu Pflugscharen" trugen. Um Zusammenstöße mit Stasi und Volkspolizei zu vermeiden, gingen die Menschen in die große Kreuzkirche. In der nur spärlich mit Kerzen erleuchteten überfüllten Kirche wurde vor etwa dreitausend Zuhörern zum ersten Mal öffentlich die Frage aufgeworfen, warum angesichts von Hochrüstung in West *und* Ost eine Friedensbewegung in der DDR verboten worden war, während sie im Westen offen demonstrierte und dort von der SED-Propaganda unterstützt wurde. Und es wurde deutlich ausgesprochen, dass es zwischen angeblich dem Frieden dienenden Waffen Ost und sogenannten kriegstreibenden Waffen West tatsächlich keinen Unterschied gebe, dass in der DDR stationierte sowjetische SS 20-Raketen ebenso ein atomares Inferno anrichten könnten wie amerikanische Pershing-Raketen von Abschussrampen der Bundesrepublik aus. Diese spontane Versammlung in der Kreuzkirche war wohl ein Anfang des gewaltlosen Protests in der DDR, christlich inspiriert, aber auch von zahlreichen Nichtchristen unterstützt und weitergetragen, von Menschen, die sich über den Widersinn der SED-Propaganda empörten, es gebe Vernichtungswaffen West und Friedenswaffen Ost.

Papstattentat und Kriegsrecht
Wie die Solidarność und ihr Fürsprecher bekämpft wurden

Am 13. Mai 1981 versuchte der Türke Mehmet Ali Ağca während einer Pilgeraudienz auf dem Petersplatz in Rom, den Papst mit drei gezielten Schüssen zu töten. Bis heute ist ungeklärt, ob der bulgarische Geheimdienst Auftraggeber Ağcas war. Der Verdacht, das Attentat gegen Johannes Paul II. sei vom sowjetischen Parteichef Breschnew angeordnet und vom KGB in Moskau dem bulgarischen Geheimdienst zur Durchführung übertragen worden, tauchte schon bald nach Ağcas Mordversuch auf. Der langjährige Sekretär des Papstes, Stanisław Dziwisz, ist überzeugt, „es scheint objektiv unmöglich, dass Ali Ağca ein Einzeltäter war, dass er alles allein gemacht hat". Akten belegen, dass der Staatssicherheitsdienst der DDR die Aufgabe übernommen hat, das bulgarische „Bruderorgan" propagandistisch von einem Mordvorwurf zu entlasten, doch Geständnisse oder ein sicherer Beweis für ein von den Kommunisten angezetteltes Komplott fehlen.

Bis heute sind die Hintergründe des Attentats nicht aufgeklärt. Sicher ist, dass das sowjetische Politbüro mehrfach darüber beraten hat, wie das „Problem polnischer Papst erledigt" werden könnte. Der amerikanische Buchautor John O. Koehler behauptet, ein Papier zu kennen, das vom November 1979 mit den Unterschriften der Mitglieder des damaligen sowjetischen Politbüros, auch Gorbatschows, stamme. Gorbatschow war im November 1979 ZK-Sekretär, aber nicht Mitglied des Politbüros. Beschlüsse über Aktionen des Geheimdienstes KGB wurden im engsten Partei-Kreis getroffen. Das Schriftstück aus einem Moskauer Archiv habe folgenden Wortlaut:

Es sind alle möglichen Mittel zu nutzen, um eine Neuausrichtung der Politik zu vermeiden, die vom polnischen Papst begonnen wur-

de, und wenn es notwendig ist, nach Mitteln zu greifen, die weiter reichen als Desinformation und Diskreditierung.

Hinter dieser Formulierung verberge sich der Auftrag, den Papst zu töten, so interpretierte Koehler das Dokument. Der ehemalige sowjetische Staats- und Parteichef Gorbatschow streitet nicht grundsätzlich ab, dass eine Geheimsitzung des ZK am 13. 11. 1979 stattgefunden habe, wehrt sich aber gegen die Behauptung, dass über Aktionen gegen die Person des polnischen Papstes gesprochen worden sei. Dem ehemaligen ZDF-Journalisten und Vatikan-Experten Werner Kaltefleiter schrieb Gorbatschow auf Anfrage: „Was die Schüsse auf dem Petersplatz betrifft, so habe ich generell keine Auskunft über die Mitwirkung des KGB an dieser verbrecherischen Tat [… – allerdings –] wenn es sich um Ereignisse des Jahres 1980 in Polen handelt, kann ich sagen, dass wir natürlich politischen Druck auf die Staatsführung ausübten."

Sicher gab es im Moskauer Politbüro schon früh Überlegungen, wie dem unerwarteten Erfolg des Papstes in Polen und über die polnischen Grenzen hinaus zu begegnen sei; möglicherweise wurde eine Intervention der Sowjetunion und sogar des Warschauer Pakts in Polen geplant. Einen Moskauer Mordauftrag hat Gorbatschow jedenfalls immer heftig dementiert.

Der schwerverletzte Papst hat das Attentat wie durch ein Wunder überlebt. Seine zuvor stabile Gesundheit war jedoch auf Dauer durch schmerzhafte Spätfolgen des Mordanschlags stark beeinträchtigt. Johannes Paul II. hat den Attentäter in dessen Gefängniszelle am 23. Dezember 1983 besucht und ihm verziehen. Stanisław Dziwisz berichtet, bei diesem Gespräch habe Mehmet Ali Ağca nur eine Frage ständig wiederholt: „Warum sind Sie nicht gestorben? – Ich weiß, dass ich richtig gezielt habe. Ich weiß, dass es ein zerstörerisches, todbringendes Geschoss war. Warum sind Sie denn nicht gestorben?"

Der Papst hat eine der Kugeln Ali Ağcas der Mutter Gottes von Fatima geschenkt. Johannes Paul II. war fest davon überzeugt, den Anschlag nur durch Marias Beistand überlebt zu haben. Denn der Tag des Attentats war der Gedenktag der ersten Marien-Erscheinung von Fatima.

Immer deutlicher wurde den Staats- und Parteichefs von Moskau bis Ost-Berlin, dass der polnische Papst vor Ort in Polen für die Gläubigen aus den kommunistischen Staaten authentischer wirken konnte als aus dem fernen Vatikan. In Polen konnte er seine Botschaft vom christlichen Widerstand auch den „Bruderländern", Tschechen, Ungarn, Slowaken und DDR-Bürgern direkt verkünden. In einer geheimen Vorlage an den damaligen sowjetischen Staats- und Parteichef Leonid Breschnew wurde der Wojtyła-Papst als „Konterrevolutionär" analysiert. Das Ministerium für Staatssicherheit der DDR hatte den Unruhestifter bereits ausgemacht und notiert, „dass der aus der Volksrepublik Polen kommende Papst und dessen großer Einfluss in der Volksrepublik Polen eine der Hauptursachen für die gegenwärtige Situation dort sind. Maßgeblich ist dabei offensichtlich die Vorstellung des Papstes von einem gemeinsamen christlichen Europa."

Die Drohungen der „Bruderländer" nahmen gegen Ende des Jahres 1980 zu und wurden sehr konkret. Der Warschauer Pakt war alarmiert. Die Duldung einer organisierten Opposition, die zunehmend auch antisowjetischen Charakter zeigte, war für die Parteiführer der sozialistischen Nachbarn Polens unerträglich. Sie beharrten auf dem Machtmonopol der leninistischen Parteien. Vor allem auf Drängen Honeckers setzte Breschnew Manöver der „Bruderarmeen" in Polen an. Die Militärübung sollte den Polen drastisch vor Augen führen, dass ein Einmarsch als Antwort auf die Solidarność geplant wäre. Erinnerungen an Ost-Berlin 1953, Budapest 1956 und Prag 1968 wurden wach.

Ein Armee-Reporter des DDR-Fernsehens berichtete von einem nicht näher benannten „Truppenübungsplatz im Südwesten der Volksrepublik Polen". Dort seien „Stäbe von Truppenteilen und Verbänden der Sowjetarmee und ihrer polnischen Waffenbrüder bereit, gemeinsam Gefechtsaufgaben zu erfüllen". Bilder von Panzern, die durch polnische Dörfer fuhren, und Infanterie,

Lech Wałęsa und Papst Johannes Paul II. im Januar 1981. © KNA-Bild

die durch brennende Felder stürmte, verstärkten die Drohung. „Wie im bisherigen Verlauf der Kommando-Stabsübung ‚Sojus 81' demonstrieren sie an der Seite ihrer Kampfgefährten der Nationalen Volksarmee und der Tschechoslowakischen Volksarmee ihre hohe Einsatz- und Gefechtsbereitschaft", warnte der DDR-Reporter.

Auch die Polnische Bischofskonferenz rechnete mit einem Militärschlag des Warschauer Paktes. Bischof Alojzy Orszulik sagte mir: „Wir waren uns darüber im Klaren, dass unsere

Nachbarländer DDR, Tschechoslowakei, Ungarn, Rumänien und Bulgarien eine Strafexpedition gegen die Konterrevolution in Polen vorbereiten."

Im Dezember 1980 hat Papst Johannes Paul II. als polnischer Patriot aus Sorge vor einer Invasion einen Brief an den sowjetischen Generalsekretär Leonid Breschnew geschickt. Das Oberhaupt des kleinsten Staates der Welt, das über keine Divisionen, sondern nur über eine Mini-Armee aus Schweizergardisten in Renaissance-Uniformen gebot, schrieb an den Führer einer hochgerüsteten Atommacht.

An seine Exzellenz Leonid Breschnew, Präsident des Obersten Sowjets der Sozialistischen Sowjetrepubliken!
Ich spreche die Sorge Europas und der ganzen Welt an bezüglich der Spannung, die durch die inneren Ereignisse der letzten Monate in Polen entstanden ist. Polen ist einer der Signatarstaaten von Helsinki.

Johannes Paul II. weist in diplomatischen Formen offen darauf hin, dass es sich um „innere Ereignisse in Polen" handelt und dass für Signatarstaaten der Helsinki-Charta „die Nichteinmischung in die inneren Angelegenheiten eines anderen Staates" eines der Essentials war.

Dann erinnert der Papst den Sowjetführer an Hitlers Überfall auf Polen und macht auf diese Weise klar, welchen historischen Vergleich eine Invasion in seine Heimat nahelegen würde.

Diese Nation war im September 1939 das erste Opfer einer Aggression, die Ursache der schrecklichen Besatzungszeit war, die bis 1945 dauerte. Während des gesamten Zweiten Weltkriegs blieben die Polen Seite an Seite mit ihren Verbündeten und kämpften an allen Fronten des Krieges. Die zerstörerische Heftigkeit dieses Konfliktes kostete Polen fast sechs Millionen seiner Söhne und Töchter, das heißt, ein Fünftel seiner Vorkriegsbevölkerung. An die verschiedenen ernsthaften Gründe für die Sorge denkend, die

durch die Spannung aufgrund der aktuellen Lage in Polen ent-
standen ist, bitte ich Sie, alles zu tun, was in Ihrer Macht steht,
damit alles, was nach verbreiteter Meinung die Ursache für diese
Sorge darstellt, beseitigt wird. Das ist für die Entspannung in Eu-
ropa und der Welt unabdingbar. Ich glaube, das kann nur erreicht
werden durch das treue Festhalten an den feierlichen Prinzipien
der Schlussakte von Helsinki, die Kriterien für die Regelung der
zwischenstaatlichen Beziehungen proklamiert und insbesondere
an dem Grundsatz der Achtung vor den inhärenten Rechten der
Souveränität sowie dem Prinzip der Nichteinmischung in die inne-
ren Angelegenheiten jedes einzelnen der beteiligten Staaten.

Und schließlich folgt ein Satz, in dem mit dem Begriff der „Solidarität" (Solidarność!) doppeldeutig operiert wird.

Die Ereignisse, die in den letzten Monaten in Polen stattgefun-
den haben, sind durch die unabwendbare Notwendigkeit des wirt-
schaftlichen Wiederaufbaus des Landes verursacht, der gleichzei-
tig einen moralischen Wiederaufbau erfordert auf der Grundlage
des bewussten Engagements, in Solidarität aller Kräfte der ganzen
Gesellschaft.

Der Brief schließt mit dem dringenden Appell an Breschnew, er
möge alles tun, „um die gegenwärtige Spannung zu beseitigen,
damit die politische öffentliche Meinung über dieses schwierige
und dringende Problem beruhigt sein kann."

Kardinal Stanisław Dziwisz hat mir bestätigt, dass auf diesen
und andere Briefe des Vatikans nie eine Antwort aus Moskau
kam. Erst später, als Gorbatschow Parteichef geworden war, nor-
malisierten sich die Umgangsformen der Sowjets.

Vielleicht aber war die Tatsache, dass die drohende Invasi-
on des Warschauer Pakts unterblieb, dann doch eine Antwort
Breschnews. Allerdings vollzog die kommunistische Führung
Polens die befürchtete Strafexpedition dann selbst. Staats- und
Parteichef Jaruzelski verhängte am 13. Dezember 1981 das Kriegs-

recht, den Ausnahmezustand, einen Kampf der Regierung gegen die Solidarność, der Polnischen Vereinigten Arbeiterpartei gegen die freie Gewerkschaft der Arbeiter. Jaruzelski wollte damit angeblich dem Einmarsch der Warschauer-Pakt-Armeen zuvorkommen. Die Warschauer Regierung führte Bürgerkrieg gegen das eigene Volk. Die freie Gewerkschaft Solidarność wurde verboten, 5000 ihrer führenden Mitglieder wurden verhaftet und in Speziallager gebracht. Lech Wałęsa kam in Arrest. Jaruzelski verteidigte seinen Putsch von oben nach der Wende auch vor Gericht. Vor meiner Kamera begründete er seine Entscheidung so: „Wie Sie wissen, bin ich Berufssoldat. Deswegen werde ich es auch mit militärischen Begriffen sagen. Im strategischen Sinn hatten der Papst und die Solidarność recht, im taktischen Sinne hatten wir Recht. Die Solidarność hatte strategisch Recht mit ihrer Vision von Demokratie. Wir, die Regierung waren taktisch im Recht, der Tragödie einer Invasion vorzubeugen."

Mieczysław Rakowski, der immerhin zwei Jahrzehnte Kopf der „Polityka", der wohl interessantesten und in Grenzen „liberalen" Zeitschrift Ost-Europas, war und später Polens letzter kommunistischer Regierungschef wurde, unterstützte damals Jaruzelskis Gewaltakt vorbehaltlos. Er verteidigte sich vor meiner Kamera, indem er auf die Ängste der damals verantwortlichen Genossen in Warschau verwies: „Die Meinung, ich sei ein Feind der ‚Solidarność' gewesen, ist dumm. Dieser Vorwurf ist idiotisch. Ich stand nur den Radikalen innerhalb der ‚Solidarność' feindlich gegenüber. Weil ich zu einer Generation gehöre, die das brennende Budapest und das Ende des Prager Frühlings erlebt hat. Ich wollte nicht, dass in Polen neue Friedhöfe entstehen."

An diesem Sonntag, dem 13. Dezember 1981, war der damalige Bundeskanzler Helmut Schmidt zu Gesprächen mit SED-Generalsekretär Erich Honecker in der DDR. Schmidt entschied sich, trotz der „polnischen Ereignisse" seinen Besuch nicht abzubrechen. Er fuhr an diesem Sonntagmorgen vom brandenburgischen Schloss Hubertusstock in das mecklenburgische Städtchen Güstrow, wo der von ihm sehr verehrte Bildhauer Ernst Barlach gelebt hatte. Nach der Besichtigung der Künstlerwerkstatt wurde der Kanzler von Honecker in Güstrow empfangen. Die Staatssicherheit hatte über Nacht zahlreiche Busse mit linientreuen Genossen aus anderen Bezirken der DDR nach Güstrow gebracht. Diese Claqueure standen mit papiernen DDR-Fähnchen anstelle der offenbar als unzuverlässig eingeschätzten Bevölkerung der Stadt an den Straßen rings um das Rathaus. Die Bewohner waren aufgefordert worden, in ihren Häusern zu bleiben. Staatsicherheitsleute in Zivil bewachten die Hauseingänge. Die SED fürchtete Beifall und Sympathiekundgebungen für den auch in der DDR-Bevölkerung beliebten Helmut Schmidt. Ich habe als Korrespondent für das ZDF den Austausch von Einheimischen und „Zugereisten" seit den frühen Morgenstunden filmisch dokumentiert. Es war ein peinliches, schändliches, aber auch lächerliches Schauspiel, das Honecker dem Bundeskanzler zugemutet hat. Das Treffen beider Politiker hatte der Entspannung zwischen beiden deutschen Staaten dienen sollen, tatsächlich markierte es eine verstärkte Abkühlung im kalten Ost-West-Krieg und zeigte damit auch die realen Minusgrade in der deutsch-deutschen Eiszeit an.

Im Westen Deutschlands gab es in diesen Tagen vor Weihnachten spontane gewerkschaftliche Sympathiekundgebungen für die verfolgte Solidarność. Die Zahl der Hilfssendungen nach Polen stieg deutlich an, die Pakete konnten portofrei verschickt werden. Die DDR-Regierung aber sperrte nun für ihre Bürger auch die Grenzübergänge nach Polen, Reisen in das Nachbarland waren wegen angeblich drohender Gefahren für DDR-Urlauber nicht mehr möglich. Die SED-Propaganda verbreitete in den Betrieben das Bild von streikenden, sprich: arbeitsscheuen, polnischen Abenteurern, für die der fleißige Nachbar DDR materiell aufkommen müsste. Sie scheute nicht einmal davor zurück, damit noch immer aus der Preußen- und später der Nazizeit vorhandene Klischeevorstellungen vom „faulen Pollacken" zu nutzen oder gar wiederzubeleben. Streik, das vornehmste Recht lohn- oder gehaltsabhängiger Menschen, war nach kommunistischer Lesart nur im Kapitalismus angebracht. Im Sozialismus, in dem die Arbeiter – angeblich – die Macht hatten, wäre Streik nach dem Lehrbuch Lenins ein Kampf der Arbeitermacht gegen sich selbst und war daher verboten.

Im Juni 1983 besuchte Karol Wojtyła als Papst zum zweiten Mal seine polnische Heimat. In der Volksrepublik herrschten noch immer Sonderregelungen des Kriegsrechts. Die Solidarność war weiterhin verboten, zahlreiche führende Mitglieder waren noch immer interniert. Johannes Paul II. kam nicht als Triumphator in das gepeinigte Land. Das Regime begrüßte sogar gezwungenermaßen seinen Besuch, denn es brauchte einen Vermittler. Der Papst reiste von Warschau über den Marienwallfahrtsort Tschenstochau nach Posen, Kattowitz und Wrocław, dem früher deutschen Breslau. Am Rande der Dominsel der vom Krieg schwerstbeschädigten Stadt steht seit wenigen Jahren ein Denkmal mit der hohen Gestalt des Kardinals Bolesław Kominek. Er war nach Kriegsende der erste polnische Bischof der Stadt. Zu seinen Füßen ist heute in großen Lettern – auf Polnisch und Deutsch – seine Botschaft der Versöhnung zwischen Polen und Deutschen zu lesen:

PRZEBACZAMY I PROSIMY O PRZEBACZENIE
WIR VERGEBEN UND BITTEN UM VERGEBUNG

Kardinal Bolesław Kominek hatte diese Bitte am Rande des Zweiten Vatikanischen Konzils im November 1965 formuliert und seinen deutschen Brüdern im Bischofsamt die Hand gereicht, 20 Jahre nach dem mörderischen Krieg gegen Polen, der Vernichtung seiner jüdischen Bevölkerung und der darauffolgenden Vertreibung der Deutschen aus ihrer schlesischen Heimat. Seine kompromisslose Haltung führte zu schweren Angriffen der Kommunisten gegen die katholische Kirche, die Partei bezichtigte die Bischöfe des Landesverrats. Die ungewöhnlich mutige Vergebungsbitte erzeugte aber auch lange Zeit Irritationen im Kirchenvolk, das durch die Kriegsverbrechen der „Hitleristen-Faschisten" – wie das in Polen hieß – noch immer traumatisiert war.

Hunderttausende waren dem Papst trotz des Ausnahmezustands überallhin zu Fuß entgegengepilgert. Sonderzüge oder Charterbusse gab es für diesen Anlass nicht. Während des ganzen Papstbesuches wurden immer wieder Fahnen der verbotenen Gewerkschaft mit dem inzwischen weltweit bekannten Logo „Solidarność" gezeigt. Auch Johannes Paul flocht in seine Predigten regelmäßig das Wort „Solidarność – Solidarität" ein. Er vermied es, die geächtete Organisation zu benennen und rief die Gläubigen „nur" zu „Solidarität" als einem Akt der Nächstenliebe auf. Dennoch verstanden ihn die Menschen, und bei jeder Erwähnung von Solidarność brach ungeheurer Beifall aus.

Gebt nicht auf! Steht zusammen! Habt keine Angst!

Deutlicher konnte der Papst in dieser heiklen Lage des Kriegsrechts seine Landsleute kaum unterstützen.

In Breslau kam es zu einer Demonstration, die wie kaum eine andere die tiefe Verbundenheit zwischen Kirche und Solidarność, zwischen dem Papst und dem polnischem Volk bewies. Hunderttausende hatten sich auf dem Gelände des Hippodroms im Stadtteil Partynice versammelt. Geheimpolizisten hatten die Eingänge zum Hippodrom besetzt. Sie suchten nach Plakaten, Transparenten und Fahnen der verbotenen Solidarność. Niemand weiß, ob die Geheimpolizei bei ihren Kontrollmaßnahmen lässig oder unfähig war oder ob es unter Sicherheitsleuten Sympathisanten der Solidarność gab. Jedenfalls blitzten sekundenlang während des Gottesdienstes auf dem ganzen Gelände permanent meterlange Banderolen mit dem Schriftzug „Solidarność" über den Köpfen der Menschen auf und verschwanden ebenso schnell. Während Johannes Paul in seiner Predigt auch in Breslau nicht die verbotene Gewerkschaft beim Namen nannte, aber trotzdem forderte, man müsse alles bewahren, was an Solidarność – Solidarität gut sei, hoben die Ministranten an den Stufen des Altars ihr weißes Chorhemd und zeigten alle das T-Shirt darunter mit dem roten Schriftzug der Solidarność. Kardinal Stanisław Dziwisz, der 40 Jahre lang engster Mitarbeiter und Vertrauter Wojtyłas war, hat diese Szene erzählt.

In stillem Einverständnis demonstrierten die Gläubigen mit ihrem Fürsprecher aus Rom, dass die Solidarność lebt.

Der Kopf der verbotenen Gewerkschaft saß in dieser Zeit im schwer bewachten Hausarrest und schaute dem Papstbesuch per Fernsehen zu. Johannes Paul II. hatte dem Gewerkschaftsführer durch den Sekretär der Polnischen Bischofkonferenz, Alojzy Orszulik, eine Botschaft geschickt. Als Mitglied der Verhandlungskommission Staat – Kirche hatte der Priester Zugang zu dem mit Kontaktsperre belegten Solidarność-Sprecher. Er feierte eine Heilige Messe mit Wałęsa und dessen Familie und übergab ihm ein Schreiben des Papstes mit der Aufforderung: „Lernen Sie das auswendig! Das ist die theoretische Grundlage der Solidarność."

Heftigen Streit gab es mit der Parteiführung, weil Johannes Paul II. darauf bestand, während seines Besuches den verfemten Kopf der verbotenen Solidarność, Lech Wałęsa, zu treffen. Kardinal Dziwisz erklärte mir, dass der Papst damit erreichen wollte, dass Wałęsa keine politische „Unperson" war, sondern ein Gesprächspartner, und die Gewerkschaft Solidarność – wenn auch verboten – für ihn und die internationale Öffentlichkeit weiter existierte. Die Staats- und Parteiführung wollte ein solches Treffen unbedingt verhindern. Der Papst kündigte daher an, er werde sofort den Besuch abbrechen, sein Flugzeug besteigen und nach Rom zurückkehren. Diesen Skandal wollte die polnische Führung vermeiden. Also bot sie ein Treffen Papst – Wałęsa an einem geheimzuhaltenden Ort ohne Medienbegleitung an. So fuhr der Papst in den Wintersportort Zakopane, um dort in einer Skihütte den Arbeiterführer zu treffen. Die Staatssicherheit hatte in der Hütte einen Raum für das Gespräch präpariert, also verwanzt. Karol Wojtyła, der die Tricks des Systems über Jahrzehnte selbst erlebt hatte, weigerte sich, das Gespräch in diesem Raum zu führen. Er schickte die wartenden Geheimpolizisten weg und ging mit Wałęsa nach draußen an einen nicht abhörbaren Platz.

Auch direkt hat sich der Pole Wojtyła in die Krise seines Heimatlandes eingemischt. Bei einem Empfang, den Staats- und Parteichef Jaruzelski für den Papst gab, forderte Johannes Paul den Herrn des Kriegsrechts auf, den Ausnahmezustand sofort zu beenden und die inhaftierten Solidarność-Aktivisten aus den Lagern freizulassen. Einen Monat später wurden die letzten Bestimmungen des Kriegsrechts zwar außer Kraft gesetzt, doch das Verbot der Solidarność blieb bestehen. (Erst 1989 zur Wende in Polen wurde es wieder aufgehoben.) Die Solidarität der Arbeiter und das ungeschriebene Bündnis mit der katholischen Kirche und dem Schutzpatron aus Rom überdauerte die politische Eiszeit.

Die Untergrundgewerkschaft Solidarność rief ständig weiter zu Streiks auf, wegen niedriger Löhne, hoher Preise und weiterhin unzureichender Versorgung. Deshalb gab es auch nach Ende des Kriegsrechts schwere Auseinandersetzungen zwischen Arbeitern und der Polnischen „Arbeiterpartei", Polizeiknüppel statt Demokratie.

Staats- und Parteichef Jaruzelski versuchte in den achtziger Jahren, mit harter Hand die Lage im Lande zu „normalisieren". Lange Zeit herrschte Friedhofsstille, denn die Führung der Solidarność war durch die Verfolgung während des Kriegsrechts erheblich geschwächt. Die katholische Kirche stand ganz offen weiter auf Seiten der Opposition. Durch individuellen Terror hoffte die Geheimpolizei (SB), die Anhänger der Untergrundgewerkschaft einzuschüchtern. Priester oder aktive Laienvertreter der Kirche wurden von „Unbekannt" überfallen. Jeder in Polen wusste auch ohne vorgelegte Beweise, dass dies koordinierte Aktionen des Geheimdienstes gegen die Kirche waren. Diese Anschläge und dann vor allem der Mord an einem prominenten Priester zerstörten die vom Regime erstrebte Friedhofsruhe. 1984 wurde das Auto des Kaplans Jerzy Popiełuszko unter dem Vorwand einer Alkoholkontrolle gestoppt. Mitarbeiter des Geheimdienstes zerrten ihn aus dem Wagen, fesselten den Priester, misshandelten und ermordeten ihn. Seine Leiche wurde in einem Stausee der Weichsel gefunden. Sein Fahrer konnte verletzt entkommen und zeigte als Zeuge des Verbrechens den Anschlag an. Der Staat konnte sich nicht mehr auf „unbekannte Täter" herausreden und ordnete eine strenge Untersuchung an.

Jerzy Popiełuszko hatte während des Ausnahmezustands Bittgottesdienste für das Vaterland und die unterdrückte Opposition gehalten. Seine Messen, in denen trotz des staatlichen Verbots Fahnen der Solidarność gezeigt wurden, waren immer auch Protestdemonstrationen gegen die Diktatur. Er gilt heute als der Schutzpatron der Solidarność. An seiner Beerdigung nahmen hunderttausende teil. Auch Lech Wałęsa trat nach langer Zeit wieder öffentlich in Erscheinung. Er hielt sogar eine kurze Abschiedsrede: „Polen ist nicht verloren und wird auch nicht verloren sein, wenn es solche opferbereiten und solidarischen Priester hat. … Die ‚Solidarność' lebt, dieser Priester gab sein Leben für sie."

Die drei Mörder Popiełuszkos und ihr Vorgesetzter, alle Mitarbeiter des Innenministeriums, wurden noch 1985 zu hohen Haftstrafen verurteilt, nach der Wende aber „wegen guter Führung" vorzeitig aus dem Gefängnis entlassen. Ein katholischer Priester hat 2006 gestanden, Material über Kaplan Popiełuszko an die Staatssicherheit geliefert zu haben. Die landesweite Empörung wegen des brutalen Mordes an dem populären Priester hielt seit Mitte der achtziger Jahre an. Das Innenministerium und die später als „verbrecherische Organisation" überführte Geheimpolizei hatten die Sympathisanten der verbotenen Gewerkschaft einschüchtern und zur Aufgabe zwingen wollen. Sie erreichten das Gegenteil: Eine neue Solidarisierungswelle mit der Solidarność.

Im Juni 1987 kam Johannes Paul II. während seiner dritten Pastoralreise nach Polen auch in die Geburtstadt der Solidarność, nach Danzig. Bei seinen ersten beiden Reisen hatte ihm das Regime den Besuch der Stadt mit der Lenin-Werft verwehrt. Nun erwarteten den Papst zwei Millionen Menschen. Inzwischen war die Kommunistische Partei durch den hinhaltenden Widerstand der Bevölkerung derart geschwächt, dass sie nicht mehr wagte, dem Beschützer der Solidarność den Zutritt nach Danzig zu verweigern. Der Einfluss Gorbatschows auf das Klima in der Sowjetunion hatte offenbar auch das innenpolitische Verhältnis Staat – Kirche in Polen entspannt. Johannes Paul II. hatte Anfang des Jahres den polnischen Staats- und Parteichef Jaruzelski sogar im Vatikan empfangen. Offiziell galt der Besuch des Papstes dem Eucharistischen Kongress. Doch schon beim Treffen mit den Vertretern der kommunistischen Staatsmacht war deutlich geworden, dass dies nicht nur eine fromme Pilgerreise war. Jaruzelski sprach in seiner Begrüßung vom Frieden nach Art des Warschauer Pakts. Der Papst setzte in seiner Antwort einen ungewöhnlich scharfen Akzent: „Wenn Sie Frieden halten wollen, denken Sie an die Menschen. … Jede Verletzung der Menschenrechte ist eine Bedrohung für den Frieden."

In Danzig sprach Johannes Paul II. dann ganz offen über Solidarność und deren Ideale: Es gibt keine Solidarität ohne Liebe. Jeder ist für den anderen mitverantwortlich, statt Klassenkampf geht es um den Kampf für den Menschen. Der Mensch darf nicht des Menschen Feind sein. Der arbeitende Mensch hat eine besondere Würde.

Das war ein offener Angriff auf das Programm der Kommunistischen Internationale. Der Papst verurteilte den Klassenkampf und propagierte stattdessen das Ideal der „Solidarität". Ebenso trat er für die Freiheit des Wortes und des religiösen Bekenntnisses ein, für menschenwürdige Arbeitsverhältnisse, und das in einem Staat, der die Ausbeutung der Arbeiter angeblich abgeschafft hatte. Mehrfach hat das Regime den Papst auf diplomatischem Wege ermahnen wollen, er solle sich in seinen Predigten „politischer Äußerungen" enthalten, so erinnert sich Kardinal Dziwisz.

Das Programm der „Solidarität" hatte der große polnische Philosoph und Theologe Jozef Tischner bereits 1981 in seinem Werk „Ethik der Solidarność" an der Päpstlichen Akademie Krakau entwickelt. Diese „Ethik der Solidarität" hat Tischner in der Krakauer Kathedrale auf dem Wawel tausenden Arbeitern gepredigt. Es war eine Schule der gewaltfreien Opposition, es waren Vorlesungen über Gemeinschaft und Dialog, Arbeit und Ausbeutung, Revolution oder Demokratie.

Der dritte Besuch des Papstes in seiner Heimat verlief insgesamt friedlich. Die Gottesdienste mit Millionen Gläubigen festigten die Menschen in ihrem Willen nach Reformen und hielten sie gleichzeitig zu Geduld und Gewaltlosigkeit an. Die Menschen vertrauten immer mehr ihrem Fürsprecher aus Rom, schauten inzwischen aber auch erwartungsvoll auf den Reformer in Moskau. Die Zeit war reif für Veränderungen. Ein Jahr nach dem Papstbesuch kam es wieder zu einer landesweiten Streikwelle. Im Spätsommer 1988 erklärte sich die Regierung zu Verhandlungen bereit, sogar mit der Solidarność. Vertreter von Regierung und Opposition setzten sich unter der Beteiligung der katholischen Kirche an den „Runden Tisch", um Wege zur Lösung aus der Staatskrise zu finden.

Glasnost und Perestrojka

*Wie Gorbatschow auf der ersten großen Partei-
konferenz nach der Oktoberrevolution eine Lektion in
Demokratie erteilt hat*

Die Zimmertemperatur im 18. Stock des Moskauer Hotels „Ukraina" lag bei 38 Grad Celsius. Die Zentralheizung lief auf Hoch-
touren, zuverlässig wie im Winter. Was fehlte, war frische Luft.
Da nützte es wenig, dass in meinem Zimmer die Fenster vergleichsweise einfach zu öffnen waren. Denn die Heizung konnte nicht ausgeschaltet werden, und draußen war Sommer, ebenfalls 38 Grad, im Schatten. Das Wasser im Bad kam aus beiden
Hähnen lauwarm. Neu war in dem Raum der „Televisor", der
kurz nach Mitternacht sein Programm beendete. Ein kräftiges
Brummen weckte mit einer Schrift auf dem Bildschirm den er-
müdeten oder bereits eingenickten Zuschauer und empfahl ihm,
nun ins Bett zu gehen. Der Rest der Einrichtung stammte aus den
fünfziger Jahren. Mein Bett hatte wohl mancher Genosse aus einer der fernen Sowjetrepubliken als Luxus empfunden, mir aber
taten morgens alle Knochen weh. Immerhin, vom Hotel „Ukraina" zum ZDF-Studio in der Ulica Dorogomilowskaja Nr. 14 waren es nur 400 Meter zu Fuß, und der Rote Platz war auch nur
drei Kilometer entfernt. Moskau 1988, die Hauptstadt der großen
Sowjetunion, von der zu lernen siegen hieß. Ich war für ein paar
Wochen in Richtung Kreml abgeordnet worden, um aktuell über
Gorbatschows Reform „Glasnost und Perestrojka" zu berichten. In
der Sprache des amerikanischen Präsidenten Ronald Reagan allerdings befand ich mich, wie gesagt, mitten im „Reich des Bösen".
    Das Hotel „Ukraina" präsentierte sich dem Gast eher als
Reich der Sittenstrenge, als eine Art Mönchsklausur. Vor der bösen Versuchung, illegal irgendwelchen Besuch auf dem Zimmer
zu empfangen, bewahrte mich und alle Bewohner des 18. Stock-
werks die Deschurnaja, eine füllige Dame im Rentenalter, die

Schlüsselgewalt besaß. So diente sie meiner und der großen Sowjetunion Sicherheit. Die Deschurnaja, zu Deutsch „die Diensthabende", begrüßte mich morgens, wenn ich das Zimmer verließ, und wünschte mir eine geruhsame Nacht, wenn ich von der Arbeit heim in meine Klosterzelle kam. Und sie machte ihre Notizen. Sie sprach weder Englisch noch Deutsch, doch über Dollars konnte man sich mit ihr verständigen. Sie hatte in einem Hinterzimmer, was im hoteleigenen Laden nicht zu haben war: Wodka, kleine Dosen Kaviar und manchmal auch, aus westlichem Import, warmes Dosenbier. Das versuchte ich im Spülbecken der Nasszelle ein wenig zu kühlen. Da mein Kameramann Jan Dan Och und ich nicht als Delegation gebucht waren, hatten wir keinen Zugang zum hoteleigenen Restaurant, das nur mit den Essensbons einer Reisegruppe zu betreten war. Also frühstückten wir am Straßenrand. Frisches Weißbrot gab es in der Straße nebenan. Wir kauften jeden Morgen ein halbes und dazu einen Liter Milch. Dann etwa 400 Meter zu Fuß ins Studio zum Morgenkaffee. Dort wurde auch das Mittagessen, meist Eintopf nach deutsch-russischem Rezept, gekocht, für die ganze Mannschaft: Cutter, Kamerateams, Producer, Sekretärin, Dolmetscher und Korrespondenten.

Die Notwendigkeit von Gorbatschows Programm Glasnost und Perestrojka, von Wahrheit und Wandel im Sowjetreich, habe ich am Beispiel des Fahnenmastes ohne Fahne vor dem Hotel „Ukraina" jeden Morgen vor Augen gehabt und später den Zuschauern erklärt. Das Hotel ist fast 200 Meter hoch, ein Wolkenkratzer in Stalins Zuckerbäckerstil. Der Fuß des Fahnenmastes davor war mit riesigen Schrauben an einem Betonsockel befestigt. Allerdings, rings um die Schrauben war alles durchgerostet. Der etwa 20 Meter hohe Mast wurde durch ein fast ebenso großes Holzgerüst vor dem Umfallen bewahrt. Das revolutionäre Rot mit Hammer und Sichel konnte wegen Einsturzgefahr nicht mehr an dem baumdicken Mast hochgezogen werden. Ringsherum waren außerdem rot-weiße Gitter aufgestellt mit Schildern, die vor dem Besteigen des Betonsockels warnten. Mit seinem Programm „Glasnost" also lehrte Michail Sergejewitsch Gorbatschow die Sowjetbürger, den Rost am Fuß des Mastes nicht mehr zu übersehen und stattdessen das fahnenlose Elend mit einem teuren Holzgerüst zu kaschieren. Mit Perestrojka sollten sie handeln lernen, mindestens den Rost der Jahre entfernen, notfalls den alten Schrott abtragen und dann neue Schrauben in das Ganze einziehen.

Bevor der junge Gorbatschow 1985 überraschend zum Generalsekretär der Kommunistischen Partei der Sowjetunion gewählt wurde, kursierte in der DDR ein Witz über die Tagesordnung des Greisenensembles im Moskauer ebenso wie im SED-Politbüro. TOP 1: Die Mitglieder und Kandidaten des Politbüros werden von Rettungskräften in Rollstühlen zur Sitzung geschoben. TOP 2: Synchrones Anschalten der Herzschrittmacher. TOP 3: Gemeinsames Absingen des revolutionären Liedes „Wir sind die junge Garde des Proletariats".

Seit Gorbatschow war diese Tagesordnung in Moskau nicht mehr aktuell. Nun war da ein junger, redegewandter Politiker, der auf einer internationalen Pressekonferenz brillierte. Ein amerikanischer Journalist habe Gorbatschow gefragt, so wurde berichtet, ob er ein „Mann mit lächelndem Gesicht, aber mit eisernen Zähnen" sei. Unter dem Gelächter der versammelten Korrespondenten habe der Generalsekretär schlagfertig geantwortet, indem er auf sein gesundes Gebiss zeigte: „Erstens habe ich noch meine zweiten Zähne, und zweitens werden auch trotz der bekannten wirtschaftlichen Schwierigkeiten in der Sowjetunion künstliche Gebisse nicht aus Eisen hergestellt."

Sommer 1988. Gorbatschow war seit drei Jahren Generalsekretär der KPdSU, nach seinen altersschwachen Vorgängern Leonid Breschnew, Juri Andropow und Konstantin Tschernenko war er ein neuer Politstar auf der internationalen Bühne, mit 54 Jahren der jüngste Parteichef seit Stalin. Fast 70 Jahre nach der Großen Oktoberrevolution wollte Gorbatschow die Sowjetunion zu einem modernen Land ohne alles erstickende Parteibürokratie und lähmende Planwirtschaft machen.

Im April 1986 bin ich dem neuen Mann aus Moskau in Ost-Berlin erstmals begegnet. Er war zum XI. Parteitag der SED angereist. Diplomaten der Sowjetischen Botschaft Unter den Linden hatten gestreut, dass Gorbatschow bei seiner Ankunft am Flughafen Schönefeld auf eine große Empfangszeremonie verzichten wollte. Das Jubelspalier aus Schulklassen und Betrieben am Straßenrand der „Protokollstrecke" zwischen Flughafen und Regierungsviertel wurde abbestellt. Die DDR-Genossen sollten ihren Parteitag vorbereiten, ließ der junge Kremlherr mitteilen, er würde inzwischen Berlin, die Hauptstadt der DDR, besichtigen, ohne Begleitung aus dem SED-Führungskreis.

Am Nachmittag formierte sich in der Karl-Marx-Allee, Nähe Alexanderplatz, ein merkwürdiger Konvoi. Etwa 30 schwarze Limousinen, die meisten der Marke Volvo, aber auch Straßenkreuzer sowjetischer Bauart, fuhren nur mit ihrem Chauffeur besetzt einem modernen Panorama-Besichtigungs-Bus hinterher. Der hielt ab und zu, Sicherheitsleute stiegen aus, danach Gorbatschow mit seiner Begleitung.

So trafen wir den Generalsekretär auf dem Gendarmenmarkt vor dem wiederhergestellten Schauspielhaus. Gorbatschow, flankiert von zwei Dolmetschern, ging auf Passanten zu, denen vor Schreck die Sprache wegblieb, als er sie fragte, wie es ihnen ginge. Und, da sie nicht antworteten, setzte er hinzu: „Sagen Sie ruhig, was Ihnen gefällt und was nicht. Denn dass es nichts zu kritisieren gibt, das glaube ich Ihnen sowieso nicht." All das wurde sofort von einem der Dolmetscher übersetzt. Die Passanten blieben sprachlos, zumal wir vom West-Fernsehen unübersehbar alles filmten. Das Ganze wirkte eher wie eine Szene aus der Unterhaltungssendung „Verstehen Sie Spaß?" als wie ein Staatsbesuch. Nach zwei oder drei Versuchen ging Gorbatschow kopfschüttelnd weiter.

Danach fuhr er mit seiner Delegation zum Brandenburger Tor. Die Kamera zeigte ihn im lebhaften Gespräch mit dem Stadtkommandanten der Nationalen Volksarmee. Der Russe tippte dem deutschen General auf die ordenbehängte Brust und

sagte: „Sie sind mir dafür verantwortlich, dass an dieser Grenze Ruhe und Ordnung herrscht." Dann aber unterzeichnete er
einen schon vorbereiteten Eintrag in das Gästebuch des Mauer-
Generals – nach kommunistischer Weltsicht damals protokolla-
risch korrekt, in der Rückschau peinlich:

Am Brandenburger Tor kann man sich anschaulich davon über-
zeugen, wie viel Kraft und wahren Heldenmut der Schutz des ers-
ten sozialistischen Staates auf deutschem Boden vor den Anschlä-
gen des Klassenfeindes erfordert. Die Rechnung der Feinde des
Sozialismus wird nicht aufgehen. Das Unterpfand dessen sind das
unerschütterliche Bündnis zwischen der DDR und der UdSSR
sowie das enge Zusammenwirken der Bruderländer im Rahmen
des Warschauer Vertrages. Ewiges Andenken an die Grenzsolda-
ten, die ihr Leben für die sozialistische DDR gegeben haben. M. S.
Gorbatschow, 16. 4. 1986

Aber trotz dieses parteifrommen Eintrags ins „Poesiealbum der
Mauer" beunruhigte das nonkonforme Auftreten des jungen Generalsekretärs die betagten Genossen aus dem SED-Politbüro.
Später soll sich Gorbatschow noch heftig mit Honecker gestritten haben, weil er deutsch-deutsche Kungeleien hinter seinem
Rücken witterte, als der SED-Chef aus dem Saarland ihm von
seinen Reiseplänen in die Bundesrepublik berichtete. Noch war
Gorbatschow in der Tradition seiner Vorgänger gegen jede Ex-
tratour zwischen Ost-Berlin und Bonn. Auf dem XI. SED-Parteitag im „Palast der Republik", dem letzten seiner Art, sah ich
Gorbatschow jedenfalls, neben Honecker sitzend, ebenso rhythmisch Beifall klatschen wie die deutschen Genossen im FDJ-
Hemd, in Uniform oder Zivil. Aber schon damals zeichneten
sich hinter den Kulissen des Palastes der Republik schwere Dif-
ferenzen zwischen den deutschen Altkommunisten und dem
vergleichsweise jungen sowjetischen Generalsekretär ab. Gegen
dessen Programm von „Glasnost und Perestrojka", das letztlich
auf eine Demokratisierung des Landes an Stelle der „Diktatur

der Arbeiterklasse" zielte, setzte die SED plötzlich nicht mehr die Parole „Von der Sowjetunion lernen heißt siegen lernen", sondern die These, dass Moskau mit seinem neuen Weg nicht mehr unbedingt Modell für die anderen sozialistischen Länder sei. So versuchten sich die ostdeutschen Kommunisten dem bislang hochgepriesenen Idol zu entziehen. Die Genossen zwischen Rügen und Erzgebirge, am Vorbild der siegreichen Sowjetunion geschult, waren zutiefst irritiert, als sie aus dem SED-Zentralorgan „Neues Deutschland" vom 10. April 1987 erfuhren, was der Chefideologe Kurt Hager der Hamburger Zeitschrift „Stern" gesagt hatte. Selbstbewusste, trotzige Töne der Abgrenzung gegenüber dem bislang unantastbaren „Großen Bruder".

Hager: Wir haben uns die Lehren Lenins, insbesondere die Theorie der sozialistischen Revolution und des sozialistischen Aufbaus sowie die Lehre von der Partei, angeeignet und aus dem reichen Erfahrungsschatz der KPdSU Nutzen gezogen. Dies bedeutete jedoch auch in der Vergangenheit nicht, dass wir alles, was in der Sowjetunion geschah, kopierten.
Stern: Ein hartes Wort …
Hager: Schon im Aufruf des ZK der KPD vom 15. Juni 1945 heißt es: „Wir sind der Auffassung, dass der Weg, Deutschland das Sowjetsystem aufzuzwingen, falsch wäre, denn dieser Weg entspricht nicht den Entwicklungsbedingungen in Deutschland." Übrigens kopiert die Sowjetunion auch nicht die DDR. … Würden Sie, nebenbei gesagt, wenn Ihr Nachbar seine Wohnung neu tapeziert, sich verpflichtet fühlen, Ihre Wohnung ebenfalls neu zu tapezieren?

Wie sehr der Nachbar Gorbatschow die sowjetische Wohnung 70 Jahre nach der Oktoberrevolution tapezierte, wurde im Juni 1988 klar. Der Generalsekretär wollte nicht mehr per Diktat aus dem Kreml regieren; er versuchte die Genossen von seinen Reformideen zu überzeugen oder zumindest sie zu einigem Reformeifer zu überreden. Er berief die Allunionskonferenz der

Kommunistischen Partei der Sowjetunion nach Moskau ein. Im Gegensatz zum Parteikongress, der seit Lenin stets Einstimmigkeit demonstrierte, sollte die Parteikonferenz eine streitbare Debatte über die Perestrojka-Reformen ermöglichen. 5000 Delegierte aus allen Teilen der riesigen Sowjetunion versammelten sich im Kongresspalast des Kreml und hörten ungewohnt kritische Töne wie in einem Parlament der westlichen Welt. Gorbatschow thronte in dem Saal in der Mitte des Vorstandstisches über dem Rednerpult wie einer der drei Götter, die zum Finale von Brechts Lehrstück „Der gute Mensch von Sezuan" über den Schnürboden im Theaterhimmel verschwinden.

Die Parteien der Bruderstaaten schauten erschrocken bis entsetzt dem Schauspiel in Moskau zu. Denn die ideologische Führungsmacht schickte sich an, die bis dahin unumstößliche Doktrin, dass die Partei immer recht hat, in Frage zu stellen. Die Genossen in Moskau taten Unerhörtes: Sie übten öffentlich vor den Kameras des staatlichen Fernsehens Kritik an den führenden Altgenossen und deckten Fehler und Vergehen der Partei und deren Gremien auf. Noch während die 5000 im Kreml zusammenkamen, erfuhr ich, dass auf dem Puschkinplatz im Zentrum von Moskau eine größere Menschenmenge demonstrierte. Ich traute meinen Augen nicht und fragte den Dolmetscher, ob ich das richtig übersetzte, was da auf den knallroten Transparenten in weißen kyrillischen Buchstaben stand. Die Opposition forderte Pressefreiheit, freie Wahlen und Freiheit für alle politischen Gefangenen – und sie zeigte das wohl bitterste Transparent für die seit 70 Jahren herrschenden Bolschewiken: „Nieder mit dem Einparteiensystem!"

Nicht einmal fünf Monate zuvor hatten in Ost-Berlin die ostdeutschen Einheitssozialisten während des „kultischen Gedenkens" für Karl Liebknecht und Rosa Luxemburg Demonstranten durch Stasi-Greiftrupps verhaften lassen. Die jungen Oppositionellen hatten ohne Absprache mit der Partei den Luxemburg-Satz „Freiheit ist immer die Freiheit des Andersdenkenden" auf einem selbstgemachten Transparent gezeigt. In Moskau aber nahmen die Menschen Gorbatschows Demokratisierung, die zunächst erst einmal konsequente Entstalinisierung sein sollte, beim Wort. Auf Plakaten stand auch: „Ja zum Sozialismus – Nein zum Stalinismus". Sprechchöre forderten alle bürgerlichen Freiheiten und die Abschaffung der Zensur. Doch die neue Demonstrationsfreiheit hatte auch in Moskau noch immer ihre Grenzen. Kurz nur hielt jemand das Transparent „Es lebe die Freiheit – Nieder mit der Tyrannei" hoch, nur kurz tauchte es über den Köpfen der Menschen auf, dann rissen zivile Einsatzkräfte mit roter Armbinde das Plakat vor unserer Kamera herunter und führten den Demonstranten ab. Der Einsatzleiter versuchte die aufgebrachte Menge zu beschwichtigen, der Mann sei „nur vorübergehend zur Feststellung seiner Personalien" in Haft.

Rechtzeitig zur Parteikonferenz erschien die Zeitschrift „Ogonjok", das heißt „Feuerchen". Darin forderte ein Leser aus Leningrad, Stalin endlich, wenn auch posthum, aus der Partei auszuschließen. Am Hochhaus der Regierungszeitung „Iswestija" hing ein etwa zehn Meter langes und fünf Meter breites Plakat. Darunter stand: „Unglück und Schmach". Das Foto zeigte Stalins Hand mit der Tabakspfeife, vergrößert aus einem bekannten „Väterchen-Stalin"-Kultbild. Der Rauch, der aus Stalins Pfeife quoll, war aus tausenden von grauen und schwarzen Totenschädeln zusammengesetzt. Zu hunderten starrten die Moskauer auf diese Ikone des Grauens, viele schüttelten ungläubig den Kopf. Die einen wollten nicht glauben, dass das Bild die millionenfachen Morde des Diktators anklagte, die anderen konnten nicht fassen, dass so etwas in Moskau öffentlich plakatiert werden durfte – und noch dazu von der regierungsfrommen „Iswestija". Reichlich Miliz achtete darauf, dass das stille Entsetzen nicht in offene Empörung umschlug. Der Machtkampf zwischen den Anhängern von „Glasnost" und den Verteidigern der Vertuschung stalinistischer Verbrechen wurde hier ausgetragen.

Auf den Straßen Moskaus entschied jedoch das Angebot von Brot und Fleisch über den Erfolg der Perestrojka. Denn bei den russischen Massen war Gorbatschow bereits wegen seiner Anti-

Alkohol-Kampagne durchgefallen. Er hatte den „Arbeitern der Stirn und der Faust" die Wochenend-Droge entziehen wollen und sich dafür den Spottnamen „Mineralsekretär" eingehandelt.

Während ein Lautsprecher auf dem Platz der Revolution ein Popkonzert für die Jugend mit den sieben besten Rockbands der Region ankündigte, saßen viele ältere an diesem heißen Frühsommertag im Schatten und machten Pause von den Mühen der Revolution. In der Hauptstadt der Supermacht Sowjetunion gab es am Morgen der Parteikonferenz 20 bis 30 Meter lange Schlangen, die der DDR-Volksmund „sozialistische Wartegemeinschaften" nannte. Tomaten aus dem Bruderland Bulgarien waren eingetroffen. Die Ware noch grün, dritte Wahl, kostete 3 Rubel 50 pro Kilo, das war 1988 ein halber Tageslohn. Die Qualität exportierte Sofia lieber gegen harte Devisen in den Westen. Die Durchschnittseinkommen der russischen Werktätigen waren zuletzt ein wenig gewachsen, aber die Preise für Luxusgüter wie Tomaten aus Bulgarien fraßen die geringen Lohnzuwächse wieder auf.

Nur äußerst langsam kam die Wirtschaft durch Gorbatschows Perestrojka-Impulse voran. Doch dem Reformer war es noch lange nicht gelungen, der Lethargie der Massen Herr zu werden. Faulheit, Schlendrian, Pfusch und geschönte Bilanzen waren die Kinder der Planwirtschaft. Ich habe auf einem Bau in der Nähe des Kreml über eine halbe Stunde lang Arbeiter mit der Kamera beobachtet, die gerade aus der Frühstückspause gekommen waren und nun trinkend und rauchend offenbar auf die nächste Pause warteten. Keiner von ihnen nahm einen Stein oder die Mörtelkelle in die Hand. Das alles waren keine vorübergehenden Symptome von Frühjahrsmüdigkeit, das war in jahrzehntelanger Planwirtschaft gewachsenes System. Sich den ständigen Aufrufen nach schnellerer und besserer Arbeit ohne entsprechenden Leistungsanreiz zu verweigern, das war im real existierenden Sozialismus die eigentliche Arbeitermacht.

Durch Glasnost, also durch öffentliche Kritik an diesen unhaltbaren Zuständen, versuchte Gorbatschow, die Arbeiter auf seine Seite zu ziehen, sie für seine Reformen zu begeistern. Denn in der Parteiführung hatte der Reformer einen immer noch mächtigen Flügel von Neo-Stalinisten gegen sich, mit dem Hardliner und Ideologiechef Jegor Ligatschow an der Spitze. Also suchte er während der Mammut-Parteikonferenz eine Mehrheit für seine Perestrojka zu gewinnen. Die Stalinisten Gromyko und Ligatschow saßen neben dem Generalsekretär Gorbatschow im Präsidium, als der vor den 5000 Delegierten mit unerhörtem Klartext begann: „Die verkrusteten Machtstrukturen (der Partei), der Kasernenhofton (der verantwortlichen Genossen) sind das schlimmste Hindernis bei der Umgestaltung, der Perestrojka. Guten Vorsätzen für Demokratie steht autoritäres Gehabe gegenüber, Sonntagsreden von der Macht des Volkes stehen gegen Willkür der Bürokraten und Egoismus im Alltag."

Und dann setzt Gorbatschow noch eins obendrauf: „Einerseits gibt es bei uns im Land das Gerede von der Demokratie, andererseits treten sie Demokratie täglich mit Füßen."

Das alles hielt der Parteichef aber nur für eine „Fehlentwicklung des Leninismus"; die, meinte er, sei letzten Endes durch eine Reform des politischen Systems zu korrigieren. So zog er gegen Vetternwirtschaft und Korruption, Schlendrian und Passivität zu Felde. Nicht nur ein einzelner Kandidat sollte bei „Wahlen" aufgestellt werden, sondern mehrere Kandidaten sollten gegeneinander konkurrieren. Und vor allem sollte die Exekutive endlich von der Legislative getrennt werden, das bedeutete parlamentarische Kontrolle. So wollte Gorbatschow künftigen Personenkult verhindern. Er verurteilte Stalins Diktatur, sie hätte Unterdrückung und Verbrechen in den sowjetischen Alltag gebracht mit schlimmen Folgen für das Leben der Menschen bis zu dieser Parteikonferenz.

Doch die sowjetische Gesellschaft von 1988 war zerrissen. Während die Opposition öffentlich endlich ein Denkmal für die Opfer des Stalinismus verlangte, zogen die Anhänger des Diktators noch immer mit seinem Bild durch die Straßen Moskaus, pilgerten zu seinem georgischen Geburtshaus und schmückten sein Grab an der Kremlmauer mit Blumen. 1956 hatte der damalige Parteichef Nikita Chruschtschow in einer Geheimrede Stalin, den „weisesten aller Führer", als perversen Tyrannen enttarnt. Aber diese „Entstalinisierung" versandete wieder in der bleiernen Zeit des Parteichefs Leonid Breschnew. Dass auch Lenin für Massenmord an den Gegnern seiner Oktoberrevolution verantwortlich war, wagte noch niemand zu sagen. Es hieß selbst unter Kritikern des Sowjetsystems immer wieder, der „böse Stalin" habe durch seinen Personenkult die Lehren des „guten Lenin" missbraucht.

Die Reformer hofften, dass Gorbatschows Parteikonferenz eine ebenso fundamentale Umwälzung mit sich bringen würde wie einst die Revolution von 1917, diesmal jedoch Sozialismus plus Demokratie statt des Herrschaftsmonopols einer Partei. Doch die Bremser unter den Funktionären, die um ihre Privilegien fürchteten, waren nur vorübergehend aus der öffentlichen Debatte abgetaucht und arbeiteten gegen die Reformen unentwegt weiter – hinter verschlossener Bürokratentür. Sie griffen den Parteichef nicht persönlich an, wohl aber sein Programm von „Glasnost". Sie hielten es für gefährlich, Missstände beim Namen zu nennen. Vor der Parteikonferenz meldeten sie sich mit den üblichen Warnungen zu Wort, das sei zersetzende Kritik, Nihilismus, Verlust aller heiligen Werte des Kommunismus. Gorbatschow wollte diese Auseinandersetzung aber, weil er sie brauchte, wenn er sie schnellstmöglich beenden wollte.

Diese Gegner jeder Modernisierung kamen in den Presseberichten von der Parteikonferenz nicht zu Wort. Schwer zu sagen, ob sie im Plenum schwiegen oder von Zeitungen und Fernsehen verschwiegen wurden. Dagegen verbreiteten die Medien lange Diskussionsbeiträge von Delegierten, die die kritische Bilanz des Parteichefs aus ihrem Verantwortungsbereich ergänzten. Ein Genosse aus Wolgograd schimpfte, die Bürokraten würden jede selbständige Entwicklung von Betrieben verhindern. Alles kontrollierten sie, Planung und Versorgung gerieten ins Stocken, das Kredit- und Finanzwesen funktioniere nicht. Dann folgte sogar Kritik am Zentralkomitee der Partei. Unter stürmischem Beifall der 5000 rief der Delegierte Kalaschnikow: „Das ZK vergeudet seine Zeit für unnützes Zeug, zum Beispiel für das Verleihen von Ehrentiteln, Orden und Medaillen." Und fügte ironisch hinzu: „Könnte nicht der Ministerrat derlei wichtige Aufgaben übernehmen?"

Darauf Gorbatschow, der den Vorsitz über das riesige Auditorium hatte, aus dem Hintergrund: „Solange die im Zentralkomitee so sind, wie sie zur Zeit sind, müssen sie sich doch mit irgendwas beschäftigen!" Der Delegierte Kalaschnikow am Rednerpult stimmte zu und sagte in Richtung Gorbatschow: „Es müssen sich halt alle von Grund auf ändern, wir zu Hause bei uns, aber ihr hier in Moskau auch."

Noch nie gerieten derart kritische und selbstkritische Töne aus einer sowjetischen Parteiversammlung in die Öffentlichkeit. Die Delegierten haben sich unter dem lebensgroßen Porträt Lenins nahezu einstimmig die bislang üblichen Lobeshymnen auf die Partei und ihre weisen Führer verbeten. Plötzlich wurde vieles von dem offenbar, was seit der Oktoberrevolution, also seit 70 Jahren, verschwiegen oder ins Gegenteil verkehrt worden war. Das Abenteuer Wahrheit statt parteilich verordneter Geschichtsfälschung begann, offenes Reden anstelle ängstlichen Flüsterns. Die Menschen lasen überall in Moskau die Geständnisse von Genossen, wie sehr die Kommunistische Partei in all den Jahren den Fortschritt an Lebensqualität herbeigelogen hatte.

Der Arbeiter Jarin aus einem Walzwerk im Ural machte sich zum Anwalt der Werktätigen in Sachen Versorgung mit dem täglichen Brot: „Wo bleibt denn nun die Perestrojka, etwa in den Lebensmittelgeschäften? Da sieht es genauso aus wie schon früher. Schlimmer noch: Heute wird sogar Zucker rationiert, und Fleisch gibt es nach wie vor nicht. Wo sollen die Kumpel ihre Arbeitskraft hernehmen? Konsumgüter sind aus den Regalen verschwunden. Ich sage das nicht, Genossen, um hier die Stimmung anzuheizen, sondern um euch, den Delegierten, den Schmerz zu vermitteln, den Schmerz, den die arbeitenden Menschen in unserem Land empfinden."

Sein Rezept gegen diese unhaltbaren Zustände: „Basisdemo-kratie, das heißt Kontrolle der da oben durch die da unten." Das müsse so kommen, sagte Jarin weiter, denn bis jetzt wüsste niemand, wer im Politbüro oder im Zentralkomitee für was verantwortlich ist. Und solange das Volk das nicht wüsste, könnte auch niemand aus den Führungsetagen der Partei für irgendetwas verantwortlich gemacht werden. Und sarkastisch fügte er hinzu: „Wir würden gern konkreten Personen auch einmal für einen Erfolg danken."

Der nächste Redner, ein Gebietsparteichef, setzte seine Kritik in aktuelle Forderungen um: „Diejenigen, die früher Breschnews politischen Kurs unterstützt haben, dürfen jetzt nicht mehr in den Entscheidungsgremien von Staat und Partei verbleiben. Sie müssen endlich zur Verantwortung gezogen werden".

Sehr listig fragte wiederum Gorbatschow: „Wen meinst du denn, Genosse? Hast du einen konkreten Verdacht? Sonst sitzen wir hier alle rum und wissen gar nicht, wen du meinst. Meinst du mich? Ihn?", und wies ins Plenum. – „Nun gut, Michail Serge-jewitsch, ich meine folgende Genossen …" Und der Delegier-te zählte eine Reihe führender Funktionäre namentlich auf. Er nannte auch den Vorsitzenden des Obersten Sowjet und damit Staatschef Andrej Gromyko, der – wie immer mit versteinertem Gesicht – in einer Reihe mit Gorbatschow saß. Der setzte nach wie vor auf seine Art von präsidialem Dialog und wortreicher Überzeugungsarbeit. Niemand konnte genau abzählen, wie groß der Anteil der Reformgegner im Kongresspalast war. Die Auswahl der Diskussionsbeiträge in den Medien ließ auf eine Mehrheit der Gorbatschow-Anhänger schließen. Weiter wurde die Frage diskutiert, wie denn mit den Bremsern und Saboteuren der Reform umzugehen sei. Der Delegierte Postnikow: „Eine Revolution wie die Perestrojka kann man nicht mit humanen Mitteln durchführen. Umerziehung der Gegner, viele von ihnen sitzen hier im Saal, Umerziehung der Gegner hat keinen Zweck, das funktioniert nicht. Also muss man sie rausschmeißen aus der Partei."

Und im stürmischen Beifall wandte sich Postnikow an Gorbatschow, der ein paar Stufen über ihm auf dem Podium saß: „Sie, Michail Sergejewitsch, sind bekanntermaßen ein humaner Mensch. Sie sind von Hause aus für Umerziehung. Aber ich sage Ihnen, diese Leute müssen ihrer Ämter enthoben werden. Und dann ab mit ihnen in den Ruhestand."

Doch der Parteichef blieb bei seiner sanften Methode und versuchte zu überzeugen: „Viktor Iwanowitsch, ich höre dir gut zu. Du hast dir da einen etwas zu schlichten Michail Sergejewitsch Gorbatschow zurechtgemacht. Also unter Zeugen: Schon vor einiger Zeit haben wir Bürokraten aus dem Zentralkomitee und anderen Chefpositionen der Partei entfernt. Wir haben es mehrfach von oben versucht, aber nichts erreicht. Ich sage: Wenn wir heute richtige demokratische Spielregeln festlegen, dann wird das Volk von unten die Dinge in die richtige Bahn bringen."

In einer Resolution wurde der Kampf gegen die Bürokratie gefordert. Die Bürokraten verletzten die Gesetze und unterdrückten Kritik. Dass Bürger sich ohnmächtig gegenüber der „Gleichgültigkeit und dem Starrsinn von Bürokraten" fühlten, damit müsse Schluss sein. Der Delegierte Arbatow plädierte energisch dafür, die Amtszeit hoher Funktionäre auf zehn Jahre zu begrenzen, wie es der Generalsekretär vorgeschlagen hatte. Seine Begründung war radikal: „Man soll endlich aus der Geschichte lernen. Wenn Genosse Stalin bereits nach zehn Jahren, also schon 1934, seinen Posten hätte verlassen müssen, also, Genossen, noch vor dem Mord an Kirow und all den anderen ..." Er stockte, wischte sich die Tränen ab, das Plenum brach in langen Beifall aus. „... und wenn Genosse Breschnew vor dem Oktober 1974, also auch nach zehn Jahren, hätte gehen müssen, unserem Land wäre viel Leid und Elend erspart geblieben."

In den Tagen der Parteikonferenz gab es nicht nur lange Schlangen vor den Lebensmittelläden. Zum ersten Mal seit vielen Jahren standen die Menschen nach Zeitungen an. Das Parteiorgan „Prawda" (Wahrheit) und das Regierungsblatt „Iswestija" (Nachrichten) druckten seitenlang die spannendsten Redebeiträge, die das Land seit der Oktoberrevolution zu lesen bekam. Überall auf den Straßen debattierte man über die Konferenz. Dass so etwas in einem Staat, in dem Kritik bisher allenfalls geflüstert werden konnte, laut gesagt und veröffentlicht werden durfte, empfanden viele als Befreiung, andere als Nestbeschmutzung. Aus jedem dieser Debattenbeiträge wurde klar, dass die führenden Genossen von Stalin bis Breschnew Fehler gemacht und Verbrechen begangen hatten, dass die Partei schrecklich geirrt hatte.

Das ging letzten Endes an die Wurzeln des Marxismus-Leninismus, es stellte die bisherige kommunistische Doktrin in Frage, ließ Parteidogmen hohl erscheinen, und das Glaubensgebäude vieler Genossen geriet ins Wanken. Denn, so erfuhren sie nun, der Fortschritt, der die sowjetische Gesellschaft angeblich gesetzmäßig in dialektischen Sprüngen auf immer höhere Ebenen von Produktion, Konsum und Kultur katapultieren sollte, dieser Fortschritt war schon lange stehengeblieben. Und wenn sich überhaupt etwas bewegte, so war das Rückschritt. Das Land, das mit dem Sputnik die Raumfahrt begonnen hatte, war nicht in der Lage, ganz normale Waren des Alltags zu erschwinglichen Preisen bereitzustellen. Die Planwirtschaft regelte alles, subventionierte mit Milliarden das Notwendigste, setzte aber auch die Preise fest. Auch dabei gab es täglichen Schlendrian der verantwortlichen Funktionäre, sodass viele Verkaufsregale leer standen. Eine Familie zahlte 1988 für ihre meist viel zu enge Wohnung nur fünf bis sechs Rubel Miete pro Monat. Aber zehn Eier kosteten, wenn sie überhaupt zu haben waren, 1 Rubel 50.

Der Generaldirektor der wichtigen Maschinenfabrik Iwanowo, Genosse Kabaidse, klagte während der Parteikonferenz über den Wirtschaftsalltag, 70 Jahre nach der „siegreichen Oktoberrevolution": „Nirgendwo auf der Welt gibt es so viele Ministerien wie bei uns in der Sowjetunion. Und trotzdem läuft die Arbeit beschissen." So sagte er das. Beifall. „Das bedeutet ja nicht, dass wir gleich alle Ministerien abschaffen wollen. Aber ich sage euch, Genossen, ich brauche kein Ministerium, das meine Arbeit reguliert und kontrolliert. Westdevisen verdienen wir auch ohne die. Unser Essen müssen wir uns selbst besorgen. Wir füttern die im Ministerium durch, nicht der Staat. Wenn wir eine Koordinierung brauchen, dann sollen die ordentlich arbeiten, aber abhängig von uns. Mit einem Wort, Genossen, wenn der Minister Mäuse fängt, bekommt er sein Futter, wenn nicht, ist er überflüssig."

Aber der Delegierte Kabaidse war mit seinem Mängelkatalog noch nicht fertig: „Noch ein Beispiel, warum wir dringend die Perestrojka brauchen. Mit der Idiotie, dass wir 70 Prozent aller Bauteile für unsere Maschinen selbst herstellen müssen, damit haben wir uns seit Langem abgefunden. Aber, dass wir nun auch noch Schrauben und Muttern selbst produzieren müssen, und das in einer hochmodernen Maschinenfabrik, verdammt noch mal, was ist das für eine Perestrojka? (– Beifall –) Und dann redet ein Genosse aus Moskau hier noch, dass wir armen Sünder aus Iwanowo noch mehr Geld für die Hauptstadt lockermachen sollen. Vor Kurzem wurde bekannt, dass in Moskau 900.000 wissenschaftliche Mitarbeiter leben. Das ist hier offenbar ein Nest von lauter Wunderkindern, die wir auch noch durchfüttern sollen."

Kabaidse weiter: „Wollt ihr noch mehr hören? Bei uns gilt es als normal, an einem Industriebau 15 bis 20 Jahre lang rumzubauen. Und keiner hat sich deshalb erschossen oder ist wenigstens verrückt geworden. Wir arbeiten mit einem Unternehmen in Nordkorea zusammen. Die bauen 50.000 Quadratmeter Industriefläche in neun Monaten. Wir fummeln schon seit acht Jahren daran herum. Und die werden hier in Moskau immer weiter neue Vorschriften erfinden, wenn sie mich bereits mit den Füßen nach vorn aus der Bauruine hinaustragen."

Das war Glasnost pur. Solche Töne waren ungeheuerlich, verglichen mit den üblichen Erfolgsbilanzen von Planerfüllung, Lobestiraden auf die Weisheit der Partei und die unermüdlich arbeitenden Werktätigen. Auch die führende Rolle der Supermacht Sowjetunion wurde auf den Prüfstand gestellt. Die Delegierten erlebten ein Rededuell zwischen dem Oberkommandierenden Generalleutnant Gromow, der als „Held der Sowjetunion" in Afghanistan Befehlshaber war, und dem Schriftsteller und Journalisten Baklanow. Sechs Wochen vor der Parteikonferenz hatte Gorbatschow den Abzug seiner Truppen vom Hindukusch bekanntgegeben, achteinhalb Jahre nach Breschnews weltweit geächteter Invasion in Afghanistan. Beim Abmarsch der ersten Einheiten aus Kabul hatte das Moskauer Zentralkomitee noch den „Dank des Vaterlandes … für die schweren Prüfungen unserer Soldaten" ausgesprochen. In den Medien gab es zum Afghanistan-Krieg keinerlei Selbstkritik, stattdessen die bekannte Lesart, die sowjetischen Truppen seien von den Afghanen „zu Hilfe gerufen" worden.

Der Delegierte General Gromow fuhr in dieser Tonart auf der Parteikonferenz fort: „Unsere Widersacher im Westen wollen nicht begreifen, dass wir nach Afghanistan mit einer Mission des guten Willens gekommen sind. Wir sind nach Afghanistan gegangen, um das Volk zu schützen, seine Kinder und Frauen, friedliche Dörfer und Städte. Und natürlich auch die nationale Unabhängigkeit und Souveränität des Landes, Genossen. Diesen Auftrag haben wir erfüllt."

Dagegen Baklanow: „Die Entscheidung, unsere Truppen aus Afghanistan wieder abzuziehen, dazu waren politische Weisheit und vor allem Mut erforderlich. Sie einmarschieren zu lassen, dazu brauchte man nichts von beidem. In unsere Redaktion kamen Mütter gefallener Soldaten. Und auch in Briefen fragten uns Mütter, wie es dazu hatte kommen können. Sie fragten: Wer steht dahinter, wer hat das befohlen? Genossen, wir wissen ja, dass sogar Kandidaten des Politbüros vom Einmarsch unserer Truppen erst aus der Zeitung erfahren haben. Kann man so weitermachen? Nein, sage ich, so darf das nicht weitergehen. Gibt es Garantien dafür, dass sich so etwas nicht wiederholt? Nein, sage ich, solche Garantien haben wir nicht. Also müssen wir einen Mechanismus schaffen, der so etwas für alle Zeiten unmöglich macht."

Glasnost und Perestrojka, die Gesetze einer unblutigen Revolution, die zumindest für einige Zeit die verkrustete Gesellschaft der Sowjetunion aufbrach. Der Delegierte Uljanow, ein landesweit bekannter Schauspieler, über die alltägliche Anwendung von „Glasnost" durch Pressefreiheit : „Die Presse ist eine selbständige und ernsthafte Kraft, nicht das Dienstmädchen einiger Genossen, die gewöhnt sind, ohne Kontrolle zu leben und zu leiten."

Da mischte sich wieder Generalsekretär Gorbatschow ein: „Eine sehr brisante Frage, Michail Alexandrowitsch. Wenn wir nämlich darauf verzichten, Glasnost, also Kritik und Selbstkritik, zusammen mit Demokratie weiterzuentwickeln, dann ist es aus mit der Perestrojka. Wir müssen den Weg der Glasnost entschlossen weitergehen. Das Volk muss an der Gestaltung der Politik mitwirken, seinen Standpunkt äußern, seine Meinung allen bekanntmachen und missliebige Funktionäre und Mängel kritisieren."

Der Delegierte Uljanow wollte es genau wissen. Ein Dialog mit dem Reformer, der fast wie verabredet klang: „Wollen Sie, Michail Sergejewitsch, die Bedeutung der Presse mindern, damit kein Fehler publiziert wird und kein Mensch sich gekränkt fühlt? Oder habe ich Sie richtig verstanden, dass die Rolle der Presse gestärkt werden muss, auch wenn wir einmal danebenhauen und Fehler machen?"

Gorbatschow dozierend: „Michail Alexandrowitsch, die wichtigste Lehre, die wir aus der Vergangenheit ziehen, ist die, dass das Volk aus allen Entscheidungen des öffentlichen Lebens ausgeschlossen war. Also müssen wir das Volk durch lebendige Demokratie und vor allem durch die Presse wieder einbeziehen. Wir dürfen die Medien nicht wieder einer bestimmten Machtgruppe überlassen. Die Presse ist die Tribüne des ganzen Volkes. Also, da gibt es keine Meinungsverschiedenheit zwischen uns. Danke, dass Sie das Thema angeschnitten haben. Wenn jemand sich durch Kritik in der Presse schlecht behandelt fühlt, dann muss er das verdauen, solange die Kritik wahrheitsgetreu und damit berechtigt ist. Der Kritisierte muss zu den Menschen gehen und die Dinge klarstellen. Er muss sich überlegen, wie die Fehler wiedergutzumachen sind. Dann wird unsere Partei lebendig sein."

Aber auch der Parteichef selbst wurde offen kritisiert. Der entmachtete Moskauer Parteisekretär Boris Jelzin legte sich mit Gorbatschow an. Er warf ihm vor, ohne Absprache auf kaltem Wege ein Präsidialsystem einführen zu wollen und die Mitglieder des Zentralkomitees mit seinem Plan „überfahren" zu haben. Gorbatschow könnte zu viel Macht in seiner Person vereinen, wenn er Partei- und Staatschef zugleich wäre. Auch die knapp 5000 Delegierten hatten während der Konferenz zum ersten Mal von den Plänen des Generalsekretärs gehört. Dennoch wurde sein Vorschlag, das Präsidialsystem einzuführen, mit großer Mehrheit bei nur 209 Gegenstimmen angenommen.

Revolutionäre Augenblicke, die Russland so verändern sollten wie siebzig Jahre zuvor die zehn Tage der Oktoberrevolution, von denen der Amerikaner John Reed zu Recht geschrieben hat, sie hätten „die Welt erschüttert". Während am Tag danach wie immer tausende auf den Roten Platz zum „Heiligtum" des Sowjetstaates, zum Mausoleum mit dem einbalsamierten Lenin pilgerten, sammelten sich einige hundert Menschen auf dem Puschkinplatz und debattierten das bislang Unaussprechbare. Am meisten erregte die Menschen der rhetorische Schlagabtausch zwischen dem Reformer Boris Jelzin und seinem konservativen Widersacher Ligatschow. Jelzin war als Moskauer Stadtparteichef wegen unziemlicher Kritik gemaßregelt worden und hatte vor der Parteikonferenz seine Rehabilitation gefordert. Bei den Leuten auf dem Puschkinplatz war er bereits eindeutig beliebter als Gorbatschow.

Jelzins Forderung nach unabhängigen und direkten Wahlen hatte den Menschen imponiert. Jelzin, der Gemaßregelte, war aktuell ihr Held. Wieder forderten sie ein Denkmal für die Opfer Stalins. Allen voran Leute von der „Volksfront", die für energische, radikale Reformen eintrat. Gerade bewunderte ich die neue Demonstrationsfreiheit in Moskau und dachte an die verhafteten Rosa-Luxemburg-Demonstranten in Ost-Berlin ein halbes Jahr zuvor. Da umkreisten mindestens zehn blaue Mannschaftswagen der Miliz den Puschkinplatz. Polizei in Uniform und zivile Helfer mit roter Armbinde kesselten die Demonstranten ein, und ich befürchtete Schlimmes. Schon wurde unsere Kamera von Zivilisten behindert, doch die Leute von der Volksfront protestierten: „Lasst die das doch drehen!" Dann kam ein Offizier der Miliz mit einem Megaphon, stieg auf einen Steinsockel und rief den Massen zu: „Genossinnen und Genossen, seien Sie so vernünftig. Bitte betreten Sie nicht den Rasen des Puschkinplatzes."

Auch das war Revolution, Moskau 1988.

Gegen Mitternacht im Hotel „Ukraina" habe ich in den Spätnachrichten des Sowjetischen Fernsehens noch Ausschnitte aus der sensationellen Debatte im Kongresspalast gesehen. Dann kam die Müdigkeit und das laute Brummen mit der Aufforderung, den Televisor abzuschalten. Ich trank das warme Dosenbier aus und ging zu Bett.

Budapester Frühling
Wie Ungarn die historische Wahrheit über die Diktatur erkämpft und deren Opfer noch einmal beerdigt hat

Ähnlich wie in der DDR war es auch in Ungarn nicht erlaubt, die Nationalhymne öffentlich zu singen. Die SED mochte Johannes R. Bechers Textzeile „Lass uns dir zum Guten dienen, Deutschland einig Vaterland" wegen ihrer eifersüchtig beanspruchten Zweistaatlichkeit nicht hören. In Ungarn störten sich die Kommunisten im Wortlaut der Hymne am Lieben Gott. Im Budapester Frühling 1989 aber sangen hunderttausende das Lied der Ungarn mit vollem Text, in dem die Trauer über das Leid in der Vergangenheit zum Protest gegen das Unrecht in der Gegenwart wird: „Isten álld meg a magyart" – „Gott segne den Ungarn! ... Ihm, den das Unglück schon lange zerreißt, ihm bringe nun ein freundliches Jahr. Denn dieses Volk hat für Vergangenheit und Zukunft bereits genug gebüßt."

Es sollte tatsächlich ein freundliches Jahr für Ungarn und ganz Europa werden. Beim Standbild des Nationaldichters Sándor Petöfi versammelten sie sich auch 1989 wieder zu tausenden, diesmal aber ungehindert am traditionellen Nationalfeiertag, dem 15. März. Der konnte nach der Machtübernahme durch die Kommunisten, wenn überhaupt, dann nur mit massivem Polizeiaufgebot begangen werden. Dieser Tag galt der Partei als gefährlich, erinnerte er doch an den Aufstand von 1848 gegen das österreichische Kaiserhaus Habsburg und für eine selbstbestimmte, demokratische Republik. Als Antwort auf den Umsturzversuch der Ungarn bat Kaiser Franz Joseph, der in allen Wiener Souvenirläden heutzutage in niedlicher Geschichtsverklärung als Operetten-Opa mit Backenbart präsentiert wird, den russischen Zaren um Hilfe. Der entsandte an die 200.000 Mann in den Ostteil Ungarns. Gemeinsam mit den österreichischen Truppen wurden die aufständischen Magyaren in die Zange genommen und

1849 geschlagen, zahlreiche Revolutionäre und Militärs wurden hingerichtet.

Hundert Jahre später hatte die von Kommunisten kommandierte Polizei regelmäßig bei den Gedenkfeiern für die Helden der Revolution Schlagstöcke eingesetzt. Doch im Jahr der Wende war plötzlich alles anders. Die Opposition, das Ungarische Demokratische Forum, hatte zu einer Großdemonstration aufgerufen. Und, was niemand für möglich gehalten hätte und was in Deutschland wohl undenkbar wäre: Die reform-kommunistische Partei handelte weise und gab der Polizei von Budapest zum Nationalfeiertag frei, einen richtigen freien Tag. Keine Uniformierten kontrollierten, bewachten oder lenkten den Protestmarsch der weit über hunderttausend. Die ungarische Trikolore Rot-Weiß-Grün über den Köpfen der Demonstranten hatte ein Loch. Herausgeschnitten war der rote Sowjetstern, stattdessen trugen sie auf Transparenten das alte Staatswappen der bürgerlichen Revolution von 1848, dem nur noch die Krone des Nationalheiligen, des Königs Stephan, fehlte. Private Werkstätten hatten in mühevoller Handarbeit Anstecknadeln mit dem neuen Wappen gemalt, unter der Lupe hergestellte, daumennagelgroße Minitransparente der Opposition. Die Kommunisten versuchten 1989 unter dem massiver werdenden Druck der Opposition, das Reformtempo selbst zu bestimmen, und begingen nun selbst zum ersten Mal den 15. März mit einem Staatsakt auf dem Platz vor dem Parlament, der nach dem 1848er Freiheitshelden Lajos Kossuth benannt ist. Soldaten in historischen Uniformen übergaben vor den Spitzen der Partei die Fahne mit dem altehrwürdigen Staatswappen an die Ehrengarde der Ungarischen Volksarmee, die Teil des Warschauer Pakts unter Führung Moskaus war. Eine ungarische Traditionsfahne ohne den obligatorischen Sowjetstern.

Der Satellit Ungarn probte seinen eigenen Weg fern von der programmierten Umlaufbahn um das sowjetische Zentralgestirn. Zugleich hatte die Budapester Parteiführung den Protesten des Demokratischen Forums Rechnung getragen und den bisherigen Nationalfeiertag im Oktober abgeschafft, und das war ausgerechnet der Tag der russischen Revolution. In der Besinnung auf die patriotische Vergangenheit und mit deutlich wiederbelebtem Nationalismus waren sich Regierung und Opposition nähergekommen. Dennoch zogen die Demonstranten mit der Kampfparole „Szabadság – Freiheit" durch die Innenstadt. Vor dem Gebäude des MTV, des Ungarischen Fernsehens, dann eine improvisierte Kundgebung. In der Mitte des Platzes ein monumentales Standbild, das an die Befreiung von Budapest durch die Rote Armee im Jahre 1945 erinnert: goldene Reliefs von Sowjetsoldaten mit Sturmgewehr im Nahkampf. Ringsum auf den Dächern noch immer riesige rote Sterne, Symbole der Besatzer. Viele Ungarn empfinden sich – wohl auch heute noch – als Verlierer der Geschichte, sie fühlen sich als Märtyrer, deren Heimat in historischen Schlachten gegen die Türken, in revolutionären Kämpfen gegen die zaristischen Russen, gegen die Habsburger und zuletzt gegen die Sowjets erniedrigt und geteilt wurde.

Und auch hier vor dem massigen Fernsehgebäude erinnerten die Demonstranten an diesem 15. März 1989 an das bittere Schicksal ihrer Nation, verbunden mit einem scharfen Protest gegen die noch immer herrschende USAP, die Ungarische Sozialistische Arbeiterpartei. „Unsere Ketten sind zwar gelockert, aber noch nicht zerbrochen", rief eine Stimme aus dem Megaphon. Auf einem Transparent stand, der kommunistische Ex-Parteichef János Kádár habe mehr Tote zu verantworten als damals 1848 der berüchtigte österreichische Henker der Revolutionäre, Graf Julius von Haynau. Eine ungeheure Provokation. Unvorstellbar in Ost-Berlin, dass dort im Frühjahr 1989 ein Transparent mit dem Inhalt aufgetaucht wäre, Honecker hätte mehr Tote zu verantworten als der preußische Kronprinz Wilhelm. Der war als „Kartätschenprinz" in die Geschichte eingegangen, weil er zur gleichen Zeit wie Haynau die bürgerlichen Aufstände 1848 unter Einsatz von Militär hatte zusammenschießen lassen. Auf den Berliner Barrikaden waren damals über 180 „Märzgefallene" geblieben. Zum Vergleich: Schon ein Transparent mit dem Satz der sozialistischen Ikone Rosa Luxemburg: „Freiheit ist immer die Freiheit des Andersdenkenden" war noch 1988 offenbar für die DDR-Führung ein Sicherheitsproblem. 120 Bürgerrechtler verloren wegen Rosa Luxemburgs Freiheitsparole ihre Freiheit und wurden verhaftet – und das, während die SED gleichzeitig zu Ehren Rosa Luxemburgs aufmarschieren ließ, die Parteiführung mit Erich Honecker vorneweg.

In Budapest aber hatte die Polizei einen freien Tag.

Vor hunderttausend Menschen auf dem Platz der Freiheit verlas ein landesweit bekannter Schauspieler von den Treppen des massiven Fernsehgebäudes aus die zwölf Forderungen der Opposition, Forderungen, die Ungarn schon einmal – 1956 – an den Rand der Katastrophe gebracht hatten: Demokratie und freie Wahlen, Abschaffung der Arbeitermilizen, Streikrecht und Mehrparteiensystem, Selbstbestimmung und Rehabilitierung der Opfer des Budapester Aufstandes von 1956, die in der kommunistischen Geschichtsdoktrin als Landesverräter galten.

Ein „Mehrparteiensystem" hatte der Vordenker der Reform, Imre Pozsgay, bereits im Herbst 1988 in einem Interview mit mir für notwendig gehalten. Der Kommunist Pozsgay hatte verstanden, dass 40 Jahre Einparteien-Herrschaft die Probleme des Landes nicht hatten lösen können, im Gegenteil. Schon damals hatte er verlangt, dass die Opposition helfen sollte, nach den Jahren kommunistischer Alleinherrschaft den Karren aus dem Dreck zu ziehen. Jetzt, im März 1989, kam unter langanhaltendem Beifall die härteste der zwölf Forderungen, diesmal in Richtung Moskau und „Bruderstaaten" des Warschauer Pakts: „Wir fordern ein neutrales und unabhängiges Ungarn!" Und damit den Abzug aller sowjetischen Besatzungstruppen. Wohl niemand auf dem Freiheitsplatz hat damals daran gedacht, dass Ungarn fast auf den Tag genau, am 12. März 1999, also zehn Jahre später, Mitglied der NATO sein würde. Aber alle ahnten, dass im Zeichen von Gorbatschows Glasnost und Perestrojka ein milder Frühlingswind aus Moskau wehte.

Am Abend des Nationalfeiertages zogen rund 50.000 Menschen vom Stadtteil Pest über die Kettenbrücke hinauf nach Buda. Es ist der gleiche Weg, den die gefangenen Patrioten 1848 gehen mussten. Immer wieder die Nationalhymne, und dazu das Kampflied „Szozát" des revolutionären Dichters Sándor Petöfi:

Auf, die Heimat ruft, Magyaren!
Zeit ist's, euch zum Kampf zu scharen.
Wollt ihr frei sein oder Knechte?
Wählt! Es geht um Ehr und Rechte!
Schwören wir beim Gott der Ahnen:
Niemals mehr, niemals mehr
beugen wir uns den Tyrannen!

Dichtgedrängt standen die Demonstranten vor dem alten Königspalast. Die Bilder unserer Kamera zeigten Gesichter mit Tränen in den Augen. Viele, meist junge Leute trugen das alte neue Nationalwappen, und alle hoben die Rechte zum heiligen Eid: „Das Volk Ungarns wird wieder seine Würde erhalten, die alte Schmach wird abgewaschen, das geloben wir."

Die „alte Schmach", das war die Niederschlagung des ungarischen Aufstandes von 1956, der Einmarsch der Roten Armee in ein Land, das den Zusagen der Sowjets vertraut hatte, Moskau würde die Souveränität Ungarns respektieren. Wohl kein Ungar hatte vergessen, dass es Landsleute waren, Kommunisten, die ihr Land an Moskau verraten hatten. Nur etwa zwei Wochen hatte dieser „Aufstand" im Herbst 1956 gedauert. Seit der Geheimrede des sowjetischen Parteichefs Nikita Chruschtschow über den Personenkult und die Untaten Stalins hatte es auch unter den ungarischen Kommunisten rumort. Sie verlangten Aufklärung über die Verbrechen der Parteiführung. Zu ihrem Sprecher wurde der mehrfach gemaßregelte Reformkommunist Imre Nagy, den die Partei in aller Eile zur Beruhigung der protestierenden Massen zum Ministerpräsidenten berufen hatte. Er vertrat die Forderungen der Demonstranten nach freien Wahlen, Meinungs- und Pressefreiheit und vor allem nach

Unabhängigkeit von der allmächtigen Sowjetunion. Am 1. November erklärte Nagy den Austritt Ungarns aus dem Warschauer Pakt; Ungarn sollte ein neutrales Land zwischen den Blöcken sein. Moskau reagierte umgehend mit Gewalt. In den frühen Morgenstunden des 4. November 1956 überfielen 6000 sowjetische Soldaten mit 400 Panzern und Schützenpanzerwagen Budapest. Noch in den späten Abendstunden des 3. November hatte die ungarische Revolutionsregierung mit den Sowjets – wie es schien – einvernehmlich über den Abzug der russischen Truppen verhandelt. Kurz nach Mitternacht brach ein sowjetisches Kommando in den Verhandlungsraum ein und verhaftete die gesamte ungarische Regierungsdelegation unter Führung von Verteidigungsminister Pál Maléter. Der Kommunist János Kádár, der die Russen um Hilfe gegen die Reformer gerufen hatte, tauchte beim Einmarsch der Sowjetpanzer unter, um nach Moskauer Vorstellung eine Gegenregierung zu bilden. In ganz Budapest und in anderen Städten des Landes kämpften Ungarn mit selbstgebastelten Molotow-Cocktails und Handwaffen gegen die Übermacht der Roten Armee. Die ungarische Nachrichtenagentur schrieb dem Wiener Büro der amerikanischen Agentur AP: „Die sowjetischen Verbrecher haben uns betrogen. Der russische Angriff begann um 4 Uhr früh. Sowjetische Düsenjäger kreisen über Budapest."

Und die Parteizeitung „Szabad Nép – Freies Volk" berichtete: „Wir haben fast keine Waffen, nur leichte Maschinengewehre und einige Karabiner. Wir haben überhaupt keine schweren Geschütze. Die Menschen springen auf die Panzer, werfen Handgranaten und verschmieren die Sehschlitze. Das ungarische Volk fürchtet den Tod nicht."

Ministerpräsident Imre Nagy entkam in die Botschaft Jugoslawiens und erhielt von Kádár gemeinsam mit 14 Frauen, 18 Männern und 16 Kindern Zusagen für ein freies Geleit. Als die Gruppe das Botschaftsgebäude verließ, wurde sie von einem sowjetischen Kommando verschleppt. Nagy wurde 1958 in einem Geheimprozess zum Tode verurteilt und hingerichtet. Aus den

verschiedenen Quellen geht nicht eindeutig hervor, ob er erschossen oder erhängt wurde. In der Urteilsbegründung heißt es,
„Nagy und seine Gefährten" hätten sich „ihren revisionistischen
und nationalistischen Überzeugungen gemäß" dazu hergegeben,
„die Macht der Arbeiter, die demokratische Volksregierung und
das sozialistische Vaterland im Bündnis mit reaktionären Elementen zu verraten". Auch der militärische Führer des Aufstandes, Pál Maléter, war gemeinsam mit Nagy hingerichtet worden.

Ich besuchte Maléters Witwe in den Tagen des Budapester
Frühlings 1989. Sie zeigte mir das Hochzeitsfoto. „Er war damals
38 und ich 23, wir waren gerade ein Jahr verheiratet, als der Aufstand losbrach", erzählte sie mir. „Mein Mann war erst drei Tage
vor dem sowjetischen Überfall auf Budapest von Nagy zum Verteidigungsminister ernannt worden." In der Nacht der Invasion
war General Maléter den Sowjets in die Falle gegangen. Er wurde von russischer Geheimpolizei am Verhandlungstisch verhaftet. „Erst 30 Jahre nach seiner Hinrichtung habe ich die näheren
Umstände seines Todes erfahren. Erst im Dezember 1988 bekam
ich Nachricht, wo man die Leiche meines Mannes verscharrt
hatte", berichtet die Witwe.

Über 200 Menschen wurden wegen ihres revolutionären Wi-
derstandes hingerichtet, insgesamt etwa 20.000 Personen von
Gerichten mit sowjetischen Beisitzern zu Haftstrafen verurteilt.
Ohne Klärung des Justizmordes an Imre Nagy und seinen Ge-
fährten würde es nie eine nationale Aussöhnung geben, hieß es in
Budapest.

Die Suche nach der historischen Wahrheit war der wichtigste Motor der Opposition. In Schule, Universität und parteilicher
Presse hieß der Freiheitskampf von 1956 nach kommunistischer
Lesart Konterrevolution, in den Familien daheim, im ganzen
Volk, bewunderte und beweinte man die Märtyrer. Sowjetpanzer gegen den kurzen 56er Frühling von Budapest, das war die
nie heilende Wunde in der ungarischen Gesellschaft.

Die Kádár-Kommunisten versuchten mühsam, den Graben
zwischen Parteidoktrin und der lebendigen Erinnerung der

Menschen an die blutigen Ereignisse von 1956 zu überbrücken. Kádár selbst, der sich mehr und mehr als Landesvater und Gulaschkommunist präsentierte und dafür vom Westen durchaus Anerkennung erhielt, sagte sinngemäß, die „wissenschaftliche Definition der Ereignisse von 1956 heiße Konterrevolution". Ein anderer Begriff dafür, den alle akzeptieren könnten, sei „Nationale Tragödie", akzeptabel für die Partei, einzelne Menschen und ganz Ungarn. Mit dieser schwammigen Formulierung gab sich die Opposition in den späten achtziger Jahren allerdings nicht mehr zufrieden. Eine Vereinigung „Für die historische Wahrheit" mit ihrem Vorsitzenden András Hegedüs verlangte von den Kommunisten 33 Jahre danach endlich den „Offenbarungseid" in Sachen Vergangenheit. Und auch die Reformkommunisten stimmten dem im „Budapester Frühling" zu, wohl wegen eines wiedererwachenden Patriotismus und weil sich die systematische Verfälschung des Dramas von 1956 in der Bevölkerung verheerend auf die Glaubwürdigkeit der Partei ausgewirkt hatte. Ende März rang sich das Zentralkomitee der Partei zu einer neuen Geschichtsdeutung durch. Es legte fest, dass 1956 als „Volkserhebung" begonnen habe, in seiner Endphase jedoch „konterrevolutionäre Züge" angenommen habe. So ähnlich deuteten kritische SED-Genossen in Gesprächen unter vier Augen die Ereignisse des 17. Juni 1953 in der DDR. In der offiziellen Parteidoktrin aber hieß der Volksaufstand „faschistischer Putsch".

Das alles geschah im Frühjahr 1989 in Ungarn, während zur gleichen Zeit in der DDR das greise Politbüro sogar den Vertrieb einiger Zeitschriften aus der „siegreichen" Sowjetunion verbot, weil sie Gorbatschows Botschaft von „Glasnost und Perestrojka" verbreiteten. Die bundesdeutschen Sozialdemokraten, die sich ernsthaft in einem „Streit der Ideologien" um Gespräche mit der SED bemüht hatten, stellten damals resignierend fest, dass der Dialog gefährdet sei: Wer gegen friedliche Demonstranten mit Verhaftungen vorgehe, wer Ausreisewillige diskriminiere und schikaniere und die Verbreitung von Zeitungen verhindere, könne nicht den Anspruch erheben, dass er die

Wahrheit und die offene Diskussion über den Wettbewerb der Systeme fördere. Und wörtlich: „Wer den Dialog im Inneren verweigert, gefährdet auch den nach außen."

Zum ersten Mal in diesem Budapester Frühling brachte ein Privat-Kino für den „Neuen Film" aus dem Archiv Bilder von Ungarns dunkelroter Vergangenheit, der Periode vor 1956, der Zeit des ungarischen „kleinen Stalin", Matyás Rákosi: Der Film zeigte zuerst den Personenkult der frühen fünfziger Jahre, die peinlichen Huldigungen für den Diktator, dann die Schauprozesse gegen willkürlich erfundene oder tatsächliche Gegner des Regimes und die unkontrollierten Übergriffe der Staatssicherheit. Diese selbsternannte „Diktatur der Arbeiterklasse" war letzten Endes der Anlass für den Volksaufstand im Herbst 1956.

Damals gab es auch einen ungarischen Archipel GULAG, ein Netz von Zwangsarbeitslagern. Im Geheimarchiv des berüchtigten Lagers Recsk hatten die Filmemacher Dokumentaraufnahmen aus der Rákosi-Ära gefunden. Und sie zeigten einen Mann, der das Lager überlebt hatte. Er berichtete von Schlägen, der Folter ständiger Unterkühlung, und zeigte der Kamera, was ihm sein Leben lang vom Lager Recsk geblieben war: Völlig zerschlagene Finger, verkrüppelte Hände, die er nicht mehr bewegen konnte. Eine filmische Uraufführung über die Jahre der Diktatur bis 1956, welcher die überlebenden Väter voller Scham und die nachgeborene Generation fassungslos zuschauten. Denn zum ersten Mal sahen die Jungen mit eigenen Augen, wovon die Älteren nur leise in den Familien erzählt hatten. 650 Häftlinge waren einst in Recsk interniert, 150 überlebten, unter ihnen auch der Regisseur des Films. Auch Folterknechte des Lagers gingen vor die Kamera. Doch wie die meisten Täter weltweit hatten sie entweder „nur Befehlen gehorcht" oder litten an Gedächtnisschwund.

„Diese Leute sollen sich vor einem unabhängigen Gericht verantworten", sagte mir ein ehemaliger Häftling von Recsk, „ich selbst verurteile niemanden, das ist nicht meine Aufgabe, das muss ein freier Richter tun." Das Kino war ständig ausverkauft. Wir saßen mit der Fernsehkamera im Publikum und drehten die Bilder heimlich von der Leinwand. Für mich, den ehemaligen Korrespondenten in der DDR, war all das ungeheuer aufregend, wenn ich es mit den politischen Verhältnissen zwischen Rügen und Erzgebirge verglich. Und natürlich war mir bewusst, was Fernsehberichte über die Entwicklung in Ungarn bei den Zuschauern in der DDR auslösen würden, welche Vergleiche sie zwischen dem offenen Land der Magyaren und ihrem eingemauerten Teilstaat ziehen würden.

„Emlékezünk! – Erinnern wir uns!" wurde die nationale Parole des Budapester Frühlings auf der Suche nach der historischen Wahrheit. Es war die ungarische Version von „Glasnost" gleich Offenheit und „Perestrojka" gleich Wandel, Veränderung, Erneuerung. Nahezu täglich brachten die Medien neue Enthüllungen über die „Nationale Tragödie von 1956". Es war das Ende von parteilich verordneten Denkverboten und Schweigespiralen. Auf dem Schindanger eines städtischen Friedhofs, in einer abgelegenen Ecke, wo auch verendete Zirkustiere verscharrt waren, wurden die sterblichen Überreste der hingerichteten Patrioten gefunden und exhumiert. Die Toten waren zunächst in eine Grube des Polizeihauptquartiers geworfen und mit dem Gesicht nach unten einbetoniert worden. Jahre später hatte man sie auf dem abgelegensten Teil des Friedhofs verscharrt. Oppositionsgruppen hatten die Parzelle 301 des Friedhofs entdeckt und von Müll und Gestrüpp befreit. Dann brachten sie Blumen und Kränze auf die noch schneebedeckten Grabstellen der Verfemten. In einer Plastikhülle fand ich während der Dreharbeiten in Parzelle 301 einen Brief der Witwe des hingerichteten Ministers Lengyel: „Verehrte Herren, benachrichtigen Sie mich bitte, wenn Sie das Grab meines Mannes gefunden haben, seien Sie so freundlich!" Der Friedhof wurde zum Wallfahrtsort der Opposition.

Ein beispielloser Vorgang im kommunistischen Machtbereich: Hochrangige Genossen, sogar Kampfgefährten Lenins und Stalins hatten auf Befehl der Kommunistischen Partei oder des Parteichefs zu Unpersonen werden, aus Büchern gestrichen, von Fotografien retuschiert, aus dem Gedächtnis der Revolution getilgt werden können. Sogar Stalin war nach Chruschtschows geheimer Abrechnung mit dem Diktator bei Nacht vom Podest geholt, seine Leiche von der Seite Lenins genommen und aus dem Mausoleum an der Kremlmauer entfernt worden. Aber dass ein von der Partei zur Unperson erklärter Toter offiziell im Gedenken der Menschen auferstehen durfte, das war unerhört. Die „Bruderländer" – mit Ausnahme Polens – verfolgten im Frühjahr '89 die landesweite Erinnerung an 1956 mit stummem Protest.

Die beiden Protagonisten der ungarischen Tragödie, Imre Nagy und János Kádár, waren Genossen und Gegner zugleich. Als Nagy im Oktober 1956 den Austritt aus dem „Warschauer Pakt" erklärte, zog sich Kádár in die Stadt Szólnok zurück, rief die Sowjetarmee zu Hilfe und bildete heimlich eine Gegenregierung. Und dennoch galt nicht Kádár – gemäß der verordneten kommunistischen Parteidoktrin – als Vaterlandsverräter, sondern Nagy. Doch im Budapester Frühling 1989 tauchten plötzlich Bilder des verfemten Reformers in der Öffentlichkeit auf. Kleine Ansteckadeln mit dem Porträt Imre Nagys waren überall in Budapester Buchläden zunächst „unter der Hand", dann ganz offen zu haben. Und kleine Konservendosen im Tomatenmarkformat wurden auf den Straßen angeboten. Inhalt: „Kommunizmus utolsó lehelete", das heißt „Der letzte Atemzug des Kommunismus". Kein Wunder, dass die Diplomaten aus der DDR „verbreitet Anti-Kommunismus und offene Konterrevolution in Ungarn" nach Ost-Berlin meldeten.

Auch der Geheimprozess gegen Kardinal József Mindszenty sollte öffentlich und rechtsstaatlich überprüft werden. Der ungarische Primas war 1950 wegen „Spionage und Hochverrat" zu lebenslangem Zuchthaus verurteilt worden. Nicht nur für Katholiken war der Kardinal ein Märtyrer der kommunistischen Zwangsherrschaft. Aufständische hatten Mindszenty 1956 aus der Haft befreit. Nach dem Einmarsch der Sowjets erhielt er in der amerikanischen Botschaft Asyl, durfte aber erst 15 Jahre später nach Wien ausreisen.

Am Morgen des 16. Juni 1989 war das Halbrund des Heldenplatzes von Budapest mit schwarzem Trauerflor und den Nationalfarben Rot-Weiß-Grün geschmückt. Die ganze Stadt flaggte schwarz. Auf einem Podium, das von der Freitreppe der Kunsthalle aus die ganze Szenerie beherrschte, standen sechs Särge, fünf für Imre Nagy und seine engsten Gefährten, ein sechster symbolisch für die zahlreichen namenlosen Opfer. Es war der 31. Jahrestag der Hinrichtungen. Nur Männer der Opposition durften an den Särgen Wache halten und ausnahmsweise die Reformer, Ministerpräsident Miklós Németh und Staatsminister Imre Pozsgay, der Chefideologe des Wandels in dessen Kabinett. Dem Parteivorsitzenden der Reform-Kommunisten, Károly Grósz, wurde die Ehrenwache verweigert.

Und immer wieder sangen hunderttausende die Nationalhymne „Gott schütze den Ungarn" und das wehmütige Heimatlied „Szózát". Viele Menschen hatten Tränen in den Augen, denn an diesem Tag wurden auch Jahrzehnte der Diktatur und der offiziellen Lügen begraben. Das Fernsehen übertrug die Zeremonie, die bis in die Abendstunden andauerte, live und zeigte bislang geheimgehaltene Bilder des ermordeten Ministerpräsidenten Nagy. Wirklich, ein ganzes Volk trauerte. Justizminister Kulcsár hatte am Tag zuvor die Zahl der Opfer von Schauprozessen und geheimen Polizeiverfahren auf über 20.000 beziffert, einschneidende Gesetze zur Wiedergutmachung und die Abschaffung der Todesstrafe für „politische Verbrechen" angekündigt. Zum ersten Mal seit fast 33 Jahren waren die Ungarn im Bekennen der einen Wahrheit und im Schmerz über ihre Lebenszeit während der Diktatur vereint. Viele Menschen waren in Trauerkleidung erschienen, legten Blumen an den Särgen der 56er-Helden nieder. Es war nach dem Verscharren der Ermordeten durch die Henker die würdige, ehrenvolle Beerdigungsfeier für die Toten. Ein Requiem für die angeblichen Renegaten. Außenminister Gyula Horn versicherte, dass die sowjetische Führung unter Michail Gorbatschow – so wörtlich – sich nicht mehr mit Moskaus Verhalten bei der Niederschlagung des Volksaufstands identifiziere. Aus Prag war Helena Nemcová, eine Vertreterin der „Charta 77", gekommen. Polens „Solidarność" hatte eine Abordnung geschickt. Die symbolische Teilnahme der polnischen freien Gewerkschaft und der tschechoslowakischen Menschenrechtsaktivistin zeigte, wie grenzüberschreitend der Budapester Frühling ausstrahlte. Der polnische Bürgerrechtler Adam Michnik schrieb in der Zeitung der Solidarność: „Heute nehmen wir Abschied von dem totalitären System der Zerstörung und der nationalen Entfremdung, der Vergewaltigung und des Denunziantentums. Verflucht sei jeder, der heute noch dieses System verteidigt."

Um 12.30 Uhr gedachte ganz Ungarn in einer Schweigeminute der Opfer von 1956, die jetzt auch offiziell Helden und Patrioten genannt werden durften. Alle Kirchenglocken läuteten, Fabriksirenen heulten, die Arbeit in den Betrieben ruhte. Dieser landesweite Trauerakt markierte den staatlich sanktionierten endgültigen Abschied von der stalinistischen Vergangenheit. Mit Sonderflugzeugen und Sonderzügen waren zahlreiche Exilungarn aus den Vereinigten Staaten, Österreich, Deutschland und Frankreich gekommen. Besonders begrüßt wurde General Béla Király, der als Chef des 56er-Revolutionskomitees überlebt und Asyl in den USA gefunden hatte.

Die Namen von 235 zum Tode Verurteilten wurden vor mehr als 300.000 Menschen feierlich verlesen. Ministerpräsident Miklós Németh, der zusammen mit dem Reformer Imre Pozsgay die erste Totenwache hielt, sagte, er gehöre zwar der nachgewachsenen unschuldigen Generation an, habe aber sein Leben lang mit verlogenen Darstellungen der Vergangenheit leben müssen. Ein Mann sagte mir in die Kamera: „Meine Gefühle – ich kann sie nicht beschreiben. 1956 war ich gerade 13 und habe alles mit ansehen müssen. Noch immer habe ich ein Würgen im Hals, wenn ich daran denke." Eine Frau, 58: „Ich habe damals in der Stadt Szombáthely in den Reihen der Aufständischen den Bahnhof verteidigt, nur mit einer Pistole bewaffnet. Ich bin stolz auf diese Toten. Und ich schließe sie ohne jedes Rachegefühl heute in meine Gebete ein." Ein Vater mit seinem Sohn: „Ich wollte diese historische Stunde um keinen Preis versäumen. Obwohl ich sehr weinen musste, ist dies eine große Hoffnung, dass hier und heute der Grundstein für eine neue Zeit gelegt wird. Deshalb habe ich auch meinen Sohn mitgebracht. Der soll sich immer daran erinnern."

Über Lautsprecher hallte dann vom Tonband die Stimme von Imre Nagy, aufgenommen am Tag, als die Russen Budapest überfielen: „Ungarische Landsleute, bewahrt die Errungenschaften unserer demokratischen Revolution, die Ordnung und das Vertrauen. Und ich bitte euch, kein Blut darf fließen."

Neun Stunden und 20 Minuten dauerte das Gedenken und die Live-Übertragung im Fernsehen. Vom Budapester Heldenplatz ging der Trauerzug mit den Särgen zum Friedhof Rákoskeresztúr, wo der Schindanger inzwischen zu einer Nationalen Gedenkstätte mit altungarischen Holzstelen in der Tradition von Siebenbürgen umgestaltet worden war. Ein Priester sprach die Fürbitten an den offenen Gräbern für jeden einzelnen der Toten: „Gott erhöre die Bitten der Gläubigen und aller Menschen guten Willens für eine Zukunft in Frieden, damit unser Volk in Eintracht leben kann." Vertreter der inzwischen vielfarbigen Opposition, Sozial- und Christdemokraten, Kleinbauern und Liberale antworteten mit der Nationalhymne und mit „Szózát". Deutlicher konnte der Umbruch nicht sein. Noch im Jahr zuvor war eine nicht genehmigte Gedenkkundgebung für die Opfer von 1956 in Budapest von der Polizei mit Knüppeln aufgelöst worden, und Kommunistenchef Grósz hatte die Demonstranten Faschisten genannt.

Und während Ungarn mit der stalinistischen Vergangenheit so endgültig brach, setzte sich auf dem Pekinger Platz des Himmlischen Friedens die brutale Rachemaschinerie der chinesischen Kommunisten in Bewegung: Panzer auf dem Tien-An-Men-Platz gegen friedliche junge Leute statt Reformen und Dialog.

Auch Imre Nagy war sein Leben lang Kommunist gewesen. 1896 geboren, schloss er sich in der Folge des Ersten Weltkrieges 1918 als Kriegsgefangener den Bolschewiken an und kehrte als kleiner Funktionär in seine Heimat zurück. Auch später in den dreißiger Jahren hatte er sich in der Sowjetunion als linientreu erwiesen. Er entging Stalins Säuberungen, weil er der politischen Polizei als Spitzel gedient hatte. Zurück in Ungarn, wurde er von der Partei gemaßregelt, verlor vorübergehend seine Führungsposition, übte jedoch als gläubiger Leninist Selbstkritik, stieg zum Minister auf und wurde 1953 sogar Regierungschef. Es war die in jenen Jahren häufige Karriere kommunistischer Spitzenfunktionäre, die stets in Schlangenlinien von Gnade zu Ungnade führte und nach Absturz und Selbstkritik – also Selbstverurteilung und Verleugnung eigener Überzeugungen – wieder zurück in die heiligen Reihen der Nomenklatura. Bis Nagy schließlich 1956 als rechtmäßiger Ministerpräsident erklärte, ein Zurück zu stalinistischen Verhältnissen wie 1953 werde es in Ungarn nicht mehr geben. Er wurde zum offenen Kritiker der Diktatur und erhielt besonders von jungen Menschen landesweit mehr Zuspruch als irgendein kommunistischer Regierungschef zuvor.

János Kádárs Parteikarriere verlief in ähnlichen Höhen und Tiefen. Der aufstrebende Funktionär avancierte während der stalinistischen Säuberungsaktion zum Polizeiminister, wurde dann aber 1951 selbst denunziert, als Kommunist verhaftet und von Kommunisten in einem Geheimprozess verurteilt. Die dreijährige Haft hat ihn für sein Leben traumatisiert. Doch Kádár gehörte nicht zu denen, die wegen dieser ungerechten Verurteilung mit der Partei brachen. Er wollte zurück in die Reihen der Genossen, betrieb seine Rehabilitierung, bekannte sich aber zugleich zu seinen „Fehlern" in der Vergangenheit. Kádár war für die Verfolgung anderer Genossen mitverantwortlich und daher Täter und Opfer zugleich. Sein Schwenk in Richtung Sowjetunion, weg vom Reformkurs seines Genossen Imre Nagy, sein „Hilferuf" nach Moskau, seine Bildung einer geheimen Gegenregierung Anfang November 1956 und schließlich sein gebrochenes Wort gegenüber Nagy und Gefährten beschädigen auf bittere Weise diese Biographie. 1988 ist er auch als Ehrenvorsitzender seiner Partei zurückgetreten, obwohl er wegen seiner vergleichsweise bürgernahen Politik im „Archipel Gulasch" ein bemerkenswertes Ansehen in der Bevölkerung genossen hatte.

Kádár und Nagy: Ihre Schicksale trafen sich noch einmal im Sommer 1989. János Kádár war entmachteter und kranker Politrentner, sein Gegner Imre Nagy aber wurde nicht mehr als Hochverräter und Konterrevolutionär denunziert, sondern vom Volk bereits öffentlich als Patriot und Märtyrer geehrt. Nun sollte Ungarns Oberster Gerichtshof Nagy und Gefährten auch rechtsstaatlich rehabilitieren. Am 6. Juli 1989 wurde das Urteil gesprochen. Der Gerichtssaal war bis auf den letzten Platz gefüllt. Ich selbst saß ziemlich weit hinten direkt am Gang. Der Richtertisch war mit etwa zehn Männern der Justiz besetzt. Der Vorsitzende eröffnete die Sitzung und verkündete kurz das Urteil, Imre Nagy und seine Mitstreiter seien wahre ungarische Patrioten und keine Vaterlandsverräter gewesen. Sie wurden posthum freigesprochen, dann die ausführliche Urteilsbegründung.

Etwa eine Viertelstunde war vergangen, als die hintere Tür aufgestoßen wurde. Ein Mann eilte an mir vorbei durch den Gang bis nach vorn zum Richtertisch. Der Vorsitzende unterbrach seine Rede und nahm die geflüsterte Nachricht des Boten entgegen. Unter den Richtern ungläubiges Kopfschütteln und einige Verwirrung, dann erhob sich der Vorsitzende noch einmal und teilte den unruhig gewordenen Zuhörern den Grund der ungewöhnlichen Unterbrechung mit: „Soeben wurden wir darüber informiert, dass János Kádár in dieser Stunde gestorben ist."

Es war wie in der griechischen Tragödie. Der Bote betritt die Bühne und berichtet, dass der König starb, als seine schwere Schuld gegenüber dem Helden öffentlich bekanntgemacht wurde. Ein ungeheuerlicher Vorgang, der in doppelter Weise das Ende von Ungarns schlimmer Vergangenheit markiert. Der Täter starb in dem Augenblick, da sein Opfer späte Rechtfertigung erfuhr, 33 Jahre danach.

Die Geschichtsstunde von Hegyeshalom

Wie Ungarn den Stacheldraht zerschnitten und damit den ersten Stein aus der Berliner Mauer gebrochen hat

Der frühe Morgen war verregnet. Aprilwetter am 2. Mai 1989. Militärpolizei erwartete uns an der Einfahrt von Hegyeshalom, einer Grenzstation nach Österreich. Wir waren morgens um 6 Uhr in Budapest aufgebrochen, ein wenig verkatert noch, denn wir hatten am Vorabend den 1. Mai gefeiert oder das, was in Ungarn 1989 davon übrig geblieben war. Nur noch ein paar tausend Genossen waren morgens an Budapests Aufmarschmeile erschienen, alle mit Regenschirmen, wenige mit einer roten Fahne dazu. Jahrzehntelang waren sie am Maifeiertag vor dem zehn Meter hohen Bronze-Lenin aufmarschiert. Doch der war über Nacht irgendwie verschwunden, und so stand Noch-Parteichef Károly Grósz mit dem letzten Aufgebot der einst mächtigen Ungarischen Sozialistischen Arbeiterpartei etwas ratlos vor dem Sockel des Schriftgelehrten der Russischen Revolution.

Zur gleichen Zeit gab es in Polen die erste Maikundgebung der Solidarność. Gerade zwei Wochen war Solidarność nach sieben Jahre langem Verbot durch Verhandlungen am „Runden Tisch" wieder zugelassen. Die Polen demonstrierten für höhere Löhne, eine bessere Versorgung, aber vor allem für Freiheit und Demokratie. Zuvor hatten sich einige zehntausend rings um die Stanislaus-Kostka-Kirche versammelt, um während eines Gottesdienstes des von polnischen Geheimdienstpolizisten ermordeten Priesters Jerzy Popiełuszko zu gedenken.

Beim Nachbarn DDR das Übliche, wie ich es oft erlebt habe. In Ost-Berlins Karl-Marx-Allee machte der kommandierende General der Nationalen Volksarmee im offenen sowjetischen Straßenkreuzer vor dem Podest der Staats- und Parteiführung Halt, begrüßte und beglückwünschte per Megaphon die Abordnungen der NVA zum 1. Mai, dem „Internationalen Kampftag der Arbeiterklasse". Und die Männer aller Waffengattungen in Paradeuniform brüllten jedes Mal „Hurra, hurra, hurra". Dann der perfekt organisierte Aufmarsch von über einer halben Million Ost-Berlinern, eine Prozession unter roten Fahnen mit Treueschwüren zur Partei von Marx und Lenin. Die Losungen und Verpflichtungen auf den Transparenten waren vom Zentralkomitee der SED Wochen zuvor formuliert und genehmigt worden, die Transparente im Auftrag der Partei vorgefertigt. Lautsprecher entlang der Karl-Marx-Allee brüllten Kampflieder der Arbeiterbewegung vom Bande. Rote Nelken gab es reichlich, und alle zusammen liefen begeistert oder mürrisch drei Stunden lang für den Aufbau des Sozialismus an den Herren auf dem Ehrenpodest vorbei. Die winkten den Demonstranten und den Fernsehkameras leutselig zu. Alle hatten ein Sommerhütchen auf, wie es die alten Männer im Saarland tragen. Der Saarländer Erich Honecker bestimmte nicht nur die Richtlinien der Partei, er war auch modisch tonangebend, die Nomenklatura der Einheitspartei trug Einheitsanzüge in DDR-Grau. Die „Aktuelle Kamera" berichtete über den sozialistischen „Tanz in den Mai" in ihrer Halbstundensendung – nur ergänzt durch den Wetterbericht – 27 Minuten lang.

Was die Riege der alten Herren auf dem Podest nicht ahnte oder nicht wahrhaben wollte: Dies sollte die letzte Maidemonstration in der Geschichte der DDR sein. Denn vom nächsten Morgen an sollte alles anders sein im eingezäunten, zugemauerten und mit Schusswaffen bewachten Ostblock.

In Budapest war ein klassisch-kommunistisches Ritual nicht mehr zu besichtigen. Der „Kampftag der Arbeiterklasse" dauerte gerade noch eine halbe Stunde, man beeilte sich, ins Trockene zu kommen. Reformkommunist Grósz kündigte seiner klein gewordenen Anhängerschar „trübe Jahre" an und forderte noch schnell von der eigenen Partei konsequente wirtschaftliche und soziale Erneuerung im Bündnis mit den Gewerkschaften. Die allerdings hatten sich gerade nach dem Vorbild der polnischen Solidarność von der kommunistischen Vormundschaft befreit und selbständig gemacht. Die Kommunisten besaßen nicht mehr das Versammlungsmonopol und blieben unter sich. Dagegen hatte die im Februar wiedergegründete Sozialdemokratische Partei bei ihrer Maifeier bereits internationale Gäste, auch einen aus der Bundesrepublik Deutschland: Peter Glotz, SPD.

Der späte Nachmittag des 1. Mai war für Kamerateam und Korrespondent in Budapest frei. Nach Gulaschsuppe, Lammpörkölt und Somloer Nockerln gab es im Hotel reichlich Bier und das „einzigartige" Unikum. Dieser Kräuterschnaps hilft seit Generationen dem Magen gegen Ungarns gute Küche. Vielleicht wäre es nicht bei einem einzigen Unikum geblieben, wenn uns nicht – völlig außergewöhnlich – ein Mitarbeiter des Außenministeriums am frühen Abend zu einer „äußerst wichtigen Pressekonferenz der ungarischen Grenztruppen" am nächsten Morgen eingeladen hätte. So brachen wir um 6 Uhr morgens auf und kamen ins 200 Kilometer entfernte Hegyeshalom. Man geleitete uns in die Dorfschule. Der Klassenraum von Journalisten und zehn Fernsehteams überfüllt, vor der Tafel an einem Tisch führende Offiziere der ungarischen Grenztruppen. Wir Korrespondenten – Österreicher, Ungarn, Amerikaner und Deutsche – rätselten, warum man uns in eine Zwergschule an der Strecke Budapest–Wien nahe dem Grenzübergang nach Österreich eingeladen hatte.

Pressekonferenzen haben ihre eigenen Gesetze. Entweder will der Veranstalter eine Botschaft an die Journalisten loswerden, die ist dann verbunden mit Eigenwerbung oder Eigenlob. Oder man lädt gezwungenermaßen ein, weil man auf unangenehme Fragen der Öffentlichkeit eine Antwort geben muss. Die Pressekonferenz im Grenzort Hegyeshalom hatte nichts von beidem. Sie begann ohne Eigenlob mit einer langstieligen Erläuterung der Aufgaben von Ungarns Grenzbewachern im Rahmen des Warschauer Pakts. Und dass die Grenze als Friedensgrenze bewacht wird und auch in Zukunft bewacht werden muss, betonte der General. Kameramann Peter Schumann schickte schon fragende Blicke, ob er das alles aufnehmen solle.

Dann übernahm ein zweiter Offizier, und der kam zur Sache. Die Grenze Ungarns zu Österreich sei 354 Kilometer lang, durch hohe Stacheldrahtverhaue und durch eine elektronische Warnanlage gesichert, aber bedauerlicherweise sei das ganze System altersschwach und verrostet, also untauglich geworden und daher erneuerungsbedürftig. Oberst Balázs Nováky dann wörtlich: „Mit den Grenzbefestigungen hätten wir drei Möglichkeiten. Die Anlagen reparieren, das kostet viel Geld. Das Sperrsystem völlig zu erneuern, das wäre noch viel teurer. Oder schließlich die politische Grenzideologie zu ändern, und das heißt die Sperren abzureißen." Geschätzte Kosten für die Runderneuerung: 180 Millionen US-Dollar. Dieses Geld, so der Oberst, stehe wegen der hohen Auslandsverschuldung Ungarns nicht zur Verfügung, und daher werde die gesamte verrottete Sperranlage demontiert. Die Bevölkerung werde gebeten, das Militär beim Abbau der Drahtzäune zu unterstützen.

Das alles haben wir wie üblich gedreht, und ich habe automatisch mitgeschrieben. Nur langsam begriff ich, was das bedeuten könnte. Für den Korrespondenten aus Berlin war der Eiserne Vorhang selbstverständlich Teil des gesamten kommunistischen Limes, zu dem als letztes, 1961 geschlossenes Schlupfloch die Berliner Mauer gehörte. Wenn also hier, beim Dorf Hegyeshalom an der Grenze zu Österreich, der Stacheldraht mit dem elektronischen Meldesystem entfernt würde, hätten auch Flüchtlinge aus der DDR eine neue, bislang ungekannte Chance. Das Loch im Eisernen Vorhang wäre – tausend Kilometer entfernt – der erste fehlende Stein der Mauer von Berlin und damit der Dominostein, der eine Kettenreaktion auslösen könnte, an deren Ende der gesamte Eiserne Vorhang ausgedient hätte. Ich fragte Nováky, ob denn „die völlige Entfernung der Grenzanlagen mit dem Warschauer Pakt abgestimmt" sei und ob „die DDR protestiert" hätte. Militärisch knapp antwortete der Oberst: „Diese Maßnahme der ungarischen Regierung ist eine innere Angelegenheit unseres Landes." Und was wird aus den Urlaubsreisen für DDR-Bürger, fragte ich Nováky weiter: „Wir befassen uns nicht mit den Entscheidungen anderer Staaten bezüglich der Reisen ihrer Bürger nach Ungarn. Dies wiederum ist eine innere Angelegenheit dieser Staaten."

Ende der Pressekonferenz, Fahrt von der Dorfschule mit Bussen ins Grenzgebiet, zwischen die gestaffelt gebauten Drahtverhaue, die für viele Menschen das Ende ihres Weges in die Freiheit bedeutet hatten und für eine unbekannte Zahl von Flüchtlingen schwere Verletzungen oder gar den Tod. Maigrün das Gras zwischen den rostigen Stacheldrahtwänden, und mittendrin ein kleiner Empfang für die internationale Presse in einem weißen Partyzelt mit heißem Kesselgulasch, Würstchen, Cola und Kaffee. Picknick im Landregen zwischen zwei Welten. Dann Militärlastwagen, Soldaten sprangen ab, traten ohne Waffen in Zehnerabteilungen an. Sie trugen dicke Schutzhandschuhe, die bis zum Ellenbogen reichten, und große Scheren. Das Kommando: „Elöre – Vorwärts", und wie im Takt begannen die Männer der Grenztruppe, den Stacheldraht zu zerschneiden. Andere wickelten die rostigen Reste auf große Spulen. Zur gleichen Zeit wurde bei den Ortschaften Kőszeg und Sopron mit der Entfernung des Eisernen Vorhangs begonnen, und die Bevölkerung schaute erstaunt zu, bevor sie sich entschloss, gemeinsam mit den Grenzschützern wegzuräumen, was für sie über 40 Jahre lang das Ende ihrer Welt markiert hatte. Der Reformkommunist Imre Pozsgay, den man den Gorbatschow Ungarns nannte, erklärte: „Wachtürme, Stacheldraht und Schießbefehl sind ein Anachronismus."

Die Nachricht von der ungarischen Grenze war Tage später der Gesprächsstoff in den morgendlichen Brigadeversammlungen der DDR, die Bürger hatten verstanden und offen und energisch gefragt, ob ihre Urlaubsreise nach Ungarn gefährdet sei. Vielleicht war die ahnungsvolle Prophezeiung des Presseoffiziers der ungarischen Grenztruppen Anlass für tausende, ihre Koffer in Richtung Budapest zu packen. Denn im „heute-journal" des ZDF am Abend des 2. Mai hatte der Mann auf meine Frage, ob denn da nun jeder durch könne, durch dieses Loch im Zaun, geantwortet: „Natürlich sichern wir die Grenze durch Streifengänge im Hinterland. Aber wahrscheinlich wird es demnächst hier so etwas wie eine Völkerwanderung geben. Doch nach einem halben Jahr oder so wird sich das auch wieder beruhigen." So etwas wie eine Völkerwanderung. Diese Nachricht, die natürlich nicht in den DDR-Medien, sondern nur über Westrundfunk und -fernsehen verbreitet wurde, hatte Folgen: Mielkes Staatssicherheit registrierte bereits in den ersten Maiwochen einen „bemerkenswerten Anstieg von Reiseanträgen nach Ungarn in allen Bezirken der Republik".

Eiserner Vorhang: Das Wort wurde von NS-Propagandaminister Joseph Goebbels kurz vor dem Untergang der Hitlerei als letzte Warnung vor dem Bolschewismus geprägt, es werde „sich ein eiserner Vorhang über Europa senken". Dieses Bild hat der britische Kriegspremier Winston Churchill dann als Beschreibung von Stalins Teilungspolitik übernommen. In einer Rede am 6. 3. 1946 sagte er in Fulton, Missouri, USA:

Von Stettin an der Ostsee bis nach Triest an der Adria ist ein Eiserner Vorhang quer durch den Kontinent heruntergelassen. Hinter dieser Linie liegen alle Hauptstädte der altehrwürdigen Staaten von Mittel- und Osteuropa: Warschau, Berlin, Prag, Wien, Budapest, Belgrad, Bukarest und Sofia. Alle diese berühmten Städte und die Bevölkerung ringsherum liegen in dem, was ich den sowjetischen Bereich nennen muss. Und alle sind in der einen oder anderen Weise nicht nur dem sowjetischen Einfluss, sondern in einem hohen, in manchen Fällen wachsenden Ausmaß Moskauer Kontrolle unterworfen.

Mit dem Ende des Zweiten Weltkriegs errichteten die Kommunisten auf sowjetischen Befehl ein nahezu unüberwindliches Sperrsystem zwischen Europa Ost und West. Die Berliner Mauer mit Wachtürmen und Schießbefehl für die Grenztruppen, mit Stacheldraht und Minenfeldern, mit Hundelaufwegen und Selbstschussanlagen war seit August 1961 der Schlussstein dieser Abgrenzungspolitik. Das ganze Territorium hinter den martiali-

schen Befestigungen auf östlicher Seite war militärisches Sperr-
gebiet. Viele Bewohner dieser Gegenden in der DDR wurden
zwangsweise umgesiedelt und ins Hinterland gebracht. Die sehr
grenznah in ihren Häusern bleiben durften, galten als zuverlässige
Genossen und hatten Spezialausweise, mit denen sie nach scharfen Kontrollen die verbotene Zone betreten durften. Und trotz
dieses – kalten – Kriegszustandes gelang vielen „Sperrbrechern"
die Flucht in den Westen, wohl ebenso viele Fluchtversuche schei-
terten, viele hundert, vielleicht sogar ein paar tausend Menschen
wurden durch Schüsse aus Maschinenpistolen oder durch Minen
schwer verletzt oder getötet. Niemand kennt die genaue Zahl.

Ein vom SED-Politbüro beschlossener genereller Schießbefehl existiert offenbar nicht in *schriftlicher* Form. Allerdings gibt
es ein Protokoll mit der Unterschrift des SED-Generalsekretärs
und Vorsitzenden des Nationalen Verteidigungsrates der DDR,
Erich Honecker, das die Existenz eines Schießbefehls bestätigt: „Nach wie vor muss bei Grenzdurchbruchsversuchen von
der Schusswaffe rücksichtslos Gebrauch gemacht werden, und
es sind die Genossen, die die Schusswaffe erfolgreich angewandt
haben, zu belobigen. – Erich Honecker, 6.5.1974" (zit. nach: „Der
Spiegel", 27. 5. 1991).

Bereits am 22. August 1961, also neun Tage nach Beginn des
Mauerbaus wurde jedoch der *mündliche* Befehl „Anruf – Warn-
schuss – Zielschuss" von der SED-Zentrale an die Grenzeinhei-
ten ausgegeben, wirksam vom 24. August 1961, 0 Uhr an. Noch
am gleichen Tag, nachmittags um 16.10 Uhr, befolgten die Mau-
erwächter den Befehl. Günter Litfin, 24 Jahre alt, wurde beim
Schwimmen durch den Humboldthafen in Berlin-Mitte erschossen. Der Volkspolizei-Bericht mit dem Betreff „Verhinder-
ter Grenzdurchbruch an der Staatsgrenze unter Anwendung der
Schusswaffe" gibt wörtlich zu Protokoll: „Nachdem eine MPI-
Salve von drei Schuss einige Meter vor dem Grenzverletzer ins
Wasser abgefeuert wurde und dieser nicht umkehrte, erfolgte
die Abgabe von zwei gezielten Schüssen, worauf der Grenzverletzer unterging."

Das Gerichtsmedizinische Institut der DDR verzeichnete auf dem Totenschein: „Tod durch fremde Hand. Hals- und Mundboden-Durchschuss, verbunden mit Ertrinken." Günter Litfin war der erste Mauertote. Ich habe als junger Redaktionsmitarbeiter von RIAS Berlin beobachtet, wie sein Leichnam geborgen wurde. Die West-Berliner Polizei hat mich auch als Augenzeugen notiert. Wir am Westufer des Humboldthafens mussten mitansehen, wie Taucher der DDR-Volkspolizei den Toten durch das Wasser bis zu einer Treppe zogen, über die er dann – buchstäblich am Kragen gepackt – an Land geschleift wurde. Der Täter, ein Transportpolizist aus Halle, erhielt nach der Wende in einem der Mauerschützenprozesse ein Jahr mit Bewährung wegen „Totschlags minderer Schwere". Selbst dieses milde Urteil bezeichnete er als „Sieger- bzw. Rachejustiz". Flüchtlinge, die von den Grenzwächtern gefasst wurden, erhielten keine Bewährungsstrafen; sie wurden von DDR-Gerichten meist zu mindestens zwei Jahren Gefängnis verurteilt. Das Staatsverbrechen hieß „Republikflucht".

In den SED-gelenkten Medien wurde, wenn überhaupt, nur in kurzen Zeilen über „Grenzverletzer" berichtet. Die Gründe für „Republikflucht" wurden öffentlich nicht diskutiert. 1975 brach die Jenaer Rockband „Renft Combo" dieses Tabu. In der Ballade vom „kleinen und vom großen Otto" schilderten die Musiker das Schicksal des kleinen Otto Ost, der zum großen Otto West fliehen wollte. Der Song durfte in der DDR nicht öffentlich gespielt werden. Die „Renft Combo" wurde aufgelöst und verboten, zwei ihrer Musiker kamen ins Stasi-Gefängnis Ost-Berlin-Hohenschönhausen, wurden später zwangsweise ausgebürgert und in den Westen abgeschoben. Die Ballade vom „kleinen und vom großen Otto" haben wir in Absprache mit den jungen Rockmusikern im ZDF gesendet.

Seine Kinderjahre
Lagen ihm im Magen
Wie Steine, doch er weint nicht mehr.

Manchmal sagte Otto,
Leben ist wie Lotto,
Doch die Kreuze macht ein Funktionär.

Als er mal ein Foto
Sah vom großen Otto
Aus Hamburg an der Reeperbahn,
Schrieb er dem Namensvetter:
He, du bist mein Retter,
Der mir die Freiheit kaufen kann!

Die Hoffnung des „kleinen Otto" auf einen vom „großen Otto"
bezahlten Fluchthelfer scheiterte.

Die deutschen Mark, die harten,
Die ließen auf sich warten.
Da ging er an die Autobahn
Und fuhr ungefährdet
Bis nach Wittenberge
Dort sprang er auf nen Elbekahn …

Die „Republikflucht" als blinder Passagier scheiterte. Der „kleine Otto" kam ins Gefängnis. Den zweiten Fluchtversuch danach
hat der „kleine Otto" nicht überlebt.

Nach dem Tütenkleben
Wollt er nicht mehr leben.
Er fuhr nach Wittenberge rauf.
Und ging in die Elbe,
Die Stelle war dieselbe.
Vielleicht taucht er in Hamburg wieder auf.

Diese verbotene Rockballade hat wie kaum ein anderer Text die
Unbarmherzigkeit der geschlossenen Schleuse Richtung Westen beschrieben und die Hoffnungslosigkeit der jungen Gene-

ration, einmal den Rest der Welt sehen zu dürfen. Die sensationelle Öffnung des Eisernen Vorhangs durch Ungarn war in den siebziger Jahren für die jungen DDR-Bürger außerhalb ihres Vorstellungsvermögens.

Weder Ost-Berlin noch Bonn haben 1989 aktuell den 2. Mai von Hegyeshalom in seiner historischen Bedeutung erkennbar wahrgenommen. Natürlich haben die SED-gelenkten Medien die Nachricht vom Grenzabbau der Ungarn verschwiegen. Die Staatssicherheit aber hatte den Vorgang registriert, allerdings bei der Staats- und Parteiführung nicht Alarm geschlagen. Doch am nächsten Morgen, dem 3. Mai, noch vor Sitzungsbeginn des Politbüros, fragte SED-Generalsekretär Erich Honecker laut in die Runde, was denn da in Ungarn an der Grenze los sei, er habe da merkwürdige Bilder im Fernsehen – in meinem „heute-journal"-Bericht des ZDF! – gesehen. „Heinz", habe Honecker dem DDR-Verteidigungsminister Heinz Keßler energisch aufgetragen, so erzählte mir Ex-Politbürokrat Günter Schabowski, „Heinz, frag doch mal deine Genossen in Ungarn, was das an der Grenze da soll!" Genosse Heinz kam nach einer halben Stunde mit der beruhigenden Auskunft zurück, die Ungarn hätten versichert, dass die Grenze ordentlich bewacht sei. Mit einem internen Vermerk an Honecker hat Keßler das dann noch einmal schriftlich bestätigt. Bei der „planmäßigen Demontage des Grenzsignalzauns an der Staatsgrenze der Ungarischen Volksrepublik zu Österreich" – nur von einem Signalzaun schrieb Keßler – gehe er davon aus, dass „es sich lediglich um eine grenzkosmetische Maßnahme handele und die ungarische Regierung die Ordnung an der Grenze wie bisher gewährleisten werde". Im Vertrauen auf die mit Budapest und den anderen Staaten des Warschauer Vertrags geschlossenen Verträge, die alle Bruderländer verpflichteten, ostdeutsche Flüchtlinge der DDR-Staatssicherheit auszuliefern, konnten oder wollten die Herren des Politbüros nicht wahrhaben, was unter dieser „Grenzkosmetik" zu verstehen war.

Doch Honecker, noch immer misstrauisch, schickte sicherheitshalber seinen Außenminister Oskar Fischer mit der Frage nach Moskau, was denn der ungarische Stacheldrahtverzicht für die gesamte Einzäunung des sozialistischen Lagers bedeute. Fischer kam mit der nicht gerade zufriedenstellenden Antwort nach Ost-Berlin zurück, Gorbatschows Leute hätten darauf hingewiesen, dass die Grenzordnung innere Angelegenheit von Ungarn sei. Neun Tage später sah sich das Innenministerium der DDR gezwungen, ohne jede Begründung in der FDJ-Zeitung „Junge Welt" zu versichern, Reisen nach Ungarn seien wie bisher möglich, Beschränkungen gebe es nicht. Die DDR-Regierung bestätigte damit indirekt die nur in den Westmedien publizierte Meldung vom „Loch im Eisernen Vorhang".

Der damalige ungarische Botschafter in Bonn, István Horváth, erzählt in seinen Erinnerungen von einem Gespräch im Bonner Kanzleramt wenige Wochen später. Man habe ihn gebeten, nach Budapest zu berichten, dass sich „die Zahl der DDR-Bürger, die einen Reiseantrag nach Ungarn stellten, um 30 bis 40 Prozent erhöht habe. Die Behörden der DDR versuchten, die Reisewilligen zu überreden, wegen der ‚unsicheren innenpolitischen Lage' nicht nach Ungarn zu fahren. Oder sie verweigerten ohne jede Begründung die Erteilung eines „Sichtvermerks für den visafreien Verkehr nach Ungarn". Es seien auch Informationen gestreut worden, ungarische Grenzer hätten ‚wegen der unsicheren innenpolitischen Lage' die Grenzen dichtgemacht, gewissermaßen als ideologische Gegenoffensive zu den Berichten im West-Fernsehen, dass Ungarn die Grenze geöffnet hatte. Budapest hatte Bonn auf dessen besorgte Anfrage diplomatisch-diskret wissen lassen, dass die ungarischen Grenzsoldaten keinen Schießbefehl mehr hätten. Waffen trügen sie seit dem Beitritt zur Genfer Flüchtlingskonvention nur noch zum Selbstschutz.

Mitte Juni waren bereits hunderte meist junger DDR-Bürger in Budapest und versuchten von dort aus über die nunmehr „grüne" Grenze zu kommen. Mehrere hundert Flüchtlinge wurden bis August von ungarischen Grenzstreifen im Hinterland festgenommen, verwarnt, aber von Sommer 1989 – offenbar auf Intervention von Ministerpräsident Németh – nicht mehr in die

DDR zurückgeschickt. Miklós Németh hatte diese Weisung erteilt, nachdem er erfahren hatte, dass ein Flüchtling beim illegalen Überschreiten der Grenze zu Österreich in einem Handgemenge erschossen worden war. Andere Flüchtlinge berichteten aber, dass die Grenzer sie zwar festgenommen hätten, sie dann auf der Wache hätten ausschlafen lassen, ihnen Verpflegung und sogar einige Forint aus dem eigenen Portemonnaie mit auf den Weg gegeben hätten. Vielen anderen gelang im Juli und August 1989 rings um das Gebiet des Neusiedler Sees bei Nacht die Flucht nach Österreich.

Ungarn machte sich frei und damit Europa auch. Balázs Nováky, inzwischen General im Ruhestand, sagte mir jetzt, 20 Jahre danach, es wäre wohl der größte Fehler gewesen, wenn die ungarischen Grenztruppen die Aktion Drahtschere heimlich und im Stillen begonnen hätten. Im Gegenteil, das sei eine Entscheidung der ungarischen Regierung gewesen, die große Öffentlichkeit verdiente. Nováky und ich stehen am Rand eines Weizenfeldes, an der Stelle, wo seine Pioniere damals im einstigen Todesstreifen die Grenzpfähle mit dem Stacheldraht entfernten und auf Militärlastwagen luden, auf Lkw der Marke IFA, Modell W 50, Importe aus Ludwigsfelde, DDR. „Uns war klar", erinnert sich Nováky, „dass dies ein wichtiges Ereignis der damaligen Weltpolitik war und weitere Prozesse auslösen würde, zu denen es ohne diesen Schritt gar nicht gekommen wäre oder nur sehr viel später. Heute stehen wir hier am Rande eines Weizenfeldes, genau da, wo es losging. Wer hätte damals gedacht, dass fast genau 15 Jahre danach Ungarn EU-Mitglied wird."

Tatsächlich wollten die Budapester Reformkommunisten mit der sehr risikoreichen, weil einseitigen Öffnung des Eisernen Vorhangs ihre Eintrittskarte in das freie Europa lösen. Darauf hatten viele Magyaren seit der Niederschlagung des Aufstandes von 1956 im Stillen gewartet. Ungarische Bürger konnten bereits seit Jahren in den Westen reisen, wenn sie denn ausreichend Geld dafür hatten. Ihnen also galt die Grenzöffnung nicht. Dennoch kamen sie im Frühjahr 1989 so zahlreich ins 250 Kilometer entfernte Wien, dass aus der Einkaufsmeile Mariahilfer Straße spöttisch die Magyar-hilfer – also Ungarn-Helfer – Straße wurde.

Viel früher als bislang bekannt hatten die ungarischen Grenztruppen die Aktion geplant und geübt. An der unverdächtigen Grenze zum Bruderstaat Tschechoslowakei hatten die Pioniere das maschinelle Ausheben der Grenzpfähle und das automatische Aufwickeln des Stacheldrahts geprobt. Genutzt wurden pikanterweise Spezialmaschinen aus der DDR. Oberst Nováky hatte die Übungen der Pioniere 1988 gewissermaßen als Lehrfilm per Video aufzeichnen lassen. Nováky heute: „Die Vorgeschichte begann schon Mitte der achtziger Jahre. In der Führung der Grenztruppen wurde eine Reihe von Personen ausgetauscht, so dass eine neue Generation, ich kann ruhig sagen: unsere Generation, in führende Positionen kam. Sie hatten keine emotionale und ideologische Bindung an diese Grenztechnik. Von Mitte der achtziger Jahre an haben wir dann permanent darüber diskutiert, was aus diesen Sperren werden soll. Und 1987 haben die Fachleute uns klipp und klar gesagt, dass dieses Ding keine Zukunft mehr hat und als Grenzschutz ausgedient hat."

Am Abend des 2. Mai 1989 haben die ungarischen Grenzer dann ein wenig gefeiert. Er habe keine Ängste wegen des Warschauer Pakts gehabt, sagt Nováky. Sie hätten sich wie nach einer gut geleisteten Arbeit gefühlt, obwohl sie keine Zeit gehabt hätten, darüber nachzudenken, dass sie gerade Geschichte geschrieben hätten. Aber dass mit diesem Tag etwas Neues beginnen würde, das hätten sie geahnt. Und so fügt er nicht ohne Stolz hinzu: „Der Beweis kam schon ein paar Monate später, erst in Budapest, dann in Warschau, in Berlin und schließlich auch in Bratislava und Prag."

Die Brisanz dieses 2. Mai hatten in Deutschland West offenbar wenige erkannt. Die meisten Zeitungen hielten die Sensation klein, auch mein erster Bericht über die Grenzöffnung wurde in „heute" um 19 Uhr gegen Ende der Nachrichten vor den Sportmeldungen ausgestrahlt, das Ereignis war für die Redaktion wohl kein Aufmacher, obwohl ich, am Stacheldraht stehend – neben den Pionieren mit der Drahtschere – ziemlich vollmundig kommentiert hatte: „Ein historischer, ein bewegender Augenblick. ... heute beendet Ungarn an dieser Stelle die gewaltsame Spaltung von Ost und West."

Der Wiener Korrespondent der „Süddeutschen Zeitung", Michael Frank, berichtete ausführlich: „Während mit speziellen Drahtwickelmaschinen bestückte Großtraktoren den Zaun aufzurollen beginnen, beschleicht viele Rührung angesichts des – vielleicht – weltgeschichtlichen Aktes. Manche lassen sich verstohlen von den freundlich-verlegenen Pionieren Erinnerungsstücke vom Stacheldraht abzwicken."

Die 25 Zentimeter Stacheldraht, die ich mir schneiden ließ, hat der freundliche Grenzsoldat mit einem grün-weiß-roten Band der ungarischen Nationalfarben umwickelt. Eine Woche später erkannte der „Spiegel" in der ungarischen Aktion „ein Signal für Osteuropa", sorgte sich aber, „wenn die Flüchtlinge in Scharen über die – offene – grüne Grenze kommen". „Ein verstärkter Flüchtlingsstrom", so wurde ein Österreicher zitiert, „könnte ja an unserem Wohlstand kratzen."

Ganz anders in Deutschland Ost: Eine Frau aus Sachsen-Anhalt berichtete mir später nach dem Fall der Mauer, an jenem Abend habe es ungewöhnlich spät, nach 22 Uhr, anhaltend bei ihr geklingelt. Ihr Nachbar, den sie immer für linientreu gehalten hatte, stammelte, stotterte, fragte: „Haben Sie gerade ZDF gesehen, das ‚heute-journal'? Die Ungarn machen die Grenze auf, ein Loch im Eisernen Vorhang." – „Und dann schauten wir uns beide an", erzählte sie, „und wir fingen an zu weinen."

Eine Erklärung der Bundesregierung gab es in diesen Tagen nicht. Wollte man abwarten, den Grenzabbau nicht gefährden? Ost-Berlin nicht verschrecken oder gar vermeiden, DDR-Bürger indirekt auf das neue, vielleicht doch nicht so ungefährliche Schlupfloch Ungarn aufmerksam zu machen? Altkanzler Kohl hat auch in seinen „Erinnerungen 1982–1990" das Datum des 2. Mai 1989 im Gesamtzusammenhang ungarischer Grenzpolitik zwar erwähnt, dem Tag aber keine eigene Bedeutung zugemessen. Kanzler Kohl war – den Agenturen zufolge – in diesen Tagen außenpolitisch mit der Stationierung neuer US-Raketen in Deutschland West befasst, innenpolitisch mit der Vorbereitung des 40. Jahrestages der Bundesrepublik Deutschland und parteipolitisch mit heftigen Angriffen auf Bürgermeister Mompers rot-grüne Landesregierung in West-Berlin, die er für die Schäden der Ausschreitungen am 1. Mai in der Stadt verantwortlich machte. Und innerdeutsch prüften Bund und Länder in diesen Tagen, ob die Auszahlung des Begrüßungsgeldes von 100 DM an Besucher aus der DDR geändert werden solle. Vor allem bei Berliner Sozialämtern waren Fälle von Betrug registriert worden. DDR-Bürger – Rentner oder Besucher in dringenden Familienangelegenheiten – hatten offenbar bei mehreren Ämtern Anträge gestellt und so das Begrüßungsgeld mehrfach kassiert.

Immerhin war der 2. Mai 1989 im deutsch-deutschen Geschäftsbereich ein besonderer Tag. Die Ständigen Vertretungen der beiden deutschen Staaten in Bonn und Ost-Berlin bestanden an diesem Tag 15 Jahre. Sehr viel älter sollten sie nicht werden.

Am 27. Juni wurde der Akt der Grenzöffnung vor der internationalen Presse wiederholt. Der ungarische Außenminister Gyula Horn und sein österreichischer Kollege Alois Mock zerschnitten noch einmal symbolisch ein Stück des Drahtverhaus als Zeichen guter Nachbarschaft. Erst mit den Fotos der prominenten Staatsmänner wurde manchem die Bedeutung der ungarischen Öffnung Richtung Westen bewusst.

Den kleinen Schritten dieser Jahre sollten nach der Geschichtsstunde von Hegyeshalom bald Riesenschritte in Richtung Deutsche Einheit folgen. Eine Tafel am Eingang der Dorfschule erinnert heute an den 2. Mai 1989. Der Grenzort Hegyeshalom ist bei den österreichischen Nachbarn sehr beliebt. Es gibt dort exzellent arbeitende Zahnärzte, deren Implantate sehr viel preiswerter sind als die der Kollegen in Wien.

18 Jahre später, rechtzeitig zu Weihnachten 2007, wurde am Grenzübergang Hegyeshalom–Nickelsdorf eine Gedenksäule

eingeweiht. Die Ungarn gehörten nun zum grenzenlosen Europa und waren so frei, zu reisen, wie seit hundert Jahren nicht mehr. Es war der Tag der Schengen-Erweiterung für die neun ost- und mitteleuropäischen Neulinge der EU. Hier, wo die „freie Fahrt" zwischen Ost und West begonnen hatte, winkten zur Feier des Tages der ungarische Ministerpräsident Ferenc Gyurcsány und der österreichische Bundeskanzler Alfred Gusenbauer die Autofahrer ohne Pass- und Zollkontrolle durch. Und auch zwischen Polen oder Tschechien und Deutschland können die Menschen seitdem die Grenzen mit den Händen in den Manteltaschen überqueren. Erst zu Weihnachten 2007 war damit der Eiserne Vorhang, der einst im Kalten Krieg vom Baltikum bis zur Adria die Grenze zwischen zwei Welten markierte, endgültig gefallen.

Den Lenin vom Aufmarschplatz des 1. Mai haben wir übrigens monatelang gesucht. Anfang Oktober 1989 haben wir ihn endlich auf einem Fabrikgelände am Rande von Budapest entdeckt. Lenin lag dort auf dem Rücken mit Rost an den Füßen. Und, wir trauten unseren Augen nicht, an der Leibesmitte des Gründers der Sowjetunion saß ein Arbeiter. Er hatte auf dem Bauch des Revolutionsführers ein rot-weiß-kariertes Tuch ausgebreitet und darauf seine Brotzeit zurechtgelegt, Tomaten, Salami und eine Flasche Bier. Wir fragten besorgt, ob man den großen Mann denn so einfach liegenlassen könne? „Selbstverständlich", antwortete der Mann kauend. Und müsse man ihm nicht wieder auf die Beine helfen? „Nein, überhaupt nicht", kam die Antwort. „Aber", so sagte der Vertreter der ungarischen Arbeiterklasse, „wenn Sie sich so sehr für Lenin interessieren, nehmen Sie ihn doch einfach mit nach Deutschland. Und dafür lassen Sie mir dann Ihren Mercedes hier."

Der Runde Tisch
Wie die Solidarność an die Macht kam

Am 6. Februar 1989 waren in Köln die Jecken unterwegs, in Düsseldorf und Mainz schunkelten Millionen beim Karnevalsumzug. Eine reichliche Einschaltquote der Rest-Republik feierte vor dem Fernseher mit. Auch in der kleinen thüringischen Stadt Wasungen gab es wie jedes Jahr einen Rosenmontagsumzug. Während am Rhein „Kölle alaaf" gejubelt wurde, aus Mainz gesendet wurde, „wie es singt und lacht", riefen die Wasunger „Woesinge Ahoi". Die DDR-Narren durften nicht so frech sein wie die Karnevalisten West, aber immerhin waren sie so kess, dass ein paar tausend DDR-Bürger eigens zu den tollen Tagen nach Wasungen reisten. Also wurden auch reichlich Volkspolizei und Staatssicherheit aufgeboten, damit zu viel närrisches Volk des Staates Sicherheit nicht gefährdete. Natürlich durfte die SED-Obrigkeit nicht veräppelt werden, aber kritische Losungen wie: „In der DDR ist es wie auf dem Mond, denn da oben gibt's auch keine Ersatzteile und kein Obst" wurden als Hinweis auf „Kinderkrankheiten des Sozialismus" geduldet. Doch schon bei der Frage: Wie heißen die drei größten Staaten der Welt, die mit U anfangen, drohte die Zensur. Denn die Antwort lautete: USA, UdSSR und „Unsere Deutsche Demokratische Republik".

Die Abendnachrichten des West-Fernsehens waren dann am Rosenmontag nicht mehr so lustig. Denn in der Nacht zum 6. Februar war an der Berliner Mauer ein junger Mann gestorben. Mit einem Schuss direkt ins Herz war der 20-jährige Ost-Berliner Chris Gueffroy getötet worden, sein Freund überlebte schwer verletzt. Der Name des Ermordeten wurde erst zwei Wochen später bekannt. Chris Gueffroy und Christian Gaudian waren beim Versuch, die Außenmauer nach West-Berlin zu übersteigen, entdeckt worden. Vier Grenzsoldaten wurden für diesen „Einsatz an der Staatsgrenze West" mit Orden und Geldprämien ausgezeichnet. Den Mord an Chris Gueffroy, der in einer langen Reihe von gescheiterten Fluchtversuchen das letzte Todesopfer an der Berliner Mauer war, hat die DDR-Staatsführung zu verschleiern versucht. Die Ärztin, die den Totenschein ausstellen sollte, hat später ausgesagt, dass sie auf Weisung der Staatssicherheit nicht „Herzdurchschuss", sondern „Herzverletzung" als Todesursache anzugeben hatte. Die Leiche wurde sofort verbrannt, um die Spuren der Mordtat zu vertuschen. Chris Gueffroys Mutter wurde erst Tage später über den Tod ihres Sohnes informiert, „er sei mit einer Schussverletzung aufgefunden worden." So sehr hat die SED-Diktatur die Zahl der Mauertoten geheimgehalten, dass Fachleute bis heute unterschiedliche Berechnungen anstellen. Die Anzahl der Opfer des „antifaschistischen Schutzwalls" schwankt zwischen 136 (ermordete Flüchtlinge) und 222 (Todesfälle von Flüchtlingen und DDR-Grenzsoldaten).

Das DDR-Fernsehen verschwieg die Erschießung des jungen Chris Gueffroy ebenso wie eine andere Nachricht des Tages, eine, die für die Welt des real existierenden Sozialismus Umsturz bedeutete. Denn in Warschau hatte zum ersten Mal der später legendäre „Runde Tisch" getagt. Nach Monaten des Streits um personelle Zusammensetzung, um Themen und Debattenform waren die kommunistische Regierung und Vertreter der von ihr verbotenen Gewerkschaft Solidarność zu Verhandlungen zusammengekommen.

Während Gorbatschow seinen Umbau der verkrusteten spätstalinistischen Sowjetgesellschaft vorantrieb, gab es in Honeckers DDR keinerlei Hoffnung auf Reformen. Im Gegenteil: Anfang Februar verlangte Honecker von den Jugendlichen in einem Interview der FDJ-Zeitung „Junge Welt" ideologische Unnachgiebigkeit und volle Identifikation mit den Zielen der SED. Und die hatte „Glasnost und Perestrojka" nicht auf dem Programm.

Den polnischen Kommunisten dagegen blieb nichts anderes übrig, als sich nachgiebig zu zeigen. Die regierenden Genossen versuchten durch Kompromisse an Macht und Einfluss zu retten, was noch zu retten war. Denn die Solidarność forderte nun nicht mehr nur bessere Versorgung mit Lebensmitteln, ihr ging es jetzt ums politische Ganze. Sie wollte endlich Mitbestimmung, Rechtsstaat und Demokratie. Das bedeutete zuerst, dass die noch herrschende Polnische Vereinigte Arbeiterpartei PVAP auf ihr Machtmonopol verzichten und die bis dahin verbotene Gewerkschaft Solidarność anerkennen musste. Für hartleibige Kommunisten glich das einem politischen Selbstmord.

Der damalige Staats- und Parteichef Wojciech Jaruzelski sah seine eigene Rolle bei diesem Machtpoker in einem Gespräch vor meiner Kamera 15 Jahre später in mildem, verklärtem Licht: „Solidarność und Lech Wałęsa, die haben in Polen als Zünder funktioniert, die waren der Impuls für all die Änderungen, die dann zur Geltung kamen. Doch ganz unbescheiden möchte ich anmerken, dass auch der Reformflügel innerhalb der polnischen Regierung, zu dem ich mich auch zähle, dazu beigetragen hat, dass es Schritt für Schritt endlich zum ‚Runden Tisch‘ gekommen ist, und so konnten wir auf friedlichem Weg dann die Macht übergeben."

Friedlich zwar, aber so ganz freiwillig war die Machtübergabe denn doch nicht. Denn nur sehr zögerlich haben die polnischen Kommunisten auf die ganze Macht verzichtet. Einerseits sah sich die Partei mit Jaruzelski und Rakowski gezwungen, mit der mächtigen „Arbeiterbewegung der Solidarność" wegen andauernder Streiks ins Gespräch zu kommen, andererseits weigerte sie sich monatelang, die verbotene Gewerkschaft als Verhandlungspartner offiziell anzuerkennen. Die Spitzen der illegalen Solidarność aber gaben bereits Interviews, trugen ganz offen das Abzeichen der Untergrundgewerkschaft und boten sich an, im Falle der Anerkennung und erfolgversprechender Verhandlungen bei den streikenden Arbeitern zu vermitteln. Doch noch immer stellte die Regierung der Solidarność-Opposition Bedingungen. Unterhändler auf Seiten der Partei war der Jaruzelski-Vertraute Innenminister Czesław Kiszczak. Beide Parteien saßen bereits am „Runden Tisch", aber die Wiederzulassung der verbotenen Gewerkschaft machten die Kommunisten von der

Zusage abhängig, einen Teil ihrer Macht garantiert zu behalten. Die Solidarność-Unterhändler forderten freie Wahlen. Die Kommunisten wollten Wahlen jedoch nur genehmigen, wenn ihnen automatisch eine Mehrheit im Parlament sicher wäre. Für die Solidarność und ihr Modell eines neuen demokratischen Staates war die freie Konkurrenz um Abgeordnetenmandate allerdings unverzichtbar. Und natürlich ging es der Gewerkschaft auch um freien Zugang zu den Massenmedien sowie die Garantie einer unabhängigen Justiz. Nach wochenlangem Gerangel gelang ein Kompromiss. „Freie Wahlen" wurden für Anfang Juni 1989 vereinbart. Dem Regierungslager sollten zwei Drittel aller Sitze im Sejm, dem polnischen Parlament, sicher zustehen. Außerdem bestanden die Kommunisten darauf, dass der Staatspräsident indirekt durch den Sejm und nicht direkt durch das Volk gewählt werden sollte. Damit hofften sie, durch die absolute Mehrheit im Sejm ihre Macht zu sichern. Die Wahlen für die zweite Kammer, den Senat, sollten offen für die Konkurrenz aller Kandidaten sein.

Der Wahltag, der 4. Juni 1989, brachte den Erdrutsch. In den neuen Senat mit seinen 100 Sitzen, für den die Abstimmung völlig frei war, wählten die Polen schon im ersten Wahlgang 93 Kandidaten des Solidarność-Bürgerkomitees. Und das gesamte frei wählbare Drittel im Sejm wurde ebenfalls mit Solidarność-Sympathisanten besetzt. Die Kommunisten gestanden ihre Niederlage ein. Sie waren trotz ihrer zuvor gesicherten 65 Prozent

Mehrheit im Sejm durch diese grandiose Volksabstimmung abgewählt worden.

Die SED-Presse unterschlug den Wahlsieg der Solidarność. Die Parteiführung hatte ausreichend mit Eingaben und Beschwerden zu tun, die wegen der Fälschungen bei den DDR-Kommunalwahlen vom 7. Mai 1989 landesweit registriert wurden. Natürlich hatten die demokratischen Wahlkämpfer im Nachbarland Polen DDR-Bürgerrechtlern Mut gemacht, die üblichen 99,8-Prozent-Ergebnisse auf den Prüfstand zu stellen. Was für ein Unterschied: In der DDR protestierten sie noch – vergeblich – gegen den allgemeinen Wahlbetrug der SED, und in Polen stellten sich die Kommunisten – vergeblich – zur Wahl. Auch die evangelische Kirche meldete sich in Sachen Kommunalwahlen zu Wort. Die Konferenz der Kirchenleitungen in der DDR zeigte sich erschrocken darüber, dass die Eingaben von den Ämtern übergangen wurden oder die Beschwerdeführer sogar von Sicherheitskräften eingeschüchtert würden. In Leipzig waren protestierende Bürger festgenommen worden.

Es dauerte dann noch gut drei Monate, bis Polen nach dem überwältigenden Sieg der Solidarność eine neue Koalitions-Regierung bekam. Ministerpräsident wurde der katholische Publizist Tadeusz Mazowiecki. Elf Minister stellte die Solidarność, vier kamen von der Kommunistischen Partei, vier Ministerposten bekam die Bauernpartei, drei die Demokraten, und der parteilose Katholik Krzysztof Skubiszewski wurde Außenminister.

Im Kompromiss, den die siegreiche Solidarność beim historischen Machtwechsel akzeptieren musste, liegt der Grundstein für massive innenpolitische Auseinandersetzungen, die Polen lange Zeit nahezu spalten sollten. Denn zwei Kommunisten erhielten Schlüsselministerien, das Innen- und das Verteidigungsressort. Damit sollte die Verankerung im Warschauer Pakt ebenso garantiert sein wie die Kontrolle über den bestehenden Polizei- und alten Sicherheitsapparat. In seiner parlamentarischen Anhörung versprach der Kommunist Kiszczak allerdings Veränderungen im neuen Innenministerium. Statt wie bisher die katholische Kirche und die Solidarność-Opposition zu überwachen, sollten sich seine Mitarbeiter künftig der Bekämpfung von Verbrechen widmen. Weil es Gegner der Reformen auch in seinem Ministerium gebe, müsse er diese Sicherheitskräfte alten Schlages mit Polizei überwachen lassen. Auch prominente Kandidaten wie der amtierende Ministerpräsident Rakowski, der sich auf Gorbatschow-Kurs begeben hatte, waren bei der ersten geheimen Wahl durchgefallen. Und auch bei der zuvor am „Runden Tisch" vereinbarten Wahl für das Amt des ersten Staatspräsidenten erhielt der kommunistische Parteichef im neuen Sejm nur eine hauchdünne Mehrheit, eine Stimme mehr als erforderlich. Jaruzelski gab daher das Amt des Parteichefs auf, kurze Zeit später wurde die Polnische Vereinigte Arbeiterpartei auf Vorschlag Rakowskis nach 44 Jahren aufgelöst. Staatspräsident Jaruzelski blieb nur knapp anderthalb Jahre im Amt. Sein Nachfolger wurde Weihnachten 1990 der Kopf der Solidarność, Lech Wałęsa. Jaruzelski entschuldigte sich bei seiner Verabschiedung durch das Parlament für Fehler in seiner Zeit als Partei-, Staats- und Regierungschef.

Mieczysław Rakowski, reformkommunistischer Vorgänger von Mazowiecki im Amt des Regierungschefs, kommentierte den Übergang zur Demokratie vor meiner Kamera: „Ich vertrete seit Langem die These, dass das System des realen Sozialismus bereits zu Beginn der sechziger Jahre seine Möglichkeiten verbraucht hat."

Der Wojtyła-Papst habe zu einem gewissen Grad zum Sturz des Systems beigetragen, meinte Rakowski, aber der Papst habe das nicht entschieden. „Entscheidend war die Schwäche des wirtschaftlichen Systems, der Planwirtschaft, des ökonomischen Dogmatismus, der den sozialen Bedürfnissen der immer wacher werdenden Massen und dem Großteil der gut ausgebildeten Polen nicht gewachsen war." Entscheidend sei auch das Bündnis zwischen der Kirche und der unzufriedenen Arbeiterschaft gewesen.

Ungarn beobachtete das Geschehen in Polen ganz genau.

Umgekehrt registrierte Warschau sehr aufmerksam, was sich in Budapest tat. Die beiden „Bruderstaaten" belauerten sich gegenseitig voller Sympathie. Als die Ungarn den Eisernen Vorhang zerschnitten, überlegten die Polen, wie auch sie ihr Land demonstrativ Richtung Westen öffnen könnten. Versammelten sich in Warschau Regierung und Solidarność-Opposition am „Runden Tisch", beschlossen die Reformkommunisten in Budapest, die bürgerliche Opposition ebenfalls an einen runden Tisch zu laden. Die aber bestand auf einem „Eckigen Tisch", denn sie wollte nicht in „einer Linie" mit den Kommunisten sitzen.

Und während beide Länder bereits ihre ersten grundsätzlichen Reformschritte wagten, machten sich zehntausende meist junge DDR-Bürger über Ungarn, Polen und die Tschechoslowakei auf den Weg in die Freiheit.

Csillas Heilige Familie
Wie der 13. August 1989 zur Antwort auf den Tag des Mauerbaus am 13. August 1961 wurde

Auf dem Schild an der Tür stand „Gyermekotthon – Kinderheim". Doch drinnen waren zu meiner Überraschung in oft zu kleinen Zimmern meist junge Erwachsene untergebracht. Die Adresse dieser Unterkunft wurde nur unter der Hand weitergegeben. Es war eine Art staatlich geduldetes Versteck für Asylsuchende aus dem Nachbarland. Debrecen, zweitgrößte Stadt Ungarns, weit im Osten, nahe der Grenze zu Rumänien. Ende der achtziger Jahre gab es nicht nur in Deutschland Flüchtlinge von Ost nach West.

Nahezu unbemerkt von der westlichen Welt flohen Menschen auch von Ost nach Ost. Aus dem rumänischen Siebenbürgen, ungarisch Erdély, kamen über die grüne Grenze illegal tausende, ganz überwiegend ungarisch-stämmige Menschen. Andere nutzten nach legaler Ausreise einen Besuch in Ungarn zur Bitte um Asyl. Das sich reformierende Ungarn war für Menschen in Rumänien nicht nur geographisch Westen.

Rund zwei Millionen Ungarn waren nach dem Krieg rumänische Staatsbürger geworden. Diese ungarische Minderheit klagte über die Unterdrückung durch das rumänisch-nationalistische Ceaușescu-Regime. Weil Ungarn diese „Rumänen" nicht zurückschickte, sondern „verwandtschaftlich" aufnahm, waren die roten Bruderstaaten bis zur Feindseligkeit verkracht. Um den Streit nicht zur offenen Auseinandersetzung an der Grenze eskalieren zu lassen, haben die damals noch eindeutig kommunistisch gelenkten Budapester Medien die Flüchtlinge so gut es ging verschwiegen. Im Rundfunk wurde stets verschämt nur von „emberek", von „diesen Leuten", gesprochen. Sie waren vor dem „Fürsten Dracula", mit dem Ceaușescu gern verglichen wurde, in das reformfreudige Ungarn geflüchtet.

Genau ein Jahr vor der spektakulären Öffnung des Eisernen Vorhangs bei Hegyeshalom habe ich bei Debrecen das Kinderheim voller Flüchtlinge besucht. Dort wurden „diese Leute", rumänische Staatsbürger, Umsiedler genannt und bekamen vom ungarischen Innenministerium provisorische Ausweispapiere. Die garantierten ihnen Wohnung, Arbeit und – je nach finanzieller Ausstattung – sogar Reisefreiheit weiter in Richtung Westen. Was mir diese Umsiedler, meist anonym aus Furcht vor Repressalien für Familie oder Freunde daheim in Rumänien, in die Kamera sagten, kam mir außerordentlich bekannt vor. Es waren ähnliche Fluchtgründe wie die, die seit Jahren in westdeutschen Notaufnahmelagern von geflüchteten DDR-Bürgern registriert wurden. Ein 29 Jahre alter Maschinenschlosser berichtete: „Es gibt keine Menschenrechte, keine religiöse und keine politische Freiheit. Presse und Fernsehen sind gleichgeschaltet. Sie haben nur einen täglichen Hauptdarsteller, den Diktator Nicolae Ceauşescu." Und ein 19-Jähriger sagte: „Wer zu Hause, in Rumänien, den Mund zu weit aufmacht, wird bestraft. Man fühlt sich eingesperrt. Hier in Ungarn hören sie einem zu, wenn man was sagt. Jetzt habe ich einen Pass und kann reisen." Ein Ehepaar erzählte von politischen Schwierigkeiten im Betrieb, in dem beide Eheleute beschäftigt waren. Sie seien erwischt und verraten worden, als sie nicht Rumänisch, sondern Ungarisch sprachen. Sie erhielten „ungarisches Sprechverbot". Die „Illegalen", also die ohne Pass über die Grenze flohen, taten dies unter Lebensgefahr. Menschen seien durch Schüsse verletzt oder sogar tödlich getroffen worden. Von mehreren Fällen wurde mir berichtet. Flüchtlinge, die von den rumänischen Grenzposten gefangen genommen wurden, seien von der Securitate, der rumänischen Staatssicherheit, gefoltert worden.

Vieles wussten die Flüchtlinge nur vom Hörensagen, alle waren völlig verängstigt und traumatisiert. In einer Kleidersammelstelle der Kirche von Debrecen klagte ein Flüchtling, dass man in Rumänien heute wegen der staatlich verordneten Stromsperren wie vor 100 Jahren leben müsse, im Elektrozeitalter mit Kerzenlicht. Jede Familie durfte nur einen Bruchteil ihres Strombedarfs verbrauchen, sonst drohten Überpreise bis zur Höhe eines Monatslohns. Sogar Grundnahrungsmittel waren rationiert. Diesen Mangel- und Sparkurs hatte sich Ceauşescu von einer willfährigen Partei absegnen lassen.

Die aus Rumänien geflohenen Ungarn hatten den Personenkult um den „Conducator ljubit" satt, den geliebten Führer, wie Ceauşescu sich offiziell nennen ließ. Wie tief der Gegensatz zwischen dem „Führer-Staat" Rumänien und der Reformgesellschaft Ungarns bereits gediehen war, bewies ein Kinofilm, der in Budapest 1988 Geheimtipp war. Eine Politsatire, eine Mischung aus Charlie Chaplins „Großem Diktator" und dem „Großen Bruder" aus dem Roman „1984" von George Orwell. Der Film „Titania" spielte sehr nah an der Realität und war dennoch eine Gruselutopie. Vorgestellt wurde ein Diktator der Jetzt-Zeit. Seine Untertanen brachten ihm und seiner „gelehrten Gattin" mit tiefen Verneigungen eine Schmuckausgabe seiner gesammelten Sprüche in feinstem Leder dar. Der Wirklichkeit nachempfunden berichtete ein Reporter in dem Film von leeren Regalen, weil es in den Geschäften für die darbenden Untertanen keine Lebensmittel zu kaufen gab. Dazu präsentierte die Satire ein Transparent mit der Losung: „Achtung! Übersättigung ist eine große Gefahr für die Gesundheit." Der Regisseur Péter Basco ließ zwischen den leeren Regalen im Reiche des Titanen eine Volkstanzgruppe rumänische Folklore hüpfen unter dem Motto: „Bewegung stärkt den Appetit". Die Menschen trugen eine Girlande für den Diktator ohne Namen mit dem Schriftzug: „Wir lieben Titania und den Obertitanen." Der weihte dann im Film einen riesigen leeren Platz als Zentrum der neuen gigantischen Hauptstadt von Titania ein, einen Platz, wo er zuvor mehrere Dörfer als „die letzten stinkenden Reste der Vergangenheit" hatte niederwalzen lassen.

Niemand in dem Budapester Kino rätselte, wer sich hinter dem namenlosen Potentaten verbarg. „An wen der Zuschauer da denkt", sagte mir augenzwinkernd der Regisseur, „dafür bin ich nicht verantwortlich. Das kann ich nicht lenken. Ich wollte alle möglichen Diktatoren dieser Welt zu einer Figur zusammen-kneten." Ein Kinogänger unterbrach unser Interview mit der ironischen Frage an den Regisseur: „Meinten Sie etwa den Führer eines Bruderstaates im Südosten Ungarns?"

Im Anschluss an den Film traf ich in der Nähe der rumänischen Botschaft auf eine Demonstration. Ein Komitee „Freies Rumänien" sammelte ganz offen Unterschriften gegen die Unterdrückung der Menschenrechte und für demokratische Reformen und freie Wahlen im Ceaușescu-Land. Außerdem protestierte das Komitee gegen die „Zerstörung rumänischer Dörfer". Mit seinem von den Demonstranten sogenannten Dorfvernichtungsplan wollte der Diktator angeblich Platz für sozialistische Repräsentationsbauten schaffen. Das Regime verstand diesen Plan als Fortschritt. Das ideologische „Programm der Systematisierung" schrieb vor, weniger entwickelte Dörfer an städtische Zivilisation anzupassen. Praktisch jedoch sollten etwa 7000 Dörfer plattgemacht werden und Einheitsneubauten in landwirtschaftlich-industriellen Zentren, sogenannten Agrofabriken, weichen. Aus Bauern sollten Industriefacharbeiter auf dem Lande werden. Der Reichtum der Dörfer, Zuchtvieh und Ackerland, waren in Rumänien, einst eine der „Kornkammern" Europas, schon seit Jahrzehnten verstaatlicht. Auf dem Lande herrschte bittere Armut und sogar Hunger. Geblieben waren den Dorfbewohnern ohnehin nur die Häuser und ein kleiner Vorgarten, das sogenannte Hofland. Dazu waren jeder Familie ein paar Stück „privates" Kleinvieh gestattet, das zwar auch Mist machte, aber schwer durchzufüttern war. Besonders die uralten Orte mit deutscher und ungarischer Minderheit standen auf dem Plan der „Systematisierung".

Während ungarischstämmige Rumänen über die Grenze nach Ungarn flohen, blieb den deutschstämmigen die Ausreise in die Bundesrepublik Deutschland. Wie einst barocke Feudalherren deutscher Kleinstaaten ihre Landeskinder verkauft hatten, so verlangte Ceaușescu zwischen acht- und zwölftausend D-Mark Kopfgeld pro Aussiedler von der Bundesrepublik. Bis 1987 haben so an die 200.000 deutschstämmige Rumänen ihre Heimat in Siebenbürgen gegen Barzahlung aus Bonn verlassen.

Verglichen mit den Benimmregeln, die unter kommunistischen Bruderparteien, also „bei Hofe" üblich waren, war die Duldung von Film und Demonstration durch die ungarischen Genossen geradezu ein feindseliger Akt. Budapests Kommunisten hatten sich bereits weit von der Kumpanei der übrigen Staats- und Parteichefs entfernt. Denn natürlich schauten auch die Vertreter der Tschechoslowakei, Bulgariens und der DDR dem ungarischen Treiben mit Entsetzen und Empörung zu. Doch Ungarn trat mit neuem Nationalbewusstsein als „Schutzmacht" für die aus Rumänien geflüchteten „emberek" auf.

Viele Flüchtlinge fanden bei Verwandten in Ungarn Unterkunft, die ungarischen reformierten Gemeinden rings um Debrecen halfen mit Verpflegung und Geldspenden aus. Bis zum Spätherbst 1988 sollen nach Angaben des Ungarischen Roten Kreuzes bereits 60.000 Menschen aus Rumänien illegal und auch legal nach Ungarn gekommen sein.

Meine Reportagen über die Flüchtlinge veranlassten den rumänischen Botschafter in Bonn zu einem Protest. In einem Brief wandte er sich an den ZDF-Intendanten Dieter Stolte und beklagte sich über „die verfälschte, tendenziöse und selbst feindliche Art und Weise" meiner Berichterstattung. Er behauptete, es gebe „eine völlige Gleichheit aller Staatsangehörigen" seines Landes, und warf mir vor, keine „Dokumentation an Ort und Stelle", also in Rumänien, gemacht und den „offiziellen Standpunkt der rumänischen Behörden" nicht dargestellt zu haben, kurz: „Deplazierte Kommentare, alle Arten von Verleumdungen, keinerlei Verbindung mit der Wirklichkeit" usw. Allerdings verschwieg der Botschafter, dass mir als einer „persona non grata" trotz offizieller Akkreditierung als Korrespondent die Einreise nach Rumänien mehrfach verweigert worden war.

Aus Deutschland hatte die in Ungarn geborene Malteserfrau Csilla von Boeselager Hilfslieferungen zu den Flüchtlingen gebracht. Sie, die als Kind bei Kriegsende mit ihren Eltern aus Ungarn fliehen musste, kehrte nun als Patriotin und Christin in ihre Heimat zurück. Bereits im Herbst 1987 hatte sie nach monatelanger Vorbereitung und wochenlangen Kämpfen mit den Bürokratien von Deutschland, Österreich und Ungarn einen ersten Lkw mit Kleidern, Hausrat und auch Lebensmitteln für verarmte Ungarn, aber vor allem für die rumänischen Flüchtlinge nach Budapest geschickt. Dort hatte sie Verhältnisse angetroffen, die sie veranlassten, aus dem Nichts ein umfassendes Hilfsprogramm aufzubauen. Denn sie hatte bei einem der ersten Transporte eine Budapester Entbindungsstation besucht und mitansehen müssen, „wie ein Säugling starb, weil das altersschwache Beatmungsgerät versagte". Da begann die Freifrau in Deutschland um medizinische Geräte für Ungarn zu betteln. Quer durch die Bundesrepublik sammelte sie in Krankenhäusern ausgediente, aber durchaus noch funktionsfähige Apparate, in Apotheken Medikamente und von Pharmafirmen Vorführgeräte. Csilla von Boeselager nannte sich selbst „den besten Bettler Europas". Sie nutzte trickreich die „Salami-Laster" der staatlichen Hungaro-Transporte, denn die fuhren – nach Entladung ihrer Ware in Deutschland – meist leer zurück. Empfänger der Spenden war zunächst Imre Kozma, Pfarrer der katholischen Kirchengemeinde „Zur Heiligen Familie" im Budapester Stadtteil Zugliget. Rund um diese Kirche sollte knapp zwei Jahre später Weltgeschichte geschehen.

Pfarrer Kozma als ungarischen Bundesgenossen beim Verteilen der Hilfsgüter zu finden, war zunächst fast ein noch größeres Problem, als die Spenden nach Ungarn zu bringen. Staatlicherseits wurde der Hilfstransport nach langen bürokratischen Verfahren gerade noch geduldet. Doch als Csilla von Boeselager den obersten Katholiken Ungarns, Primas Paskai, um Unterstützung bei der Spendenaktion bat, winkte der ab. Kardinal Paskai hielt Spendenlieferungen in dieser Größenordnung für nicht machbar, weil er nach seinen jahrelangen Erfahrungen der Kirchenfeindlichkeit mit einem Nein der kommunistischen Behörden rechnete. Er empfahl, nur solche Spenden zu bringen, „die im Handgepäck transportiert werden" könnten, um niemanden zu gefährden. Pfarrer Kozma sah das anders und zögerte trotz der Einwände des Kardinals nicht, die Hilfsgüter in geräumigen Kellern unter seiner Kirche zu lagern.

Im bischöflichen Ordinariat galt Kozma als „schwierig und unangepasst", in jedem Fall gehörte er zu den systemkritischen Klerikern, die nicht wie manche der sogenannten Friedenspries-ter mit dem Regime einen Ausgleich suchten oder sogar kolla-borierten. Den entscheidenden Hinweis auf Kozma hatte Frau von Boeselager nach ihrem enttäuschenden Gespräch mit dem Kardinal von dessen Haushälterin hinter vorgehaltener Hand bekommen. So entstand ein geradezu historisches Bündnis der deutsch-ungarischen Caritas und so wurden – ohne jedes öffent-liche Aufsehen – bis Dezember 1988 fast 40 Sendungen im Wert von über sieben Millionen DM nach Ungarn gebracht: Unter-stützung für Kranke und Behinderte, aber insbesondere erste Hilfe für Flüchtlinge aus Rumänien.

Vielleicht war das Flüchtlingsproblem im eigenen Land der Anlass dafür, dass Ungarn zwei Tage nach der großen Freiheits-kundgebung am Nationalfeiertag 1989 als erstes Land im War-schauer Pakt der Flüchtlingskonvention der Vereinten Nationen beigetreten war. Damit hatte sich Budapest verpflichtet, Flücht-linge ins Land zu lassen und nicht mehr gewaltsam abzuschieben, und konnte sich gegenüber Bukarest auf internationale Stan-dards der Vereinten Nationen berufen. Denn die Konvention nimmt alle Menschen in Schutz, deren Leben oder Freiheit aus Gründen der Rasse, Religion, Nationalität, Zugehörigkeit zu ei-ner bestimmten sozialen Gruppe oder wegen ihrer politischen Haltung in ihrem Heimatland gefährdet sind. Damit stellte sich Ungarn aber auch ganz klar gegen bestehende Verträge mit der DDR, die das Land verpflichteten, fluchtwillige Ostdeutsche der Staatssicherheit auszuliefern. Die Nachricht vom Beitritt Un-garns zur UN-Flüchtlingskonvention machte keine Schlagzei-len in Deutschland West. Vielleicht haben sich ein paar Juristen im Bonner Staatsapparat dafür interessiert. Man wusste in bes-ser informierten Kreisen, dass dies Auswirkungen auf Ungarns

Verhältnis zum östlichen Nachbarn Rumänien haben könnte. Welche Bedeutung dieser Schritt Ungarns einmal für die DDR-Deutschen haben würde, hat wohl kaum jemand damals geahnt.

Csilla von Boeselager jedenfalls verfügte inzwischen in Budapest über gute Kontakte zu einflussreichen Ämtern, denn sie war mit der Malteser-Hilfe den ungarischen Behörden bereits bekannt. Dass ihre Muttersprache Ungarisch war, hat ihrer Sache natürlich gedient. So erreichte sie Ende 1988 bei der Regierung in Budapest die Erlaubnis zur Gründung eines Malteservereins in Ungarn. Ein damals sensationeller Vorgang. Zum einen war der neue Verein als Schwesterorganisation zum Malteser-Verband in der Bundesrepublik Deutschland konzipiert, und dann trug er auch noch ganz offiziell das Leitmotiv der Malteser: „Wahrung des Glaubens und Hilfe den Bedürftigen". Dies war die erste freie, also nicht-staatliche Wohlfahrtsorganisation in Ungarn und damit wohl in ganz Ost-Europa. Im April 1989 wurde in Békéscsaba nahe der rumänischen Grenze ein Malteser-Zentrum eröffnet. So konnten die Flüchtlinge aus Rumänien schneller und direkter unterstützt werden. Offenbar hatten die ungarischen Behörden den Wert der Malteser-Hilfe aus Deutschland erkannt. Wohl deshalb gingen sie sogar auf eine dringende Bitte Csilla von Boeselagers ein. Unter den Kommunisten waren die Kirchen und Kapellen der Krankenhäuser zu Lagerhallen zweckentfremdet worden. Frau von Boeselager erreichte es, dass diese Kirchen und Kapellen wieder für Gottesdienste geöffnet wurden. Außerdem erhielten Seelsorger in den Spitälern wieder freien Zugang zu Kranken und Sterbenden. Die Kommunisten hatten solche Besuche seit den fünfziger Jahren untersagt. So gab es bereits zu Weihnachten 1988, erstmals seit 1947, wieder einen Gottesdienst im Budapester St.-Johannes-Hospital. Und vom Frühjahr 1989 an bestand die Möglichkeit zur Krankenseelsorge im ganzen Land.

Der 13. August 1989 war wie der Tag vor 28 Jahren, als Ost-Berlin abgeriegelt wurde, ein Sonntag. Das SED-Zentralorgan „Neues Deutschland" hatte in seiner Wochenendausgabe noch einmal ausführlich dargelegt, dass die Bedingungen, die 1961 zum Bau der Berliner Mauer geführt hätten, „weiter bestehen". Die Mauer habe die Völker Europas vor „einem neuen kriegerischen Inferno" geschützt und das „sozialistische Aufbauwerk der DDR" gesichert. Und ausgerechnet an diesem 13. August, als in West-Berlin Kränze zum Gedenken an die Mauertoten niedergelegt wurden, erfuhr Csilla von Boeselager als Gast des Botschaftsrats Detlof von Berg aus erster Hand, dass das Gebäude der Deutschen Botschaft von DDR-Fluchtwilligen besetzt und wegen Überfüllung geschlossen worden war. Die Malteserfrau war mit einigen Freiwilligen und einem weiteren Hilfstransport in Budapest Richtung Debrecen unterwegs. „180 Personen hielten sich in drangvoller Enge in den Räumen der Botschaft auf", sagte ein Sprecher des Außenministeriums in Bonn, und „in der Mission spielen sich wahre Tragödien ab. Unter den Zufluchtsuchenden sind Kinder, deren Eltern sich bereits im Westen befinden."

Bundesaußenminister Hans-Dietrich Genscher hatte seinen Staatssekretär Jürgen Sudhoff nach Budapest entsandt, der im Gespräch mit dem ungarischen Außenminister Gyula Horn eine Lösung des Flüchtlingsproblems finden sollte. Tatsächlich war Bonn ratlos, denn zur gleichen Zeit hatten an die 20 DDR-Bürger auch die bundesdeutsche Botschaft in Warschau besetzt. Und vor aller Augen spielte sich in Ost-Berlin ein weiteres Flüchtlingsdrama ab. In Bonns Ständiger Vertretung wollten 131 DDR-Bürger ihre Ausreise erzwingen, zehn gaben dem Druck der DDR-Behörden nach und verließen „freiwillig" – besser gesagt: entnervt – das Gebäude in der Ost-Berliner Hannoverschen Straße. Der kritische DDR-Schriftsteller Stefan Heym hatte die Flüchtlingsdramen in einem ARD-Fernseh-Interview auf den Punkt gebracht. Er prophezeite, die Ausreisewelle drohe, „die ganze DDR zu vernichten". Als Grund nannte er, dass die Menschen in der DDR es satt hätten, wie minderjährige Kinder behandelt zu werden, denen „man Anweisungen gibt und die diese zu befolgen haben. Und, dass da Gouvernanten sind, die Anordnungen geben, und wenn die Kinder nicht gehorchen, kriegen sie einen Klaps auf den Popo." Heym weiter: „Die Mauer ist 1961 gebaut worden, weil uns die Leute damals weggelaufen sind, weil sie von diesem Sozialismus weggelaufen sind."

Am Nachmittag des 13. August 1989 also wurde am Gittertor der Deutschen Botschaft in Budapest ein Schild angebracht: „Die Botschaft und das Konsulat sind vorübergehend geschlossen." Denn in der Stadt übernachteten hunderte meist junge DDR-Bürger in ihren Trabis oder einfach in Schlafsäcken auf der Straße. Zur gleichen Zeit bot Csilla von Boeselager den Herren des Bonner Krisenstabs, der beim Mittagessen im Hause von Berg über die aussichtslose Lage der Fluchtwilligen diskutierte, ihre Unterstützung an. In ihrem Tagebuch schreibt sie: „Ich setzte mich zu ihnen und sagte: Sie wissen nicht, wohin mit den Flüchtlingen. Ich weiß, wo wir sie unterbringen können. Kein Problem, wir Malteser werden das lösen. Einerseits werden Familien aus der Pfarrgemeinde Zugliget Flüchtlinge aufnehmen, und andererseits gibt es einen großen Garten bei der Kirche, wo man Zelte aufschlagen kann. Ich rufe sofort den Katastrophendienst des Malteser-Hilfsdienstes in Deutschland an."

Ein unglaublicher Zufall: Am 13. August 1961 begann der Bau der Sperrmauer quer durch Berlin. Vom 13. August 1989 an wurde diese Mauer in Budapest ad absurdum geführt.

Wegen ihrer guten Kontakte zu den ungarischen Behörden konnte Csilla von Boeselager garantieren, schnell und ohne bürokratische Hemmnisse Hilfstransporte aus Deutschland nach Budapest zu bringen: Zelte, Decken, mobile Küchen und vor allem freiwillige Helfer der Malteser-Organisation. Ohne den Pfarrer von Zugliget, Imre Kozma, zu fragen, hatte sie den Diplomaten auch gleich das Gelände für ihr Flüchtlingslager, den Bereich um Kozmas Pfarrkirche „Zur Heiligen Familie" genannt. Mit dem Priester hatte sie in knapp zwei Jahren eine funktionierende Logistik der Hilfsbereitschaft aufgebaut. Über ihre Verbindung zu ihm schreibt sie, sie hätten in völliger Harmonie zusammengearbeitet, ihrer beider „Gehirne funktionierten auf gleicher Wellenlänge".

Csilla von Boeselager und Pfarrer Imre Kozma im Lager Zugliget 1989.

© Jenö Kassányi, Budapest

Schon in seiner Predigt am Sonntagabend appellierte Pfarrer Kozma an die Gemeinde, den „Brüdern und Schwestern aus der DDR zu helfen, die unter dem gleichen System leben müssen, das auch uns zu schaffen macht". Die Pfarrgemeinde von Zugliget, keine wohlhabenden Leute, versprachen ihrem Pfarrer, mit ihren Spenden möglichst allen „Gästen" eine warme Mahlzeit pro Tag zu sichern. Sie haben ihr Versprechen gehalten. In vier Wochen haben sie 100 ungarische Monatseinkommen gespendet.

Nach den heimlichen Herbergen für rumänische Asylsuchende wurde Zugliget das erste öffentliche Lager, das Flüchtlinge aus einem „Bruderland" aufnahm. Eine politisch hochbrisante Aktion. Bonner Diplomaten reagierten zuerst skeptisch und zögerlich, schickten dann aber sehr schnell hilfesuchende DDR-Bürger zu den Maltesern nach Zugliget, versuchten jedoch auf Weisung des Außenministeriums in Bonn, Frau von Boeselager zu „vergattern", in gar keinem Fall über ihre Aktivitäten der

Presse Mitteilung zu machen. Und schon am zweiten Tag danach, am Dienstag, dem 15. August, verlegte die Deutsche Botschaft sogar eine Art Hauptquartier in die Pfarrkirche von Zugliget. Auch im Raum für Beichtgespräche richteten sich Bonner Diplomaten ein. Alle freiwilligen Helfer, Deutsche und Ungarn, auch die Mitarbeiter der Botschaft, trugen ein Schild mit der Aufschrift „Deutsch-Ungarischer Malteser-Caritasdienst" auf der Brust. Niemand wusste, wie dieses risikoreiche Experiment der Menschlichkeit enden würde. Es galt zunächst, für Essen und Trinken, für Sicherheit hinter dem Zaun des Kirchengeländes und für einen Platz zum Schlafen zu sorgen.

In ihrem Tagebuch notiert Csilla von Boeselager: „Noch am 14. August stellten wir den deutschen Diplomaten die Frage, was sie denn denken, wie viele Personen und wie lange wir sie versorgen müssten. Die Antwort war kurz und bündig: hunderte, tausende, monatelang!" Innerhalb von zwei Tagen war das Gelände mit knapp tausend Menschen überfüllt, weitere hundert waren privat bei ungarischen Familien untergebracht. Die Straße vor dem Kirchengelände war vollgeparkt mit Trabis, Wartburgs oder Skodas, alle mit dem riesigen Kennzeichen DDR. Sämtliche ostdeutschen Bezirke, an den Kfz-Schildern ablesbar, waren vertreten. Inzwischen hatte die gesperrte Botschaft an Hilfesuchende sogar Straßenskizzen verteilt, damit sie den Weg zur Kirche von Zugliget besser finden konnten. Ein paar Tage später wurden schon täglich über hundert Menschen mit Bussen in ein „staatliches" Lager nach Csillebérc gebracht, nur vier Kilometer von der Pfarrei entfernt.

Csillebérc war ein Lager der kommunistischen Pionierorganisation. Zuvor wurden im Lager Zugliget alle ankommenden Asylsuchenden zumindest mit dem Vornamen registriert, denn viele hatten bei Eröffnung des Lagers Angst, ihre Personalien preiszugeben. Als auch die Aufnahmekapazität von Csillebérc erschöpft war, wurden weitere Auffanglager eingerichtet, in Zánka am Plattensee, knapp 50 Kilometer von Budapest entfernt, und in Leányfalu vor den Toren von Budapest am Donauknie.

Das alles erforderte eine präzise Planung für Nachschub von Lebensmitteln, Medizin und sogar Kleidung, denn die Flüchtlinge waren ja nur auf Sommerferien im warmen Ungarn eingestellt. Malteser aus Paderborn brachten ganze Transportzüge mit Zelten, Decken und warmer Kleidung nach Budapest. In der Krankenhausküche des Johannes-Spitals wurden nun täglich ein paar tausend warme Mittagessen gekocht. Frau von Boeselager hatte dem Spital geholfen, nun revanchierte man sich.

Ein Bewohner des Stadtteils Zugliget, Péter Kalmar, hat über 50 Flüchtlinge in seinem Einfamilienhaus aufgenommen und nach seinen Möglichkeiten versorgt. Das ungarische Rote Kreuz mischte sich ein, wollte mithelfen, doch viele Flüchtlinge vertrauten nur den Maltesern. Rund 150 ehrenamtlich tätige Malteser aus Deutschland, Österreich und Ungarn haben ihren Sommerurlaub geopfert, um bis Mitte September rund 3600 DDR-Flüchtlinge zu betreuen. Niemand außer den ungarischen Behörden – und vielleicht der Staatssicherheit der DDR – ahnte damals, dass sich – geschätzt – 200.000 DDR-Bürger zu diesem Zeitpunkt in Ungarn als „Urlauber" aufhielten.

Csilla von Boeselager hatte in Zugliget – spontan und sicher nicht berechnend – einen „Frei-Raum" für Flüchtlinge geschaffen, gemeinsam mit Pfarrer Imre Kozma eine Art spätes Kirchenasyl. Wenn der ungarische Staat wegen seines Auslieferungsvertrags mit der DDR Fluchtverdächtige von Zugliget hätte der Staatssicherheit überstellen wollen, hätte er in den geschlossenen Bereich des Pfarrgeländes mit Gewalt einbrechen müssen, und das vor den internationalen Kameras. Einzelne DDR-Touristen wären von der Straße einfacher durch Polizei festzuhalten gewesen. Nun aber gab es diesen Schutz-Raum, für den sich die DDR-Staatssicherheit geheim und die West-Medien ganz offen interessierten. Pfarrer Imre Kozma sagte mir, er hätte sich überhaupt nicht darum gekümmert, was ihm die Regierung erlaubt hätte oder nicht. Dazu sei gar keine Zeit gewesen. Er habe sich als Priester verpflichtet gefühlt, so zu handeln, wie das Evangelium und das Gebot der Nächstenliebe es vorschreiben. Gemäß dem biblischen Satz: „Was ihr dem geringsten meiner Brüder getan habt, das habt ihr mir getan." Die „Geringsten" seien damals diese hilflosen Leute aus der DDR gewesen. „Und siehe da", so Kozma, „die Regierung hat das zwar nicht offiziell erlaubt, aber sie hat unser Engagement für die Flüchtlinge offenbar hingenommen, indem sie einfach gar keine Reaktion zu erkennen gab."

Das SED-Zentralorgan „Neues Deutschland" schrieb über Zugliget und die fluchtwilligen DDR-Bürger, sie seien Gegenstand eines „stabsmäßig geplanten Menschenhandels". Der Kommentar beweist, wie unfähig oder unwillig das Regime und seine Propagandisten waren, die Zeichen der Zeit zu erkennen: „Alles Gerede in der Bundesrepublik von ,Menschlichkeit' und ,Menschenrechten' erweist sich wieder einmal als Lug und Trug. Der von Kräften der Bundesrepublik organisierte und stabsmäßig geplante Menschenhandel dient allein der revanchistischen, großdeutschen Politik einer Wiederherstellung des ,Großdeutschen Reiches …', der Revision der Ergebnisse des Zweiten Weltkrieges und der Nachkriegsentwicklung. Es ist der Versuch, das 40-jährige sozialistische Aufbauwerk der Bürger der DDR zu diskreditieren. Dieser Versuch wird scheitern, aber verantwortliche politische Kräfte der BRD haben sich vor aller Welt als diejenigen entlarvt, die in massiver Weise den Prozess der Entspannung und Zusammenarbeit in Europa gefährden."

Fluchtort Zugliget
Wie die Malteserfrau Csilla von Boeselager das erste Flüchtlingslager für DDR-Bürger in Ungarn errichtet hat

Am Montagmorgen, dem 14. August 1989, öffnete der Garten rings um die Kirche von Zugliget offiziell. Viele Flüchtlinge, meist junge Eltern mit kleinen Kindern und Sack und Pack, standen schon in der Frühe vor dem Tor. Für ihre Versorgung war noch keinerlei Equipment da. Theresia Keyserlingk, auch eine Malteserin, hatte mit Csilla von Boeselager im Rahmen eines Hilfstransports für rumänische Flüchtlinge eigentlich ein paar Tage Urlaub in Ungarn anhängen wollen. Gemeinsam hatten sie auch bei der ersten Prozession zu Ehren des Nationalheiligen König Stephan von Ungarn den Sanitäts-Dienst übernehmen wollen. Nun verzichtete sie auf Ferien und stellte bei 38 Grad im Schatten einen kleinen Tisch an den Eingang zum Pfarrgelände. Ungarische Gemeindemitglieder gaben da ihre Hilfsangebote ab. Die ankommenden Flüchtlinge ließen sich dort registrieren und sagten, was sie dringend brauchten. Weil keiner der DDR-Bürger aus Angst seinen Nachnamen nennen wollte, war es schwer, die Leute im Gewühl nur mit ihren Vornamen wiederzufinden, um ihnen persönlich etwa mit einer Übernachtungsmöglichkeit bei einer Familie zu helfen. Etwa 300 DDR-Bürger wurden sofort privat bei Gemeindemitgliedern der „Heiligen Familie" untergebracht. Für die übrigen musste am ersten Tag völlig improvisiert werden. Noch gab es weder zu essen noch zu trinken. Theresia Keyserlingk fand in der Küche von Pfarrer Kozma ein Holztablett und ein gutes Dutzend Gläser. Mit einem Gartenschlauch füllte sie Wasserbecher und ging durch die Menge. Sie erinnert sich: „Jeder nahm nur einen Schluck. Keiner wäre auf die Idee gekommen, ein ganzes Glas für sich allein in Anspruch zu nehmen." Bei 38 Grad im Schatten.

Um das Lager zu markieren, wurde am Gittertor des Pfarrgeländes lediglich das Schild „Ungarischer Malteser-Caritas-Dienst" angebracht. Die meisten Flüchtlinge waren verängstigt, einige waren aus der Tschechoslowakei kommend durch die Donau geschwommen und hatten nichts außer ihren Sachen, die sie am Leibe trugen. Kaum einer fragte in diesen Augusttagen, was nun werden solle, sondern alle waren zunächst einmal dankbar und heilfroh, dass sie an einem Ort angekommen waren, der Sicherheit ausstrahlte. „Als die Leute merkten, dass Zaun und Mauer des Kirchgartens wie eine Staatsgrenze funktionierten, beruhigten sie sich", erinnert sich Pfarrer Kozma. „Irgendwie fühlten sie sich unter dem Kirchturm geschützt." Das wichtigste, was die Malteser anfangs zu bieten hatten, war die Bereitschaft, den jungen Leuten in ihrer panischen Angst, verhaftet und ausgeliefert zu werden, zuzuhören. Eine der leitenden Malteser-Frauen, Beatrix Bäume aus Hamminkeln in Nordrhein-Westfalen, schreibt in ihren Erinnerungen: „So erfüllte sich unsere Betreuungsarbeit nicht nur in der Versorgung dieser Menschen mit dem Nötigsten, wie Verteilung von Schlafstellen, Essen oder Kleidung, sondern zunehmend waren wir als Tröster, Mutmacher, Hoffnungsspender gefragt."

Die ersten zwei oder drei Nächte schliefen die Menschen unter freiem Himmel im Garten, auf Decken oder in Schlafsäcken. Da es noch keine transportablen WC-Häuschen gab, mussten die Menschen in die Büsche gehen oder belagerten das Klo von Pfarrer Kozma. Die einen trotzten der Hitze des Tages an der Schattenseite der Kirchenmauer, andere gingen in die kühle Kirche. Pfarrer Kozma verhielt sich wie einer der freiwilligen Helfer, nicht wie ein Hausherr. Nur in einem Punkt blieb er hart. Einige junge Frauen hatten sich, um der Hitze zu entgehen, nur mit einem Bikini bekleidet in die Kirche gesetzt, das hat er unterbunden. Die meisten der jungen Leute waren noch nie in einer Kirche gewesen und schon gar nicht in einem katholischen Gottesdienst. Schon am nächsten Tag, dem 15. August, bevölkerten hunderte den Kirchgarten, die engen Gassen rings um die

Pfarrkirche waren zugeparkt mit ostdeutschen Kleinwagen. Und je mehr Zufluchtsuchende in Zugliget Aufnahme fanden, desto größer wurde die Anziehungskraft der Malteser.

Inzwischen war auch die DDR-Botschaft in Budapest tätig geworden. Mit einem Protest meldete sich Botschafter Gerd Vehres beim ungarischen Außenminister Gyula Horn. Ost-Berlin machte Budapest für die „Krise" um die fluchtwilligen DDR-Bürger verantwortlich und forderte die Einhaltung der bestehenden Verträge. Doch die ungarische Regierung hatte sich an völlig gegensätzliche Verträge gebunden, deren Einhaltung einander ausschloss: Da war der alte Vertrag mit der DDR, der die Auslieferung von Flüchtlingen verbindlich vorsah. Dagegen stand aber die neue Unterschrift unter die Konvention der Vereinten Nationen, die den Schutz der Flüchtlinge zur Pflicht machte. Die Reformer Ungarns argumentierten, dass Völker- und Menschenrechte zwischenstaatliche Abmachungen außer Kraft setzten. Diese Haltung unterstrich ein Urteil des Obersten Gerichts Ungarns. Die Regierung wurde angehalten, ausländische „Grenzverletzer" nicht mehr auszuliefern und allenfalls vor ungarischen Behörden zur Verantwortung zu ziehen. Das bedeutete für „ertappte Grenzgänger" im Sommer 1989 in der neuen Rechtspraxis höchstens einen Verweis.

Natürlich wusste Botschafter Vehres, dass er bei seiner Demarche nicht mehr mit der Unterstützung Moskaus rechnen konnte. Gorbatschow hatte mehrfach zu verstehen gegeben, dass die Zeit militärischer „Lösungen" bei politischen Alleingängen oder ideologischen Konflikten im sozialistischen Lager abgelaufen war. Dennoch war der ungarischen Regierung das Risiko ihrer Politik bewusst. Denn trotz eines spektakulären Abzugs erster Einheiten der sowjetischen Besatzungstruppen waren im Sommer 1989 noch immer an die 100.000 sowjetische Soldaten in Ungarn stationiert. Und niemand konnte garantieren, dass Generalsekretär Gorbatschow seinen Weg der Vernunft im Konfliktfall gegen die mächtige Gruppe der Moskauer Hardliner würde behaupten können. Und unter dem Kommando von

Vertretern der „Breschnew-Doktrin" würde dann die sowjetische Armee überraschend die Macht übernehmen, weil sie von ungarischen Betonkommunisten mal wieder „zu Hilfe gerufen" worden wäre. Doch unter der Regie Gorbatschows war die DDR plötzlich ohne den sonst verlässlichen Schutz des „großen Bruders" in Moskau sich selbst überlassen. Gegen Budapest konnte Ost-Berlin – auf sich allein gestellt – allenfalls wirtschaftlichen Druck ausüben, musste aber auch damit rechnen, dass zum Beispiel Bonn liebend gern den eventuellen Liefermangel ausgleichen würde.

Am Dienstag, dem 15. August, leitete der schwer gallenkranke SED-Generalsekretär Erich Honecker noch einmal die wöchentliche Sitzung des Politbüros, bevor er zu einer komplizierten Operation in die Klinik ging. Eine Entscheidung zur Flüchtlingsfrage setzte der offenbar sehr geschwächte Parteichef aus. Das Politbüro fügte sich und wollte auch in den nächsten zwei Wochen trotz eindringlicher Mahnungen von Staatssicherheitsminister Erich Mielke nicht an Honecker vorbei in Sachen Ungarn-Flüchtlinge beschließen. Das oberste Parteigremium war derart auf die „Nummer eins" dressiert, dass es bei Abwesenheit Honeckers steuerlos manövrierte und sich als unfähig erwies, eigene Gedanken in schwierigen politischen Lagen – abweichend von der „Linie" des Generalsekretärs – zu entwickeln.

Auch Bonn zeigte sich in dieser Phase nicht in der Lage, allgemein akzeptable Lösungsvorschläge zu machen. Zu sehr sah sich die Bundesregierung an wiederholte Verabredungen mit der DDR gebunden, Ausreise- und Flüchtlingsprobleme auf dem stillen Verhandlungsweg und unter Einsatz von großen Summen D-Mark zu bewältigen. Bonn war ja auf die Bereitschaft des „Gefängniswärters" DDR angewiesen, wenn es darum ging, Gefangene freizukaufen, und Ost-Berlin hatte sich und seine marode Wirtschaft wie ein „Süchtiger" von den sprudelnden D-Mark-Quellen abhängig gemacht. Wenn der DDR-Finanzminister West-Devisen benötigte, brauchte der Staatssicherheitsminister nur ein Kontingent Ausreisewilliger verhaften zu lassen und dann gegen Barzahlung an die Bundesrepublik auszuliefern. Es war ein ekelhaftes Geschäft, von einer durch die SED diktierten Konjunktur abhängig wie der Ölpreis vom Diktat der Erdölproduzenten. Doch Bonn hatte keine andere Wahl, wenn es nicht darauf verzichten wollte, den bedrängten Menschen zu helfen. Wer Gefangene befreien will, muss sich mit dem Wärter auf Gespräche und Bestechung einlassen, um die Gefängnistore zu öffnen.

Die mehreren tausend politischen Gefangenen in der DDR nicht gerechnet, saßen Mitte August noch 171 Ausreisewillige in der Deutschen Botschaft in Budapest, in die Prager Botschaft waren bereits 49 DDR-Bürger geflüchtet, aus Warschau war ein Botschaftsbesetzer gemeldet, und in Bonns Ständiger Vertretung bei der DDR harrten 116 Zufluchtsuchende aus. Für Bonn und Budapest wurde es zunehmend klar, dass in der ungarischen Hauptstadt selbst und auf den Campingplätzen im ganzen Land viele tausend DDR-Touristen als potentielle Flüchtlinge eingestuft werden mussten. Allein in den ersten beiden Augustwochen hatten weit über 1000 DDR-Bürger die Flucht über die inzwischen „grüne" Grenze von Ungarn nach Österreich gewagt. Dagegen hinterließen Ost-Berliner Gesprächspartner in diesen Tagen bei den Ungarn eher den Eindruck, als wollten sie nicht wahrhaben, was sich da entwickelte.

In dieser ungemein komplizierten Gemengelage pendelte der bundesdeutsche Staatssekretär Jürgen Sudhoff mehrfach zwischen Bonn und Budapest hin und her. Kanzleramtsminister Rudolf Seiters war zu Vermittlungsversuchen nach Ost-Berlin gereist und konnte nur nüchtern mitteilen: „Die DDR ist am Zuge, die Voraussetzungen zu schaffen, damit sich die Lage entkrampft." Bundeskanzler Helmut Kohl hatte einen persönlichen Brief an den DDR-Staatsratsvorsitzenden Erich Honecker geschickt mit dem dringenden Appell, zu einer Lösung nach humanitären Grundsätzen beizutragen. Bonn vermerkte, dass der SED-Generalsekretär darauf zwar ungewöhnlich schnell antwortete, in der Substanz jedoch keinen Schritt zur Lösung der

Probleme erkennen ließ. Der Bundeskanzler sagte zu der Flüchtlingsfrage von Budapest: „Diese Frage kann ehrlicherweise zur Stunde keiner beantworten. Wir versuchen das Menschenmögliche."

Wie weit die Ungarn sich bereits von den übrigen Bruderländern entfernt hatten, war beim Besuch des amerikanischen Präsidenten Bush sen., Mitte Juli in Budapest, klar geworden. Ministerpräsident Miklós Németh, einer der wichtigsten und mutigsten Reformpolitiker Ungarns, hatte dem US-Präsidenten ein Stück Stacheldraht vom Eisernen Vorhang überreicht und in seinem Trinkspruch gefordert, es mögen bald alle Mauern dieser Welt fallen. Dennoch verwies Ungarn zunächst auf die „alleinige Verantwortung der beiden deutschen Staaten", musste aber von Tag zu Tag deutlicher erkennen, dass es selbst den Schlüssel zur Lösung der Flüchtlingsfrage in der Hand hatte. Dabei war den Politikern um Miklós Németh und GyuIa Horn klar, dass eine ungarische Entscheidung, die Flüchtlinge nach Österreich ausreisen zu lassen, unabsehbare Folgen in den Beziehungen zur DDR, zur Sowjetunion und insgesamt zu den Bruderstaaten des Warschauer Pakts haben könnte.

In Kontakten mit Diplomaten aus Ost-Berlin versuchte Budapest, den deutschen Genossen eine Lösung im Geist der ungarischen Reformpolitik und der vergleichsweise liberalen Gesetze des Landes sowie der internationalen Völker- und Menschenrechtsnormen abzuringen. Ohne Erfolg, denn der DDR-Botschafter Gerd Vehres in Ungarn hatte nur eine Botschaft, und die lautete, die Flüchtlinge müssten in die DDR zurückkehren. „Entscheidungen über die Ausreise von DDR-Bürgern" fielen „ausschließlich in die souveräne Kompetenz der Regierung der DDR". Die Bundesrepublik hätte „keinerlei Obhutkompetenz für Bürger der DDR". „Für freiwillige Rückkehrer" würden „sich keine strafrechtlichen Konsequenzen ergeben".

Diese Versprechungen zur Straffreiheit machten unter den Ausreisewilligen von Zugliget die Runde, doch niemand unter den Flüchtlingen traute den Zusagen der SED. Tatsächlich war die Situation der „Ausreiser" zu diesem Zeitpunkt ziemlich hoffnungslos. Die DDR wiederholte gebetsmühlenartig ihren „Souveränitäts-Standpunkt", war bewegungsunfähig, solange der Staats- und Parteichef Erich Honecker mit seinem Gallenstein-leiden in der Klinik lag. Und Bonn waren die Hände gebunden, weil Ost-Berlin keinen entscheidungsfähigen Gesprächspartner anzubieten hatte. Budapest überlegte auch, den DDR-Flüchtlin-gen Asyl in Ungarn anzubieten, doch die Ausreisewilligen woll-ten nur eines, in die Bundesrepublik.

DDR-Staatssicherheitsminister Erich Mielke versuchte mit Schikanen gegen die daheimgebliebenen Angehörigen oder Freun-de, die „Ausreiser" zur Rückkehr zu bewegen. Er ordnete in einer Geheimen Verschlusssache an, „Familienmitglieder, Verwandte oder Personen aus dem Umkreis" von Republikflüchtlingen „aus-zuwählen und für zielgerichtete Maßnahmen vorzubereiten", um die Rückkehr der „in der Ungarischen Volksrepublik befindli-chen DDR-Bürger und Botschafts-Erpresser" zu erreichen. Ver-wandte und Freunde wurden von der Stasi verhört und in zahl-reichen Fällen als mitverantwortliche Mitwisser der Flüchtlinge unter massiven Druck gesetzt. Junge Flüchtlinge berichteten den Maltesern, in welche Gewissenskonflikte sie durch diese erpres-serischen Maßnahmen gegen ihre daheimgebliebenen Eltern ge-raten waren.

Eine Woche nach Eröffnung von Zugliget veranstaltete die „Paneuropa-Bewegung" aus Österreich gemeinsam mit der unga-rischen oppositionellen Reformpartei „Demokratisches Forum" ein „Paneuropäisches Picknick". Man wollte sich an der gemein-samen Grenze beider Länder in der Nähe der Stadt Sopron tref-fen, um an alte österreichisch-ungarische k. u. k.-Verbundenheit zu erinnern und neue grenzüberschreitende Partnerschaft zu befestigen. Das Gebiet um Sopron, dem früheren Ödenburg war als kultureller Schmelztiegel prädestiniert dafür. Große Kom-ponisten haben Sopron weltberühmt gemacht: Joseph Haydn, Franz Liszt, Emmerich Kalmán und Franz Lehár. Die Entfer-nung des Eisernen Vorhangs war im Raum Sopron bereits weit

Csilla von Boeselager verteilt Spenden im Flüchtlingslager an Menschen aus der DDR, die im 1989 noch kommunistischen Ungarn auf einen Weg nach Westen warten. © Westfalenpost, Bielefeld

vorangeschritten. Auch an den noch bestehenden Stacheldraht-verhauen der Grenze war der Strom seit dem 2. Mai abgeschaltet, so dass tödliche Zwischenfälle wegen einer Elektrifizierung der Grenzanlagen ausgeschlossen waren. Die Idee für ein „Paneuro-päisches Picknick" geht auf ein Treffen des „Ungarischen Demo-kratischen Forums" mit dem Kaiserenkel Otto von Habsburg zurück, der sich im reformfreudigen Ungarn politisch zu Wort meldete, auf Ungarisch. Der Drahtzieher ungarischer Reform-politik, Staatsminister Imre Pozsgay, hatte die Einladung zu die-sem Treffen unterstützt.

Als Treffpunkt hatten die Veranstalter eine alte Landstraße zwischen Österreich und Ungarn gewählt, die mit einem Tor ver-sperrt war. Hier sollte die Grenze am Nachmittag des 19. August kurzzeitig geöffnet werden und damit eine symbolische Begeg-nung von eigens eingeladenen Personen der beiden Länder mög-lich sein. Das Vorhaben wurde über Presse, Funk und Fernse-hen bekannt. Entsprechend viele Journalisten und Kamerateams hatten sich auf den Weg Richtung Sopron gemacht. Die österreichischen Grenznachbarn wollten das Spektakel miterleben. Und auch ein paar hundert „DDR-Touristen" waren – offenbar mit Blick auf die angekündigte symbolische Grenzöffnung – gekommen. Als die Veranstalter nach einer Pressekonferenz zur Grenze kamen, fanden sie Menschenmassen und ein nicht zu bewältigendes Chaos vor. Augenzeugen berichten, dass eine große Gruppe von Menschen, die nicht zu der eingeladenen Delegation gehörte, nämlich DDR-Bürger, um 15 Uhr plötzlich auf das Tor zurannte, es eindrückte und über die Grenze nach Österreich flüchtete. Ungarische Passbeamte hatten zu einer ordnungsgemäßen Abfertigung des geplanten „kleinen Grenzverkehrs" keine Chance. Die fliehenden Menschen stürzten geradezu übereinander in den „Westen". Ihre Trabis und Wartburgs hatten die Flüchtlinge an den Zufahrtstraßen zum Picknick stehen lassen.

Das alles konnte geschehen, weil die ungarischen Grenzkommandanten offenbar – je nach politischer Einstellung – unterschiedlichen Vorschriften folgten. Es gab viele Grenzer, die sich beim Eintreffen Fluchtwilliger wegdrehten und zur Seite schauten. Andererseits wurde in den Raum Sopron nach der Massenflucht sogar Arbeitermiliz befohlen, die allerdings durch eine Intervention von Staatsminister Pozsgay und nach kritischen Berichten im ungarischen Fernsehen wieder abgezogen wurde. Dennoch kam es vier Tage nach dem Paneuropa-Treffen zu einem tragischen Zwischenfall. Bei einem Fluchtversuch wurde Kurt-Werner Schulz aus Weimar erschossen. Er wollte mit Frau und Kind nach Österreich und geriet in ein Handgemenge mit ungarischen Grenzwächtern. Dabei habe sich, wie die Verantwortlichen erklärten, aus einer Maschinenpistole der tödliche Schuss gelöst. Protest aus Bonn und Erschrecken in Budapest. Die ungarischen Behörden meldeten, dass Fluchtwillige immer öfter den Grenzdurchbruch offen und zunehmend aggressiv versuchten. Spätestens jetzt war allen Beteiligten klar, wie unhaltbar die Situation geworden war. Mehr als 1000 Menschen waren in diesen Tagen nach Österreich geflohen, einige hundert hatten es über die „grüne Grenze" nicht geschafft und waren ohne weitere Repressalien Richtung Budapest zurückgeschickt worden. Weil Ost-Berlin den massenhaften „Urlauberstrom" nach Ungarn, wo immer möglich, unter Stasi-Kontrolle nahm, waren inzwischen zahlreiche Menschen in die Deutsche Botschaft in Prag geflüchtet. Auch die wurde wegen Überfüllung geschlossen, was hunderte nicht daran hinderte, über den Zaun an der Rückseite der Botschaft auf das exterritoriale Gelände zu klettern. Auch der Kirchgarten von Zugliget war überfüllt. Täglich meldeten sich 200 bis 300 neue Flüchtlinge bei den Maltesern. Deshalb hatte das Ungarische Rote Kreuz auf Bitten von Csilla von Boeselager den Strom der Flüchtlinge in ein Ausweichlager nach Csillebérc gelenkt. Dieser Ort in der Nähe von Budapest diente Jahrzehnte als Ferienlager für Ungarns „Junge Pioniere". Nach dem Vorbild Frau von Boeselagers und Imre Kozmas sahen sich die ungarischen Behörden und Hilfsorganisationen dazu veranlasst, mit eigenen Unterstützungsangeboten die Lage zu entschärfen. Es gelang, dort 2000 Menschen in festen Unterkünften und mit geeigneten sanitären Anlagen unterzubringen.

Beatrix Bäume hebt in ihren Erinnerungen die Bedeutung dieser Entscheidung noch einmal besonders hervor, denn sie war mitverantwortlich für die „Umwandlung" eines kommunistischen Pionierparks in ein Flüchtlingslager für „Emigranten" aus einem Bruderland. Im großen Empfangsgebäude wurden Familien mit Kleinkindern untergebracht. Rings um den Appellplatz der ungarischen Pioniere, dem „Platz der Jungen Garde", wohnten nun die „Pioniere der Deutschen Einheit". Frau Bäume richtete dort die Lagerleitung ein, weil es ein Telefon gab. Für ärztliche Betreuung rund um die Uhr wurde gesorgt. Die Flüchtlinge trafen zu jeder Tages- und Nachtzeit ein, um die 100 pro Tag. Kannen mit heißem Tee und belegte Brote standen immer bereit. Csillebérc wurde später an das Rote Kreuz abgegeben.

Beatrix Bäume fasst ihre zahlreichen Gespräche mit Flüchtlingen zusammen:

Inzwischen nahmen die Fluchtereignisse an ungeheurer Dramatik zu. Die ČSSR hatte die Grenzen zu Ungarn – für DDR-Bürger – mehr oder weniger geschlossen. Außerdem hatte die DDR verfügt, dass der visumfreie Zugang zur Tschechoslowakei aufgehoben wurde. Das hatte zur Folge, dass die Menschen unter unendlichen Schwierigkeiten zunächst einmal die Grenze zur ČSSR passieren mussten und dann erneut Schwierigkeiten hatten, nach Ungarn zu gelangen. Immer wieder berichteten sie, dass Menschen aus den Zügen geholt wurden, dass ihr Gepäck untersucht wurde, dass an der Grenze zur ČSSR viele zurückgewiesen wurden. Viele mussten nach wie vor über das Gebirge nach Ungarn oder durch die kalte Donau schwimmen: Die Kinder auf Luftmatratzen oder aufgeblasenen Autoschläuchen, die Kleinsten im Rucksack auf den Rücken geschnallt, versuchten sie durch die Fluten zu gelangen. Nur mit letzter Kraft und der Hilfe von Donauschiffern konnte eine Familie das rettende Ufer erreichen, nachdem sie zwischen zwei Schlepper geraten war.

Völlig aufgelöst kam ein junger Mann zu uns, seine Frau wäre ertrunken. Alle Beruhigungsversuche, wir hätten schon von einigen gehört, dass die Strömung der Donau die Schwimmer nur auseinandergetrieben hätte, nützten nichts. Die hilfsbereite ungarische Polizei hatte alles mit Suchscheinwerfern abgeleuchtet, doch man hätte sie nicht gefunden. Am nächsten Abend erreichte seine Frau das Lager, tief besorgt um das Verbleiben ihres Mannes.

Ein anderer junger Mann berichtete, er sei gemeinsam mit seinem Freund an der tschechoslowakisch-ungarischen Grenze von slowakischen Uniformierten festgenommen und mit Handschellen gefesselt in ein nahegelegenes Gefängnis gebracht worden. Einem dritten DDR-Flüchtling in ihrer Zelle, der keine Handschellen trug, war es dann gelungen, das Fenster im Polizeigefängnis zu öffnen. Alle drei konnten entkommen und durch den nahegelegenen Grenzfluss auf die ungarische Seite gelangen. Erst dort wurde der leicht verletzte Mann von seinen Handschellen befreit.

Ein junger Flüchtling erreichte das Lager Zugliget mitten in der Nacht, nur mit einer Badehose bekleidet und einem dünnen Regenschutz bedeckt. Beatrix Bäume nahm eine Familie auf, die mit zwei kleinen Kindern im Alter von zwei und fünf Jahren an die 100 Kilometer zu Fuß zurückgelegt hatte. Immer wieder berichteten die Ankömmlinge aus der DDR von der ungeheuren Hilfsbereitschaft ungarischer Grenzpolizisten, die den Flüchtlingen nicht nur zu essen und zu trinken gaben, sondern deren Kleider trockneten und ihnen sogar Bargeld für eine Fahrkarte nach Budapest spendierten.

Ein Mann um die 50 musste wegen seiner vielen Blasen an den Füßen ärztlich behandelt werden. Beatrix Bäume hat seinen Bericht notiert: „Ich komme aus Wismar. Als junger Mann bin ich noch mit dem Fahrrad nach Lübeck gefahren. Heute muss ich nach Westdeutschland über Budapest reisen. Warum hält man uns nur wie Tiere in einem Käfig gefangen?"

Dramatisch die Lage einer jungen Frau. Beatrix Bäume hat ihren Fall protokolliert:

Sie war etwa 20 Jahre alt. Ihre Eltern und Geschwister hatten beschlossen, in den Westen überzusiedeln. Sie aber griffen wir am Tor unseres Lagers in einem völlig erschöpften Zustand auf, da sie sich nicht hatte entschließen können, mit ihrer Familie in den Westen zu gehen. Sie hatte nämlich einen Freund, der gerade seinen Wehrdienst bei der DDR-Volksarmee ableisten musste. Sie war nun hin- und hergerissen und wusste nicht, auf welche Seite sie sich schlagen sollte, ob sie ihren Eltern folgen oder zu ihrem Freund in die DDR zurückkehren sollte. Es war für mich sehr schwer, ihr einen Rat zu geben, denn die Entscheidung musste sie leider ganz allein fällen. Nach einem längeren Gespräch beschloss sie dann, doch in die DDR zurückzukehren.

Alle diese meist sehr jungen Menschen kannten den Westen und seine freie Lebensart nur aus dem Fernsehen und von Berichten der Rentner, die zu Besuch in die Bundesrepublik reisen durften. Und dennoch brachen sie alle Brücken ab. Das sprach wohl weniger für eine unbekannte Zukunft im Westen und mehr für die als unerträglich empfundene Gegenwart in der DDR.

Erich Honecker hatte den Exodus seiner „Landeskinder" mit der Bemerkung kommentiert: „Wir weinen ihnen keine Träne nach." Damit hatte er die Daheimgebliebenen, die Alleingelassenen beleidigt. Und er hat die, die aus persönlicher Überzeugung nicht weggehen wollten, weil sie in der DDR Reformen erhofften, zu wachsendem Widerstand provoziert. Besonders getroffen hat Honecker mit seinem Zynismus wohl die, die wegen einer verantwortlichen Aufgabe, zum Beispiel als Arzt, Erzieher oder Betriebsleiter meinten, ihren Posten nicht verlassen zu dürfen. Denn viele blieben in diesen Wochen, „damit nicht alles zusammenbricht". Die zehntausenden von „Ausreisern" hatten bereits empfindliche Lücken in die Planwirtschaft der Volkseigenen Betriebe geschlagen.

Am Tor von Zugliget kam es zu dramatischen Begegnungen. Ein Vater stand weinend vor dem Eingang und hinter dem Tor sein Sohn. Der Vater versuchte seinen Jungen zu überreden, in die DDR, nach Hause, zurückzukehren. Der Sohn, knapp 20, lehnte schluchzend ab. Der Vater verabschiedete sich und weinte ihm viele Tränen nach.

Immer wieder trafen wir auf Fluchtwillige vor dem Lager Zugliget, die illegal aus der Tschechoslowakei nach Ungarn gekommen waren. Aber andere überraschten uns, weil sie auch im August und September, also auf dem Höhepunkt der Fluchtbewegung, völlig normal mit ihren Pässen aus der DDR angereist waren. Sie hatten ihre Reiseanträge lange vor dem sich anbahnenden Massenexodus bei den heimischen DDR-Behörden beantragt. Diese Dokumente wurden bei der Pass- und Zollkontrolle meist anerkannt. Allerdings waren die Reisenden zuvor von Mitarbeitern der Stasi „gefilzt" worden. Menschen, bei denen die Kontrolleure Devisen oder Urkunden fanden und anderes, was einen als „Ausreiser" verdächtig machte, wurden festgenommen.

Aus dem Bonner Auswärtigen Amt wurde bekannt, dass allein in den ersten drei Wochen des Monats August über 3000

DDR-Bürger über die ungarisch-österreichische Grenze in den Westen gelangt waren. Wir Journalisten, die wir uns seit Mitte August vor dem Zaun des Kirchgartens von Zugliget einfanden, beobachteten nach einigen Tagen, dass täglich 50, 100 oder mehr Flüchtlinge mit Kindern und Koffern dort Asyl suchten und durch das große Tor eingelassen wurden. Dabei fiel uns auf, dass das Lager zwar überfüllt war, aber durch den täglichen Zustrom nicht voller wurde. Eine Zeit lang erklärten wir uns das mit dem Zweitlager Csillebérc. Aber auch das war in kurzer Zeit mit gut 2000 Menschen voll belegt. Dennoch nahm die Zahl der Lagerinsassen nicht weiter zu. Und ungezählte DDR-Deutsche lauerten auf Campingplätzen quer durch Ungarn verteilt. Sogar im Nachbarland Rumänien warteten DDR-Urlauber auf ein plötzliches Signal.

Pfarrer Imre Kozma hat viele Jahre nach dem Fall der Mauer und der anderen Grenzen das Geheimnis über den starken Flüchtlingsstrom und die stagnierende Anzahl von Lagerbewohnern im August und den ersten Septembertagen 1989 gelüftet. In einem Gespräch mit mir berichtete er:

Viele Menschen, die bei uns Zuflucht suchten, haben unser Lager nur als Zwischenstation genommen, so, wie ein Vogel ein Nest sucht und dann weiterfliegt. Die Leute gingen in der Nacht von hier los, meistens so zwischen 22.00 und 23.00 Uhr. Jeden Abend zwei- bis dreihundert Personen. Man fuhr mit Autos oder einem Bus von Zugliget oder Csillebérc Richtung West-Grenze. Diese Leute wurden bei dem Ort Köszeg erwartet. Jetzt, nach so vielen Jahren, kann ich darüber sprechen. Das Besondere war: Es gab dort eine Frau, die in der Grenzregion politisch verantwortlich war. Sie wusste genau, auf welchen Wegen man problemlos auf die andere Seite gelangen konnte. Es muss auch betont werden, dass die Grenzpolizei in dieser Nachtzeit ganz zufällig immer woanders beschäftigt war. So ist es nur ein Spaziergang gewesen, und in der nächsten Nacht ging die nächste Gruppe.

Die deutsch-ungarischen Malteser bekamen unerwartet Kon
kurrenz von anderen großen Hilfsorganisationen, zum Beispiel
vom Roten Kreuz. Kein Wunder, denn die erst 1988 von der Malteserfrau gegründete – vergleichsweise kleine – deutsch-ungarische Caritas machte täglich Schlagzeilen in den Medien. Csilla
von Boeselager beklagte denn auch angesichts der immer noch
ausweglosen Situation der Deutschen aus der DDR ein „unnöti-
ges Kompetenzgerangel". Doch es gab viel gravierendere Probleme, die die Unruhe vor allem in Zugliget schürten. In den letzten Augusttagen häufte sich die Zahl der Flüchtlinge, die von
sicher geglaubten Zeltplätzen kamen und um Aufnahme bei den
Maltesern baten. Sie berichteten von auffälligen umfassenden
Überwachungsmaßnahmen durch den DDR-Staatssicherheits-
dienst. Auch auf den Straßen rings um die Kirche von der „Heiligen Familie" wurden mehrere Unbekannte beobachtet, die die
Kfz-Kennzeichen aller dort geparkten DDR-Autos fotografier-
ten. Flüchtlinge überklebten daraufhin ihr Nummernschild und
machten aus dem ovalen Erkennungsschild DDR ein Kennzeichen D. Man war sicher, dass Angehörige des Staatssicherheitsdienstes aus Wohnungen gegenüber dem Eingang zum Kirchgelände ständig Videoaufnahmen machten. Ein Stasi-Kamerateam
war auf dem Dach des Wohnhauses gegenüber der Kirche ständig in Bereitschaft.

Als der junge DDR-Bürger Robert Breitner aus Kleinmach-
now bei Berlin gehört hatte, dass die Grenze zwischen Österreich und Ungarn vielleicht irgendwie passierbar war, schien das
für ihn die einzige Möglichkeit, dort den Fluchtversuch zu wagen, weil, wie er sagte, „er aus einem kleinen Ort käme, wo die
Grenze zwar sehr nah gewesen ist, aber wo ein Fluchtversuch garantiert zu 100 Prozent mit dem Tod geendet hätte." Insofern sei
für ihn Budapest die einzige Alternative gewesen, so einen Versuch einfach mal zu starten.

Robert Breitner erinnert sich an die Aktivitäten der Stasi in
Zugliget: „Wir haben Staatssicherheit vor dem Haus bemerkt,
gegenüber vom Haus als auch im Lager. Als geübter DDR-Bür-

ger hat man ein Auge dafür gehabt. Insofern wusste man, welchen Leuten man aus dem Wege gehen sollte."

Gestochen scharf fanden sich später in Mielkes Archiv die Bilder der Kirche von Zugliget, zahlreiche Fotos vom Eingang zum Lager und den westlichen Kamerateams davor. Viele Fotos von den umliegenden Straßen; offenbar hatten die Spitzel jeden Wartburg, Skoda und Trabant fotografiert. Die Fotos von Maltesern in Uniform, ihre Hilfstransporter, die Fahne mit dem Malteserkreuz, alles galt als Beweis für die Unterstützung aus Bonn, im Stasi-Deutsch als „Beleg für verbrecherischen Menschenhandel".

Beatrix Bäume berichtet von einem Stasi-Mann, der im Lager Csillebérc von Flüchtlingen enttarnt worden war. Sie bestanden darauf, den Mann der Bonner Botschaft zu übergeben, damit er sein konspirativ erworbenes Wissen nicht an die DDR-Vertretung weitergeben könne. Da erklärte der Stasi-Spitzel, dass er in Wirklichkeit ein Überläufer sei. Ein Diplomat der Deutschen Botschaft holte den Mann ab und brachte ihn unter einem Tarnnamen zum Lager von Zugliget. Denn zunächst wollten die westdeutschen Behörden klären, ob der Agent tatsächlich die Seite wechseln wolle. In der Zwischenzeit setzte Frau Bäume den Mann in die Kirche, wo Pfarrer Kozma gerade eine Messe las. Dort wartete er brav, bis ihn die Deutsche Botschaft übernahm.

In den Aufmarsch westdeutscher, aber auch internationaler Kamerateams mischte sich auch das Fernsehen aus der DDR. Das zeigte dann allerdings weniger Flüchtlinge aus der DDR, berichtete vielmehr von einem angeblichen westlichen Medienkrieg gegen Ost-Berlin, der von Bonn inszeniert und gesteuert würde. DDR-Fernsehkorrespondent Dietmar Schumann kommentierte: „Auch Journalisten aus der BRD spielen in Budapest das Szenario, ihre abgestimmte Rolle. Am 7. September gegen Mittag zählen wir am Lager Zugliget über 100 westliche Presseleute, die meisten aus der BRD, darunter Vertreter aller Fernsehanstalten, seit Wochen in Budapester Hotels einquartiert. Stories werden hier gekauft, Hysterie im Lager geschürt, ein richtiger Krieg wird inszeniert, ein Medienkrieg gegen die DDR."

Dass hier tausende junge DDR-Bürger vom SED-Regime genug hatten und sogar unter Gefahr für Leib und Leben ihren Staat verlassen wollten, passte natürlich nicht in Ost-Berlins Selbstdarstellung von einer humanen „sozialistischen Menschengemeinschaft". Also verpasste die Sprachregelung der DDR-Propaganda der Bundesrepublik den „Schwarzen Peter". Das SED-Zentralorgan „Neues Deutschland" bot seinen Lesern dazu eine unglaubliche Story an. Ein aus Ungarn in die DDR zurückgekehrter junger Mann behauptete, er sei von einem „Menschenhändler" mit einer präparierten Zigarette per Bus in die Bundesrepublik verschleppt worden und sei dort nach längerer Betäubung wieder aufgewacht. Der junge Mann sagte dem SED-Reporter, er „fühle sich als Opfer von Entführern, von Verbrechern". Nach dem Fall der Mauer gestand der junge Mann, er sei zu dieser Lügengeschichte gezwungen worden.

Fünf Tage nach der spektakulären Massenflucht im Rahmen des „Paneuropa-Picknicks" bei Sopron weckte in den Lagern Zugliget und Csillebérc eine andere Nachricht neue Hoffnung. Völlig überraschend waren in der Nacht vom 23. zum 24. August Abgesandte des Internationalen Roten Kreuzes aus Genf mit vorbereiteten Ausreisepapieren in der Deutschen Botschaft aufgetaucht. Die von Ost-Berlin als illegal eingestuften bundesdeutschen Pässe ohne Einreisestempel wurden nicht benötigt. Die 108 Botschaftsbesetzer wurden als „Klienten" des Hohen Flüchtlingskommissars der Vereinten Nationen behandelt. Von Budapest aus wurden sie mit Hilfe des Roten Kreuzes nach Wien ausgeflogen und von dort nach Bayern zum Aufnahmelager für „Aussiedler" gebracht. Allerdings, so dämpfte die Bonner Regierung die Erwartungen der anderen etwa 4000 Flüchtlinge in der Obhut der Malteser und der ständig wachsenden Zahl von DDR-„Touristen" auf Campingplätzen in Ungarn, dies sei „ein einmaliger Vorgang, eine nicht wiederholbare humanitäre Aktion".

Es war ein historischer Akt, denn zum ersten Mal waren Asyl-suchende aus der DDR legal „im Namen der Menschlichkeit" aus einem „Bruderland" ausgereist. Der Bonner Außenamtsstaatsse-kretär Jürgen Sudhoff hatte in sehr persönlichen Gesprächen mit dem ungarischen Außenminister Gyula Horn hinter den Kulis-sen diesen „besonderen Weg" gefunden. Ost-Berlin musste der Aktion mit hilflosem Protest zuschauen. Immerhin hatte Horn den DDR-Botschafter Gerd Vehres förmlich von der Ausreise der Botschaftsbesetzer in Kenntnis gesetzt. Den ostdeutschen Verantwortlichen dämmerte inzwischen, dass dieser „humani-täre Schritt" der ungarischen Regierung womöglich kein „ein-maliger Vorgang" bleiben würde. Denn auch ihnen war durch Berichte der Staatssicherheit bekannt, dass die Zahl von DDR-„Urlaubern" in Ungarn ständig wuchs. Bis zu 200.000 Menschen waren nicht aus den Ferien heimgekehrt, sondern harrten meist auf Campingplätzen aus, in der Hoffnung, dass das Land mit dem zerschnittenen Eisernen Vorhang auch für sie irgendwann ein Schlupfloch in den Westen öffnen würde. Inzwischen war in Ost-Berlin auch aufgefallen, dass der Weggang so vieler meist junger Leistungsträger „alles andere als harmlos" war und „Un-zufriedenheit unter den Bürgern" hervorrufe, wie die „Leipziger Volkszeitung" schrieb. Es seien eben nicht „Kriminelle, Asoziale oder ähnliche Versager", die „von westlichen Massenmedien ab-geworben" worden seien.

Und auch durch eine zweite sensationelle Nachricht sah die SED den kommunistischen Machtblock erschüttert. Zur glei-chen Zeit, als die Budapester Botschaftsbesetzer in drei Son-derbussen Bayern erreichten, wählte der Sejm Tadeusz Mazo-wiecki zum neuen polnischen Ministerpräsidenten. Zum ersten Mal wurde damit seit der Verhängung des Stalinismus über Ost-europa nach dem Zweiten Weltkrieg ein Nicht-Kommunist Re-gierungschef in einem sozialistischen Land. Der Publizist und langjährige Berater Lech Wałęsas hatte eine überwältigende Mehrheit der Stimmen auf sich vereinigen können: 378 von 423 Abgeordneten votierten für den Kandidaten des „Bürgerkomitces Solidarność", nur vier stimmten gegen ihn, 41 hatten sich enthalten. Beim Nachbarn Polen hatte nach zehn Jahren des Widerstands und Jahren des Kriegsrechts die breite Volksbewegung der Solidarność gesiegt und das Ende der kommunistischen Alleinherrschaft herbeigeführt. Tadeusz Mazowiecki, der prominente Vertreter der katholischen Laienbewegung, bildete die erste demokratische Regierung seit Hitlers Zerstörungskrieg und Stalins importierter Diktatur.

Daran änderte auch die Tatsache nichts, dass Mazowiecki in seinem ersten Kabinett zwei der wichtigsten Ressorts, das Innen- und das Verteidigungsministerium, an „liberale" Kommunisten hatte abtreten müssen. Dies war ein Kompromiss des „Runden Tisches" zwischen Kommunisten und Opposition und zugleich eine Art Beruhigungspille für Moskau und die anderen „Bruderstaaten" im Warschauer Pakt. Umgekehrt hatte sich die kommunistische Vereinigte Arbeiterpartei dazu durchgerungen, durch Parlamentsbeschluss den Verfassungsartikel 3 über die „führende Rolle" der Kommunisten streichen zu lassen. Auch wenn dieser geradezu historische Kompromiss beider Seiten, der Solidarność ebenso wie der Arbeiterpartei, noch 20 Jahre danach umstritten bleibt und im Lager der Rechtskonservativen diffamiert wird, so hat Mazowieckis Kabinett dennoch die Alleinherrschaft der Kommunisten erstmals gebrochen.

Wegen Honeckers krankheitsbedingter Abwesenheit, aber auch wegen der Bewegungs- und Entscheidungsunfähigkeit der übrigen Politbürokraten handelten Budapest, das Internationale Rote Kreuz und Bonn weiterhin an Ost-Berlin vorbei. Weil die Herren dort sich selbst mit ihrer starren Haltung ausmanövriert hatten, sahen sich der ungarische Ministerpräsident Németh und sein Außenminister Horn gezwungen, eigene Wege zu gehen. Sie reisten eine Woche später, Anfang September, zu Geheimgesprächen nach Bonn. Die offizielle Lesart hieß: Vierstündiger Arbeitsbesuch. Auf Schloss Gymnich überraschten sie Bundeskanzler Helmut Kohl, Außenminister Hans-Dietrich Genscher und eine kleine Runde vertrauter Berater mit ihrer Entscheidung, die vielen tausend Flüchtlinge nicht gewaltsam in die DDR zurückzuschicken. Németh und Horn schilderten die schwierige Lage, in die Ungarn durch die Asylsuchenden aus der DDR geraten sei. Falls sie die Grenze öffnen würden, gingen sie ein schwer kalkulierbares Risiko ein. Denn noch immer sei Ungarn als Mitglied im Warschauer Pakt von etwa 80.000 Soldaten der Sowjetunion besetzt. Trotzdem werde Budapest die Flüchtlinge „nicht gegen ihren Willen in die DDR abschieben". Vielmehr plane man in einem „humanitären Akt", die Menschen über Österreich in die Bundesrepublik ausreisen zu lassen. Und so erinnert sich Helmut Kohl, Németh habe beruhigend hinzugefügt: „Wenn uns keine militärische oder politische Kraft von außen zu einem anderen Verhalten zwingt, werden wir die Grenze für DDR-Bürger offen halten." Bei diesen Worten, schreibt Kohl in seinen Erinnerungen, seien ihm „die Tränen in die Augen gestiegen".

Jahre später erfuhr ich von Miklós Németh mehr über diese historische Begegnung mit Kohl. Nach seiner Zusicherung, die Grenze für DDR-Flüchtlinge offen zu halten, sei der Kanzler aufgesprungen, habe seine Hand ergriffen und ihm als einem „Freund der Deutschen" gedankt. Dann habe sich Kohl wieder gesetzt und vorsichtig angefragt, welche Gegenleistungen Ungarn für diese großzügige Handlung erwarte. Da wiederum sei Németh aufgestanden und habe gesagt – sicher mit Anspielung auf Honecker und Ceaușescu: „Ungarn verkauft keine Menschen." Németh aber wollte mit dieser hochbrisanten und gefährlich-mutigen Entscheidung etwas kaufen: Die Eintrittskarte für Ungarn in das Europa der freien Völker.

Nach außen wurde strenges Stillschweigen über das Treffen bewahrt. Politiker und sogar Medien hielten sich weitgehend mit Spekulationen zurück, weil allen bekannt war, was auf dem Spiel stand. Die Nachrichtenagenturen hoben hervor, dass an diesem Wochenende nur wenigen Menschen die Flucht aus Ungarn nach Österreich gelungen war, dass es wieder harte, rigorose Grenzkontrollen gegeben habe und Familien auseinandergerissen worden seien.

Einer aber „wich von der Abmachung des Stillschweigens" ab. Der damalige Botschafter Ungarns in Bonn, István Horváth, erzählt, man hätte in Budapest später erfahren, dass Bundeskanzler Kohl „sich nach den Besprechungen offensichtlich Sorgen machte, wie die Moskauer Führung zu den Absichten der Ungarn stand". Kohl hat Gorbatschow trotz der Schweige-Verabredung eingeweiht und sich im Gespräch mit dem Kremlchef abgesichert, dass Moskau nichts gegen den waghalsigen Schritt der Ungarn unternehmen würde. Horváth legt Wert darauf, dass die Regierung Németh jedoch niemanden, auch nicht Gorbatschow, *konsultiert* habe, sondern ihm die freie Entscheidung zur Ausreise zwei Tage vorher förmlich *mitgeteilt* habe. Und er ergänzt: „Von Seiten der DDR, Rumäniens und der Tschechoslowakei kamen immer mehr ‚Drohungen' nach Budapest. Die Sowjets aber ‚schwiegen.'"

Exodus
Wie in Budapest und Leipzig der Aufbruch in Richtung „Deutsche Einheit" begonnen hat

Anfang September wurde die ungarische Volksarmee eingesetzt. Als Mitglied des Warschauer Pakts leistete sie in Zánka am Plattensee rund 3000 DDR-Flüchtlingen mit ihren Gulaschkanonen einmal ganz anders „brüderliche Hilfe". Zánka war eine kleine Stadt für „Junge Pioniere", ähnlich wie Csillebérc. Kaum zu glauben: Der Direktor des Staatlichen Reisebüros, György Fekete, hatte die Leitung des neuen Flüchtlingslagers übernommen. Hausherr wurde das Ungarische Rote Kreuz, dem Sozialhelfer des Deutschen Roten Kreuzes als Berater zur Verfügung standen. Ein Bus-Pendelverkehr wurde eingerichtet, mit dessen Hilfe Flüchtlinge aus den überfüllten Budapester Camps nach Zánka gebracht werden konnten. Was Csilla von Boeselager und Pfarrer Imre Kozma in eigener Verantwortung auf dem Kirchengelände von Zugliget begonnen hatten, übernahm jetzt ganz offiziell der ungarische Staat.

Der Druck auf die ungarische Regierung nahm täglich zu. Csilla von Boeselager und die Malteser konnten in ihren Pressegesprächen auf den Stufen der Kirche „Zur Heiligen Familie" keine Auskunft geben, wie, wann, wo die Reise losgehen würde, was überhaupt mit den vielen tausend Menschen werden solle. Die Politik, insbesondere der westdeutsche Botschafter Alexander Arnot, spielte „toten Mann". Stattdessen machten Gerüchte die Runde, der ungarische Innenminister habe der deutschen Illustrierten „Stern" eine Wartezeit von vier bis sechs Wochen bis zu einer Lösung angekündigt. (Das Interview war Tage vor dem geheimen Bonn-Besuch von Ministerpräsident Németh bei Kanzler Kohl aufgenommen worden.) Es war regnerisch und kühl, geradezu herbstlich in Budapest geworden. Das Warten in den provisorischen Unterkünften wurde beschwerlicher, wir spürten, wie gespannt die Stimmung unter den Flüchtlingen war. Sie wussten, dass ein letzter Versuch, die DDR in eine wirklich humanitäre Lösung einzubinden, gerade gescheitert war.

Außenminister Gyula Horn hatte bei einem Kurzbesuch in Ost-Berlin seinen Amtskollegen Oskar Fischer und Politbüromitglied Günter Mittag – als Vertreter des noch immer kranken Staatsratsvorsitzenden Honecker – nicht zu überzeugen vermocht. Im Gegenteil, sie ließen realitätsblind keinerlei Verständnis für das deutsch-deutsche Drama erkennen und wiesen die von Horn genannten Zahlen Ausreisewilliger als erfunden zurück. Fischer und Mittag zeigten sich fassungslos, als Horn ihnen daraufhin ankündigte, dass Ungarn das zweiseitige Auslieferungsabkommen von 1969 außer Kraft setzen werde, weil Budapest dem Völkerrecht verpflichtet sei. Es muss ziemlich lautstark bei dieser Unterredung zugegangen sein. Die DDR-Vertreter warfen den Ungarn Vertragsbruch und Verrat der kommunistischen Internationale vor. Sie bestanden auf unverzüglicher Rückführung der Flüchtlinge und versprachen wieder Straffreiheit. Die DDR-Nachrichtenagentur ADN nannte das Treffen ein „freundschaftliches Gespräch", nahm jedoch zu den tatsächlichen Meinungsverschiedenheiten nicht Stellung und sprach von „einigen Fragen des Reiseverkehrs". Horn gewährte den Ost-Berliner Machthabern noch eine „Denkpause" von maximal zehn Tagen. In dieser Zeit hätten Beauftragte der DDR-Regierung vor Ort in Ungarn die Chance, Ausreisewillige zur Rückkehr zu bewegen.

In den Tagen danach wurden Flugblätter mit „Informationen" und „Mitteilungen" der DDR-Botschaft in Ungarn vor den Lagern verteilt. Den Flüchtlingen wurde immer wieder zugesichert, dass sie „bei ihrer Rückkehr in die DDR keinerlei Strafverfolgung unterliegen". Unter Punkt zwei der „Information" hieß es wörtlich: „Diese Bürger können bei Rückkehr in die DDR ihre Anliegen in den Heimatorten vortragen. Diese Vorsprachen werden als Antragstellung bzw. Wiederholung der Antragstellung auf ständige Ausreise gemäß der Verordnung über Reisen von

Bürgern der DDR nach dem Ausland vom 30. 8. 1988 gewertet." Die Bürger könnten in ihre Berufe und an ihre Arbeitsstellen zurückkehren, und Rechtsanwälte würden „in all diesen Angelegenheiten umfassenden Beistand leisten".

Die SED hatte nichts verstanden. Die Menschen hatten es satt, Anträge auf Genehmigung zur Ausreise zu stellen, sie nahmen ihr Menschenrecht auf Reisefreiheit in Anspruch. Und außerdem: Die Freiheit war zum Greifen nah, die wollten sie nicht gegen die fragwürdige Zusicherung von Straf-Freiheit eintauschen. Stasi-Agenten, die vergeblich „Gespräche" begonnen hatten, wurden als „agents provocateurs" aus dem Lager Csillebérc gedrängt. Pfarrer Imre Kozma hat das später so beschrieben: „Unsere Herzen und Köpfe waren nur mit den Gefühlen der Freiheit befasst. Auf diese Nebensächlichkeiten haben wir gar nicht mehr reagiert."

Dann versuchte auch ein hochrangiger Vertreter der DDR-Mission in Zugliget zu „missionieren". Botschaftssekretär Dieter Grahmann wollte auf dem Kirchgelände so etwas wie eine Beratungsstelle einrichten. Weil Pfarrer Kozma als Hausherr um die Sicherheit des Mannes fürchtete, mietete er einen Camping-Wagen und ließ ihn gegenüber dem Eingang zum Kirchgarten aufbauen. Dort sollte der DDR-Diplomat sein „Büro" eröffnen. Eine Gruppe von etwa 50 jungen DDR-Bürgern umlagerte den Camping-Wagen, schimpfte auf die SED und nahm eine derart drohende Haltung ein, dass Diplomat Grahmann die Tür zu seiner „Beratungsstelle" sehr schnell wieder verschloss. Es war ein groteskes Bild. Der Mann saß, von allen Seiten beobachtet, einsam in dem Wagen und tat – nichts, er konnte nichts tun.

Er hatte keine Chance, denn auf dem Gelände von Zugliget, das zu betreten für ihn zu gefährlich war, hatten sich Beamte des Bonner Außenministeriums schon seit August eingerichtet. In der rückwärtigen Halle der Kirche, hinter dem Altar, wurden in insgesamt 14 Büros provisorische Bundespässe für die Fluchtwilligen ausgestellt. Provisorisch, denn die westdeutschen Beamten konnten ja nur Papiere zur Ausreise ohne Einreisestempel

Imre Kozma, Pfarrer der Gemeinde „Heilige Familie" in Budapest-Zugliget
(Aufnahme von 2006). Foto: Heinz Kerber

der Ungarn verteilen. Tatsächlich hat diese Pässe dann niemand
gebraucht. Pikanterweise wurden die Papiere den DDR-Deutschen im Beichtzimmer der Kirche hinter einem Paravent aus-
gehändigt, laut Pfarrer Kozma waren es 16.000. Die Bonner be-
gründeten ihre Handlungsweise mit ihrer Rechtsauffassung von
der „einheitlichen deutschen Staatsbürgerschaft". Der DDR fiel
nicht mehr ein, als das schärfstens zu verurteilen, weil „die BRD
unter Missachtung der Staatsbürgerschaft der DDR Bürgern
der DDR widerrechtlich Pässe der BRD ausgibt". Botschafter
Gerd Vehres hat die starre Haltung der SED-Regierung später so kommentiert: „Man hatte sich darauf festgelegt, dass die

Souveränität des Staates zu achten ist. Man wollte jeden Eindruck vermeiden, dass die Bundesrepublik die DDR-Bürger wie bundesdeutsche Bürger behandeln konnte. Aber das machte sie schon seit Jahrzehnten. Das war eines der großen politischen Traumata der DDR und spielte bei allen Entscheidungen eine Rolle: Wir können nicht diesem Alleinvertretungsanspruch stattgeben, auch nicht den Anschein erwecken – dann kann man ja gleich einpacken."

Er habe Vorschläge nach Ost-Berlin geschickt, Warnungen, dass sich in Budapest etwas zusammenbraue, doch die Reaktion war nur: „Ja, ja, das klären wir schon, aber erst nach dem 40. Jahrestag. Die Führung war meinem Eindruck nach in dieser Frage handlungsunfähig."

Der Aufbruch Richtung „deutsche Einheit" ging in diesen ersten Septembertagen von zwei Kirchen aus, der katholischen „Zur Heiligen Familie" in Budapest und der evangelischen Nikolaikirche in Leipzig. Lange Zeit hatten die christlichen Gemeinden mit ihrem entschiedenen Nein zum staatlich verordneten Marxismus-Leninismus in den kommunistischen Ländern ein Schattendasein geführt. Immerhin hielten sie trotz massiven staatlichen Drucks zum Kirchenaustritt eine kleine, aber aktive Schar von Gläubigen zusammen. Je deutlicher die Krise des real-sozialistischen Systems zu Tage trat, desto mehr entwickelten die Kirchen für Oppositionelle, auch Nicht-Christen, Anziehungskraft. Sie konnten wie keine andere Institution in kommunistischen Ländern Versammlungsraum bieten. Am erfolgreichsten war das in Polen und in der DDR.

Als grenzüberschreitende, weltweite Institution war die katholische Kirche in den Augen der Kommunisten eine spionageverdächtige, subversive Gefahr. In der Zentrale Vatikan sahen sie eine Konkurrenz zur Zentrale Moskau. Die stalinistische Verfolgung der Katholiken und ihrer obersten Kirchenführer, wie etwa Ungarns Kardinal Mindszenty, brachte Opportunisten zum Kirchenaustritt; gleichzeitig wurde der Katholizismus auch in Ungarn zu einem Sammelbecken oppositioneller Kräfte.

Auch so erklärt sich das solidarische Engagement der Pfarrei von Zugliget für die Flüchtlinge aus der DDR.

Im Lutherland DDR hatten die evangelischen Kirchen die Türen für den Protest gegen das Regime schon seit den siebziger Jahren weit aufgemacht. Und seit September 1982 hatte Pfarrer Christian Führer ununterbrochen zu Montagsgebeten für den Frieden in die Nikolaikirche geladen. Es begann mit Fürbitten gegen das Wettrüsten in West und Ost und mündete in Gebete für verfolgte Oppositionelle in der DDR, für Menschen, die das Land verlassen und solche, die bleiben und reformieren wollten.

Während also Ost-Berlin vergebliche Anstrengungen unternahm, Fluchtwillige aus dem Malteser-Lager an der katholischen Kirche von Zugliget zur straffreien Rückkehr in die DDR zu überreden, entrollten in Leipzig demonstrierende Daheimgebliebene bis dahin unvorstellbare Transparente an der evangelischen Nikolaikirche. „Reisefreiheit statt Massenflucht" – „Für ein offenes Land mit freien Menschen" – „Stasi weg, Mauer weg" und „Wir wollen raus", so hießen ihre Parolen. Zweimal ein paar tausend DDR-Bürger: die einen hatten den „ersten Arbeiter- und Bauernstaat auf deutschem Boden" verlassen, die anderen wollten aus der „Diktatur der Arbeiterklasse" eine wirklich deutsche demokratische Republik mit allen bürgerlichen Freiheiten machen.

Zuvor hatten sie wie jeden Montag in der Nikolaikirche Friedensgebet gehalten, diesmal auch mit Fürbitten für die „Ausreiser" von Budapest.

So wuchs aus dem Montagsgebet am 4. September die erste mächtige Montagsdemonstration. Mehrere tausend Menschen marschierten von der Nikolaikirche aus in die Innenstadt, begleitet von Hundertschaften der Volkspolizei in Uniform und ungezählten Angehörigen der Staatssicherheit in Zivil. Vor den Augen internationaler Leipzig-Besucher – es waren die Tage der Leipziger Herbstmesse – rissen zivile Einsatzkräfte die Transparente herunter. Zahlreiche Demonstranten wurden festgenommen und „den Sicherheitsorganen zugeführt".

Natürlich haben die SED-gelenkten Medien diese erste Leipziger Montagsdemonstration zunächst verschwiegen. Zwei Tage später meldete sich die Zeitung des Staatsjugendverbands FDJ „Junge Welt" ziemlich kess zu Wort. Auf „Leseranfragen", warum die Zeitung über die Leipziger Vorgänge nicht berichtet habe, hieß es: „Die Antwort ist einfach. Weil diejenigen, die sich dort im Anschluss an einen Gottesdienst zusammenrotteten, uns, die ‚Junge Welt', nicht informiert hatten, dass sie in Leipzig eine staatsfeindliche Aktion gegen die DDR anzetteln wollen." Wie der Rest der Republik hatte auch die „Junge Welt" von dieser „Provokation" aus dem West-Fernsehen erfahren, „das auf seiner täglichen Suche nach antisozialistischen Elementen wieder mal rechtzeitig von seinen eigenen Statisten eingeladen worden war". Das harte Eingreifen von Staatssicherheit und Volkspolizei erwähnte das FDJ-Blatt nicht.

Am Camping-Wagen in Budapest blieb alles gewaltfrei, aber es kam in den Tagen darauf dann doch noch zu einer erregten Aussprache zwischen jungen DDR-Bürgern und Diplomat Grahmann. Vor laufenden Fernsehkameras sagten einige Fluchtwillige dem Botschaftsvertreter und zugleich der DDR ade. Sie hätten genug von der Bevormundung durch den Staat, sie wollten sich nicht mehr vorschreiben lassen, was sie lesen, reden und wohin sie reisen dürften oder nicht. Sie hätten die Nase voll davon, einen Trabant zu beantragen, zu bezahlen und dann zehn Jahre auf so ein Auto zu warten. Und den bittersten Vorwurf formulierte ein Buchdrucker aus Rostock: „Die SED traut mir die angeblich wichtigste Aufgabe der Menschheitsgeschichte zu, nämlich, den Sozialismus aufzubauen. Aber sie traut mir nicht zu, dass ich von einer Westreise zurückkomme, und verbietet mir deshalb, meine Oma in West-Berlin zu besuchen. In diesen Staat kehre ich nie mehr zurück."

Der DDR-Botschaftssekretär sagte nur: „Ich teile nicht alle Ihre Ansichten über unsere Republik, aber ich respektiere Sie als Menschen." Vielleicht wäre manch junger DDR-Bürger nicht nach Zugliget gegangen, wenn früher einmal ein Funktionär auf die Nöte der Bürger gehört und sie sogar respektiert hätte.

Mehrfach war die Leiterin des Lagers Zugliget, Csilla von

Boeselager, in diesen Wochen jeweils nur für einen Tag nach Deutschland geflogen – alle vermuteten: um Geheimverhandlungen mit der Bundesregierung zu führen. Erst ein Jahr später wurde bekannt, dass diese ungewöhnlich tapfere Frau den Kurzurlaub brauchte, um sich daheim einer Chemotherapie zu unterziehen: Krebs. Bereits 1988 war sie deswegen operiert worden. Noch im Krankenbett der Dortmunder Klinik hatte sie um Unterstützung für ihr Ungarn-Hilfsprogramm gebeten.

Noch zweimal versuchte Ost-Berlin auf die Entscheidung der Ungarn Einfluss zu nehmen. DDR-Außenminister Oskar Fischer wandte sich am 8. September in einer Note an seinen Kollegen Gyula Horn, vergeblich. Und Parteichef Honecker ließ Botschafter Vehres am 9. September einen Appell an den ungarischen Parteichef Rezsö Nyers überreichen. Die Antwort war knapp, man werde den Entschluss zur Öffnung der Grenze nicht zurücknehmen. Und Imre Pozsgay, der Vordenker der ungarischen Reformpolitik, kommentierte lapidar: „Es ist nicht Ungarns Aufgabe, die Grenze anderer Staaten zu schützen."

Mein ungarischer Mitarbeiter István Sinkovicz hatte mich am Samstag, dem 9. September, darüber informiert, dass am Sonntagabend um 19.10 Uhr mit einer wichtigen Sendung im ungarischen Fernsehen zu rechnen sei. Außenminister Horn werde eine Entscheidung der ungarischen Regierung verkünden. Auch die Mitarbeiter des Malteser-Hilfsdienstes ahnten, dass eine Lösung bevorstand, wussten aber ebenso wie wir nichts Genaues. Der Einsatzleiter, Wolfgang Wagner von den Münchner Maltesern, sagte, er sehe Licht am Ende des Tunnels, und man brauche kein Fernrohr, um das Licht zu erkennen. Horn sollte in der politischen Abendsendung „A hét – Die Woche" interviewt werden. Ich sprach mit Frau von Boeselager, und wir verabredeten, zur angegebenen Sendezeit einen Fernsehapparat auf dem Platz vor der Kirche aufzubauen.

Am Sonntagmorgen besuchte ich mit meinem Kamerateam den Gottesdienst in der Kirche „Zur Heiligen Familie". Mein Problem war, dass ich den Aufmacherbericht für die „heute"-

Sendung um 19 Uhr zu produzieren hatte, Minister Horn aber erst eine Viertelstunde später die erwartete Sensation veröffentlichen würde. Natürlich wollte ich die Zuschauer von „heute" auf die langersehnte Nachricht einstimmen, wollte und durfte mich aber auf keinerlei Spekulation einlassen. Pfarrer Kozma half mir aus dem Dilemma. Seiner Gemeinde verkündete er, er sei sicher, dass Gott die Hilferufe erhört habe und dass dieser Sonntag ein Tag des Dankes werde. Die Gemeinde stimmte das „Te Deum" an: „Großer Gott, wir loben dich". Vier Wochen lang hatte sich die Pfarrei von Zugliget in christlicher Nächstenliebe als Gastgeber für Verfolgte erwiesen. 800.000 Forint hatte die Gemeinde für die DDR-Flüchtlinge gesammelt, das waren damals rund 100 ungarische Durchschnittsgehälter. Zugliget war ein bürgerlicher, aber keineswegs wohlhabender Bezirk. Die Hilfsbereitschaft der Ungarn war, gemessen an ihren finanziellen Möglichkeiten, enorm.

Das alles habe ich berichtet und dann zu Bildern vom großen Aufräumen im Lager von „Zuversicht und Aufbruchstimmung" gesprochen. Zum ersten Mal hatten wir eine Übersicht über das ganze Lager Zugliget vom Kirchturm aus drehen dürfen. Die Flüchtlinge hatten im Laufe des Tages die Information bekommen, dass sie ihr gesamtes Hab und Gut mit auf die Reise nehmen dürften. Aus dem Lager Csillebérc am Rande der Stadt erfuhren wir, dass die dort abgestellten 500 DDR-Pkw bereits vollgetankt seien.

Zur gleichen Zeit waren in Ost-Berlin 200.000 Menschen zu einer Kundgebung zum Gedenken an die Opfer des Nazi-Terrors aufgeboten. In den Reden wurde die DDR als „Heimstatt des Friedens und der Menschlichkeit, der sozialen Sicherheit und Geborgenheit" gepriesen. In der DDR werde ein jeder gebraucht und habe ein jeder die Möglichkeit, sich zu verwirklichen. Durch die sozialistischen Errungenschaften seien die Menschenrechte insgesamt Realität geworden. Allenfalls dieses Vokabular „zwischen den Zeilen" gab indirekt Hinweise darauf, dass die DDR-Führung von den vielen tausend Menschen wusste, die ihrer

„Heimstatt des Friedens" gerade zu entkommen suchten. Über die Massenflucht verloren die Sprecher der SED kein Wort. Und während in Ost-Berlin die „DDR als festes Bollwerk des Sozialismus" gefeiert wurde, während in Ungarn mehrere zehntausend Menschen an diesem Sonntagnachmittag dem Signal zur Ausreise in den Westen entgegenfieberten, wurde in Leipzig das oppositionelle „Neue Forum" gegründet. Ein Akt der Zivilcourage im Stasi-Staat DDR, der wohl nur in der Krise der drohenden Massenflucht möglich war. Denn die SED war trotz propagandistischer Kraftmeierei zutiefst verunsichert und reagierte eher beleidigt als souverän. Honeckers „Wir weinen ihnen keine Träne nach!" erinnerte an Bertolt Brechts Gedicht „Die Lösung", in dem „das Volk das Vertrauen der Regierung verscherzt habe". Brechts Vorschlag lautete: „Wäre es da nicht doch einfacher, die Regierung löste das Volk auf und wählte ein anderes?"

Die Gründer des „Aufbruch 89 – Neues Forum" aber wollten eine andere Republik. Ihr Aufruf begann mit den Worten: „In unserem Land ist die Kommunikation zwischen Staat und Gesellschaft offensichtlich gestört." Sie diagnostizierten „eine weitverbreitete Verdrossenheit bis hin zum Rückzug in die private Nische oder zur massenhaften Auswanderung". Katja Havemann, die Witwe des prominenten Dissidenten Robert Havemann, die Künstlerin Bärbel Bohley, der Jurist Rolf Henrich, der Molekularbiologe Jens Reich und die übrigen Erstunterzeichner beriefen sich auf Artikel 29 der DDR-Verfassung, der das Recht zur Gründung einer Vereinigung garantierte, damit Bürger „in Parteien oder Organisationen ihre Interessen verwirklichen" könnten. Es ging dabei um „Gerechtigkeit, Demokratie und Frieden sowie um den Schutz der Natur". Ehemalige SED-Genossen hatten ebenso unterzeichnet wie Arbeiter und Ärzte, Physiker und Pfarrer. Der Gründungstext war die Übersetzung von Gorbatschows „Glasnost und Perestrojka" auf DDR-Deutsch. Denn die Initiatoren klagten einen „demokratischen Dialog in aller Offenheit" ein, um dadurch zu einer „Umgestaltung der Gesellschaft" zu kommen.

In Budapest versammelten sich am frühen Sonntagabend weit über 1000 Menschen auf dem Kirchplatz von Zugliget. Beim Fernseher, für alle sichtbar in der Mitte, die Malteser und Csilla von Boeselager. Über 50 Kamerateams und Dutzende Fotografen standen bereit. Auf dem Dach des Wohnhauses gegenüber eine einzelne Kamera, die der DDR-Staatssicherheit. Beatrix Bäume hatte am Sonntagabend Dienst am Telefon der Einsatzleitung. So konnte sie nur auf einem Stuhl stehend durch das kleine Fenster ihres „Büros" von Ferne zuschauen. „Gegen 19.15 Uhr", schreibt sie in ihren Erinnerungen, „ging ein Freudenschrei durch das Lager. Die Menschen fielen sich in die Arme. Und viele weinten Tränen der Erleichterung und des Glücks."

Csilla von Boeselager hatte direkt die befreiende Botschaft des ungarischen Außenministers aus dem Fernsehinterview übersetzt. In ihrer Aufregung sagte sie: „Die hier stehenden Mitglieder, Bürger der DDR, können mit ihren DDR-Passieren das Land verlassen." Der Rest ging im Jubel der Menschen unter. Weiter sagte der Minister: „Das ist eine vorläufige Lösung, die aber sicher nicht nur für 24 Stunden gilt. Ungarn kann und will nicht zu einem riesigen Flüchtlingslager werden."

Im Bonner ZDF-Studio saß Bundesaußenminister Hans-Dietrich Genscher und kommentierte die Live-Übertragung aus Budapest. Er versicherte, dass die Grenze „bis auf Weiteres und nicht nur vorübergehend geöffnet" bleibe. Die Ursachen für den Massenexodus, Perspektivlosigkeit und Mangel an persönlichen Entfaltungsmöglichkeiten, könne nur die DDR beseitigen. Kein Mensch gebe seine Heimat und sein vertrautes Lebensumfeld leichtfertig auf.

Niemand hatte nach dem wochenlangen Gezerre mit einer derart liberalen, humanen und großzügigen Lösung gerechnet. Budapest hatte letzten Endes wohl keine andere Wahl, wenn es in Zeiten der Perestrojka und der Menschenrechte nicht wieder zu stalinistischen Methoden zurückkehren wollte. Horns befreiendes Signal hieß: „Nulla órá!" Um null Uhr in der Nacht zum 11. September sollten sich für die Flüchtlinge die Schlagbäume heben. So setzte sich denn in den späten Abendstunden des Sonntags die Plastik- und Blechkarawane der Trabis und Wartburgs, der Moskwitschs und Polonez, der Dacias, Skodas und Ladas gen Westen in Bewegung. Aus Zugliget, Zánka und Csillebérc. Fast alle: DDR-Bürger. Ungarn und Malteser hatten Tränen in den Augen. Sie kamen nicht nur von den Auspuffgasen der Zweitaktergemische von Trabant und Wartburg.

Die Rallye nach Westen hat dann die Straße nach Hegyeshalom tagelang verstopft. Seit um Mitternacht unter Beifall und mit knallenden Sektkorken die Schlagbäume Richtung Wien hochgegangen waren, lief die Abfertigung durch die Ungarn problemlos und zügig, nicht bürokratisch und nervend wie die Grenzkontrollen der DDR, die von der SED-Propaganda stets als „international üblich" dargestellt wurden. Einige Kilometer vor der Grenze konnte man aus Budapest kommend rechts abbiegen Richtung Bratislava, Tschechoslowakei. Wenige Urlauber nutzten den Abzweig, um durch die ČSSR in die DDR zurückzukehren, fast alle fuhren geradeaus weiter nach Österreich. Und auf der Gegenfahrbahn zahlreiche leere Busse aus Österreich und Deutschland mit dem Ziel Budapest, um dort Asylsuchende aus der DDR abzuholen.

Bereits am nächsten Vormittag trafen wieder neue Flüchtlinge in Zugliget ein. DDR-Bürger, die viele Wochen zuvor ihren Reiseantrag nach Ungarn bei den Behörden gestellt hatten. Es kam ein Ehepaar – mit Verspätung, wie es sagte, denn es brachte einen erst drei Wochen alten Säugling mit. Und zwei junge Leute erklärten das Einfache, was schwer zu machen ist: „Wir wollten eigentlich nur von Ost- nach West-Berlin. Langer Umweg. Über 2000 Kilometer." Abschied auch noch an diesem Montagmorgen, nur ein Drittel der Zeltbewohner war gleich in der Nacht abgereist. Und auch DDR-Botschaftsrat Dieter Grahmann kam noch einmal an den Kirchenzaun, dankte Pfarrer Kozma für den Camping-Wagen und ging.

Auf den Treppen zur Kirche, wo seit Tagen kurze improvisierte Pressegespräche stattfanden, traf ich eine erschöpfte Csilla von Boeselager, sichtlich gezeichnet von der wochenlangen Nervenbelastung und ihrer damals noch geheimgehaltenen Krankheit. Wir sprachen über die rasante Entwicklung in den Ländern des Warschauer Pakts, über die DDR, Polen und Ungarn. Csilla von Boeselager erinnerte mich damals an den Satz des Polen Karol Wojtyła: „Habt keine Angst! Öffnet die Grenzen der Staaten und Gesellschaftsordnungen …" und sagte ganz einfach: „Da besteht doch ein Zusammenhang!" Ich hatte diesen Satz vergessen, den der Papst mehr als zehn Jahre zuvor bei seiner Amtseinführung in Rom ausgerufen hatte.

Am Mittag meldete sich beim Pförtner des ungarischen Außenministeriums eine vierköpfige DDR-Delegation der neuen Art. Einige Flüchtlinge waren nicht als Antragsteller oder Beschwerdeführer wie zum Botschaftsrat Grahmann gekommen. Sie wollten sich bedanken, bei der ungarischen Regierung und beim ungarischen Volk. Der Blumenstrauß, den sie dem Ministerreferenten an der Tür überreichten, stand lange auf dem Schreibtisch von Gyula Horn.

Die DDR-Propaganda brachte auch jetzt noch keine neue Sprachregelung zustande. In einer „Nacht- und Nebelaktion" sei „unter dem Vorwand humanitärer Erwägungen organisierter Menschenhandel betrieben" worden, hieß es bei ADN. Die von Ost-Berlin ausgestreuten Gerüchte über ein „Kopfgeld" pro Flüchtling wies Außenminister Horn als „Beleidigung" zurück. Im Gegensatz zu der Praxis der SED, die ausreisewillige DDR-Bürger gegen hohe Summen an Bonn verkaufe, lasse sich Ungarn von niemandem für humanitäres Verhalten bezahlen.

Die tatsächlichen Motive der Flüchtlinge, die in so hoher Zahl der DDR den Rücken kehrten, waren den Spezialisten aus Mielkes Ministerium ganz genau bekannt. Der Stasi-Chef schickte an die Mitglieder des SED-Politbüros umfangreiche Expertisen über Gründe der Massenflucht und über Reaktionen der Bevölkerung sowie von Parteigenossen der SED. Mielke berichtete in seinem Anschreiben von „Meinungsäußerungen, nicht selten auch sehr emotionalen und aus subjektiver Sicht". Er schreibt von

„Zweifeln, Unzufriedenheit und Resignation". Selbst „progressive Kräfte erwarteten von der Staats- und Parteiführung tiefgründige und umfassende Maßnahmen zur Überwindung bestehender Probleme in der DDR". Die Genossen rechneten mit einer weiteren Verschlechterung der Stimmungslage. Sie befürchteten, dass der Wirtschaftsplan durch den Weggang zahlreicher Fachkräfte nicht erfüllt werden könnte. Besondere Lücken wurden in der medizinischen Versorgung registriert. Weil Ärzte durch den Weggang von Kollegen „auf Dauer enormen Belastungen physischer und psychischer Art ausgesetzt" seien, würden „neue Anlässe zur Ausreise" geschaffen. Irritiert seien ältere Genossen, so die geheime Diagnose, dass „so viele junge Bürger ihre sozialistische Heimat in Richtung kapitalistische Abenteuer" verlassen wollten. Wörtlich: „Eine Ursache wird darin gesehen, dass der Jugend in der Schule und während der Berufsausbildung ein ‚Idealbild' vom Sozialismus vermittelt werde, das beim Eintritt in das Berufsleben mit der Praxis und dem Alltagsleben nicht mehr übereinstimmt." So oder so ähnlich hatten es die Fluchtwilligen von Zugliget auch dem DDR-Botschaftsrat Dieter Grahmann gesagt.

In Mielkes Bericht zur Lage der sozialistischen Nation wird in ausführlichen Kapiteln erstaunlicherweise alles aufgezählt, was die Beschwerdeführer am Camping-Wagen vorgebracht hatten: Versorgungsprobleme, Versagen der Planwirtschaft, Fehlen von Reisefreiheit, Mangel an Demokratie, Fehlen von Informationsfreiheit und gleichgeschaltete Medien. Und nicht ohne Hintersinn wird dafür die „altersmäßige Zusammensetzung" des obersten Führungspersonals verantwortlich gemacht, das „nicht mehr die Fähigkeit" habe, „die vielfältigen Probleme zu lösen". Die Mahnungen und Warnungen dieser Papiere fanden in den Führungszirkeln der SED offenbar kein Gehör. Staats- und Parteichef Erich Honecker war nach seiner Entlassung aus dem Krankenhaus überwiegend mit der Ausgestaltung des 40. Jahrestages der DDR befasst. Mielke aber und seine Experten für die Stimmungslage der Bevölkerung wussten genau, dass sich in diesen Tagen der Abreise nach Westen noch etwa 40.000 DDR-Urlauber – alle potentielle Flüchtlinge – in Ungarn aufhielten, unter ihnen 10.000, die erst nach der Öffnung der Grenze zu Österreich aus Rumänien oder Bulgarien eingereist waren.

Budapester Taxis stellten sich als kostenlose Lotsen für die Sammeltransporte bis zur Autobahn bereit. Ihre letzten Ost-Devisen spendeten viele vor der Abreise den Maltesern oder dem Roten Kreuz. Insgesamt sollen bis zum Fall der Berliner Mauer an die 200.000 Ostdeutsche via Ungarn in den Westen gelangt sein. Die DDR hatte ihre Zukunft verloren.

Am Abend des Tages der Grenzöffnung wurden in Leipzig nach dem traditionellen Montagsgebet in der Nikolaikirche mehr als 50 Menschen vor dem Gotteshaus festgenommen. Polizei und Stasi-Mitarbeiter in Zivil hatten in großer Zahl die Nikolaikirche umstellt. Greiftrupps führten Demonstranten aus kirchlichen Basisgruppen ab.

Und in Warschau feilte der Kandidat der Solidarność, Tadeusz Mazowiecki, an den letzten Formulierungen seiner Regierungserklärung als erster nichtkommunistischer Ministerpräsident Polens. Am nächsten Morgen versprach er seinen Landsleuten einen demokratischen Rechtsstaat, dessen wichtigste Aufgabe es sei, der katastrophalen Wirtschaftslage Polens Herr zu werden. Der Mann, der monatelang mit den Kommunisten gerungen hatte, musste seine Regierungserklärung wegen eines Schwächeanfalls unterbrechen. Es war eine neue Sprache, die Mazowiecki in das Parlament brachte. Er appellierte an alle, den Hass zu überwinden und einen neuen demokratischen Anfang zu wagen. Es war die erste Regierungserklärung im Nachkriegspolen, in der auf Gottes Hilfe für die Zukunft der Nation vertraut wurde.

Am Übergang Hegyeshalom, wo die ungarische Armee nur gut vier Monate zuvor den Eisernen Vorhang aufgeschnitten und entfernt hatte, herrschte nun reger Ausreiseverkehr. In der Woche nach der Grenzöffnung kamen täglich bis zu tausend DDR-Reisende und konnten ganz normal mit ihren Papieren, sogar mit Ersatzpapieren des Roten Kreuzes die Grenze nach Österreich passieren. Eine Familie hatte im Bulgarienurlaub von der Öffnung der Schlagbäume gehört und war direkt zum Grenzübergang gefahren. Der Vater, Hauptabteilungsleiter im DDR-Stahlwerk Hennigsdorf bei Berlin, sah sich fast eine Stunde lang nicht in der Lage, weiterzufahren, so sehr waren er und seine Familie mit den Nerven fertig.

Das Österreichische Rote Kreuz hatte 200 Meter vom Grenzkontrollpunkt entfernt ein großes Zelt aufgebaut. Viele Flüchtlinge legten dort nachmittags eine erste Pause in Österreich ein, man reichte Erfrischungen und Snacks. An einem Tisch saßen acht junge Ex-DDR-Bürger und feierten ausgelassen mit lauwarmem Sekt. Sie erkannten mich, holten mich an ihren Tisch und erzählten ihre bizarre Geschichte.

Alle acht hatten an diesem Morgen, dem 18. September, vom DDR-Flughafen Schönefeld bei Ost-Berlin aus nach Budapest fliegen wollen. Sie hatten zufällig diesen Flug gebucht, sie kannten einander vorher nicht. Alle hatten den Reisestempel für Ungarn im Pass schon im Juli beantragt und bekommen und gültige Tickets von Interflug. Einzeln wurden sie in Untersuchungsräume des Flughafens gebracht und zunächst einschließlich Leibesvisitation vom DDR-Zoll „auseinandergenommen". Dann wurden sie von Angehörigen des Staatssicherheitsdienstes streng verhört: Wer, woher, wohin, warum? Diese acht jedenfalls hatten nach rund zwei Stunden alle Kontrollen überstanden. Im Warteraum von Schönefeld erzählten sie einander, aus welchen Gründen sie nach Ungarn fliegen wollten: Verwandte besuchen, ein Forschungsauftrag, ein wenig Urlaub am Plattensee, Weiterreise nach Rumänien, Koordinierungsgespräche mit einem ungarischen Partnerbetrieb.

Mit Verspätung wegen der überlangen Kontrollen erreichte man Budapest. Am Flughafen Ferihegy verabschiedete man sich freundschaftlich, tauschte sogar Adressen aus, man hatte ja gemeinsam reichlich Unannehmlichkeiten in Schönefeld überstanden. Dann ging jeder seiner Wege. Das Unglaubliche geschah. Am Grenzübergang Hegyeshalom trafen sie sich alle wieder. Jeder war heimlich allein mit einem teuren Taxi vom Flughafen zur Grenze gefahren. Keiner hatte dem andern getraut, selbst im freien Ungarn nicht.

Prager Botschaft
Wie die bundesdeutsche Botschaft den Landsleuten aus der DDR Asyl geboten hat

Vom Lager Zugliget in Budapest über den Grenzort Hegyeshalom Richtung Österreich zog ich mit der „Medienmeute" weiter nach Prag. Das Prager Palais Lobkowicz, in dem die bundesdeutsche Botschaft zur Miete residiert, war nun der wichtigste Nachrichtenplatz im deutsch-deutschen Flüchtlingsdrama geworden. Denn viele DDR-Bürger, die es nicht mehr nach Ungarn geschafft hatten, suchten nun in der Prager Botschaft Asyl. Am 27. September waren bereits 1400 Flüchtlinge auf dem Gelände der Bonner Mission. Sie wurden notdürftig in 30 Großzelten untergebracht. Dazu waren ein paar hundert Feldbetten angeliefert worden.

Ende September waren Abende und Nächte empfindlich kalt geworden. Für Frauen und Kinder gab es Betten im Botschaftsgebäude oder wenigstens in Zelten. Aber viele Männer standen draußen im Botschaftsgarten mit Decken des Roten Kreuzes um Kopf und Schultern, im ersten Herbstregen. Sie standen in der Nacht und noch am frühen Morgen, manche bis zu den Knöcheln im Matsch. Immer wieder kletterten Menschen über den Zaun. Die draußen hoben Kinder über das Gitter, die drinnen halfen und nahmen schon mal das Gepäck in Empfang. Die tschechische Polizei griff nicht ein. Sie wollte vor unseren Kameras nicht der Büttel des SED-Politbüros sein. Das war mein erster Eindruck von dem Fluchtort, der die ungarischen „Sommerlager" abgelöst hat. Wer in die Botschaft gelangte, war hinter ihren Gittern in Sicherheit, doch noch lange nicht im Westen. Eine Gruppe von Männern sprach mich durch den Zaun an, erkannte den Korrespondenten des ZDF. Damals gab es einen Werbespruch der öffentlich-rechtlichen Anstalten: „Bei ARD und ZDF sitzen Sie in der ersten Reihe." Die Männer hinterm

Zaun, mit den Füßen im Matsch, formulierten in meine Richtung in sächsischer Selbstironie: „Bei ARD und ZDF *stehen* Sie in der ersten Reihe." Auch sie waren dankbar für die West-Kameras, weil sie sich von der Medien-Öffentlichkeit Druck auf das SED-Regime erhofften.

Das Ministerium für Staatssicherheit der DDR hatte in der Tschechoslowakei eine Reihe von Auslandsbüros. Die Genossen „Tschekisten", die des MfS der DDR und des StB der ČSSR, arbeiteten bestens zusammen. Denn in der Verfolgung Andersdenkender waren sich die Spitzelbehörden beider Staaten einig. Wie Ost-Berlin, so setzte auch Prag nicht auf Diskussion mit Kritikern des Systems, sondern auf Konfrontation, und das regelmäßig an den Jahrestagen des Einmarschs von Truppen des Warschauer Pakts.

Auch am 21. August 1989 demonstrierte der Polizeistaat ČSSR volle Einsatzbereitschaft. Jedes öffentliche Gedenken an die Niederschlagung des „Prager Frühlings" 1968 wurde unterdrückt. Fußgänger, die in den Landesfarben weiß, rot und blau gekleidet waren, wurden kontrolliert, selbst kleine Ansammlungen, auch Gruppen von Touristen, wurden nicht geduldet. Ständig fuhren Polizeiautos mit Blaulicht und Sirenen durch die Innenstadt, Gefängniswagen mit vergitterten Fenstern umkreisten drohend den Wenzelsplatz. Blumen, die am Denkmal des Nationalheiligen Wenzel niedergelegt worden waren, wurden eilig wieder abgeräumt. Die DDR half ideologisch mit. Sie lieferte Artikel für die Prager Presse, in denen der Einmarsch gerechtfertigt wurde.

Allerdings hatten derlei offizielle Bekundungen guter Nachbarschaft zwischen Prag und Ost-Berlin mit wirklicher „Völkerfreundschaft" herzlich wenig zu tun, sie waren von den Parteiführungen verordnet. Tschechen empfanden die deutschen Genossen als bürokratische Besserwisser und ideologische Oberlehrer. Und vor allem hatten die Tschechen und Slowaken nicht vergessen, dass die DDR 1968 an der Niederschlagung des „Prager Frühlings" durch den Warschauer Pakt beteiligt war, dass „die Deutschen" unter Walter Ulbricht besonders eifrig gegen Alexander Dubčeks Projekt vom „Sozialismus mit menschlichem Antlitz" gehetzt hatten. Ganz zu schweigen davon, dass wiederum 30 Jahre zuvor Hitlers Wehrmacht 1938 das Sudetenland besetzt und 1939 die souveräne Tschechoslowakei überfallen hatte, das sogenannte Protektorat Böhmen und Mähren als deutsches Besatzungsgebiet etabliert und die Slowakei als eigenständigen Staat unter Naziaufsicht begründet hatte.

Die „verfreundeten" Nachbarn DDR und ČSSR suchten aber in ihrer Not Mitte 1989 einen engen ideologischen Schulterschluss gegen den Reformer Gorbatschow in Moskau, die unberechenbaren Genossen in Budapest und die konterrevolutionäre Solidarność von Warschau. Darüber hinaus betrachtete Ost-Berlin die Tschechoslowakei als willkommenen Partner und Pufferstaat, der mithelfen sollte, Flüchtlingen den Weg nach Ungarn zu versperren.

Bei all dem galten Prag und die ganze für DDR-Bürger visafreie ČSSR nach wie vor als ein Traumziel für ostdeutsche Touristen. Die Prager waren höfliche Gastgeber, zeigten sich allerdings eher an Westdeutschen mit ihrer harten D-Mark als an Ostdeutschen mit ihren vom Staat knapp zugeteilten Devisen interessiert. Schon bei der Suche nach Restaurantplätzen erlebten DDR-Bürger ständig, dass sie als Deutsche zweiter Klasse behandelt wurden. Für ein „blaues Segelschiff", das Bild auf einem Zehn-Mark-Schein West der achtziger Jahre, wurde man – wie im Osten Deutschlands – auch von tschechischen Kellnern bevorzugt behandelt. Mit „Blauen Fliesen" – Hundert-Mark-Scheinen West – konnte man in der DDR und natürlich auch in der Tschechoslowakei praktisch alles haben. In Prag konnten sich Westdeutsche mit ihren ostdeutschen Verwandten und Freunden verabreden. Auch Bundesbürger, denen Ost-Berlin die Einreise verweigerte oder die den Schritt über die Grenze in den deutschen Arbeiter- und Bauernstaat nicht wagten, nutzten die Stadt an der Moldau als deutsch-deutschen Treffpunkt. Aber auch in Prag war bei solchen Ost-West-Begegnungen etwa in der traditionellen Bier-Hochburg „U Fleku" Vorsicht geboten. Die ostdeutsche Firma „Horch und Guck" zeigte am Nebentisch gern Präsenz, damit sich Gäste aus Ost und West nicht allzu sehr verbrüderten.

Noch im August 1989 blieben zahlreiche DDR-Urlauber jedoch nicht mehr in Prag, sondern reisten weiter quer durch die Tschechoslowakei an die Grenze nach Ungarn. Mielkes Residenz in Prag bekam per Befehl aus Ost-Berlin ein neues Aufgabenfeld. Sie sollte der „tschechischen Tscheka" helfen, durch verstärkte Kontrollen den Transit von DDR-Bürgern durch die ČSSR nach Ungarn zu verhindern. Auch in Ungarn waren Stasi-Leute eingesetzt, doch sie konnten gegen den Ansturm der Fluchtwilligen nicht mehr viel ausrichten. Also wurden die Stasi-Filialleiter in der Tschechoslowakei mobilisiert, mit Hilfe der tschechischen Staatssicherheit StB Fluchtverdächtige aus dem Strom der Reisenden herauszufischen. Unter der Leitung des Prager Stasi-Chefs, Oberstleutnant Dietrich Krause, wurde eine „Operativ-gruppe" zusammengestellt, mit vier Spezialisten aus Mielkes Prager Dependance, einem aus Bratislava, zwei aus Karlovy Vary (Karlsbad) und einer Sekretärin, Oberleutnant Karin Krause. Die Zusammenarbeit der Agententrupps war erfolgreich.

Spezialisten des tschechoslowakischen Innenministeriums konnten ihren Kollegen von der Stasi einige hundert Bürger der DDR, die am Flughafen Bratislava verhaftet worden waren, „streng geheim" übergeben. Ähnliche Amtshilfe leisteten ČSSR-Geheimdienstler an den Straßen-Grenzübergängen nach Ungarn. Mielkes Männer hatten an der Seite ihrer tschechischen Helfershelfer reichlich zu tun. Ende August hinterließ ein Stasi-Mann seinem Vorgesetzten handschriftlich die Liste der festgenommenen DDR-Bürger und schrieb dann: „Im Falle, dass welche doppelt gemeldet sind, entschuldige! Jetzt ist es 22.30 Uhr; nun muss Schluss sein. Immer nur den Kopf oben behalten! Gruß Dieter".

Durch umfangreiche Verhöre war die Staatssicherheit in der Lage, zutreffende Flüchtlingsprofile zu erstellen. Mielkes Ministerium wusste sehr genau, warum die Menschen die DDR verlassen wollten. Doch was die Stasi-Spezialisten im schönsten Partei-Soziologisch zusammengetragen hatten, nahmen Honecker und sein Politbüro nicht zur Kenntnis. Oder sie wollten es so genau nicht wissen, denn die Hauptaufgabe der Partei in diesem Spätsommer war die Vorbereitung der Feierlichkeiten zum 40. Jahrestag der Gründung der DDR. Leipziger Demonstranten hatten Anfang September als Konsequenz ihrer Erfahrungen mit der Realität DDR in Sprechchören und auf Transparenten ganz einfach formuliert: „Wir wollen raus!" Eben das sollte die Staatssicherheit verhindern. Deshalb suchten Mielkes Analytiker nach den Gründen für die Massenflucht:

- *Unzufriedenheit mit der Versorgungslage*
- *Verärgerung über unzureichende Dienstleistungen*
- *Unverständnis für Mängel in der medizinischen Betreuung und Versorgung*
- *eingeschränkte Reisemöglichkeiten innerhalb der DDR und nach dem Ausland*
- *Verärgerung über bürokratisches Verhalten von Leitern und Mitarbeitern staatlicher Organe, Betriebe und Einrichtungen sowie über Herzlosigkeit im Umgang mit den Bürgern.*

Vor allem beklagten die Menschen laut Stasi-Diagnose, dass sie „nicht als mündige Bürger behandelt werden, die über ihre ureigensten Angelegenheiten selbst entscheiden wollen".

Am härtesten kritisierten Ausreise-Antragsteller oder Fluchtwillige die Entstellung der Wirklichkeit in der DDR durch die gleichgeschalteten Medien der SED. Statt Misserfolge und Mängel beim Namen zu nennen, würde der triste Alltag in Presse, Funk und Fernsehen so sehr geschönt, dass selbst Genossen solche Propaganda als lächerlich empfänden. Insbesondere betrifft die Kritik — im Stasi-Deutsch recht vorsichtig formuliert — „Berichte und Statistiken über die Erfüllung und Übererfüllung von Plankennziffern, über Steigerungsraten bei der Konsumgüterproduktion oder der Ersatzteilproduktion, den Grad der Versorgung mit neuen oder modernisierten Wohnungen, über positive Beispiele der engen Verbindung und Zusammenarbeit von Bevölkerung sowie territorialen Staatsorganen und Volksvertretungen. Diese fast ausschließlich positive Darstellung wird in negative Beziehung gesetzt zu entgegengesetzten persönlichen Erfahrungen und Lebensverhältnissen. Das wirkliche Leben sei ganz das Gegenteil von dem, was in den Massenmedien dargestellt wird."

So weit, so realistisch und korrekt. Jahrelang hatten die SED-gesteuerten Medien den Bürgern weismachen wollen, dass sie im Sozialismus auf herrliche Zeiten hoffen durften und dass der Kapitalismus des Westens kurz vor dem Zusammenbruch stünde. Das West-Fernsehen zeigte Bilder aus einer wohlhabenden westlichen Warenwelt, verbunden mit Freiheiten statt Bevormundung. Millionen von DDR-Rentnern, die zu Besuch in die Bundesrepublik reisen durften, bestätigten, was das West-Fernsehen gezeigt hatte. Auf ein Auto musste man im Westen nicht warten, das konnte man sogar auf Kredit kaufen, und überall gab es -zig Sorten Käse und Wurst, Bananen und Südfrüchte im Überfluss. Die im Westen konnten reisen, wohin sie wollten, lesen, was sie wollten, sogar gegen ihr kapitalistisches System durften sie demonstrieren, ohne dafür bestraft zu werden.

Die Autoren der Stasi-Analyse suchten in ihrer Sprache und in ihren ideologischen Denkmustern nach den Motiven für die vernichtende Kritik der abtrünnigen Bürger. Ihr Dilemma dabei war, dass sie die wahren Gründe für die Massenflucht nicht offen zur Debatte stellen konnten oder wollten. In ihrem Denken musste das Verlassen der DDR in jedem Fall eine Straftat sein. Demzufolge diskreditierten sie den Wunsch nach Selbstbestimmung und die Sehnsucht nach dem Westen als unmoralisch und egoistisch. Nicht das autoritäre System des SED-Staats war verantwortlich für die Abwanderung zehntausender junger Bürger, vielmehr sollten das sein:

- „*illusionäre Vorstellungen über die ‚westliche‘ Lebensweise in Erwartung eines Lebens mit ‚besserer‘ materieller Sicherstellung und ‚besseren‘ beruflichen Verdienstmöglichkeiten*,
- *Anspruch auf mehr ‚Freizügigkeit‘ zur Verwirklichung eines eigenen Lebensstils auf der Grundlage eines egoistischen Konsum- und Besitzstrebens und*
- *Einstellungen, Auffassungen und Charaktereigenschaften wie Egoismus, Habsucht, Karrierismus, Unmoral, Selbstüberschätzung*“.

Tatsächlich hatten viele junge Leute einfach genug von dem, was in der Kunst „sozialistischer Realismus“ hieß, eine legendenartige Darstellung der Verhältnisse, deren offene oder versteckte Botschaft der Glauben an eine angeblich paradiesische Zukunft war. Das Regime hatte seinen Untertanen verwehrt, sich ein eigenes Urteil über den „kapitalistischen Realismus“ zu bilden und so zu erfahren, dass der ebenfalls eine offene oder versteckte Botschaft enthält, eine, die einfach nur zum Kaufen verführen soll, auf Hochglanzpapier.

Weil immer mehr DDR-Bürger Angst vor den Stasi-Kontrollen an der tschechisch-ungarischen Grenze hatten oder von den Grenzbeamten zurückgeschickt worden waren, suchten sie nach einem Ausweg. Schon häufig in den zurückliegenden Jahren hatten Einzelpersonen oder kleine Gruppen von Ausreisewilligen bundesdeutsche Botschaften in Warschau, Budapest oder Prag besetzt, auch die Ständige Vertretung Bonns in Ost-Berlin hatte schon zahlreiche solcher Dramen erlebt. Doch was sich seit Mitte August mit zunächst „nur“ 70 DDR-Flüchtlingen in der Prager bundesdeutschen Botschaft anbahnte, sollte sich im Laufe des September zu einer hochbrisanten Krise zwischen West und Ost auswachsen. Denn die Zahl der Besetzer nahm täglich mit weiteren 20 bis 50 Fluchtwilligen zu. Und während Budapest zu einer mutigen humanitären Entscheidung bereit war, erwies sich Prag als treuer Verbündeter Ost-Berlins und stellte sich bei Gesprächen über eine Lösung der Flüchtlingsfrage stur.

Botschafter Hermann Huber, der sich im Urlaub befand, wurde vom Bonner Auswärtigen Amt alarmiert. Am 23. August wurde die Botschaft für den Publikumsverkehr geschlossen. Das hinderte jedoch weitere Asylsuchende aus der DDR nicht, Zuflucht im Palais Lobkowicz zu suchen. Da das Tor zur Straße gesperrt war – auch tschechische Polizei demonstrierte Wachsamkeit –, stiegen immer mehr Fluchtwillige über den hohen schmiedeeisernen Zaun, der den Rasenplatz hinter dem Barockpalais eingrenzt. Am Botschaftszaun entlang führte ein Sandweg. Neben dem Weg stieg das Gelände zu bewaldeter Hügellandschaft an. Auf dem über 2000 Quadratmeter großen Rasenplatz wurden große Zelte aufgestellt. Das milde Wetter, spätsommerlich, machte den Aufenthalt hinter dem Zaun zunächst angenehm und die Übernachtung im Freien möglich. Im August wirkte das Leben auf dem Botschaftsgelände noch vergleichsweise entspannt.

Botschafter Huber berichtet, er habe mit Erlaubnis von Bundesminister Genscher am 26. August sechs große Zelte und sanitäre Anlagen im Park aufstellen lassen. So fanden zunächst 60 Flüchtlinge bequem Platz. Eines dieser Zelte diente als Schulzelt, schreibt Huber in seinen Erinnerungen. „Meine Frau kaufte in Weiden/Oberpfalz Schultüten, so dass wir pünktlich am 1. September die Erstklässler ‚einschulen' konnten. Unterricht erteilten als Lehrerinnen ausgebildete Ehefrauen von Botschaftsangehörigen."

Zu Hause in der DDR machte sich das Fehlen wichtiger Arbeitskräfte bemerkbar. Die Verkaufsleiterin des HO-Geschäfts war nicht aus dem Urlaub zurückgekehrt, die Poliklinik wartete vergeblich auf zwei Fachärzte, die Schnellreinigung nahm keine Aufträge entgegen, weil das Kollektiv gleich drei Mitarbeiter verloren hatte. Und hinter vorgehaltener Hand erfuhren Mütter, dass die Leiterin der Kindertagesstätte außerplanmäßig in Urlaub gefahren sei, „wie es heißt, in die ČSSR oder nach Ungarn". Quer durch die Republik, aus allen Bezirken, waren in diesem Sommer Nachbarn, Kollegen, Freunde und Verwandte ohne Abschied verschwunden.

Ende August hielten sich in der Prager Deutschen Botschaft etwa 100, in der Warschauer Botschaft etwa 40 ostdeutsche Asylsuchende auf. Noch wurden sie von den Medien kaum beachtet. Denn ihr Schicksal lag im Schatten der mehreren tausend „DDR-Touristen", die in Budapest und auf den Campingplätzen in ganz Ungarn auf eine günstige Gelegenheit zur Flucht über Österreich in die Bundesrepublik hofften. Die über 100 Journalisten und Kamerateams konzentrierten sich auf Nachrichten vor dem Flüchtlingslager der Malteser an der Kirche „Zur Heiligen Familie" im Budapester Stadtteil Zugliget.

Währenddessen schienen die Dinge in Prag und in Warschau festgefahren. Verhandlungen über das Schicksal der Asylsuchenden mit den polnischen oder tschechoslowakischen Verantwortlichen waren erfolglos geblieben. Alles konzentrierte sich auf das „liberalere" Ungarn, das eher als alle anderen „Bruderstaaten" eine humanitäre Lösung des immer drängenderen Flüchtlingsproblems versprach.

Zeitgleich mit der Öffnung der ungarischen Grenze nach Österreich machte die tschechoslowakische Regierung auf Drängen Ost-Berlins die Grenze nach Ungarn für DDR-Bürger so gut wie dicht. Nun versuchte die SED wenigstens im Fall der Prager Botschaft zu retten, was noch zu retten war. Honecker schickte den renommierten und vieltausendfach erfolgreichen deutsch-deutschen Unterhändler, den Ost-Berliner Rechtsanwalt Wolfgang Vogel, nach Prag. Der versuchte dort in Anwesenheit des Bonner Staatssekretärs für innerdeutsche Beziehungen, Walter Priesnitz, die inzwischen rund 400 Botschaftsbesetzer zur Umkehr zu bewegen. Zur Umkehr von ihrem „Verstoß gegen das politische Strafrecht" und zur vorläufigen Heimkehr in die DDR. Vogel sicherte wiederholt Straffreiheit zu und versprach anwaltliche Beratung bei ihren Ausreisewünschen.

Ost-Berlin registrierte mit Erschrecken, dass die übergroße Mehrheit der DDR-Bürger, die bis Mitte September legal oder illegal in den Westen gingen, unter 30 Jahre alt war. Nicht einmal jeder fünfte Asylsuchende war älter als 40. Vogel und Priesnitz

waren bei diesen Gesprächen mit den Botschaftsbesetzern einigermaßen erfolgreich. Knapp 300 von 450 Prager Botschaftsbesetzern kehrten in die DDR zurück. Vorbild war die Zusage an
die gut 100 Menschen, die in der Ständigen Vertretung Bonns an
der Ost-Berliner Hannoverschen Straße Zuflucht gesucht hatten. Auch sie hatten die Bonner Mission mit dem Versprechen
der DDR-Unterhändler verlassen, dass ihr Ausreisegesuch zügig
und zuverlässig positiv entschieden würde.

Welche Strapazen diese Rückkehrer auf sich genommen hat-
ten, ist in Verhörprotokollen der Staatssicherheit dokumentiert.
Meist hatten sie bereits einen erniedrigenden und erfolglosen
Hürdenlauf durch die DDR-Bürokratie hinter sich. Sie hatten
vergeblich einen oder mehrere Ausreiseanträge gestellt, hatten
sich dann zur Flucht über Ungarn entschlossen, waren an der
Grenze gescheitert. Schließlich hatten sie in der Prager Botschaft Zuflucht gesucht und waren nach quälenden Wochen des
Wartens entmutigt, erschöpft und gedemütigt schließlich in die
DDR zurückgekehrt mit der Zusage, dass es nun endlich klap-
pen könnte, aber auch mit der Aussicht, dass alles noch einmal
von vorne losgehen würde. In den Akten der Staatssicherheit
sind solche Schicksale dokumentiert.

Ein 23-jähriger Kfz-Schlosser, parteilos, in keiner der staatlichen Organisationen aktiv, sagte dem Stasi-Vernehmer nach seiner „freiwilligen" Rückkehr in die DDR, er habe mit seiner Ver-
lobten zu deren Eltern in die Bundesrepublik ausreisen wollen.
Sein Antrag auf legale Übersiedlung in die Bundesrepublik war
im Mai 1989 abgelehnt worden. „Inspiriert durch Informationen westlicher Funkmedien" – so das Stasi-Papier – „hatten sich
die Beschuldigten spontan entschlossen, nach Prag zu gelangen,
dort die Botschaft der BRD aufzusuchen, um mit deren Hilfe
in die BRD zu gelangen." Der Mann sagte aus, in der Botschaft
habe man ihn und seine Verlobte in einen Raum eingewiesen, wo
Doppelstock- und Dreistockbetten standen. Dort waren bereits
mehrere Landsleute untergebracht. Und jeden Tag kamen neue
hinzu, „so dass wir nach ein paar Tagen über 20 DDR-Bürger in

dem Raum waren, Männer, Frauen und Kinder". Das Warten in der Botschaft habe man sich mit Lesen oder Spielen vertrieben. Eine Ingenieurin aus Naumburg, verheiratet, 26 Jahre alt. Sie war gemeinsam mit ihrem Ehemann Ende Juni auf dem ungarischen Bahnhof Szombathely in der Nähe der Grenze zu Österreich festgehalten worden. Im Frühsommer reichte der Stasi-Arm noch bis dahin. Den dortigen Kontrolleuren hatte offenbar eine Liste von verdächtigen „Antragstellern" vorgelegen. Denn auch dieses Ehepaar hatte zuvor in der DDR einen Ausreiseantrag gestellt, der abgelehnt worden war. Nun erhielten sie einen Sonderstempel der ungarischen Grenzer in die Reiseanlage ihres Ausweises und die Aufforderung, Ungarn mit dem nächsten Zug wieder zu verlassen. Im Zug trafen sie einen jungen Mann, der ebenfalls aus Szombathely zurückgeschickt worden war. Man verabredete sich im Prager Restaurant „U Fleku", um später in der bundesdeutschen Botschaft um Asyl zu bitten. Denn der ungarische Sonderstempel in ihrem Ausweis wäre bei der Rückkehr in die DDR als Beweis für einen Fluchtversuch gewertet worden. Übernachtet haben sie auf dem Hauptbahnhof Prag, da sie ein Hotel nicht bezahlen konnten. Im Stasi-Verhör wurde die Frau über ihre Kontakte in die Bundesrepublik befragt. Das Geständnis ihrer „Vergehen" wurde wortgetreu protokolliert: „Mein Ehemann und ich unterhalten vor allem postalische Kontakte zur Großmutter meines Mannes." – „Wir schreiben uns auch mit der Tante meines Mannes etwa zweimal im Monat." – „Außerdem stehe ich noch in losem Briefwechsel mit meinem Cousin. Er hatte meine Eltern in der DDR besucht. Dabei haben mein Mann und ich uns mit ihm getroffen. Über Kontakte meines Cousins ins Ausland weiß ich nichts."

Das Ehepaar war an einem Sonntag über die Metallzäune in den Hof der Botschaft geklettert, weil das Hauptportal der Mission geschlossen war. Frage des Stasi-Offiziers: „Führten Sie zum Zeitpunkt des Aufsuchens der Botschaft der BRD Unterlagen mit sich?" – „Den größten Teil unseres Gepäcks hatte ich auf dem Hauptbahnhof in Prag in Schließfächer eingeschlossen. Mit uns führten wir unsere Personalausweise, Fahrerlaubnisse und persönliche Sachen, Zahnbürste und Waschzeug in kleinen Taschen."

Es folgen im Protokoll sehr ausführliche Beschreibungen über die Aufnahme in der Botschaft, Gespräche mit Diplomaten, Details über Wohnräume und Büros. Der Stasi-Offizier verlangte sogar die Anfertigung einer Grobskizze über die Lage der Botschaftsräume. Schließlich, so das Geständnis, hätte die Gruppe der Asylsuchenden einen Text an das Außenministerium in Bonn formuliert, der etwa folgenden Wortlaut hatte: „Wir bitten das Auswärtige Amt um Unterstützung in unserer Ausreiseangelegenheit nach der BRD sowie bei der Gewährung von Straffreiheit für den geplanten Fluchtversuch und den Aufenthalt in der Botschaft. Uns ist klar, dass die DDR-Behörden von dem Fluchtversuch und von dem Aufenthalt in der Botschaft in Prag damit erstmals in Kenntnis gesetzt werden."

Die Frau schildert dann, dass sie und ihr Mann schließlich das Angebot eines ihr namentlich nicht bekannten Vertreters der DDR-Behörden angenommen hätten. Dabei sei dem Ehepaar Straffreiheit nach Rückkehr in die DDR zugesagt worden und, dass sie drei Monate später, am 10. Oktober, also nach den Feiern zum 40. Jahrestag der DDR, einen weiteren Ausreiseantrag stellen dürften, der dann positiv bearbeitet würde. Der anonyme Unterhändler aus Ost-Berlin – ca. 50–55 Jahre alt, graues lichtes Haar, etwa 1,75 groß, bekleidet mit einem grauen Anzug – forderte das Ehepaar laut Aussage zum Abschluss des Gespräches auf, „in unserem eigenen Interesse mit niemandem über unseren Aufenthalt in der Botschaft der BRD in Prag zu sprechen".

Dann folgen noch ein paar Fragen der Staatssicherheit: „Hatten Sie während Ihres Aufenthaltes Kontakt zu ausländischen Journalisten?" – „Nein, sowohl ich als auch mein Ehemann hatten keinen Kontakt zu Journalisten." – „Wurde Ihnen während Ihres Aufenthaltes in der Botschaft der BRD in Prag Gelegenheit gegeben, Kontakt zu Verwandten oder Bekannten aufzunehmen?" – „Nein, eine solche Gelegenheit wurde keinem von uns eingeräumt."

Weitere Fragen zu anderen DDR-Bürgern in der Botschaft wurden mit unwesentlichen Personenbeschreibungen beantwortet, alle ohne Nennung eines Namens. „Unterhalten Sie noch während Ihres Aufenthaltes in der Botschaft der BRD hergestellte Kontakte?" – „Nein, ich unterhalte keine solchen Kontakte." – „Haben Sie nach Ihrer Rückkehr aus der Botschaft der BRD in Prag Verbindung zu Personen oder Einrichtungen des kapitalistischen Auslandes aufgenommen?" – „Nein, ich habe nach meiner Rückkehr mit niemandem aus dem kapitalistischen Ausland Kontakt aufgenommen. Die Großmutter meines Ehemannes aus der BRD hält sich zur Zeit bei den Eltern meines Mannes auf. Sie haben wir aber nicht von unserem Aufenthalt in der BRD-Botschaft in Prag in Kenntnis gesetzt."

Zwei Monate später hätten sie diese erniedrigende Prozedur nicht mehr gebraucht, da war nach der Massenflucht, die einer Völkerwanderung glich, die Mauer gefallen. Doch noch rechnete in Deutschland West kaum ein Politiker mit der völligen Öffnung der deutsch-deutschen Grenze. In den ersten Tagen der Massenausreise aus Ungarn stand für Bundeskanzler Helmut Kohl zunächst die Auseinandersetzung mit innerparteilichen Gegnern im Vordergrund. Auf dem Bundesparteitag der CDU hatte er massive Kritik an seinem Führungsstil geerntet. Doch Kohl setzte sich gegen seine Widersacher, Baden-Württembergs Ministerpräsident Lothar Späth, Ex-Generalsekretär Heiner Geißler und Frauenpolitikerin Rita Süßmuth durch. Zu Beginn des Parteitags hatte der Bundeskanzler die über Ungarn ausreisenden DDR-Flüchtlinge herzlich willkommen geheißen. Er versprach, den „Landsleuten aus der DDR" einen guten Start in der Bundesrepublik zu verschaffen, und rief die Westdeutschen zu solidarischer Unterstützung auf. Es sei jedoch nicht Ziel seiner Deutschlandpolitik, die DDR-Bürger in möglichst großer Zahl zur Übersiedlung in die Bundesrepublik einzuladen. Die Probleme der DDR müssten in der DDR selbst gelöst werden. Und dann war er auch schon wieder bei den Problemen seiner Partei. „Die Aufbruchstimmung der jungen DDR-Deutschen würde auch uns sehr gut tun", rief er den CDU-Delegierten zu.

Nur für wenige Tage hatte sich die Lage in der Prager Deutschen Botschaft durch die Rückkehr von etwa 300 Besetzern in die DDR etwas entspannt. Schon eine Woche nach Vogels erfolgreichem Überredungsversuch war die Zahl der asylsuchenden DDR-Bürger in der Prager Botschaft wieder auf 500 angewachsen. Täglich präsentierten die westlichen Nachrichtenagenturen die für Ost-Berlin katastrophale Flüchtlings-Bilanz. Die Stimmung im Botschaftsgarten war gar nicht mehr locker, entspannt, hoffnungsfroh. Eher verbreitete sich Depression unter den Wartenden wegen der beinharten Haltung der SED und ihrer kommunistischen Erfüllungsgehilfen in Prag. Währenddessen hielt die Ausreise aus Ungarn an. Jeden Tag gingen 500 bis 1000 DDR-Bürger über die Grenze nach Österreich. SED-Politbüromitglied Günter Mittag verstieg sich zu der unglaublichen Formulierung, Bonn organisiere den Flüchtlingsstrom entsprechend dem Motto: „Heim ins Reich!" Eine Woche nach Ungarns Entscheidung zur freien Ausreise hatten bereits fast 20.000 Menschen den Weg nach Westen gewählt.

Auch Warschau konnte sich trotz des wachsenden Einflusses der freien Gewerkschaft Solidarność nicht zu einem befreienden Schritt à la Budapest entschließen. Aber anders als in Prag waren die Polen um die Lage der Flüchtlinge besorgt. Um die Situation in der völlig überfüllten Deutschen Botschaft ein wenig zu entspannen, konnten ein paar hundert Flüchtlinge in fünf Sommerlagern der Solidarność in der Nähe von Warschau und in ein katholisches Priesterseminar ausquartiert werden.

Der 7. Oktober, der 40. Jahrestag der DDR mit seinen pompös geplanten Feierlichkeiten, rückte näher, eine Lösung für die Asylsuchenden in den Missionen von Warschau und Prag war nicht in Sicht, der Nervenkrieg eskalierte.

Am 25. September suchte Bundesaußenminister Hans-Dietrich Genscher, der gerade aus der Rehabilitationsphase nach einer Herzoperation ins Amt zurückgekehrt war, internationalen

Beistand. Er flog zur Vollversammlung der Vereinten Nationen nach New York, um seinen Kollegen aus Prag, Ost-Berlin und Moskau die unhaltbare Lage auf dem Gelände der Prager Deutschen Botschaft zu schildern. Er flog mit der Information, dass die „Schallgrenze" von etwa 1000 Asylsuchenden dort erreicht sei. Parallel dazu versuchten wieder einmal der Ost-Berliner Rechtsanwalt Vogel, diesmal in Begleitung des Anwalts Gregor Gysi, die Bonner Staatssekretäre Priesnitz und Sudhoff und der Leiter der bundesdeutschen Vertretung bei der DDR, Franz Bertele, ihr Glück. Sie standen einer zutiefst misstrauischen Menge von Flüchtlingen gegenüber, die Vogels und Gysis Angebote mit Buh-Rufen und Pfiffen bedachten. Wie dramatisch die Lage inzwischen geworden war, konnten die west-östlichen Unterhändler daran erkennen, dass vor ihren Augen weitere Fluchtwillige über den Botschaftszaun auf das rettende exterritoriale Gelände kletterten. Wieder aber ließ sich etwa jeder fünfte Asylsuchende auf Zusagen Vogels überreden, in die DDR zurückzukehren. Es blieben also gut 800 Besetzer der Botschaft, und die ließen sich auf keinerlei Handel ein.

Rechtsanwalt Wolfgang Vogel, der im August 2008 im bayrischen Schliersee verstorben ist, war wohl der wichtigste Unterhändler im deutsch-deutschen Trauerspiel. Er hat spektakulär den Austausch hochrangiger Agenten zwischen Ost und West vermittelt. Aber wichtiger noch: etwa 30.000 Häftlinge wurden über Vogel aus DDR-Gefängnissen freigekauft. Mehr als 250.000 Menschen hat er geholfen, aus der DDR in den Westen zu gelangen. Er tat dies nicht uneigennützig, er hat als Anwalt an der hunderttausendfachen „menschlichen Erleichterung" gut verdient. Er musste mit dem Staatssicherheitsdienst zusammenarbeiten und wurde Anfang der fünfziger Jahre sogar als Geheimer Informant „Georg" geführt. Seine Akte war jedoch bereits 1957 wieder geschlossen worden. Als Vertrauter Honeckers hat er den Umweg über Stasi-Chef Mielke nicht gebraucht. Er hat unter den Umständen der Diktatur Menschen geraten, sie aber nicht an die Staatssicherheit verraten. Nach der Wende wurde er beschuldigt, ausreisewillige Klienten zum Verkauf ihres Hauses erpresst zu haben. Der Bundesgerichtshof hat ihn nach jahrelangem Prozess von diesem Vorwurf freigesprochen. Unter vier Augen antwortete er mir noch zu DDR-Zeiten im Vorgarten seiner Anwaltspraxis in der Ost-Berliner Reiler Straße hinter vorgehaltener Hand auf die Frage, warum er diese zwielichtige Tätigkeit als Unterhändler übernommen habe: „In einer Situation wie im geteilten Deutschland muss es einen geben, der die Dreckarbeit macht."

Hausherr Hermann Huber war mit seinen Mitarbeitern ein wunderbarer Gastgeber, doch die Betreuung von so vielen Menschen mit Lebensmitteln, sanitären Anlagen, Schlafgelegenheiten und medizinischer Versorgung ging weit über die Möglichkeiten der Botschaft im Palais Lobkowicz hinaus. Zudem nahm – vorsichtig formuliert – die Geduld der „Gäste" von Tag zu Tag ab. Verzweiflung machte sich breit. Botschafter Huber schreibt: „Wir begannen nun in erweitertem Umfang Bestellungen von Lebensmitteln, Büchsen aller Art, Kaffee, Tee und dergleichen zu tätigen. Dabei war uns klar geworden, dass bei weiter steigender Tendenz unsere bisher praktizierten Versorgungsmodalitäten nicht beibehalten werden konnten. Noch immer kauften nämlich Ehefrauen, Kolleginnen und Kollegen frische Lebensmittel in Prag, die wir lediglich zum Teil durch Nudeln etc. aus der Bundesrepublik ergänzten. Der Botschaftsbus fuhr jetzt allerdings täglich nach Furth im Wald (Bayern), wo wir vor allem Gemüse, Unmengen von Bananen, Sportgeräte, Spielsachen und Ähnliches einkauften."

Weiteren Zulauf erhielten die Asylbewerber auch noch von Fußballfans, die aus der DDR eigentlich zum Europapokalspiel des 1. FC Köln gegen den tschechoslowakischen Verein Plastika Nitra angereist waren.

Es schien paradox: Die Menschen suchten die Freiheit hinter einem Gitter, dem Zaun des Botschaftsgartens. Bundesdeutsche Touristen hatten inzwischen den Weg hinter dem Botschaftsgebäude entdeckt. Viele brachten Lebensmittel, Süßigkeiten, Zigaretten, und erledigten für die „Insassen" kleine Aufträge etwa bei der Post. Andere betrachteten die Wartenden wie in einem Zoo. Dazwischen pendelten immer wieder unentschlossene DDR-Bürger, die sich nicht entscheiden konnten, ob sie den riskanten Schritt über den Zaun wagen sollten oder nicht. Dazu kamen „Interessierte" aus der DDR, die in Gesprächen mit den Menschen hinter dem Zaun deren Zweifel an einer baldigen Lösung zu schüren versuchten. Doch diese Leute wurden als „agents provocateurs" des MfS meist sehr schnell enttarnt. Andreas Erbe, einer der Besetzer der Botschaft von Prag, erinnerte sich, „dass Staatssicherheitskräfte mit eingeschleust worden sind, die leichten Terror oder Unruhe verursachen sollten, damit die Atmosphäre noch mehr belastet wird." Der damalige Unterhändler aus Bonn, Staatssekretär Walter Priesnitz, sagte mir später: „Wir gingen immer davon aus, dass natürlich bei so vielen Menschen, die in die Botschaft kamen, auch Stasi-Angehörige dabei sein würden, um zu spitzeln. Ich selbst habe es auch erlebt, dass Stasi-Angehörige auf der Rückseite der Botschaft versucht haben, Menschen vom Zaun wieder herunterzuzerren."

Ganze Familien überwanden das hohe Gitter, Babys wurden über den Zaun zur Mutter gereicht, der Vater kletterte hinterher. Andere Gruppen trennten sich unter Tränen. Weinend flehten die Zurückbleibenden, sie nicht – für lange Zeit oder sogar auf immer – zu verlassen. Das Gitter trennte wie eine Grenze. Drinnen die, die einräumen mussten, dass sie wohl für unabsehbare Zeit gehen würden, draußen die, die diesen Schritt zu verstehen suchten oder aber nicht verzeihen konnten. Zurückbleiben und zurücklassen, jeder im Lager ließ alles hinter sich, Verwandte, Freunde, Kollegen, Heimat: die DDR – ein Staat der Hinterbliebenen. Der Botschaftszaun von Prag – eine deutsch-deutsche Klagemauer.

Ein verzweifelter Vater stand weinend vor dem Gitter und wiederholte immer wieder die Sätze: „Tut doch irgendwas. Mein Gott, tut doch was! Das sind doch unhaltbare Zustände da drinnen." Seinem Sohn war es gerade gelungen, mit Frau und Kindern über den Zaun zu steigen.

Staatssekretär Sudhoff war am 27. September mit dem stell-vertretenden tschechoslowakischen Außenminister Sadowski zusammengetroffen. „Es war ein miserables Gespräch, eine der unerfreulichsten Begegnungen meines Berufslebens", erinnerte sich der Staatssekretär, „mit einem der übelsten Betonköpfe. Er hätte mich fast rausgeschmissen." Was diese Leute in der Bot-schaft zu suchen hätten, gehe Prag nichts an, so Sadowski, Bonn könne froh sein, dass man das Palais Lobkowicz nicht mit einem großen Polizeiaufgebot abgeriegelt hätte. Nun solle Sudhoff zu-sehen, wie er mit der Situation zurechtkäme.

Die Botschaftsbesetzer hatten einen Sprecherrat bestimmt, der mit den Bonner und Ost-Berliner Unterhändlern im großen Speisesaal des Palais Lobkowicz reden sollte. Botschafter Huber, in der Mitte, moderierte das Gespräch. Rechts neben Huber sa-ßen die Bonner Staatssekretäre Sudhoff, Auswärtiges Amt, und Priesnitz, innerdeutsche Beziehungen, und der Ständige Ver-treter Bonns in Ost-Berlin, Bertele. Links von Huber saßen Vo-gel und Gysi. Die machten dem Flüchtlingsrat ihr Angebot von Straffreiheit bei Rückkehr in die DDR und die Zusage auf Aus-reise nach sechs Monaten. „Daraufhin erhob sich ein brüllendes Gelächter", so Sudhoff. „Die Flüchtlinge sagten, das kann doch wohl nicht Ihr Ernst sein. Wir sind doch schon mit einem Bein draußen, wir gehen doch nicht mehr zurück."

Dennoch haben dann einige Flüchtlinge nach dem Vogel-Gysi-Angebot die Botschaft verlassen. Und während für diese knapp 100 Menschen der Haupteingang der Botschaft geöffnet wurde, drängten im gleichen Moment etwa 300 draußen warten-de Flüchtlinge durch das große Tor.

Auch bei einem abendlichen Slibowitz in der Wohnung von Botschafter Huber kamen die Herren einer Lösung nicht nä-her. Am nächsten Morgen flogen Jürgen Sudhoff mit einer Bun-deswehrmaschine, Wolfgang Vogel und Gregor Gysi mit einer DDR-Regierungsmaschine zu Verhandlungen nach Warschau. Dort harrten einige hundert fluchtbereite DDR-Bürger aus. Nicht nur das herbstliche Klima machte den Besetzern des

Prager Botschaftsgartens zu schaffen, auch das Binnenklima unter den Flüchtlingen hatte sich in den letzten Septembertagen besorgniserregend geändert. Inzwischen waren an die 2000 Flüchtlinge in der Botschaft. Die Stimmung sank von Tag zu Tag. Missionschef Huber musste öfter eingreifen, wenn Flüchtlinge glaubten, ein Mitglied der Stasi im Lager enttarnt zu haben. Huber erinnert sich: „Während früher bei vielen die Bereitschaft bestand, gegen Zusagen von Rechtsanwalt Vogel die Botschaft zu verlassen, zeigte sich jetzt mehr und mehr eine militante Haltung, die darauf abzielte, das DDR-Regime zu Zugeständnissen zu zwingen. Sie wollten unmittelbar in die Bundesrepublik ausreisen. Da sich nichts in dieser Hinsicht bewegte, drohten einige mit Hungerstreik. In aller Höflichkeit entschuldigten sie sich bei mir, dass sie mir dies antun müssten, aber sie wollten auf diese Weise die Weltöffentlichkeit auf ihr Schicksal aufmerksam machen."

Zu Hause in der DDR registrierte die Staatssicherheit die streng geheimen Zahlen der Republikflucht, Woche für Woche: 24.700 – 15.500 – 20.700. Einwohnerzahlen einer Kleinstadt, und weiter: 15.600 – 34.600. Natürlich blieb die Fluchtwelle bei den „Daheimgebliebenen" nicht unbemerkt. Als Reaktion auf die Vorgänge in Budapest und Prag wird in einem Geheimbefund des Mielke-Ministeriums „eine erhebliche Zunahme von Unwillen und Unzufriedenheit" auch bei Genossen der SED festgestellt. Diskussionen würden „in immer aggressiverem Ton" geführt. Die Partei sah sich vor Ort „Passivität und Gleichgültigkeit von Werktätigen" gegenüber, sie beklagte „den weiteren Rückgang von Arbeitsdisziplin und Leistungsbereitschaft und die erhebliche Zunahme von Spekulantentum und Korruption". Insgesamt gebe es einen „wachsenden Vertrauensschwund zwischen Volk und Partei".

Diese Diagnose bekamen Honecker und seine Mitstreiter im Politbüro drei Wochen vor dem 40. Jahrestag der DDR auf den Tisch, eine wirklich niederschmetternde Analyse der von der Propaganda hochgelobten „sozialistischen Menschengemeinschaft". Die Machthaber in Ost-Berlin standen vor dem Bankrott ihrer Ideologie und angesichts der überbordenden Probleme vor der Quadratur des Kreises. Zum einen wurde die DDR vor aller Welt durch die Massenflucht als Staat vorgeführt, der seine Bürger mit Mauer, Stacheldraht und Schießbefehl einsperrt. Zum anderen musste sich die Regierung den eigenen Genossen im Inneren gegenüber ständig rechtfertigen, weil sie immer wieder einzelne Ausreiseanträge genehmigte, statt „hart durchzugreifen". Das Nachgeben des Staates gegenüber Botschaftsbesetzern, die einfache Entlassung aus der „DDR-Staatsbürgerschaft", vermittelte den hinter der Mauer Verbliebenen das fatale Signal, dass der Staat DDR erpressbar sei. Und außerdem hatte sie ideologisch erheblich damit zu kämpfen, dass die Zurückgebliebenen desto verbitterter und aufmüpfiger wurden, je mehr Menschen die Flucht gelang.

In diese Gemengelage, in der es für Honecker und Co. keinen „Königsweg" mehr gab, kam die Nachricht aus Prag, dass in der Nacht vom 29. zum 30. September noch einmal knapp 1000 Menschen über den Botschaftszaun geklettert waren und damit die Zahl der Besetzer auf etwa 3500 angestiegen war, eine hochexplosive Situation.

„Als dann auch noch etwa 20 lange Brotmesser verschwunden waren", schreibt Hermann Huber, „hielten einige meiner Mitarbeiter dies nicht mehr gerade für eine vertrauenbildende Maßnahme. Sie rieten mir ab, künftig allein und so oft wie bisher ins Zeltlager zu gehen, weil sie eine mögliche Geiselnahme befürchteten. Diesen Rat konnte ich natürlich nicht befolgen, denn gerade meine Besuche im Lager dienten ja der Aufrechterhaltung der Stimmung und auch als Blitzableiter für viele, die bei mir über die Verhältnisse in der DDR schimpften."

Bonner Unterhändler hatten ihre tschechischen Gesprächspartner schon in den Tagen zuvor mit der Sorge konfrontiert, unter den Eingeschlossenen könnte wegen der katastrophalen sanitären Bedingungen eine Seuche ausbrechen. Die Menschen mussten Stunden zu einer der 22 Toiletten anstehen. Zur

Not wären am 29. September noch fünf Großzelte auf dem Botschaftsgelände unterzubringen gewesen, doch für weitere mobile Toiletten gab es keine Genehmigung mehr. Warmwasserduschen war ohnehin nur in seltenen Ausnahmefällen möglich. Rotkreuz-Ärzte bemühten sich, den Krankenstand einigermaßen unter Kontrolle zu halten. Eine schwangere Frau durfte zur Entbindung in eine Prager Klinik und nach der Geburt wieder zurück in die Botschaft. Noch einmal 1000 Notbetten waren aus Bayern angeliefert worden, die Flüchtlinge reichten sie von Mann zu Mann durch das Haupttor in das Innere der Botschaft. Dort waren die Betten in allen Räumen und auf den Treppenfluren in mehreren Etagen übereinander gestapelt. Die Liegen wurden rund um die Uhr von verschiedenen Menschen genutzt, man schlief nach Plan im Schichtsystem. Auch sämtliche Stufen des repräsentativen Treppenhauses im Palais Lobkowicz waren mit je zwei Personen belegt. Hubers Mitarbeiter halfen bis zur Erschöpfung, waren aber nur noch mühsam Herren der Lage. Der Nachschub an Essen und Trinken für über 3000 Menschen wurde zu einem kaum noch zu bewältigenden Problem.

Die tschechische Polizei beobachtete nach wie vor die Ankunft immer neuer Flüchtlinge und schaute scheinbar teilnahmslos zu, wenn die Menschen mühsam mit ihrem Gepäck über das Gitter auf der Rückseite des Missionsgeländes stiegen. Die Männer hinterm Zaun befürchteten, dass die Prager Regierung den „Kessel platzen lassen" wollte. Andere sagten mir, vielleicht „könnte das alles die DDR-Regierung endlich zum Handeln zwingen". Jedenfalls ließ Prag überhaupt kein Entgegenkommen erkennen. Die tschechoslowakische Regierung wollte nicht einmal den Umzug von ein paar hundert Flüchtlingen in ein Ausweichquartier unter diplomatischem Schutz nach Warschauer Vorbild zulassen, damit die Botschaft ein wenig entlastet worden wäre.

Staatssekretär Sudhoff hatte inzwischen Außenminister Genscher über die chaotische Lage in der Prager Botschaft informiert. Genscher wiederum schilderte dem sowjetischen Außenminister Eduard Schewardnadse die unhaltbaren Zustände.

Der berichtete seinem Generalsekretär Gorbatschow, und dann kam, so Sudhoff, „die Weisung aus Moskau, die Leute ausreisen zu lassen". Der Bonner Unterhändler ist überzeugt, dass „diese Entscheidung nicht auf dem eigenen Mist Ost-Berlins gewachsen" ist.

Am Morgen des 30. September erschien überraschend der Ständige Vertreter der DDR in Bonn in Genschers Außenministerium. Von dort wurde er ans Kanzleramt verwiesen, da es mit Ost-Berlin nach Bonner Auffassung keine außenpolitischen, sondern nur innerdeutsche Beziehungen gab. Dem Kanzleramtsminister Rudolf Seiters bot er nun plötzlich die Ausreise der Botschaftsflüchtlinge in die Bundesrepublik an, allerdings unter der Bedingung, dass „die Flüchtlinge von Prag über Dresden und die aus Warschau über Ost-Berlin fahren müssen". Ein kapitaler Fehler der SED-Führung, die so die unbedingte Souveränität dieser Entscheidung unterstreichen wollte. Tatsächlich holte sich das DDR-Regime damit neue schwere Probleme ins Haus.

Am Mittag des 30. September erfuhr Botschafter Huber, dass Bundesaußenminister Genscher und Kanzleramtsminister Seiters auf dem Weg nach Prag waren. Genscher hatte aus New York die Nachricht mitgebracht, dass Ost-Berlin zu einer humanitären Lösung bereit sei. „Ich holte den Minister am Flughafen ab", schildert Botschafter Huber den Tag. „Um 18.30 Uhr trafen wir in der Botschaft ein. Wir bahnten uns einen Weg in meine Wohnung im obersten Stockwerk. Um 18.58 Uhr betrat der Minister den Balkon des mit Stockbetten vollen Kuppelsaals."

Am Portal des Palais Lobkowicz hatten wir Korrespondenten und Kamerateams die Minister zu einem ersten Statement erwartet. Mit meinem Kollegen Stephan Radke hatte ich verabredet, dass er mit seiner Kamera um das Botschaftsgebäude herum auf den Weg vor dem Gitter ging, hinter dem an die 4000 Menschen zum Palais blickten, weil dort auf dem Balkon ein einsamer Scheinwerfer aufgestellt worden war. Das Gelände aber war in völliges Dunkel getaucht. Stephan Radke schulterte dennoch die Kamera in Richtung Scheinwerferlicht. Die Bilder, die ihm gelangen, gingen um die Welt, obwohl von dem Geschehen wenig zu sehen war. Entscheidend war jedoch der Ton, den die Kamera automatisch mitaufgezeichnet hat. Aus einem Lautsprecher war Genschers Stimme zu hören, überall im Botschaftspark: „Ich bin zu Ihnen gekommen, um Ihnen mitzuteilen, dass heute Ihre Ausreise ...“

Mehr ist von Genschers Ansprache auf dem Band nicht zu verstehen, denn es brach ein unbeschreiblicher Jubel aus. Im fahlen Scheinwerferlicht sieht man einige Gestalten unter dem Balkon tanzen. Die kurze Fernsehszene wurde zu einer Ikone der Wende, zu einem Symbolbild für die nahende deutsche Wiedervereinigung. Genscher hat später geschrieben: „Die Stunden in der Deutschen Botschaft in Prag am 30. September 1989 gehören zu den bewegendsten meines Lebens.“

Für mich war es bereits das zweite Aufbruchssignal Richtung Westen. Das erste hatte Csilla von Boeselager nur 20 Tage zuvor im Malteserlager von Budapest-Zugliget gegeben. Von ihrer Aktion, einen geschützten Raum für DDR-Flüchtlinge im Kirchgarten der Pfarrei „Zur Heiligen Familie“ einzurichten, geht eine gerade Linie zur Deutschen Botschaft in Prag. Sie hat den Anfang für den riesigen Flüchtlingsstrom, der das SED-Regime ins Wanken brachte, möglich gemacht. Kurz nach dem Auftritt auf dem Balkon bat mich Hubers Pressesekretär Michael Steiner zu den beiden Ministern ins Botschafterbüro. Unser Weg durch das Palais führte über die repräsentative Treppe, auf deren Stufen Flüchtlinge campiert hatten und gerade ihre Siebensachen zusammenräumten, vorbei an Salons, in denen drei bis vier Stockbetten übereinander gebaut waren. Überall wurden Sachen gepackt, Kinder angezogen, alle waren in ungeheuer euphorischer Aufbruchsstimmung.

Im Amtszimmer des Botschafters waren ebenfalls Stockbetten vor einer eingebauten Schrankwand aufgestellt. Gegenüber saßen Genscher und Seiters nebeneinander auf einem Sofa. Genscher kam auf mich zu, schüttelte mir wie gratulierend die

Hand und fragte: „Sind Sie auch so aufgeregt wie ich?" Die beiden Minister fragten nach meinen Eindrücken und Erfahrungen der letzten Tage. Wir sagten Sätze wie: „Jetzt können die Leute über Budapest und Prag ausreisen" und „Das hält die Mauer in Berlin nicht mehr lange aus" oder „Wie will Honecker das den Menschen erklären, die in der DDR geblieben sind und noch immer nicht frei reisen können?"

Dann fragte mich Genscher, ob ich eventuell wüsste, wo Botschafter Huber in seinem Amtszimmer einen Schnaps stehen habe. Ich hatte keine Ahnung. Also machte sich Kanzleramtsminister Seiters mit mir gemeinsam auf die Suche. Wir bemühten uns, durch die Stockbetten kriechend, die Türen der Schrankwand zu öffnen, jedoch ohne Erfolg.

Draußen vor der Botschaft setzte sich inzwischen der Zug der fast 4000 Befreiten in Bewegung. Mit Kinderwagen, Rucksäcken und Koffern, ein Bild des fröhlichen Exodus. Aus den Fenstern der Häuser in den Gassen der Prager Altstadt wurde die Prozession offen oder mit verstohlenem Winken verabschiedet. Polizei war kaum zu sehen. Bereitgestellte Busse sollten die „Ausreiser" zum Hauptbahnhof bringen. Von dort, so die Vereinbarung mit der DDR, sollten im Zwei-Stunden-Takt verplombte Züge im Transit durch die DDR über Dresden fahren, um dann Richtung Bayern in den Westen gesteuert zu werden. Jeder Flüchtlingszug sollte mit offiziellen Vertretern Bonns besetzt sein. Sie sollten den Menschen Vertrauen gegen Kontrollen der Volkspolizei geben und gegen Übergriffe der Staatssicherheit schützen. Um 7 Uhr am nächsten Morgen verließ der letzte Zug Prag in Richtung Dresden und weiter nach Bayern. Botschafter Huber hat die Aktion die ganze Nacht über auf dem Bahnhof beobachtet. Das Botschaftsgelände und das Gebäude fand er in einem unbeschreiblichen Zustand vor. Und während diesmal die Mitarbeiter der Mission von den Helfern des DRK mit Suppe aus der Gulaschkanone versorgt wurden, standen am späten Vormittag des 1. Oktober bereits wieder etwa 250 Menschen vor dem Tor der Botschaft und verlangten Einlass. Sie waren einfach zu spät gekommen.

Ebenfalls am Nachmittag des 30. September war Genschers Staatssekretär Jürgen Sudhoff wieder nach Warschau unterwegs, diesmal mit froher Botschaft. Die Polen hatten die völlig überbelegte Bonner Mission entlastet und einige hundert fluchtbereite DDR-Bürger nach außerhalb in Sommerlager der Solidarność verlegt. Die Gespräche mit den polnischen Unterhändlern zwei Tage zuvor waren laut Sudhoff angenehm gewesen, die neue Reformregierung des Ministerpräsidenten Tadeusz Mazowiecki hatte Verständnis für die Flüchtlinge und war um Lösungen bemüht. Ausreisemöglichkeiten, auch ohne Zustimmung Ost-Berlins, per Schiff über die Ostsee, per Flugzeug oder über ein Drittland wurden erwogen. Jürgen Sudhoff sagte mir: „Ich traf dort auf Leute, die uns helfen wollten, aber nicht so recht wussten, wie sie uns helfen könnten." Gorbatschows Weisung, die Flüchtlinge ausreisen zu lassen, hat dann alle deutsch-polnischen Überlegungen überholt.

Jürgen Sudhoff ging gemeinsam mit Franz Bertele, dem Ständigen Vertreter der Bundesrepublik in Ost-Berlin, am 30. September, als Genscher in Prag abends auf dem Balkon des Palais Lobkowicz sprach, zu den Flüchtlingen in die Deutsche Botschaft von Warschau. Dort harrten ungefähr 150 Flüchtlinge aus. Aber außerhalb waren noch etwa 600 Menschen in Sommerlagern der Solidarność rund um Warschau verteilt. Diese Orte kannten die deutschen Unterhändler nicht.

Jürgen Sudhoff hat mir die Aktion Ausreise aus Warschau geschildert:

Solidarność hat uns eine Liste gemacht, wo die Flüchtlinge überall waren, und die Botschaft hat aus dem Stand acht Busse organisiert. Wir haben uns einen Taxifahrer bestellt, der unsere Kolonne in das erste Sommerlager irgendwo außerhalb in den Wäldern von Warschau geleitete. Und das, was jetzt passierte, ereignete sich dann immer wieder auch in den anderen Lagern. Ich kam da rein und sagte: „Sammeln Sie mal alle Ihre Leute hier im großen Speisesaal!" Das war so eine Art Jugendherberge. Dann stand

ich oben auf einer Bühne und habe gesagt: „Ich bin Jürgen Sudhoff, Staatssekretär des Auswärtigen Amtes der Bundesrepublik
Deutschland. Ich bin hier, um mit Ihnen zusammen nach Westdeutschland auszureisen." Sie können sich nicht vorstellen, was da
los war. Ein ohrenbetäubender Schrei der Freude, die Leute haben
geheult, ich habe mitgeheult. „Aber", habe ich dann gesagt, „wir
fahren mit dem Zug durch die DDR." Da wurde es leichenstill im
Saal. Dann habe ich erklärt, es gebe eine Vereinbarung zwischen
der Regierung der Bundesrepublik und der DDR, dass die, die
in Warschau oder in Polen einsteigen, in Helmstedt wieder aus-
steigen. „Da wird niemand aus dem Zug herausgeholt, ich bin der
Garant, Franz Bertele und ich fahren da mit!"
Dann habe ich noch hinzugefügt, die Herren Sprecher sollten
doch bitte alle Wodkaflaschen einsammeln. „Hier wird jetzt
nichts mehr getrunken. Ihr könnt morgen abend von Helmstedt
aus direkt zum Oktoberfest nach München fahren, aber ich will
keine alkoholisierte Provokation im Zug haben. Wenn die Stasi
in Frankfurt/Oder in den Zug steigt, will ich nicht, dass einer in
wodkaseliger Ausreiselaune diese Herren provoziert."
Dann fuhren wir die Runde weiter zu den nächsten Camps, und
um halb drei Uhr nachts rollten wir mit dem letzten Bus zum
Bahnhof Warschau, stiegen ein, und wie vereinbart um zehn vor
drei nachts setzte sich der Zug in Bewegung. Als es hell wurde,
blieb der Zug aus irgendwelchen, vielleicht technischen Gründen
in Polen stehen. Die Route der Züge aus Prag über Dresden und
aus Warschau über Ost-Berlin war ja durch die Medien bekannt.
Ganz offensichtlich hatten DDR-Flüchtlinge mit solchen Hal-
tepunkten gerechnet. Wir sahen an den Straßen plötzlich große
Gruppen von Trabis stehen. Da stiegen Leute aus, mit Kindern
auf der Schulter und Koffern in der Hand, und rannten ganze
Familien über die Felder auf den langsam abbremsenden Zug zu
und riefen: „Können wir noch mitfahren?"
Wir haben die Leute durch die Fenster in den Waggon gezogen,
und dann fuhr der Zug weiter. Der Zug war ungeheizt, hatte kein
Wasser. Man kann sich vorstellen, wie es da drin aussah.

Am Morgen des 1. Oktober, Bahnhof Frankfurt an der Oder, Grenzbahnhof DDR. Da hatte die Stasi rechts und links vom Zug auf den Gleisen Ketten von Güterwagen auffahren lassen, damit niemand sehen konnte, was sich da abspielte. Dann kamen vier Herren in halblangen Lederjacken mit Attaché-Köfferchen in den Zug. Die machten überall die Abteiltüren auf, und drinnen saßen die verängstigten DDR-Bürger. Aber jedes Mal bei diesen Kontrollen habe ich meinen Kopf über die Schultern der Stasi-Leute gehalten, damit die Leute mich sahen. Die Lederjacken-Herren haben ihnen die Papiere abgenommen, das dauerte ein bis zwei Stunden.

Dann kommt einer von den Stasi-Leuten zurück und sagt: „Sie können abfahren." Ich frage: „Wo sind denn die Papiere?" – „Die behalten wir hier." Die haben alles einbehalten, nichts mehr zurückgegeben.

Dann fuhr der Zug auf der südlichen Route um Berlin herum. Überall da, wo wir an Bahnhöfen, Schrebergärten oder Straßen vorbeifuhren, standen Menschen und winkten mit weißen Tüchern und machten das Victory-Zeichen. Es war sichtbar, dass sich die DDR dem Ende näherte.

Abends um fünf öffnete sich dann in Marienborn der Zaun, der Zug fuhr durch und in den Bahnhof von Helmstedt ein. Dort begrüßte uns Ministerpräsident Albrecht mit seinem Kabinett, und eine große Blaskapelle spielte: „Nun danket alle Gott".

Am 1. Oktober 1989 trafen 6299 Botschaftsflüchtlinge in der Bundesrepublik ein, 5490 in sechs Sonderzügen aus Prag und 809 mit Sudhoffs Zug aus Warschau.

Prager Botschaft und Prager Straße

Wie der revolutionäre Zug von Prag nach Dresden gewandert ist

Am Vormittag nach dem Exodus der 4000 DDR-Bürger aus Prag versuchte der übernächtigte deutsche Botschafter Hermann Huber vergeblich zu erklären, dass die allgemeine Ausreiseerlaubnis am Vorabend ein ganz außergewöhnliches Zugeständnis der DDR-Führung gewesen sei, das so kaum wiederholt werden würde. Er stand vor etwa 250 Fluchtwilligen, die den von Ost-Berlin gesetzten Termin verpasst hatten. Sie hatten es einfach nicht geschafft, rechtzeitig über den Zaun zu klettern. Einige flehten uns Fernsehleute um Hilfe an. Sie forderten mich auf, ich sollte ihren Ausreisewunsch mit Kamera und Mikrofon aufnehmen und dann über das ZDF in die DDR senden. Als wir noch das Für und Wider einer solchen Aktion diskutierten, öffnete Botschafter Huber am späten Nachmittag doch noch das Tor. Er hatte angesichts der immer lauteren Forderungen keine andere Wahl als dem gewaltigen Drängen der inzwischen etwa 500 Menschen nachzugeben.

In der Dämmerung stürmten sie panisch in die Botschaft, stürzten sie über ihr Gepäck, schrien die Kinder. Wir drehten Bilder einer verzweifelten Flucht. Noch einmal wurde im hinterlassenen Chaos der letzten Botschaftsbesetzung eilig ein Zeltlager errichtet. Huber meldete am Montagabend, dem 2. Oktober, schon wieder 1622 Flüchtlinge nach Bonn. Trotz massiver Behinderungen durch tschechische Uniformierte war es so vielen Menschen gelungen, über das Gitter zu klettern. Offenbar hatte die Polizei inzwischen neue Anweisungen, denn nun kam es zu regelrechten Rangeleien zwischen Flüchtlingen und tschechischer Sicherheit. Männer in Uniform und in Zivil versuchten die Menschen vom Zaun herunterzuziehen. Die Flüchtlinge klammerten sich am Gitter fest, Polizisten hängten sich mit ihrem ganzen Gewicht an ihre Beine. Die es bereits über den Zaun geschafft hatten, halfen den nachfolgenden Kletterern von innen. Die Polizei bildete eine Sperrkette, etwa 250 Flüchtlinge durchbrachen die Reihen der Sicherheitskräfte, versuchten über den Zaun zu steigen, wurden von Uniformierten wieder heruntergezerrt, befreiten sich und versuchten es wieder, einige Asylsuchende wurden verletzt.

Einen Tag später, am 3. Oktober, der im Jahr darauf als „Tag der Deutschen Einheit" gefeiert wurde, waren bereits an die 5000 Menschen auf dem Gelände der Botschaft, weitere 2000 DDR-Bürger harrten auf dem Vorplatz des Palais Lobkowicz aus. Botschafter Huber: „Gegen 16.30 Uhr des 3. Oktober habe ich gegen den dringenden Rat der Ärzte beschlossen, das Tor noch einmal für Frauen und Kinder zu öffnen, da die Temperaturen inzwischen empfindlich gefallen waren. 600 Frauen und Kinder strömten daraufhin auf das völlig überfüllte Terrain. Ich musste sie im Heizungskeller unterbringen, dem einzigen verbliebenen Raum."

Die Botschaft war mit dieser zweiten Besetzung nun völlig überfordert, die Mitarbeiter erschöpft. Es gelang nicht, innerhalb von Stunden für tausende Unterkunft, Essen und sanitäre wie medizinische Versorgung zu gewährleisten. Die Tage und vor allem die Nächte waren kalt. Es drohte eine Katastrophe. Und Honecker schaute auf den 40. Jahrestag, an dem er seine DDR als ersten Friedenstaat auf deutschem Boden präsentieren wollte – vor zahlreichen ausländischen Gästen. Nur so ist seine schnelle zweite Entscheidung zu verstehen, wiederum alle Ausreisewilligen von Prag, die in der Botschaft und die draußen Wartenden dazu, in den Westen ziehen zu lassen. Noch einmal sollte der Weg über das Territorium der DDR führen. In den Reichsbahnzügen sollte den Ausreisewilligen dann formal die Staatsbürgerschaft der DDR aberkannt werden. Wenn auch in rollenden Wagen, so sollte der Hoheitsakt der Entlassung aus der Staatsbürgerschaft doch wenigstens auf dem Territorium der DDR stattfinden, um den Anschein souveränen staatlichen

Handelns irgendwie zu wahren. Wer den Arbeiter- und Bauernstaat verließ, war nicht mehr würdig, sein Bürger zu sein, so die Doktrin der SED.

Der tschechoslowakische Ministerpräsident Ladislav Adamec nannte in einem Telefonat mit Bundeskanzler Kohl die Zahl von „bis zu 11.000 Menschen". Botschafter Huber: „Als die Ausreise dieser Menschen schließlich am 4. Oktober um 18.30 Uhr begann, waren die hygienischen Verhältnisse katastrophal geworden. Versorgung und Entsorgung waren kaum mehr möglich."

Die Staatssicherheit hat übrigens die Zahlenangabe von Adamec in einem „streng geheim" bezeichneten Papier herunterzurechnen versucht. Die für Mielke unfassbare zweite Ausreise-Genehmigung Honeckers wird in dieser Information ironisch „zentrale Festlegung" genannt. Das Papier trägt den Zusatz-Vermerk „Inf. geht so nicht raus!" Dann heißt es: „Entsprechend den zentralen Festlegungen wurden im engen Zusammenwirken mit den Sicherheitsorganen der ČSSR am 4./5. Oktober 1989 die komplexen Maßnahmen zur Beendigung des widerrechtlichen Aufenthaltes von Bürgern der DDR in der Botschaft der BRD realisiert. Bis zum 5. Oktober 1989, 1.00 Uhr, verließen 8270 Personen das Gelände der Botschaft der BRD in Prag." – „Bei den 8270 Personen handelt es sich ausschließlich um solche, die sich unmittelbar auf dem Gelände der BRD-Botschaft in Prag befunden hatten."

Über die draußen Wartenden, etwa 2000 Menschen, sagt das Papier nichts. Diese Pauschallösung, dass auch die außerhalb der Botschaft Verbliebenen ohne weitere Anträge in den Westen reisen durften, bedeutete eine klare Kapitulation der SED vor dem Volk. Die Mauer war mit dem Umweg über Prag ein Stück geöffnet worden. Die Stasi wollte den Vorgang dennoch, so gut es eben ging, unter Kontrolle halten. So verzögerte sich die Abreise um fast einen ganzen Tag, bis KOM, Kraftomnibusse des Ministeriums für Staatssicherheit, in Prag eingetroffen waren. Damit wurden laut Stasi-Papier „die Personen unmittelbar zum Bahnhof Praha-Liben transportiert, von wo aus sie mit acht bereitgestellten Sonderzügen der Deutschen Reichsbahn durch die DDR über die Grenzübergangsstelle Gutenfürst nach der BRD abgeschoben wurden. Die Abreise der acht Sonderzüge erfolgte in der Zeit vom 4. Oktober 1989, 18.24 Uhr, bis 5. Oktober 1989, 1.35 Uhr."

Bizarrer kann Geschichte nicht sein: Während der erste Sonderzug mit gut 1000 Flüchtlingen Richtung Westen in die Freiheit startete, wurde in Ost-Berlin das schöne alte deutsche Arbeiterlied „Brüder, zur Sonne zur Freiheit" angestimmt. Allerdings marschierte unter den Klängen des Musikcorps der Nationalen Volksarmee das Ehrenbatallion des Wachregiments „Friedrich Engels" beim „Großen Zapfenstreich" auf. Damit waren die Feiern zum 40. Jahrestag der DDR eröffnet. Die Parade fand am „Mahnmal für die Opfer des Faschismus und des Militarismus" Unter den Linden statt, mit Stechschritt.

Der Ständige Vertreter der DDR in Bonn, Horst Neubauer, hatte Kanzleramtsminister Seiters über die sehr kurzfristige sensationelle Entscheidung Honeckers zur Ausreise informiert. Gleichzeitig teilte er jedoch mit, dass Ost-Berlin den pass- und visafreien Reiseverkehr mit der ČSSR gestoppt habe. Damit war auch das letzte Nachbarland für DDR-Bürger nur noch mit Ausnahmegenehmigung erreichbar. Diese hilflose Maßnahme erhöhte den Druck im Kessel der nunmehr völlig in ihrem Arbeiter- und Bauernstaat eingesperrten Menschen. Jetzt protestierten sogar treue Genossen der SED. Erstaunlich, wie präzise und offen Mielkes Spitzel die Stimmung in der Partei beschrieben haben. Doch diese nüchterne Bilanz des Versagens der Staats- und Parteiführung blieb natürlich „streng geheim". Vor allem langjährige Parteimitglieder äußerten sich im Kreise der Genossen tief besorgt, „verbunden mit ernsten Befürchtungen hinsichtlich der weiteren Erhaltung der politischen Stabilität in der DDR".

Sie sprachen der überalterten Parteiführung die Fähigkeit ab, die vielfältigen Probleme zu lösen. Austrittserklärungen häuften sich. Geschimpft wurde besonders über die parteigelenkten

Massenmedien, die trotz alledem an ihrer „Erfolgsberichterstattung" festhielten; Wort und Tat stimmten in Presse, Funk und Fernsehen nicht überein. Der Klagekatalog der Genossen aus der Endzeit der DDR: „Den DDR-Massenmedien mangele es an Objektivität bei der Darstellung innenpolitischer Probleme. Es werde das Bild einer ‚heilen Welt des Sozialismus in der DDR' vermittelt, das in krassem Widerspruch zur Wirklichkeit stehe. Es werde an den Problemen vorbeigeredet. Kritische Diskussionen würden mit Hinweis auf die Parteidisziplin ‚abgewürgt'. Wer auf Parteiversammlungen die vorhandenen Probleme anspreche, werde sehr schnell als Nörgler abgestempelt."

In meiner Zeit als DDR-Korrespondent habe ich ähnliche Einschätzungen über die ostdeutsche Gesellschaft via Fernsehen verbreitet und wurde dafür von der gleichen Staatssicherheit als „Feindobjekt" eingestuft und aggressiv ausspioniert. West-Journalisten wurde in diesen Tagen nicht gestattet, aus den Unruhebezirken der DDR zu berichten. Dem in der DDR akkreditierten ZDF-Team wurde sogar die Einfahrt in die Messestadt Leipzig verweigert. Als Begründung gab der Vopo-Wachtmeister an, es handele sich um ein „wegen polizeilicher Maßnahmen gesperrtes Gebiet". Diese Maßnahmen würden im gesamten Stadtbereich gelten. Dafür haben Mielkes Männer gewissermaßen als Ersatz-Reporter ganze Arbeit geleistet und umfangreiche Berichte über die Unruhen in Leipzig und vor allem in Dresden hinterlassen – alles streng geheim und in Stasi-Deutsch. Sie dokumentieren sehr wirklichkeitsgetreu, was die Massenausreise aus Ungarn und dann vor allem die aus Prag im Inneren der DDR angerichtet hat. Zwischen den Zeilen ist die hilflose Wut des Mielke-Ministeriums über die Entscheidung Honeckers und deren Folgen zu lesen.

Diese Entscheidung hat „Berichterstatter Erich Honecker" laut Protokoll der Politbürositzung vom 4. Oktober seinen Genossen Politbürokraten in der Zeit von 10.10 bis 11.15 Uhr *mitgeteilt*. Er wollte ein dem Ansehen „seiner DDR" schädliches Ärgernis aus seiner sozialistischen Welt schaffen und meinte wohl, mit der Abschiebung jener, denen er keine Träne nachweinte, seien die Probleme behoben. Über eine Diskussion der tatsächlichen Hintergründe für die Massenflucht oder gar Widerspruch gegen Honeckers Panik-Entscheidung sagt das Protokoll nichts. Auch Staatssicherheitsminister Erich Mielke hat sich mit all seinen Kenntnissen über des Staates Unsicherheit nicht zu Wort gemeldet. Politbüromitglied Günter Schabowski hat mir später bestätigt, dass es selbst in diesem höchsten Entscheidungsgremium der Partei offene Debatten und Widerworte gegen die Nummer eins, den Generalsekretär Erich Honecker, praktisch nie gegeben habe. Und dass das Politbüro wichtige Beschlüsse ohne die Nummer eins nie gefällt hat, mit Ausnahme den Beschluss zur Ablösung Honeckers, später, am 18. Oktober 1989. Aber auch dieser Beschluss war nicht zuerst in den Reihen des Politbüros gefasst worden, sondern wurde den deutschen Genossen aus Moskau vorgeschlagen. Ein Angebot, das sie nicht ablehnen konnten.

Gorbatschow verlangte „Glasnost (Offenheit) und Perestrojka (Umbau)", der polnische Papst Johannes Paul II. forderte „Wahrheit und Wandel". Weil die SED die Wahrheit nicht wissen wollte, war sie zum Wandel nicht fähig. Die DDR ist an der Lüge über sich selbst gescheitert.

Neben der Mitteilung über die Ausreisegenehmigung verzeichnet das Protokoll des Politbüros einen Dank an Genossen Miloš Jakeš, den tschechoslowakischen Kollegen Generalsekretär. Dann „ist über die Aktion in den Medien ein ADN-Kommentar zu veröffentlichen, für den Genosse Erich Honecker verantwortlich" zeichnen soll. Titel des Kommentars: „Wortbruch und völkerrechtswidriges Handeln". Er erschien am nächsten Morgen im SED-Zentralorgan „Neues Deutschland". Bei ihrer Entscheidung habe sich die SED-Führung „vor allem von der Lage der Kinder leiten lassen", hieß es da. Die Zahl der Ausreisenden wurde nicht genannt.

Das Politbüro verabschiedete außerdem den Text eines chiffrierten Fernschreibens an die Genossen Bezirkssekretäre der SED wegen der Durchfahrten der Sonderzüge, in denen sich „ehemalige DDR-Bürger" befänden. Und unter Punkt 7 des Sitzungsprotokolls werden die Genossen Verteidigungsminister Heinz Keßler, Innenminister Friedrich Dickel und Staatssicherheitsminister Erich Mielke für die völlige Kontrolle der Staatsgrenze zu Polen und zur Tschechoslowakei verantwortlich gemacht. Alle diese Maßnahmen konnten jedoch nicht verhindern, dass Volkspolizei und zivile Stasi-Greiftrupps nicht mehr Herren der Lage waren. Der schonungslos offene Stasi-Report im Original:

*Entgegen den getroffenen Festlegungen, wonach alle 8 Sonderzüge über die Strecke Bad Schandau – Dresden – Reichenbach – Gutenfürst nach der BRD fahren sollten, mussten auf Grund der entstandenen kritischen Situation auf dem Bahnhof Dresden-Hauptbahnhof 5 Sonderzüge kurzfristig auf dem Territorium der ČSSR umgeleitet werden und fuhren über die Strecke Vojtanov – Bad Brambach – Plauen – Gutenfürst nach der BRD. Im Zusammenhang mit der Fahrt der Sonderzüge der Deutschen Reichsbahn über das Staatsgebiet der DDR kam es nach den über die westlichen Medien verbreiteten Zeiten der Abfahrt der Sonderzüge der Deutschen Reichsbahn und beabsichtigten Streckenführung auf dem Dresdener Hauptbahnhof sowie dem Vorplatz bis in die Tiefe der Prager Straße nach Ansammlungen von bis zu ca. 20.000 Personen zu tumultartigen Ausschreitungen, die zur Störung der öffentlichen Ordnung und Sicherheit sowie zu erheblichen Sachbeschädigungen an Anlagen und Einrichtungen der Deutschen Reichsbahn führten. Dazu im Einzelnen:
Am 4. Oktober 1989, gegen 19.15 Uhr, rotteten sich auf dem Gelände des Hauptbahnhofs in Dresden Gruppen von 200 bis 300 Ausreisewilligen aus allen Bezirken der DDR (außer Rostock und Suhl), die mit der Reichsbahn bzw. Pkw angereist waren, zusammen und begannen mit ersten Sprechchören. Unverzüglich durchgeführte Räumungseinsätze der Sicherungskräfte hatten nur kurzfristig Erfolg. Obwohl die Eingänge zum Bahnhof abgesperrt waren und nur Personen mit gültigen Fahrkarten das Gebäude betreten durften, wuchs die Anzahl der Störer zunehmend an.*

Gegen 20.00 Uhr waren ca. 2500 Menschen im Bahnhof, von denen mindestens 1000 durch Sprechchöre, Pfiffe u. Ä. versuchten, ihre sofortige Ausreise aus der DDR zu erzwingen. Der Einsatz von Lautsprechern, mit vorbereiteten Texten, sich in die Heimatorte zu begeben und ihr Anliegen bei den staatlichen Organen vorzutragen, dem dann stattgegeben würde, blieben weitgehend wirkungslos. Mit Hilfe zwischenzeitlich zugeführter weiterer Sicherheitskräfte war es möglich, die Bahnsteige zu sichern und das Mittelschiff des Bahnhofes zu räumen. Die nach draußen gedrängten Personen versammelten sich zu beiden Seiten des Bahnhofes und erhielten außergewöhnlich starken Zustrom durch diejenigen, denen bereits vorher das Betreten des Bahnhofes verwehrt worden war.

Zwischen 21.00 Uhr und 22.00 Uhr hielten sich zu beiden Seiten und im nicht geräumten Teil des Bahnhofes bis zu 20.000 Personen auf. Diese versuchten, gewaltsam die Absperrung zu durchbrechen, zerschlugen die Bahnhoftüren, so dass eine ernste Gefahr einer vollständigen Besetzung des gesamten Bahnhofsgeländes entstand. Weitere Schäden wurden verursacht durch Demolierung der Intershop-Einrichtung im Bahnhofgeländе, durch das Zerstören der Bahnhofsuhren, Schalteinrichtungen sowie einer Vielzahl von Fensterscheiben und Türen.

Vor dem Haupteingang des Bahnhofes wurde das Kopfsteinpflaster aufgerissen. Die Sicherungskräfte wurden mit großen Steinen und Flaschen beworfen sowie mit Holzstücken geschlagen. Ein Funkstreifenwagen wurde umgekippt und geriet in Brand. Insgesamt wurden zusätzlich 750 Angehörige der Bereitschaftspolizei, der NVA, der Kampftruppen und des MfS zum Einsatz gebracht. Unter Einsatz von Wasserwerfern und von Sonderausrüstung (Schilde, Schlagstöcke, Schutzhelme, Reizkörper) sowie durch Lautsprechereinsatz gelang es, gegen 24.00 Uhr die Beräumung des Bahnhofes abzuschließen sowie in der Folge die sich zu diesem Zeitpunkt vor dem Bahnhof noch befindlichen ca. 10.000 Personen ständig zu verringern und bis gegen 1.00 Uhr des 5. Oktober 1989 auf ca. 2000 bis 3000 Personen zu reduzieren. Nach dem Eintreffen weiterer Einsatzkräfte gelang es gegen 3.00 Uhr die bestehende Ansammlung aufzulösen.

Durch die Sicherungskräfte wurden bisher 224 Personen zugeführt. Gegen sie werden in Abhängigkeit von ihnen begangener Rechtsverletzungen differenzierte strafrechtliche Maßnahmen eingeleitet. Während des Einsatzes wurden 45 VP-Angehörige verletzt, davon einer mittelschwer.

Auf anderen Bahnhöfen der ursprünglich vorgesehenen Fahrstrecke hatten sich Gruppen von bis zu 1000 Personen (Karl-Marx-Stadt) bzw. 500 Personen (Plauen, Reichenbach, Freiberg) offenkundig mit dem Ziel zusammengerottet, ihre ständige Ausreise nach der BRD auf rechtswidrige Art und Weise zu realisieren. Zu weiteren Personenansammlungen (jeweils bis zu 150) kam es in Bereichen von allgemein bekannten Langsamfahrstrecken (u. a. Hetzdorfer Brücke, Gleisdreieck Werdau und Göltzschtalbrücke). Die Auflösung der Zusammenrottungen erfolgte durch Einsatzkräfte der Deutschen Volkspolizei. Insgesamt erfolgten weitere 82 Zuführungen.

Am 4. Oktober 1989, gegen 23.30 Uhr, wurde auf der Moritzburger Landstraße in Dresden ein Pkw brennend festgestellt. Erste Untersuchungen ergaben, dass der Fahrer des Pkw gezwungen worden war, zwei bisher unbekannte männliche Personen mit seinem Pkw von Berlin nach Dresden zu befördern. Als der Fahrer sich weigerte, auf der Moritzburger Landstraße weiterzufahren, wurde er mit Benzin angegossen. In der weiteren Folge konnte er sich in Sicherheit bringen. Der Pkw wurde angezündet. Die unbekannten männlichen Personen sind flüchtig. Der Pkw-Fahrer steht unter Schockeinwirkung.

Aufgrund der verursachten erheblichen Schäden an Gebäuden, Anlagen und Einrichtungen der Deutschen Reichsbahn auf dem Dresdener Hauptbahnhof und seiner näheren Umgebung kam es zu Verspätungen im internationalen Reiseverkehr sowie zu einem Rückstau im Güterverkehr.

Unter Einsatz zusätzlicher Kräfte der Deutschen Reichsbahn und mit Unterstützung von Angehörigen der Kampftruppen

und Absolventen der Bezirksparteischule wurden bisher die drin-
gendsten Säuberungs- und Aufräumungsarbeiten realisiert. Die
an der Realisierung der zentralen Entscheidung beteiligten Kräfte
der Schutz- und Sicherheitsorgane sowie der Eisenbahnpersonale
der Deutschen Reichsbahn und der ČSSR-Staatsbahn haben die
gestellten Aufgaben mit hoher Disziplin und Einsatzbereitschaft
sowie einem aufopferungsvollen Verhalten durchgeführt.

Der streng geheime Stasi-Bericht endet mit der bitteren Feststellung: „Vorliegenden letzten Meldungen zufolge sind mit Stand
vom 5. Oktober 1989, 10.00 Uhr, erneut bereits wieder 40 DDR-
Bürger in die BRD-Botschaft in Prag eingedrungen und versuchen, ihre ständige Ausreise zu erpressen."

Diese „Info" ging so an Honecker und seine Berliner Politbü-
romannschaft „nicht raus!" Mielke war offenbar höflich genug,
den Genossen die Festtagsfreude des 40. Jahrestags der Gründung der DDR nicht zu vergällen. Die Zahlen der Flüchtlinge
aus Budapest und Prag zusammengenommen, haben von Mitte
August bis zum 5. Oktober mehr als 40.000 meist junge Menschen die DDR verlassen.

Die Proteste von Dresden dürfte auch ein Offizier des sowjetischen Geheimdienstes KGB beobachtet haben. Wladimir Putin hat in Dresden, wie er selbst gesagt hat, „fünf Jahre gelebt und
gearbeitet", als Agent der Auslandsabteilung des KGB. Putin
wohnte mit seiner Frau Ljudmila und den Töchtern Mascha und
Katja ziemlich zurückgezogen in einem Dresdener Plattenbau.
Mit seinen Kollegen von der Stasi hat er regelmäßig Fußball gespielt. Wahrscheinlich hat er für die Moskauer Auslandsspiona-
ge Stimmungsberichte über den lange Jahre allzu braven Satelliten DDR geliefert. Vielleicht haben auch seine Einschätzungen
bei der sowjetischen Führung zu einem derart realistischen Bild
über die tatsächliche Lage im ostdeutschen Bruderstaat beigetragen, dass Gorbatschow und Co. jede „Einmischung in die inneren Angelegenheiten der DDR" abgelehnt haben. Später, Anfang Dezember, nach dem Fall der Berliner Mauer, musste Putin

mit ansehen, wie eine aufgebrachte Menge seine KGB-Residenz ebenso wie die Stasi-Gebäude in Dresden zu stürmen versuchte. Vor einer Gruppe von sowjetischen Agenten, die mit Kalaschnikow bewaffnet waren, wichen die Demonstranten zurück. Das KGB-Büro Dresden aber wurde geschlossen, zuvor ließ Putin alle Unterlagen und Akten verbrennen. Ohne Hilfe der Staatssicherheit waren die sowjetischen „Kundschafter" handlungsunfähig, ihnen fehlten alle technischen Mittel zu weiterer konspirativer Tätigkeit.

Die Flüchtlinge, die über Ungarn, die Warschauer und Prager Botschaft in die Bundesrepublik gekommen waren, trafen in den westdeutschen Aufnahmelagern gerade rechtzeitig ein, um Honeckers Jubelfeiern im Fernsehen verfolgen zu können. Und sie sahen und hörten auch, wie unter den Daheimgebliebenen der Sprechchor „Wir sind das Volk!" immer lauter wurde.

Montagsgebet und Montagsdemonstration
Wie die Daheimgebliebenen in Leipzig gewaltlos der Gewalt getrotzt haben

Im Jahr des Mauerbaus, 1961, drehte der engagierte DDR-Regisseur Konrad Petzold einen ganz und gar außergewöhnlich listigen Film: „Des Kaisers neue Kleider" nach dem Märchen von Hans Christian Andersen. Petzold durfte den Rohschnitt nur den staatlichen Zensoren zeigen und dann die Arbeit an dem Film nicht zu Ende bringen. Erst nach der Wende konnte er das staatsgefährdende Werk öffentlich aufführen. Kein Wunder: In Petzolds Märchen herrscht der Kaiser ausgerechnet in einer Stadt, durch die eine unüberwindlich hohe Mauer läuft. Am Stadttor gepanzerte und bewaffnete Soldaten. Ein Wanderer fragt: „Soldat, was ist das für eine Stadt und warum ist da eine Mauer?" Der Wachtposten: „Das ist die Mauer, die quer durch geht. Dahinter liegt die Stadt … und das Glück." Der Zuschauer weiß nicht, auf welcher Seite der Mauer dieses Gespräch stattfindet. Ihm bleibt überlassen, in welcher Stadthälfte er das Glück vermutet. An der Mauer sitzt ein Mann und lacht. Zwei Männer treten links und rechts neben den lachenden Mann und verhören ihn: „Haben Sie gelacht? Warum?" Schnitt. Das Volk jubelt und reißt rhythmisch die Arme hoch. Eine Reihe von älteren Herren in grauen Anzügen, Marke Politbüro, schreitet vorbei. Dann folgt der Kaiser alias Parteichef auf einem Prunkwagen, nackt. Einem kleinen Jungen, der etwas sagen will, wird eilig der Mund zugehalten. Ein Mann schaut von der Seite zu und notiert sich heimlich was.

Später kleidet sich der Kaiser in seinem Palast wieder an. Sein Kammerdiener hilft ihm dabei. Der Kaiser fragt: „Wie viele haben gelacht von der Bevölkerung? Antworten Sie in Prozent!" Der Kammerdiener: „Ich tippe auf 80 Prozent." Der Kaiser nimmt auf seinem Thron Platz und brüllt: „Ich will Ihnen sagen,

was ich machen werde. 80 Prozent der Bevölkerung werden ausgewiesen!"

Niemand weiß, ob Erich Honecker vor den Feiern des 40. Jahrestages seine Genossen gefragt hat, wie viele Menschen in den
ersten Oktobertagen über ihn, die SED, die Mauer und die
Staatssicherheit Witze gemacht, gelacht oder gar gegen das
Ganze demonstriert haben. Ausgewiesen, aus der Staatsbürgerschaft der DDR entlassen oder einfach „abgehauen" waren zu
diesem Zeitpunkt aktuell über 40.000 Ungarnflüchtlinge und
Botschaftsbesetzer.

Nach dem Vorbild von Leipzigs Nikolaikirche wurde nun auch
in Ost-Berlins Gethsemane-Kirche bei einem Fürbittgottesdienst
zur Gewaltlosigkeit aufgerufen. Reformen in der DDR wurden
immer dringender gefordert. Eine Mahnwache vor der Kirche erinnerte an inhaftierte Demonstranten in Leipzig, Dresden und
Magdeburg. Die Welle des Protests im Inneren der DDR war
ebenso wenig aufzuhalten wie der Strom der Flüchtlinge, die das
Land verlassen hatten. ARD und ZDF verbreiteten die Bilder in
nahezu jedes Wohnzimmer der DDR. So weit reichten nicht einmal die Krakenarme der Staatssicherheit. Der evangelische Pfarrer Friedrich Schorlemmer aus der Lutherstadt Wittenberg, der
es wie wenige gewagt hatte, der SED öffentlich zu widersprechen,
hat mir die Bedeutung des West-Fernsehen nach der Wende erklärt. Es war für ihn und die wachsende Opposition mehr als eine
Informationsquelle. „Ohne ARD und ZDF und deren Bilder,
die das überallhin brachten, wäre der Umbruch nicht gelungen.
Denn es gab auch einen Ermutigungs- und Nachahmungseffekt
durch das Fernsehen. Insofern glaube ich auch, dass der ganze
Umbruch bis hin zu den Parolen mit dem West-Fernsehen zu
tun hatte – man guckte am Montag, welche Parolen gezeigt wurden, und machte sie dann woanders nach; mit einem Wort, die
fehlende Organisation der Opposition wurde durch das West-
Fernsehen und dessen Informationen ersetzt."

Unverdrossen machte sich der SED-Generalsekretär trotz alledem an seine Feiertagsarbeit. 4000 Ehrengäste waren in den

Palast der Republik geladen, Delegationen aus 70 Ländern sollten den hohen Grad der internationalen Anerkennung des ostdeutschen Teilstaates bestätigen. Honecker konnte sich, da er den massenhaften Exodus seiner jungen Generation ausblendete, auf dem Höhepunkt seiner Amtszeit fühlen. Am 6. Oktober marschierten mehrere zehntausend Jugendliche mit Fackeln vor der Partei- und Staatsführung auf. In ihrer Uniform, dem Blauhemd, wollten sie „Farbe bekennen", wie ein Redner behauptete. An der Seite Honeckers stand auf der Ehrentribüne der wichtigste Staatsgast, der sowjetische Generalsekretär Michail Gorbatschow. Die kommunistische Nachwuchsorganisation sang zunächst programmgemäß ihr Credo: „Wir die Freie Deutsche Ju-hu-gend, sind die Kampfreserve der Partei. Und wir sind auf Thälmanns Spu-hu-ren mit unsern Taten stets dabei-hei-hei." Aber es kamen aus den Reihen auch dieser Kampfreserve Rufe, wie sie bereits auf den Leipziger Montagsdemonstrationen zu hören waren. Die Menge rief: „Gorbi, Gorbi, Gorbi!" Ob Hilferufe für Reformen oder Jubel für den Ehrengast, beides war für die Betonköpfe der SED, die Gorbatschows Kurs für grundfalsch hielten, gleichermaßen schwer erträglich. Die öffentlichen Termine des Hoffnungsträgers aus Moskau waren in der Presse nicht bekanntgegeben worden. Die SED fürchtete Sympathiekundgebungen für die Perestrojka-Politik. Lautsprecher Eberhard Aurich, Chef des Staatsjugendverbands FDJ, verbreitete vor seinen „Blauhemden" die Linie der Partei: „Dieses Land ist unser Land. Hier sind wir zu Hause. Hier haben wir noch viel vor. Hier verwirklichen wir unsere Pläne und schaffen unser Glück. Hier arbeiten und lernen, studieren und forschen, tanzen und lieben wir. Hier wollen wir leben in Freundschaft und helfen einander."

Ihre Brisanz erhielten derlei trotzige Durchhalteparolen natürlich nur angesichts der Massenflucht von mehreren zehntausend Altersgenossen der FDJ-Marschierer. Bei alldem wirkte Honecker gut aufgelegt. Auf die Frage nach seinem Gesundheitszustand antwortete er lachend: „Totgesagte leben länger."

In seiner Festansprache vor den 4000 Genossen im Palast der Republik redete der SED-Generalsekretär mutig an den aktuellen Problemen seines Arbeiter- und Bauernstaates vorbei. Von der Dramatik der Botschaftsbesetzungen und der Massenflucht kein Wort. Nicht von Weglaufen war die Rede, nur von Fort-Schritt: Vorwärts sei es gegangen in der Hochtechnologie, bei der Produktion von Schlachtvieh, beim Wohnungsbauprogramm, in den Kindergärten, beim Babyjahr und dem zinslosen Ehekredit, auf den Weltmärkten und bei den verbesserten Einkaufsbedingungen in den Kaufhallen. Er machte Propaganda, was am zutreffendsten wohl mit „Vorwärts-Lüge" übersetzt wird:

40 Jahre DDR, das waren 40 Jahre heroische Arbeit, 40 Jahre erfolgreicher Kampf für den Aufstieg unserer sozialistischen Republik, für das Wohl des Volkes. Auch weiterhin wird das so sein. Wichtig ist, dass die führende Partei unserer Gesellschaft, die Sozialistische Einheitspartei Deutschlands, in Vorbereitung ihres XII. Parteitages die eigenen Reihen weiter festigt, sich noch enger mit der Arbeiterklasse verbindet, den Genossenschaftsbauern, der Intelligenz, dem gesamten Volk. Wir werden auch weiterhin im Sinne der Erkenntnis von Karl Marx handeln, dass es darauf ankommt, die Welt nicht nur zu interpretieren, sondern sie zu verändern. (Starker Beifall)
Für uns gilt die in der Gründerzeit der DDR geprägte Losung: Vorwärts immer, rückwärts nimmer. (Stürmischer Beifall)
Die zügellose Verleumdungskampagne, die derzeit, international koordiniert, gegen die DDR geführt wird, zielt darauf ab, Menschen zu verwirren und Zweifel in die Kraft und in die Vorzüge des Sozialismus zu säen. ... Neue Anforderungen verlangen neue Lösungen, und wir werden auf jede Frage eine Antwort finden. Wir werden sie gemeinsam mit dem Volk finden für unser Voranschreiten auf dem Weg des Sozialismus in der Deutschen Demokratischen Republik. (Lang anhaltender starker Beifall)

Es war Honeckers letzter großer Auftritt vor seinem erzwungenen Rücktritt vom Amt des DDR-Staats- und Parteichefs nur elf Tage später. Der von ihm für das kommende Jahr angekündigte XII. SED-Parteitag fand nicht mehr statt. 1990 existierte die SED nicht mehr. Die Sonntagsruhe des 8. Oktober – nach den anstrengenden Festlichkeiten – wurde durch Nachrichten aus Warschau, Prag und vor allem aus Ungarn gestört. Allein während der Feiertage waren wieder mehr als 1800 DDR-Bürger über die Grenze nach Österreich ausgereist, davon die Hälfte im eigenen Pkw. In die Warschauer deutsche Botschaft waren mehr als 300 Personen geflüchtet, Prag zählte „nur" 30 Asylsuchende. Denn die Einführung der Visumpflicht für Reisen in die Tschechoslowakei zeigte Wirkung.

Am ärgerlichsten dürften für den halsstarrigen Generalsekretär allerdings die Meldungen über Unruhen vor der eigenen Tür gewesen sein. Die SED hatte „Volksfeste" organisiert, aber keiner ging hin. Die aufgebotenen Musikbands spulten ihr Programm ohne Publikum ab. Statt der zum Jubeln aufgebotenen Bürger zeigten sich „vom Westen bestellte Störer". Die „sozialistische Menschengemeinschaft", wie Honecker sie stets propagierte, hatte sich in „Randalierer und Rowdys" verwandelt. So jedenfalls die von der DDR-Nachrichtenagentur ADN verbreitete Sprachregelung des Zentralkomitees der SED: „Im Zusammenspiel mit westlichen Medien rotteten sich Randalierer und Rowdys am Alexanderplatz und Umgebung zusammen und riefen republikfeindliche Parolen. Der Besonnenheit der Schutz- und Sicherheitsorgane sowie der Teilnehmer an den Volksfesten ist es zu verdanken, dass beabsichtigte Provokationen nicht zur Entfaltung kamen. Die Rädelsführer wurden festgenommen."

Das SED-Zentralorgan „Neues Deutschland" berichtete, solche Demonstrationen, „Ausschreitungen und Störungen von Volksfesten" genannt, habe es neben Ost-Berlin auch in Dresden, Leipzig, Karl-Marx-Stadt, Magdeburg, Plauen, Potsdam, Arnstadt und Ilmenau gegeben. In Potsdam und Magdeburg seien je etwa 100 Personen, unter ihnen Rädelsführer, „zugeführt", also festgenommen worden. Randalierer hätten Autos in Brand gesteckt und Fensterscheiben zerschlagen.

In Ost-Berlin dauerten die Proteste rings um die Gethsemane-Kirche an. Die Fernsehteams von ARD und ZDF wurden von Greiftrupps der Staatssicherheit angegriffen. ZDF-Korrespondent Michael Schmitz wurde gezwungen, die Drehkassetten mit Bildern von den Demonstrationen in Ost-Berlin zivilen Stasi-Agenten herauszugeben. Und der Ausreiser-Strom über Prag und Ungarn hielt weiter an.

Das alles war jedoch, verglichen mit dem, was folgte, nur die Ruhe vor dem Sturm. Denn am nächsten Tag, dem 9. Oktober, war in Leipzig wieder eine Montagsdemonstration zu erwarten. Diese gewaltige, aber gewaltlose Protestbewegung der inzwischen 100.000 Menschen fand nicht zufällig in Leipzig statt. Über sieben Jahre hatte der Pfarrer der evangelischen Nikolaikirche zu Montagsgebeten für den Frieden in der Welt und in der Gesellschaft der DDR aufgerufen. Jeden Montag, ohne Unterbrechung, auch als die Teilnehmer-Zahl in all den Jahren einmal auf nur noch vier gesunken war. Ohne Montagsgebet keine Montagsdemonstration. Am 9. Oktober war die Kirche überfüllt. Und draußen, rings um die Nikolaikirche, warteten noch tausende auf das Ende des Montagsgebetes. Pfarrer Christian Führer hatte die Türen seines Gotteshauses für die Nöte der Menschen weit aufgemacht. Bevor er im März 2008 in den Ruhestand ging, hat er mir erzählt, wie die Staatssicherheit eine ganze Hundertschaft von Spitzeln in die Nikolaikirche geschickt hat:

Am 9. Oktober, diesem Kerndatum der friedlichen Revolution, saß die DDR exemplarisch in der Nikolaikirche, und da musste man zuvor für die Menschen, die von überallher angereist waren, nun mitteilen, dass wir so ganz unter uns hier nicht sind. Und da habe ich zweimal begrüßt. Einmal begrüßen wir heute alle, die gekommen sind, und dann möchte ich auch die „inoffiziellen Vertreter des Staates" besonders herzlich begrüßen. Da machte sich so 2000-fach ein Lächeln hier breit, und den größten Erfolg hatte ich mit der Bemerkung: Wenn ich mich hier so umsehe, sind wir „mit Sicherheit" 2000 Leute in der Kirche.

Die Stasi-Leute haben sich dann jedoch ruhig verhalten, sie hätten gegen die Überzahl in der Kirche und die paar tausend Menschen draußen keine Chance gehabt. Außerdem waren die Einsatzkräfte, Opfer ihrer eigenen Propaganda, auf „Randalierer und Rowdys" vorbereitet. Dass aus dem Montagsgebet die mächtige Montagsdemonstration wurde, hat – Ironie der Geschichte – die Volkspolizei selbst bewirkt, indem sie die Menschenansammlung von der Nikolaikirche weg auf den Karl-Marx-Platz drängte und dort die Kontrolle über die Demonstration verlor. Die Staatsmacht war zudem völlig verunsichert, denn sie war auf gewalttätige Auseinandersetzung vorbereitet, nicht auf Gewaltlosigkeit. Pfarrer Führer hat mir später erklärt, warum man mit einer Kerze nur gewaltlos demonstrieren kann: „Wer mit der Rechten die Kerze hält und unter freiem Himmel läuft, muss mit der Linken die Flamme schützen. Er hat dann keine Hand mehr frei, um einen Stein zu werfen."

Die katholische Kirche in der DDR hat sich schwergetan, ebenso wie die Protestanten ihre Türen für gleichsam politische Friedensgebete zu öffnen. Die Bischöfe waren zögerlich. Dem Zaudern der Hirten hat die weltweit gültige Liturgie am 8. Oktober 1989 etwas nachgeholfen, erinnern sich Besucher der Sonntagsmesse. In der Lesung des Tages wurde auch in allen katholischen Kirchen der DDR der alttestamentliche Prophet Habakuk zitiert: „Wie lange, Herr, soll ich noch rufen, und du hörst nicht? Ich schreie zu dir: Hilfe, Gewalt! Aber du hilfst nicht. Warum lässt du mich die Macht des Bösen erleben und siehst der Unterdrückung zu? Wohin ich blicke: Misshandlung und Gewalttat, Streit erhebt sich und Zwietracht."

Dann der Trost des Propheten: „Zur bestimmten Zeit trifft das Gesehene ein, es drängt schon dem Ende zu und es trügt nicht. Wenn es sich verzögert, so warte darauf, denn es kommt, es kommt und bleibt nicht aus."

Der damalige Berliner Erzbischof Joachim Meisner hat seiner Domgemeinde St. Hedwig in Ost-Berlin untersagt, solche „Friedensgebete" abzuhalten. Die Kirche sei kein Raum für politische Demonstrationen. Später einigte man sich darauf, dass solche „Veranstaltungen" in katholischen Gemeinderäumen erlaubt sein sollten. Manche Gemeinden entschlossen sich dennoch zu „Friedensgebeten", viele Katholiken gingen in dieser Zeit in die evangelischen Kirchen. Der Diözesan-Jugendseelsorger für den Ostteil des Bistums Berlin, Reinhard Lau, stand in intensivem Austausch mit dem evangelischen Stadtjugendpfarramt Ost-Berlin, in dem damals Marianne Birthler, die heutige Bundesbeauftragte für die Stasi-Unterlagen, als Jugendpfarrerin tätig war. Der Priester musste, wie er berichtet, auf Weisung von Kardinal Meisner in Sachen Friedensgebete „Zurückhaltung" üben und durfte auch nach dem Wahlbetrug der SED im Mai 1989 „nicht aktiv werden".

An den Leipziger Montagsgebeten waren Katholiken von Anfang an beteiligt. Der heutige Berliner Bischof, Kardinal Georg Sterzinsky, nannte den Beitrag der katholischen Kirche in der DDR im Gespräch mit mir zumindest für das Jahr 1989 „zu zaghaft, zu ängstlich". Er sei überzeugt, „dass wir viel mehr Flagge hätten zeigen müssen und nicht so ängstlich sein durften". Kirchliche Insider sehen diese „Zurückhaltung" als Grund dafür, dass der polnische Papst den ostdeutschen Kardinal Joachim Meisner ausgerechnet zum spannenden Wendejahr 1989 von Berlin nach Köln versetzt hat. Sein Nachfolger, der ebenfalls aus der DDR stammende Sterzinsky, forderte die katholischen Christen im Ost-Berliner Teil seines Bistums auf, sich dem, „was sich im ganzen Land vollzog, nicht zu verschließen, sondern tatkräftig an diesem gesellschaftlichen Prozess mitzuwirken".

Nicht gezögert hat die katholische Malteserfrau Csilla von Boeselager, die in Budapest mutig das erste Flüchtlingscamp für Bürger der DDR an der Kirche „Zur Heiligen Familie" errichtete. Neben ihr ist der evangelische Pfarrer Christian Führer – mit nicht gezählten anderen Amtsbrüdern – der zweite herausragende „Revolutionär", der einen wesentlichen Anstoß zum Sturz des SED-Regimes und damit zur Deutschen Einheit gab. Er hat, wie er mir sagte, nach dem Motto seines Vorbildes, des entschiedenen Nazi-Gegners Pfarrer Martin Niemöller, gelebt und entschieden: „Was würde Jesus dazu sagen?"

Pfarrer Führer ist am 9. Oktober jedoch auch mit großen Ängsten in seine überfüllte Nikolaikirche gegangen. Die „chinesische Lösung", das Massaker auf dem Pekinger „Platz des Himmlischen Friedens" war gerade ein Vierteljahr alt. Und Christian Führer fürchtete, dass das SED-Regime alles aufgeboten hatte, um den „Aufruhr" niederzuschlagen: Bereitschaftseinheiten der Volkspolizei, Soldaten der Nationalen Volksarmee, Staatssicherheit und parteitreue Betriebs-„Kampfgruppen der Arbeiterklasse". Nur auf eines meinten der Pfarrer und seine Freunde sich verlassen zu können, dass auf die „Freunde", die Sowjets, seit Gorbatschow im Sinne der SED kein Verlass mehr war. Die sowjetischen Besatzungstruppen würden den ostdeutschen Genossen nicht wie 1953 bei der Niederschlagung des Aufstandes vom 17. Juni zu Hilfe eilen.

Christian Führer, Jahrgang 1943, Sohn eines sächsischen Dorfpfarrers, war gerade 18 Jahre alt, als die Mauer in Ost-Berlin gebaut wurde. Er studierte an der Karl-Marx-Universität Theologie. Vielleicht hat er dort gelernt, dass „Altar und Straße zusammengehören", wie er sagte, dass die Kirche „offen für alle" sein muss. Dieses Motto „Offen für alle" an der Eingangstür der Nikolaikirche beschreibt zutreffend die Rolle der evangelischen Kirche in der geschlossenen Gesellschaft der DDR. In ihren Räumen durfte „offen für alle" Klartext geredet werden, und sei es in Form von Fürbitten oder eines Gebets. Er habe dabei keinen Plan gehabt, das Regime zu stürzen, sagte Führer. Die Menschen sollten aber einen Platz haben, an dem sie ihre Nöte artikulieren konnten.

So haben viele Besucher der Nikolaikirche die „Friedensgebete" nicht als fromme Andacht gesehen, sondern als Versammlung von verzweifelter Opposition. Der Hilferuf in einem anonymen Brief von Ausreise-Antragstellern an Pfarrer Christian Führer 1988 macht das deutlich:

Wir sind keine oder nur halbherzige Christen ... auch nicht überzeugte Atheisten. Für Probleme dieser Art hatten wir in der Vergangenheit wenig Zeit übrig. Wir haben uns nach den „Berliner Ereignissen" in das Leipziger Friedensgebet „eingeschlichen", in der Hoffnung, von gleichen oder ähnlichen Ereignissen mit aus diesem Land herausgespült zu werden. Wir sind aber Feiglinge, kleinbürgerliche Opportunisten, die selbst in der letzten Phase der Auseinandersetzung mit diesem Staat vorsichtig sind. Wir wollen nichts riskieren, wir wollen nur in der Nähe sein, wenn durch andere etwas passiert. Und so sitzen wir jeden Montag in der Nikolaikirche und hoffen auf die anderen, die „Hierbleiber", dass diese mit Staat und Gesellschaft ins Gericht gehen, beklatschen kindisch jede Äußerung, die uns „gewagt" erscheint, und kommen uns dabei vor wie Verschwörer. Wir staunen über Wortgewalt und kritische Schärfe, belächeln stumm jene Träumer, die sich um Ausgewogenheit bemühen, und bedauern die, die glauben, in diesem materiell und staatsmoralisch verwahrlosten Land noch etwas ändern zu können, und denken stets nur das Eine: Fort, fort, fort. Wir haben zwei Farbfernseher und waren mehrfach in Ungarn und Bulgarien. Wir haben eine Datsche, einen Arbeitsplatz auf Rentnerbasis und ein hübsches Konto ...
Wir, die Macher, die Musterbeispiele der Anpassung des Individuums an die gesellschaftlichen Verhältnisse, sind am Ende ... Unser Opportunismus ist nicht mehr gefragt. Wir brauchen einfach nur Hilfe. Wir sind nun bereit, sogar über Jesus Christus und dessen Art zu helfen nachzudenken. Wir wollen uns trösten lassen.
Sehr geehrter Herr Pfarrer Führer! Wir brauchen diesen Montag, auch wenn diese Andacht und die Kirche solche Art von Gästen eigentlich nicht verdient haben. Wir brauchen die wenigen Geistlichen, die ohne Rücksicht auf religiöse Logik und ohne Rücksicht auf kirchliche Gepflogenheiten zu uns stehen. Wir möchten bei Ihnen Gastrecht genießen und sind Ihnen dafür sehr dankbar.

Der Pfarrer wurde anonym aber auch belästigt und bedroht. Ein Antrag auf Ausreise aus der DDR kam für ihn nie in Frage. Er hätte das nicht als Flucht vor der Diktatur, sondern als Ausweichen vor der Verantwortung als Seelsorger verstanden. Zu Beginn der Ausreisewelle, als auch immer mehr „Antragsteller" in die Nikolaikirche kamen, wurde ihm von den Behörden ultimativ, aber vergeblich aufgetragen, die Friedensgebete einzustellen. Seit Mai 1989 wurden immer wieder Teilnehmer der Montagsgebete von der Staatssicherheit festgenommen. Weil Menschen aus der gesamten DDR zur Nikolaikirche reisten, wurden die Zufahrtstraßen und Autobahnabfahrten nach Leipzig kontrolliert, an einigen Montagen sogar für Stunden gesperrt. Am 2. Oktober, drei Tage nach dem ersten „Freispruch" für die Botschaftsbesetzer von Prag, waren im Anschluss an das Montagsgebet 20.000 Menschen auf den Leipziger Ring marschiert. Spezialeinheiten der Volkspolizei waren gegen die Demonstranten brutal vorgegangen. Noch am 40. Jahrestag der DDR hatten Uniformierte auch in Leipzig auf wehrlose Demonstranten und Passanten eingeschlagen. Gründe genug, der nächsten großen Montagsdemonstration mit äußersten Befürchtungen entgegenzusehen.

Dass die einsatzbereiten rund 8000 Soldaten, Volkspolizisten und Arbeitermilizen am 9. Oktober dann völlig überraschend nicht zum Schlag gegen Demonstranten ausholten, hat Christian Führer als ein „Wunder" verstanden. „Diese Gewaltlosigkeit der zehntausende haben sie nicht für möglich gehalten. Mit allem hatten sie gerechnet, aber nicht mit Kerzen und Gebeten." Ihre Angst bekämpften die Demonstranten mit dem stolzen Ruf: „Wir sind das Volk!" Große Fotos des sowjetischen Reformers Michail Gorbatschow wurden gezeigt. Und für den Fall der Fälle rief das Volk lautstark „Gorbi, Gorbi" zu Hilfe.

Es war die größte nicht von der SED organisierte Demonstration seit dem Volksaufstand vom 17. Juni 1953. Das Volk jubelte nicht mehr der Gruppe älterer Männer in grauen Anzügen zu, sondern sich selbst: „Wir sind das Volk!" Niemand hielt dem Kind mehr den Mund zu, als es rufen wollte, dass der Kaiser ja gar nichts anhatte. Die Spitzel der Staatssicherheit wagten nicht mehr den lachenden Mann zu verhören, was es denn da zu lachen gäbe. Das Volk sah die „Diktatur der Arbeiterklasse", wie sie war, den Kaiser, wie er war: nackt. Nicht 80 Prozent, aber die Mutigsten unter seinen jungen Untertanen hatte er gehen lassen oder ausgewiesen. Und genau einen Monat später fragte in der Stadt, in der eine unüberwindlich hohe Mauer war, niemand mehr den bewaffneten Wächter: „Soldat, warum ist da eine Mauer?"

Das Volk von Leipzig marschierte mit dem Mut der Verzweiflung, den zuerst die Antragsteller, dann die Flüchtlinge von Budapest und schließlich die Botschaftsbesetzer von Prag und Warschau aufgebracht hatten. Den Mutmachern wurde unterdessen in westdeutschen Aufnahmelagern viel Geduld abverlangt beim langen Warten auf ihre Eingliederung in die Bundesrepublik. Mit ihren DDR-Personalpapieren hatten sie die deutsche Staatsangehörigkeit dem Grundgesetz zufolge mitgebracht, trotz ihrer DDR-Staatsbürgerschaft. Nie hatte Bonn auf diesen Anspruch der einen deutschen Staatsangehörigkeit verzichtet. Die SED hatte die Anerkennung einer eigenen DDR-Staatsbürgerschaft permanent gefordert und zur Voraussetzung für mehr Reisegenehmigungen in den Westen erklärt. Mancher westdeutsche Politiker war bereit, dieses letzte Stück Gemeinsamkeit aller Deutschen aufzugeben, damit Ost-Berlin mehr Reisefreiheit gewähren sollte. Nur Österreich hatte über sein Konsulargesetz eine eigenständige DDR-Staatsbürgerschaft ausdrücklich anerkannt. Doch die erhofften Reisemöglichkeiten für DDR-Bürger in die Alpenrepublik waren gleich null.

Die Bilder des historischen Protestmarsches über den Leipziger Ring lieferte der mutige Mitbegründer der Ost-Berliner „Umwelt-Bibliothek", Siegbert Schefke, der vom Turm der Reformierten Kirche gefilmt hatte. Die Videokamera hatte er von dem nach West-Berlin ausgebürgerten Journalisten Roland Jahn erhalten. Dazu kamen Aufnahmen eines amerikanischen Fernsehreporters, der für CBS als Tourist – undercover – mit Handkamera nach Leipzig gelangt war, nach West-Berlin. ARD und

Christian Führer, bis 2008 Pfarrer der Nikolaikirche in Leipzig und Initiator der Montagsgebete (Aufnahme von 2001). © KNA-Bild

ZDF sendeten sie zurück in alle erreichbaren Fernsehgeräte der DDR. Der gewaltlose Aufruhr war nicht mehr geheimzuhalten. Unterstützt wurde diese Gewaltlosigkeit durch einen „Aufruf zum Dialog", den ein Pfarrer, der prominente „academixer"-Kabarettist Bernd-Lutz Lange und der international bekannte Gewandhaus-Dirigent Kurt Masur mit den verantwortlichen Sekretären der SED-Bezirksleitung ausgehandelt hatten. „Unsere gemeinsame Sorge und Verantwortung haben uns heute zusammengeführt. Wir sind von der Entwicklung in unserer Stadt betroffen und suchen nach einer Lösung. Wir alle brauchen freien Meinungsaustausch über die Weiterführung des Sozialismus in unserem Land. Deshalb versprechen die genannten Leute allen Bürgern, ihre ganze Kraft und Autorität dafür einzusetzen, dass dieser Dialog nicht nur im Bezirk Leipzig, sondern auch mit unserer Regierung geführt wird. Wir bitten sie dringend um Besonnenheit, damit der friedliche Dialog möglich wird."

Auch Leipziger Menschenrechtsaktivisten hatten einen Aufruf veröffentlicht: „Enthaltet euch jeder Gewalt! Durchbrecht keine Polizeiketten, haltet Abstand zu Absperrungen! Greift keine Personen oder Fahrzeuge an." Und an die Adresse der staatlichen Einsatzkräfte wurde gemahnt: „Reagiert auf Friedfertigkeit nicht mit Gewalt! Wir sind ein Volk! Gewalt unter uns hinterlässt ewig blutende Wunden!"

Außer den bekannten Propagandafloskeln von den „Störern und Randalierern" sowie den „West-Medien als Anstifter" hatte die SED-gesteuerte Presse zu den Vorgängen dieser Tage, die die ganze DDR-Gesellschaft aufwühlten, nichts beizutragen. Wie die Parteiführung waren auch die Medien sprachlos. Nur einer wagte einen Diskussionsbeitrag. Der Präsident des DDR-Schriftstellerverbandes, Hermann Kant, Mitglied des Zentralkomitees der SED, schrieb nach einer Reise durch die Bundesrepublik zum 40. Jahrestag der DDR einen offenen Brief an die „Junge Welt", die Zeitung des Staatsjugendverbands FDJ. Mit seiner meist gedrechselten Sprache blieb er stets auf der Linie der Partei. Sein regimekritischer Kollege Stefan Heym, der aus

Kants Schriftstellerverband ausgeschlossen war, hätte so etwas
den „Wettlauf um den heißen Brei" genannt:

*Wir haben uns den anderen weggenommen; sie wollen uns wiederhaben.
Um allen Missverständnissen halbwegs vorzubeugen: Ich bestehe auf dieser
Ansicht; in ihr drückt sich etwas aus, das jene 40 Jahre, die wir feiern sollen
und feiern wollen, zu einer Zeit der Kämpfe machte. Wer übersieht, dass
wir uns den anderen weggenommen haben und sie uns wiederhaben wollen, kann von den Kämpfen der letzten Tage keinen verstehen. Und kann
natürlich auch keinen dieser Kämpfe bestehen. …*
*Einwand erhebe ich, wenn man mich zu denen rückt, die am Klassengeg-
ner bemängeln, dass er sich wie ein Klassengegner aufführt, der glaubt,
unsere derzeitige Niederlage sei einzig auf das Wirken des altbösen Klassenfeindes zurückzuführen, … wenn man mich zu denen zählt, die nicht
fragen wollen, warum man den bösen Buben wohl Folge leistet und Freunde, Nachbarn, Arbeit, Wohnung, Pläne, Heimat und kleinen Besitz in
den Wind schlägt. Schärfsten Widerspruch lege ich ein, wenn man den
Anschein erweckt, ich sei des Glaubens, meines Gegners Kraft allein ver-
anlasse junge Frauen, ihre Kinder über Botschaftszäune zu reichen. …
Eine Niederlage ist eine Niederlage, und passe sie noch so schlecht in den
Vorabend eines gloriosen Feiertages. Die Züge, mit denen die Deutsche
Reichsbahn, die einstens Lenin aus der Schweiz durch Deutschland nach
Russland transportierte, nunmehr Bürger der Deutschen Demokratischen
Republik … verfrachten, sind nun einmal wahrlich keine Siegeszüge. Un-
seres Sieges jedenfalls nicht.*

Grenzgänger
Wie das Wunder der Wende geschah

Im Frühjahr 2008 waren die Zuschauer des Zweiten Deutschen Fernsehens aufgerufen, die für sie wichtigsten Fernsehszenen zu wählen. Neben allerlei gelungener Unterhaltung und unvergesslichen Sportereignissen kamen in der Reihe „Unsere Besten" Bilder vom Fall der Mauer in Berlin am 9. November 1989 auf Platz eins. Die lachenden und weinenden Menschen, die sich zu tausenden von Ost-Berlin aus durch die engen Grenzübergänge drängten, die hilflosen DDR-Grenzkontrolleure, und die vielen jungen Leute, die von West-Berlin aus auf das hässlichste Bauwerk der Welt am Brandenburger Tor kletterten und dort Freudentänze aufführten, diese Happy-End-Szenen zum Ausgang des Jahrhunderts der deutschen Schande haben sogar den Taumel der Millionen während der Fußballweltmeisterschaft in Deutschland auf die Plätze verwiesen.

Ich erlebte den historischen Augenblick vor dem Fernseher, berufsbedingt. Am 9. November war ich von einer Reise aus der ČSSR nach Wien zurückgekehrt, wo ich für das ZDF über die Ausreisebewegung der DDR-Deutschen Richtung tschechisch-bayerische Grenze berichtet hatte. Das Filmen der Grenzübergänge, die für ostdeutsche Wartburgs und Trabants in Richtung Westen nun offen waren, war streng verboten. Also versteckten wir uns mit der Kamera im Wald und drehten heimlich den Stau vor dem Schlagbaum nach Bayern. Vom Ansturm auf die Berliner Mauer habe ich dann am späten Abend dieses Tages in den Wiener Nachrichtensendungen gehört. Bis in die Nacht übertrug das Österreichische Fernsehen aus Berlin die Bilder, die nun von den Zuschauern des ZDF zu „Unseren Besten" gewählt worden sind.

Am frühen Morgen des 13. November 1989, vier Tage nach dem Fall der Mauer, saß ich in meinem Wiener Büro, das im Gebäude des Österreichischen Fernsehens untergebracht war. Nur dort konnte ich über Leitung deutsches Fernsehen empfangen. Von Wien aus bin ich nach meinen Jahren als Korrespondent in der DDR für das ZDF in nahezu alle Länder Ost-Europas gereist. Die Zeit brachte es mit sich, dass ich in Sachen Revolution ständig unterwegs war.

Der 13. November war ein Montag. Es war etwa kurz vor acht, als der Sender Freies Berlin zur Wollankstraße im Norden der Stadt umschaltete. Eine zugemauerte Eisenbahnunterführung bildete dort die Grenze der Berliner Bezirke Wedding (West) und Pankow (Ost). Gute 100 Meter von dort entfernt bin ich auf der Westseite aufgewachsen. 1948 gehörte das postalisch noch zu Pankow in Ost-Berlin, aber unsere Wohnung lag im Französischen Sektor. Unter der S-Bahn-Brücke standen vor dem Mauerbau Volkspolizei und DDR-Zoll. Sie machten stichprobenweise Ausweis- und Taschenkontrollen. Regelmäßig besuchte ich sonntags mit den Großeltern eine kleine Kapelle der Franziskaner in der Wollankstraße Ost. Ausgerechnet die „Ikone der Weltrevolution" wies noch 1950 den Weg zur Kirche, denn vor das Kloster der Franziskaner hatte die neue kommunistische Obrigkeit im Sowjetischen Sektor ein riesiges Stalin-Porträt gestellt.

Der Pankower Bürgerpark gleich nebenan war unser Erholungsgebiet, im Sommer sangen dort zuweilen Chöre der Roten Armee oder der Freien Deutschen Jugend Kantaten auf Stalin.

In Dörfern und Städten, in Tälern und auf Bergen,
wo frei über Gipfel der Adler sich schwingt,
von Stalin dem Weisen, dem Eignen, Geliebten,
ein herrliches Lied voll Begeisterung erklingt.

Die „Grenzüberschreitung" von der westlichen Gesellschaftsordnung in das östliche System und zurück war mir tägliche Normalität. Jahrelang bin ich in die Schule vom Bahnhof Wollankstraße aus mit der S-Bahn zum Bahnhof Potsdamer Platz gefahren. Wer von West-Berlin kommend das Bahnhofsgebäude Wollankstraße betrat, war in Ost-Berlin; wer den Bahnhof Potsdamer Platz über die Treppe verließ, war in West-Berlin. Wer bis zum Bau der Mauer so mit der S-Bahn fuhr, zahlte einen spottbilligen Fahrpreis, nur 20 Pfennig Ost, auch die West-Berliner. Im Umtauschkurs der West-Berliner Wechselstuben waren das nicht einmal fünf Pfennige West. Im S-Bahn-Zug selbst wurden, je nach Sektor, der gerade durchfahren wurde, SED-Zeitungen Ost oder die Blätter des Springer-Verlags West verkauft.

So lebte ich direkt an der innerstädtischen Sektorengrenze zwar in West-Berlin, war aber mit einem Bein in West und einem in Ost aufgewachsen, war Grenzgänger und „Währungsbetrüger" zugleich. Am Ost-Berliner Alexanderplatz kannte ich mich ebenso gut aus wie am West-Berliner Kurfürstendamm. Freunde und Verwandte hatte ich in beiden Teilen der Stadt. Und als die Mauer hochgezogen wurde, wollte ich schon als junger Journalist natürlich wissen, was in meiner „Heimat hinter der Mauer" geschah. Erst im Laufe der Jahre, nach Reisen in die Bundesrepublik, begriff ich, dass auch die West-Berliner von dieser Mauer umgeben waren, dass auch ihr Blickfeld eingeschränkt war. Grenzgänger von Kindesbeinen an, weder Wessi noch Ossi, entwickelte ich die Neigung zum „Wossi", zum Berliner mit dem Januskopf, genannt nach dem römischen Gott Janus, der mit einem Gesicht in den durch die Mauer versperrten Osten blickt und mit einem Gesicht im Westen Ausschau hält. So wurde ich Journalist, zunächst bei RIAS Berlin und dann beim ZDF, und in den späten sechziger Jahren war ich der erste Reisekorrespondent, der in der DDR für das West-Fernsehen Filme gedreht hat. Meine Arbeit begriff ich durchaus idealistisch, als Dolmetscherfunktion zwischen Ost und West. Die Entspannungspolitik habe ich als einzigen Ausweg aus dem „Kalten Krieg" gesehen. Und so habe ich später auch den Zerfallsprozess des Kommunismus in Osteuropa, von Moskau bis Albanien, beobachtet.

Es war gewiss ein Zufall, dass meine Familie gut 100 Meter westlich der Demarkationslinie im Französischen Sektor ge-

wohnt hat. Immer wieder habe ich mir später in meinem beruflichen Pendelbetrieb zwischen West und Ost die Frage gestellt,
wie ich mich unter den Bedingungen des Staates DDR entwickelt hätte, wie ich mich in der Diktatur des Arbeiter- und Bauernstaates verhalten hätte. Eine Antwort habe ich nicht gefunden,
denn anders als ein DDR-Bürger war ich dem SED-Regime nicht
ausgeliefert. Vielleicht aber hat die Erfahrung mit den zwei Gesellschaftsordnungen einen kritischen Blick auf die beiden Systeme geschärft. Und sicher bekam der journalistische Grundsatz
des „audiatur et altera pars", stets auch die andere Seite zu hören
und zu beachten, angesichts der scharfen Ost-West-Gegensätze
eine eigene Bedeutung.

Jahre später, als Korrespondent mit vorübergehendem Wohn-
sitz in Ost-Berlin, habe ich natürlich auch häufig „meine Heimat"
Pankow besucht: Die Franziskaner, deren Klösterchen nahe am
Todesstreifen der Grenze lag, begegneten dem ungewohnten
Besucher aus dem Westen skeptisch und waren wohl heilfroh,
wenn ich wieder ging, weil auf der Straße vor dem Kloster neben meinem Wagen auch das „Begleitfahrzeug" der Staatssicherheit parkte. Ich traf am Rande des „Friedenskreises" der evangelischen Kirchengemeinde Alt-Pankow den Superintendenten
Werner Krätschell, der im selben Jahr wie ich geboren wurde, aber 100 Meter östlich der Mauer lebte. Von ihm lernte ich,
wie anders mein Leben hinter der Mauer verlaufen wäre. Von
ihm wie von zahlreichen anderen Frauen und Männern der Kirchen erfuhr ich, was im Staat der SED nicht veröffentlicht wurde, den Mängel- und Klagekatalog des Alltags in der DDR. Das
war „audiatur et altera pars". „Die Wirkungsgeschichte des Pankower Friedenskreises" bestand für Krätschell darin, „dass einen
die Macht nicht korrumpiert, sondern dass man einen Blick be-
hält für die Sorgen der kleinen Leute, einen Blick dafür, wer in
diesem System unter die Räder kommt." Diese Kirchenleute von
Pankow haben den Luxus für sich in Anspruch genommen, zu
sagen, was sie dachten, auch „wenn es im Telefon knackte, dann
erst recht."

Die Ärztin Doris Schubert, die aus einem engstirnigen kommunistischen Elternhaus stammt, hat im Pankower Friedenskreis „zum ersten Mal christlichen Glauben in einer sehr nahen Beziehung kennengelernt". Sie erinnert sich: „Der Unmut wurde in dieser Gesellschaft immer größer. Wir spürten das Bedrückende der Diktatur sehr wohl. Diese ganzen Sachen, wo es rundherum nicht stimmte, die Ideologie, die Medien, das anders Reden als Fühlen, das Verheimlichen dessen, was man eigentlich denkt und fühlt, dieses Sich-beobachtet-Fühlen."

Und der Entwicklungsingenieur Wolfgang Beyer, der sieben Monate wegen Verweigerung des Reservistendienstes bei der Nationalen Volksarmee in Haft war, noch zu DDR-Zeiten Theologie studierte, begründet seine Mitarbeit im Pankower Friedenskreis so: „Das war die Systemimmanenz: Diese Erniedrigung, dieses Anleiten zum Lügen. Und die Konfrontation mit der eigenen Feigheit und Angst. Das war eigentlich mein Leiden: diese Unaufrichtigkeit des Systems."

Vor dem Bahnübergang Wollankstraße waren an diesem trüben Morgen des 13. November 1989 auf West-Berliner Seite links und rechts der Straße weißgedeckte lange Tische mit Kaffee und Kuchen aufgebaut. Die Fernsehkamera schwenkte zur Tür der Kneipe direkt neben dem zugemauerten Bahnübergang. Dort standen Menschen, die so aussahen, als hätten sie vier Tage lang seit dem Fall der Mauer gefeiert. Dann kamen aus dem Fernsehgerät im fernen Wien massive Klopfgeräusche – wie von einem Vorschlaghammer gegen Beton. Und kurze Zeit später zeigte die Kamera das erste Loch in der Mauer der Wollankstraße – in der Straße meiner Kindheit. Durch die Öffnung waren Menschen zu sehen, und gleich darauf wurde durch das Loch eine Hand zur Begrüßung von Ost nach West gestreckt. „Wollankstraße" wurde der sechste neu eröffnete „Grenzübergang" nach dem Mauerfall. 28 Jahre lang war die Straße in Ost und West geteilt. An diesem Morgen erlebte ich das Ende der Mauer – ganz allein in meinem Wiener Büro und leider nur aus der Ferne – noch einmal.

Etwa 3000-mal war ich durch die Berliner Mauer von West nach Ost und zurück gefahren, mit privater „Tagesaufenthaltserlaubnis" oder jahrelang mit Dienstvisum als akkreditierter Korrespondent. Ich hatte nicht mit einem schnellen Zusammenbruch des kommunistischen Systems gerechnet, aber ich hatte erfahren, dass die elektronischen Medien von keiner Grenze zu kontrollieren oder aufzuhalten waren. Jahrzehntelang hatten unsere westlichen Kameras und Mikrofone kritische Bilder und Töne aus dem Osten in den Westen transportiert, und westliche Sender hatten diese Informationen auch in den Osten zurückgestrahlt. Nun schaute die Kamera auch durch das kleine Loch in der Mauer an der Wollankstraße.

Die jahrzehntelange Hoffnung der Menschen im geteilten Deutschland wurde an diesem Montag, dem 13. November 1989, zur nüchternen Nachricht bei der Deutschen Presse-Agentur: „Mit sofortiger Wirkung hob die DDR am Montag die seit 37 Jahren bestehende Sperrzone im Grenzgebiet zur Bundesrepublik auf – eine weitere Maßnahme im Interesse weiterer Erleichterungen für die DDR-Bürger, wie es offiziell in Ost-Berlin hieß. Damit können DDR-Bürger jetzt wieder ohne Kontrollen und Beschränkungen bis unmittelbar zur Grenze gehen. Außerdem ist der Schießbefehl nun endgültig außer Kraft, wie DDR-Verteidigungsminister Heinz Keßler versicherte."

Zwei Jahre später bestritt Keßler als Angeklagter im Politbüroprozess die Existenz eines Schießbefehls. Er wurde dennoch für schuldig befunden und musste 1996 eine Gefängnisstrafe von siebeneinhalb Jahren antreten, nachdem das Bundesverfassungsgericht seine Beschwerde verworfen hatte.

So unglaublich die Fernsehbilder von jubelnden Menschen aus Berlin, Mauerspechten und irritierten DDR-Grenzern waren, so unwirklich erschien drei Wochen später eine Nachricht aus Rom. Zu sehen war der sowjetische Generalsekretär, die Nummer eins aus dem „Reich des Bösen", wie der amerikanische Präsident Ronald Reagan die Sowjetunion genannt hatte. Zu sehen war Michail Gorbatschow in einem Säulengang auf dem Weg in das Innere des Vatikans. Bildschnitt. Dann zeigt das Fernsehen, wie Gorbatschow auf Johannes Paul II. zugeht und beide Männer sich freundlich begrüßen. Kardinal Dziwisz, jahrzehntelang engster Mitarbeiter Karol Wojtyłas, war Zeuge des ersten Treffens zwischen dem sowjetischen Parteichef und dem polnischen Papst. Er bezeichnete die Begegnung als „herzlich, offen und echt". Gleich zu Anfang hatte Johannes Paul dem sowjetischen Generalsekretär versichert, dass er für ihn und sein Wirken täglich bete.

Dieses erste „historische Treffen" fand drei Wochen nach dem Fall der Berliner Mauer, am 1. Dezember 1989, im Vatikan statt. 72 Jahre nach der Oktoberrevolution, in deren Folge Lenin und Stalin und ihre Vasallen in den Satellitenstaaten eine blutige Christenverfolgung betrieben hatten, gaben sich der Führer der Sowjetmacht und das Oberhaupt der größten christlichen Kirche die Hand. Der Russe hatte am Tag zuvor bei einer Rede auf dem römischen Kapitol gesagt: „Wir haben den Anspruch aufgegeben, dass wir das Monopol der Wahrheit besitzen."

Und der Pole hatte Wochen zuvor in einem Intensivkurs seine Russisch-Kenntnisse aufgefrischt und jeden Tag in einer russischen Bibel gelesen, hat mir Kardinal Dziwisz erzählt. Denn Gorbatschow habe den Wunsch geäußert, mit dem Papst ganz allein reden zu können. Vielleicht kamen sie sich näher, als sie ihre ganz persönlichen Erfahrungen in der Diktatur austauschten: Karol Wojtyła, der für die nationalsozialistische Besatzungsmacht Zwangsarbeit leisten musste und später als Priester die Unterdrückung durch die Kommunisten ertrug, und Michail Gorbatschow, der dem Papst vielleicht enthüllt hat, dass sein Großvater Gulag-Opfer und sein Schwiegervater unter Lenin auf den Solowezki-Inseln Zwangsarbeiter war. In diesem Vier-Augen-Gespräch soll es zu „einer persönlichen Erklärung des sowjetischen Generalsekretärs bezüglich seiner Einstellung zum Christentum" gekommen sein, berichtet der deutsche Vatikanexperte Professor Max Eugen Kemper, der 14 Jahre lang an der Deutschen Botschaft beim Heiligen Stuhl tätig war. Dass Gorbatschow bei dieser Gelegenheit auch „sein Bedauern über die

Wiedersehen am 17. August 2000: Michail Gorbatschow einmal mehr zum Vier-Augen-Gespräch bei Johannes Paul II. © KNA-Bild

Christenverfolgung durch den Kommunismus" zum Ausdruck gebracht habe, wie Vatikankenner ebenfalls berichten, hat mir Kardinal Dziwisz nicht bestätigt, aber betont, in jedem Fall sei diese erste Begegnung „die Grundlage für das ganz außerordentliche Vertrauensverhältnis zwischen beiden Personen" gewesen. Kardinal Dziwisz sagte mir in Krakau, der Papst habe „Gorbatschow außerordentlich geschätzt", Gorbatschow habe den Polen Wojtyła „sehr ernst genommen".

Die spektakuläre Begegnung mit dem Papst hat zahlreiche Vermutungen über Gorbatschow ausgelöst. Dem Internationalen Biographischen Munzinger-Archiv zufolge war seine Mutter praktizierende orthodoxe Christin. Gorbatschow ist nach eigenen Angaben getauft. Obwohl er, wie die russische Agentur Interfax 2008 meldete, betont hat, er sei und bleibe Atheist, hat der ehemalige Führer der kommunistischen Welt doch eine bemerkenswerte Nähe zur christlichen Religion bewiesen, zuletzt bei einem „privaten" Besuch am Grab des heiligen Franziskus in Assisi. Der Franziskaner Antonio Ruiz hat den Friedensnobelpreisträger erkannt, als der mit seiner Tochter Irina und „einigen Freunden" am 15. März 2008 diskret die Basilika „San Francesco" betrat. In Assisi kommt niemand zufällig vorbei. „Fratello Gorbaciov", „Bruder Gorbatschow", wie die Franziskaner ihn nannten, blieb fast zwei Stunden und verharrte lange Zeit am Grab des „Bruders Franziskus". Drei Mönche haben dann den prominenten Russen durch die Basilika geführt und ihm die Fresken aus dem Leben des Heiligen gedeutet. Besonders interessierte den Mann, der einst für konventionelle Abrüstung warb und den Abzug sowjetischer Besatzungstruppen aus den „Bruderstaaten" veranlasst hat, das Bild „Traum von Spoleto". Die Legende sagt, dass Franziskus, der in Ritterrüstung dem Kreuzzug folgen wollte, im Traum von Christus zur Rückkehr und auf den Weg des Friedens bewegt worden sei.

„Ich bin sehr dankbar, hier zu sein, auf diesem nicht nur für den katholischen Glauben, sondern für die ganze Menschheit wichtigen Platz. Die Geschichte des heiligen Franziskus ist sehr viel schöner als die heutigen Zeiten", hat er den Franziskanern gesagt. Und: „Der heilige Franziskus ist für mich ein zweiter Christus. Seine Geschichte fasziniert mich, und er spielte eine fundamentale Rolle in meinem Leben", zitiert ihn die Zeitschrift „Inside the Vatican".

Pater Miroslav Anuskevic hat Gorbatschow befragt, was ihn an Franziskus am meisten bewegt. „Vor allem die Sehnsucht nach Frieden und die Liebe zur Natur", antwortete der Tourist Gorbatschow, den die Mönche wie alle anderen Besucher als Pilger empfingen. Er erschien den Franziskanern beim Gespräch im Kloster als ein Mann, „der stark durch die Nächstenliebe inspiriert und sehr engagiert in einem humanitären Hilfsprojekt für krebskranke Kinder ist. Er erklärte", so Pater Anuskevic weiter, „dass dieses Projekt sehr wichtig für Russland sei. Sie haben damit gerade erst angefangen, aber sie haben bereits etwa 100 Kinder operieren lassen."

Was immer den ehemaligen Führer der Sowjetunion bewogen hat, nach Assisi zu reisen, es bleibt ein erstaunlicher Weg vom

Kreml an das Grab des heiligen Franz. Und vielleicht hat sein Interesse für die Traditionen des Christentums seine Hinwendung zu Freiheit und Demokratie und seine überraschende Toleranz für Religionen möglich gemacht.

Gorbatschow hatte für sein Reformprogramm auch die Ideen der päpstlichen Sozialenzykliken studiert. In diesen Rundschreiben haben verschiedene Päpste gegen die ungerechte Ausbeutung von Lohnarbeitern und für einen gerechten Ausgleich zwischen Arbeit und Kapital plädiert. Johannes Paul II. hat dem Faktor Arbeit vor dem Kapital ausdrücklich Vorrang eingeräumt, die Sozialpflichtigkeit des Eigentums hervorgehoben und den unkontrollierten „Konsumismus" verurteilt. Der Kommunist Gorbatschow hatte sich vor dem Treffen 1989 für „völlige Religionsfreiheit" eingesetzt. Bei der Erneuerung der Sowjetunion sei der Glaube eine wichtige Kraft: „Der Glaube ist die Angelegenheit des Gewissens eines jeden Einzelnen. Niemand darf sich da einmischen. Die moralischen Werte, die die Religionen in Jahrhunderten entwickelt haben, dienen der Erneuerung unseres Landes."

Der Papst seinerseits lobte Gorbatschow bei einer Predigt in Budapest 1991 für dessen „aufrechten Willen, die Menschenrechte und die Menschenwürde zu fördern". Gorbatschow würdigte Johannes Paul II. in einem Rückblick auf den Umbruch im kommunistischen Machtbereich:

Alles, was in diesen Jahren in Osteuropa geschehen ist, wäre ohne die Gegenwart dieses Papstes, ohne seine wichtige Rolle, die er auch politisch auf der Weltbühne zu spielen wusste, nicht möglich gewesen.

Und nach dem Tod Johannes Pauls II. am 2. April 2005:

Der Papst war unumstritten eine der größten Persönlichkeiten des 20. Jahrhunderts. Er hat einen bedeutenden Beitrag dazu geleistet, dass sich eine Entwicklung Bahn bricht, die zu einer besseren und gerechteren Welt führen soll. Viele von seinen Ideen liegen mir

sehr nah am Herzen und sind mir verständlich. Gerade deswegen
haben wir bei unseren Begegnungen, die mir für immer in Erinne-
rung bleiben werden, so leicht eine gemeinsame Sprache gefunden.

Johannes Paul II. und Michail Gorbatschow sind einander Jahre
später, nach dem Fall der Berliner Mauer, mehrere Male begegnet. Beide Männer entwickelten ein freundschaftliches Verhältnis. Frei nach Stefan Zweig war dies sicher ein großes Kapitel
in den „Sternstunden der Menschheit". Papst Johannes Paul II.
wollte „Wandel durch Wahrheit". Gorbatschows Programm hieß
„Glasnost und Perestrojka – Offenheit und Umbau". Natürlich
sind die Denkansätze beider Männer nicht deckungsgleich, aber
sie trafen sich in gemeinsamen Zielen, Offenheit und Wahrheit
in der Gesellschaft, Wandel und Umbau in Richtung Menschenrechte und Demokratie.

Der eine hat die Wende angestoßen, der andere hat sie zugelassen.

„Marki i Dollari"
Wie die Bulgaren sich dem Zug der Revolution angeschlossen haben

Wegen der ungewöhnlich großen Schlagzeilen mit den fetten Buchstaben, die am Tag nach dem Fall der Berliner Mauer den Einzug der Trabi-Karawane in das gelobte westliche Land feierten, ging die kleine Meldung aus Sofia in Deutschland unter. Doch sie war für Bulgarien so wichtig wie der legendäre Versprecher von SED-Politbüromitglied Günter Schabowski, dass „ab sofort" die Ausreise aus der DDR möglich sei. Nur einen Tag nach der Öffnung der Grenze in Berlin hatte das Zentralkomitee der Bulgarischen Kommunistischen Partei ihren Generalsekretär Todor Schiwkow am 10. November 1989 nach 33 langen Jahren überraschend in die Wüste geschickt. Und dem Parlament wurde vorgeschlagen, ebenso seine Amtszeit als Staatspräsident zu beenden. Niemand in Sofia zweifelte daran, dass alle Abgeordneten diesem Vorschlag zustimmen würden, und das nicht nur aus Parteidisziplin. Zu lange war er Mitglied in der starrköpfigen Altherrenriege des Warschauer Pakts gewesen: mit Erich Honecker, Gustáv Husák, János Kádár, Nicolae Ceauşescu und natürlich den Ur-Alten in Moskau: Breschnew, Tschernenko und Andropow, alle aus den Geburtsjahrgängen 1906–1918. Da war Michail Sergejewitsch Gorbatschow, Jahrgang 1931, ein junger Mann.

Noch wenige Tage vor seinem Sturz hatte sich der listige Schiwkow vergeblich an die Spitze einer bulgarischen Perestrojka-Bewegung setzen wollen und so etwas wie politischen Pluralismus, also den leisen Abschied von der Alleinherrschaft der Kommunisten, befürwortet. Sein Nachfolger, Ex-Außenminister Petar Mladenow, dankte dem abgelösten Parteichef, der seine Absetzung sichtbar ungläubig entgegennahm – fassungslos wie später Mielke in der Volkskammer oder Ceauşescu auf dem Balkon seines Amtssitzes vor der Massendemonstration in Bukarest. Denn dem Abschied mit Blumen folgte eine Abrechnung ohne Schnörkel. Schiwkow habe das Parlament verdorben, sei verantwortlich für die marode Wirtschaft des Landes und die Verarmung der Arbeiterklasse, habe aber selbst mit 30 Villen und Landhäusern wie ein Despot gelebt.

Nur ein paar Tage später, als Schiwkow im Parlament auch den Posten als Staatsoberhaupt Bulgariens verlor, warf ihm ein Abgeordneter „Prunksucht, Cliquenwirtschaft und Personenkult" vor. „Er war die Quelle unserer Orientierung", hatten die Lyriker der Partei gedichtet, und „Genosse Schiwkow ist die Gewähr für Erfolg, das Vermächtnis der Revolution und das Gebot der Gegenwart."

Nachfolger Mladenow versuchte nach Egon-Krenz-Manier zu retten, was an Macht noch übrig war. Er setzte auf Parteireformen, aber wie einst Lenin weiter auf die Alleinherrschaft des Zentralkomitees. Er propagierte so etwas wie den „wahren Sozialismus", was offenbar so viel bedeutete, dass es unter Schiwkow jahrelang den „falschen Sozialismus" gegeben hatte.

Das Land war international hoch verschuldet, litt unter massiven Versorgungsproblemen und einer veralteten Wirtschaft. Schiwkow hatte westliche Hilfe holen wollen, in einem Interview sagte er mir, er brauche „Marki i Dollari". Das Ende des Parteichefs war aber auch das Signal für die bürgerliche Opposition, sich endlich öffentlich zu Wort zu melden. In Osteuropa gab es eine Art Dominoeffekt, der eine Machtposition nach der anderen zum Umfallen brachte. Zum ersten Mal seit 45 Jahren fand eine Woche später eine machtvolle Kundgebung von über 100.000 Regimegegnern auf dem Platz vor der Alexander-Newski-Kathedrale in Sofia statt. Dazu aufgerufen hatten die Umweltvereinigung „Öko-Glasnost", der „Club Perestrojka" und verschiedene Menschenrechtsgruppen. Schiwkow und seine „Viererbande" sollten vor Gericht, forderten sie. Auf den Plakaten die gleichen Parolen wie in Moskau und Ost-Berlin: Freie Wahlen, Mehrparteiensystem, Freiheit und Wiedergutmachung für alle politischen Gefangenen aus über 30 Jahren Schiwkow-Diktatur. Der bulgarische Schriftsteller Radoi Ralin sprach von „Parasitenherrschaft der Parteibonzen" und „Missbrauch der absoluten Macht wie einst unter der türkischen Besatzungsmacht". Dazu die bulgarische Nationalhymne. Die Menschen sangen von ihrer Heimat, die „ein Paradies auf Erden" werden sollte. Davon war Bulgarien an diesem Tag noch weit entfernt. Aber das Volk hatte einen ersten Blick in das Paradies Demokratie riskiert.

Mit dem Ende der Ära Schiwkow hatte das Land noch lange nicht die von den Gegnern des Regimes ersehnte Freiheit erreicht. Im Gegenteil. Der Prozess der Demokratisierung sollte sich in Bulgarien über Jahre hinziehen. Es war wie in fast allen Satellitenstaaten Moskaus: Die kommunistischen Machthaber wurden gestürzt, doch die alten Eliten versuchten an der Macht zu bleiben, in Sofia besonders lange. Sehr schnell bildeten sie von Polen bis Bulgarien neue Netzwerke, die ausschließlich aus alten Genossen bestanden und sich der neuen kapitalistischen Geschäftsmöglichkeiten bedienten. Die Freiheit war nahe, doch der Rechtsstaat blieb lange Zeit fern.

Bulgarien hatte es bei seinem Neuanfang besonders schwer, denn Schiwkow war in der Endphase seiner Herrschaft durch Fehlplanungen in Industrie und Landwirtschaft nicht in der Lage, die Bevölkerung ausreichend zu versorgen. Nach dem Zusammenbruch der alten Strukturen breitete sich bei den Bürgern sehr schnell Armut aus. Die Menschen, die seit den fünfziger Jahren als „kühne Erbauer des Sozialismus" für die Erfüllung der Jahrespläne geschuftet hatten, standen nun materiell und auch ideell vor dem Nichts. Die alten Genossen aber setzten ihre aus kommunistischer Zeit gewohnte Vetternwirtschaft fort. Das Versprechen der Partei, in einer heilen kommunistischen Welt würden alle mit allem ausreichend ausgestattet, hatte sich als Lüge erwiesen.

Für die Mehrheit der Bürger wurden die Lebensmittel in der neuen Zeit so teuer, dass sich viele Menschen wieder nach der mageren, aber zuverlässigen Versorgung unter Schiwkow zurücksehnten. Besonders die strengen bulgarischen Winter wurden unerträglich, weil den Menschen das Geld für Heizmaterial fehlte. Wer in den grauen Plattenbausiedlungen der Städte die Fernheizung nicht bezahlen konnte, der musste bei wenigen Grad über null in seiner Wohnung überwintern. Die Renten der Alten lagen bei umgerechnet 20 bis 40 Euro pro Monat. Für eine Übernachtung im Luxushotel der Stadt, das damals als einziges uns Korrespondenten die wichtigen Arbeitsmöglichkeiten und Verbindungen ins Ausland bot, musste ich etwa so viel bezahlen wie ein Ehepaar als Mindestrente in einem halben Jahr erhielt. Die sozialistische Gleichmacherei, in der alle das Nötigste einigermaßen zuverlässig bekamen, war abrupt zu Ende, bei wenigen explodierte der neue Reichtum.

Staatschef Todor Schiwkow hatte Bulgarien nach dem Vorbild Chinas mit einem „Großen Sprung" in die Moderne befördern wollen, seine Pläne zur Industrialisierung des Landes hatten weniger mit Realismus als mit Gigantomanie zu tun. Die Ölkrise machte die hochfliegenden Pläne nach einem kurzen Aufschwung wieder zunichte. Außerdem wurde bald sehr deutlich, dass ohne durchgreifende politische Erneuerung alle Reformbemühungen in der Wirtschaft ohne Erfolg bleiben mussten.

Traditionell war Bulgarien ein echter Freund der Sowjetunion, Russland hatte das Land einst von der Türkenherrschaft befreit. Doch nachdem Gorbatschow im Kreml sein Programm von „Glasnost und Perestrojka" begonnen hatte, kühlten sich die einst freundschaftlichen Beziehungen merklich ab. Am 10. November 1989 dann hatten jüngere flexible Kommunisten in der Partei die Führung übernommen und wandelten sich über Nacht – jedenfalls nominell – zu Reformern. Nachdem Schiwkow seinen Posten als Parteichef und kurze Zeit später auch das Amt als Staatspräsident verloren hatte, wurde der jahrzehntelang mächtigste Mann Bulgariens am 18. Januar 1990 verhaftet und unter Hausarrest gestellt. Genosse Todor musste den Weg gehen, den ungezählte Gegner seiner langen Herrschaft ohne rechtsstaatliches

Verfahren hatten gehen müssen. Schiwkow dagegen wurde nach den Regeln des Rechtsstaates vor Gericht gestellt. Ende Februar 1991 wurde ihm der Prozess gemacht. Die offizielle Anklage lautete auf Amtsmissbrauch und Veruntreuung von Staatsgeldern. Es ging um einen vergleichsweise geringen Betrag von umgerechnet nicht einmal einer Million Euro. Aber inoffiziell wurde er der Vetternwirtschaft, der persönlichen Bereicherung und des Personenkults beschuldigt.

Die Partei hätte ebenfalls auf die Anklagebank gehört, weil sie Schiwkow mit unglaublichen Privilegien und unsäglichen Schmeicheleien korrumpiert hat. Zu seinem 70. Geburtstag hatte der Parteichef eine reich geschmückte Kiste mit 70 Bänden seiner Reden erhalten: „Genosse Todor ist ein Mann mit kühnen Ideen, eine Quelle der Begeisterung für viele revolutionäre Völker" und „Genosse Todor ist ein unermüdlicher Internationalist. Er pflegt die schönsten Blumen der Solidarität und Völkerfreundschaft auf das Sorgsamste."

Ein ganzes Museum in Sofia bewahrt die Staats- und Parteigeschenke auf, die der bulgarische Herrscher aus aller Welt erhalten hat. Es gibt allein zwei Hallen mit roten Reliquien, meist teurer Politkitsch aus den Bruderländern. Einen Karl Marx im Ehrenbanner aus der ostdeutschen Kunstfaser DeDeRon hatte Schiwkow noch im Jahr vor seinem Sturz von Honecker bekommen. Im Gespräch mit mir – 1998, kurz vor seinem Tod – erinnerte sich der Bulgare gern an seinen ostdeutschen Kollegen: „Honecker? Den habe ich gut gekannt. Er war sehr ehrgeizig. Einmal habe ich ihn gefragt: Warum ergreift die DDR nicht die Initiative und warum schlägt sie nicht wie Westdeutschland den erfolgreichen Weg der kapitalistischen Industriestaaten ein? – Honecker antwortete: Der technische Fortschritt ist die Sache der sowjetischen Genossen, das ist ihre Aufgabe. Da habe ich dann nichts mehr gesagt."

Der Prozess zog sich durch mehrere Instanzen. Schiwkow beschimpfte das Gericht, lehnte jede persönliche Schuld ab. Er übernahm die politische Verantwortung, die strafrechtliche lehnte er ab. Er gestand – so wörtlich: „Über 30 Jahre habe ich ein sündhaftes System geleitet, in dem alles kritiklos übernommen worden ist, was die Sowjetunion vorgemacht hat."

Dabei hatte der Parteichef Schiwkow stets die bulgarisch-sowjetische Freundschaft als „eine Frucht der innigsten Sehnsucht und Träume unseres Volkes" besungen. „Lebenswichtig ist sie für jeden gesund denkenden Bulgaren, wie Sonne und Luft für jedes Lebewesen." Stolz hat er mir berichtet: „Bei Stalins 70. Geburtstag war ich auch dabei. Damals war ich schon Sekretär des Zentralkomitees, also bulgarischer Parteichef. So kam es, dass ich beim Festessen nur 20 Meter von ihm entfernt war."

Gorbatschow dagegen hat er gehasst: „Gorbatschow ist ein Verräter. Durch ihn kam das Ende des Sozialismus. Er hat die Warschauer-Pakt-Staaten zerstört. Er hat uns schlicht und einfach an den Kapitalismus verkauft."

Der Ex-Partei- und Staatschef hatte mich in der Villa seiner Enkelin, wo er im Hausarrest lebte, zum Gespräch empfangen. Ein ehemaliger Geheimdienstoffizier sorgte für Sicherheit und schwarzen Kaffee. Schiwkow war zu sieben Jahren Haft verurteilt, aber bald wieder entlassen worden. „Nur am Anfang musste ich im Gefängnis bleiben, dann bekam ich Hausarrest", erzählte er mir. „Ich bekam Haftverschonung, weil ich Bluthochdruck und Herzrhythmusstörungen hatte. Man hat mich barbarisch behandelt."

Wirklich gestraft waren seine Alters-Genossen, denen Schiwkow über 30 Jahre lang den Aufbau des Kommunismus abverlangt hatte. Während der Ex-Diktator seine letzten Lebensjahre in der Villa seiner Enkelin Jewgenia im Nobelbezirk Bojana von Sofia verbrachte, standen sie vor Armenküchen nach Brot und Suppe an. „Natürlich hatte ich mir im Sozialismus meine Zukunft anders vorgestellt", sagte mir die damals 73-jährige Rentnerin Lilja Bankowa. „Nie hätte ich gedacht, dass ich einmal auf die Armenküche hier angewiesen wäre. Mittags muss ich durch die eisigen Straßen laufen – für zwei Kellen Suppe. Und die müssen auch noch für drei Personen bis zum Abend reichen." Frau Bankowa war Verkäuferin. Mit ihrer arbeitslosen Tochter und dem arbeitslosen Enkel lebte sie in einer baulich derart heruntergekommenen Wohnung, dass man von ihr keine Miete mehr verlangte. Ihre Rente, umgerechnet 19 Euro, war das gesamte Familieneinkommen. Die Elektroheizung brachte im Winter etwas Wärme und manchmal auch der Herd, wenn es was zu kochen gab. Der neue Strompreis hätte fast die ganze Rente aufgefressen. Da sie die Rechnung zwei Monate nicht bezahlt hatte, wurde ihr der Strom abgestellt. Also legte sich die alte Frau auch tagsüber zur grippekranken Tochter ins Bett.

„Wenn nur ich enttäuscht wäre darüber, wie alles gekommen ist, würde das keine Rolle spielen", sagte mir der Politrentner Schiwkow in der Villa seiner Enkelin. „Aber das Volk lebt schlecht, sehr sehr schlecht. Berichten Sie das in Deutschland." Dann schimpfte der alte Mann auf die neue Zeit: „Ich habe einen großen Fehler gemacht; ich habe im November 1989 meine Kündigung zu früh eingereicht. Mit meinem Rausschmiss fing eine völlig andere Politik an. Es ist traurig. Die Situation wird sich nicht bessern, denn alle, alle bereichern sich, angefangen die da oben. In Bulgarien herrscht jetzt wilder, ungezügelter Kapitalismus."

Der war auch im Hause Schiwkow angebrochen. Denn der Ex-Diktator hatte von mir reichlich Geld für das Interview gefordert. Schiwkow, der gewiefte Pragmatiker, war starr im ideologischen, aber höchst flexibel im geschäftlichen Bereich. Noch während er auf die Auswüchse des Kapitalismus und den Verlust aller sozialistischen Werte schimpfte, zählte ich ihm die Geldscheine in die Hand. Er nahm das Bündel, steckte es in die Hosentasche und quittierte die geforderte Summe für das Interview auf einem „Mitarbeiter-Vertrag". Dann sagte er noch: „Der Kapitalismus hat sich zur Zeit als stärker erwiesen. Doch zum Kommunismus gibt es für mich keine Alternative."

Mit dem Sturz des Hohenpriesters Todor Schiwkow waren auch die Helden und Heiligen des kommunistischen Glaubens gefallen, Marx, Engels, Lenin und Stalin. Die Schriftgelehrten der Partei wurden auch in Bulgarien als Irrlehrer enttarnt. Geblieben waren bei den einst Gläubigen Orientierungslosigkeit und Frust. Doch dem Niedergang der kommunistischen Ideologie folgte keine fromme Revolution. Es gab keine Massenbewegung zurück zu den alten Ikonen der Orthodoxie.

Zu Beginn der kommunistischen Herrschaft war die Kirche in Bulgarien schweren Verfolgungen ausgesetzt, zahlreiche Bischöfe und Priester kamen in Konzentrationslager oder wurden ermordet. Später haben sich Priester und auch Bischöfe mit der kommunistischen Obrigkeit arrangiert. Auch nach der Wende taten sich zahlreiche Würdenträger der Kirche schwer, mit dieser Vergangenheit, ihrer Nähe zur kommunistischen Macht, aufzuräumen.

Nominell gehörten nach der Wende in Bulgarien noch immer rund 80 Prozent der Menschen der orthodoxen Kirche an, doch diese Kirchenmitgliedschaft stand meist nur auf dem Papier. Denn 50 Jahre lang war religiöses Bekenntnis auf den Raum der Kirche beschränkt. Die Mehrheit der Bulgaren hatte es nicht gewagt, in die Kirche zu gehen. „Es war ein offenes Geheimnis, dass freiwillige Helfer der Partei oder auch kommunistische Lehrer vor der Kirchentür auf Wachtposten standen", sagte mir der orthodoxe Priester Vater Mina in Sofia. „Alle Schüler, die sie beim Kirchgang erwischten, wurden dann in der Schule bestraft." So wuchs mindestens eine Generation ohne religiöse Bildung, ohne christliche Wurzeln, ohne Kenntnis der Bibel heran.

Zu Schulbeginn im Herbst 1997 gab es in Sofia eine Wende der besonderen Art. In der Aula einer Schule fand eine orthodoxe Feier mit Priestern in vollem Ornat vor unserer Fernsehkamera statt. Weil die Schüler kein frommes Lied kannten, sangen sie eins von der Planerfüllung, wie gehabt: „Bauern, seid stolz auf eure fruchtbaren Felder!" Dann verkündete die Direktorin stolz: „Dieser Tag wird in den Kalender unserer nationalen Würde eingetragen. Denn zum ersten Mal seit über 50 Jahren dürfen Kinder in Bulgarien wieder christliche Religion lernen."

Dazu erteilte der Priester den noch unbekannten Segen mit

viel Weihwasser. Schüler machten erste, noch ungelenke Versuche von Kreuzzeichen, so, wie sie es vielleicht einmal bei der kirchentreuen Großmutter gesehen hatten. Mit Psalmengesang wurde dann der Religionsunterricht in die bislang gottlose Schule wieder eingeführt.

Der junge Lehrer für das Fach Religion war neu, trotzdem begrüßte er die Klasse wie in alten Zeiten: „Aufstehen und die ganze Klasse stillgestanden!" Doch dann folgte unbekannter Stoff. Lehrer Adrian Alexandrow erzählte von den Bergen, den Jahreszeiten, den Tieren und der schönen Natur und fragte: „Woher kommt das alles, wie ist das entstanden, hat das jemand erschaffen?" – „Gott", meinte ein Zehnjähriger. – „Nein", sagte ein anderer Schüler, „das war die Materie, die Natur, der Zufall." – „Natur und Gott", vermutete ein Mädchen, „die gehören doch zusammen, oder?" Und ein anderes Mädchen fragte: „Gott und Natur, ist das nicht dasselbe?" Dann eine lange Diskussion, nicht mehr verordnete Ideologie, sondern Angebot zum Glauben, aber auch Respekt vor dem Nicht-Glauben.

Ein Vater, der seinen zehnjährigen Sohn von der Religionsstunde abholte, hoffte, dass sein Kind lernt, was ihm nicht vergönnt war. „Wir hatten nie das Glück, Religion zu lernen. Ich nicht, meine Frau nicht und auch meine Eltern nicht." Und eine Mutter ergänzte: „In meiner Kindheit gab es ein wunderbares Fest, das hieß Weihnachten. Wir haben das immer im Hause meiner Großeltern gefeiert. Es war ein christliches Fest. Worum es dabei ging, das habe ich vergessen. Meine Eltern hatten uns Kindern nach dem Tod der Großmutter verboten, von Weihnachten zu sprechen. Das hat mich lange Jahre sehr traurig gemacht. Meine Kinder sollen nicht so ohne jede christliche Tradition aufwachsen."

Ein Platz auf der Tonne
Wie aus einem brutalen Polizeieinsatz die „Samtene Revolution" geworden ist

Ausgerechnet am Tag, als die Mauer fallen sollte, am 9. November 1989, war der neue katholische Bischof von Berlin, Georg Sterzinsky, zum ersten Mal nach Rom geflogen. Mit dieser Reise wollte der in Ost-Berlin residierende Bischof „die besondere Verbundenheit der Katholiken in der DDR mit denen in der Tschechoslowakei zum Ausdruck bringen". Denn am 12. November sollte Papst Johannes Paul II. Agnes von Böhmen, die bereits so etwas wie eine Nationalheilige der Tschechen war, zur Ehre der Altäre erheben, also heiligsprechen. Die Königstochter Agnes hatte 700 Jahre zuvor auf die Würde einer Kaiserin verzichtet und ihr Leben den Armen und Kranken gewidmet nach dem Vorbild der Heiligen Klara und Franziskus von Assisi. Sie sollte den gläubigen Menschen nach dem Willen des polnischen Papstes ein Vorbild, eine Alternative zum real existierenden Alltag im Sozialismus / Kommunismus sein: Verzicht auf Privilegien statt Anpassung an die Linie der Partei und freiwillige Armut statt zornigen Erduldens der Mangelwirtschaft. Auch der greise Prager Kardinal František Tomášek war mit Pilgern nach Rom gereist. Tomášek, dessen Amtssitz dem des Staatspräsidenten Husák schräg gegenüber auf dem Hradschin lag, war den Herrschenden, aber auch den Bürgern der Tschechoslowakei zur Symbolfigur der christlichen Opposition geworden. Das tschechische Staatsfernsehen hatte sogar die feierliche Zeremonie aus dem Petersdom übertragen, den ersten Gottesdienst seit Bestehen der ČSSR.

Da zur Feier der neuen böhmischen Heiligen mit Demonstrationen der Katholiken für Menschenrechte und Religionsfreiheit zu rechnen war, hatte ich Wochen zuvor Hotelzimmer für mein Team organisiert. Denn solche Zimmer waren in Prag für Reisekorrespondenten in hitzigen politischen Phasen häufig nicht verfügbar. Der Staat konnte mit dem Argument mangelnder Hotelkapazität unsere Arbeit erschweren oder sogar verhindern. Also reisten wir am Freitag vor der großen Agnes-Messe von Wien nach Prag und kamen so gerade pünktlich zu einer Demonstration von Studenten und Professoren. Eine Woche nach dem Fall der Mauer in Berlin hatte die kommunistische Regierung überraschend eine Gedenkkundgebung für Naziopfer erlaubt. Die Demonstration galt dem 50. Todestag des Studenten Jan Opletal, der zu den ersten Opfern der Naziokkupation in Prag gehört. Damals, am 28. Oktober 1939, dem Nationalfeiertag der jungen Tschechoslowakei, hatten sich die Tschechen als Spaziergänger in Festtagskleidung zu einem stummen friedlichen Protest gegen die Hitlerdiktatur in Prag verabredet. Es war zu Auseinandersetzungen mit Uniformierten der deutschen Besatzung gekommen. Die Deutschen hatten in die Menge gefeuert. Der 23-jährige Medizinstudent Jan Opletal hatte tödliche Verletzungen erlitten. An ihn und die deutsche Besatzung während der Hitlerzeit zu erinnern, war seit 1948 kommunistisch geförderte Staatsdoktrin. Deshalb konnte die herrschende Partei die von Professoren und Studenten aller Hochschulen Prags beantragte Kundgebung nicht verbieten, obwohl sie ahnen musste, dass es nach den Berichten über den Freiheitsjubel der DDR-Nachbarn auch zu Freiheitsrufen der Tschechen kommen würde. Außerdem hatten zum ersten Mal der kommunistisch gelenkte Staatsjugendverband und die kritischen Studenten gemeinsam für die Veranstaltung geworben. Dennoch: Die Regierung hätte gewarnt sein müssen. Denn der Trauermarsch für Jan Opletal 1939, in dessen Folge damals neun Studentenführer verhaftet und am gleichen Tag ohne Gerichtsverfahren erschossen worden waren, wurde 50 Jahre danach zum Auftakt für die „Samtene Revolution".

Es war Samstag, der 18. November 1989, gut eine Woche nach der Maueröffnung in Berlin und dem Sturz Todor Schiwkows, gleichzeitig der Beginn der Massenproteste in Prag. Die

Regierung der Tschechoslowakei hatte den Reformbemühungen Gorbatschows bis zum Herbst 1989 verhaltenen, aber energischen Widerstand entgegengebracht. „Demokratie à la Gorbatschow" wurde in der ČSSR offiziell begrüßt, jedoch nur für den Anwendungsbereich Sowjetunion, für die tschechoslowakische Innenpolitik aber abgelehnt. Die Parteiführung wies solche Reform-Ansinnen besonders deshalb vehement zurück, weil sie 20 Jahre nach dem „Prager Frühling" allzu sehr an Dubčeks Ideal vom „Sozialismus mit menschlichem Antlitz" erinnerten. Nur ein bisschen „Perestrojka" ließ die Propaganda zu. Auf dem Prager Wenzelsplatz war das Wort „Prestavba" („Umbau") zu lesen. Damit wollte die Regierung zu größeren Wirtschaftserfolgen ermuntern, aber nicht zu einem Mehr an Demokratie. Gern verwies die Parteiführung auf den vergleichsweise hohen Lebensstand in der Tschechoslowakei. Und tatsächlich mutete der Prager Markt verglichen mit der Mangelwirtschaft in Gorbatschows Reich geradezu westlich an. Die Genossen meinten, solange der brave Soldat Schweijk seinen Schweinsbraten mit Knödeln und vor allem sein böhmisches Bier hätte, würde er Ruhe bewahren. Doch durch das Erlebnis der Massenflucht junger DDR-Bürger und den Fall der Mauer von Berlin war – bis auf Rumänien – der ganze „Ostblock" in Bewegung geraten. Ein weiterer Dominostein wackelte. Die Ereignisse in den Bruderländern überschlugen sich.

Das Gedenken der Professoren und Studenten an die Opfer von 1939 verlief ruhig. Für die Beschriftung von Transparenten hatten die Behörden keine Auflagen gemacht. Dann aber schwenkte der Trauerzug vom Stadtteil Albertov in die Innenstadt, und das war ausdrücklich verboten. Plötzlich riefen wie auf Verabredung zehntausende Studenten Parolen gegen die kommunistische Führung, forderten den Rücktritt von Parteichef Miloš Jakeš und schließlich freie Presse, freie Wahlen und die Freilassung aller politischen Gefangenen. In der Innenstadt stand die mit den berüchtigten langen weißen Schlagstöcken und Plastikschilden bewaffnete Polizei zum Prügeln bereit. Sogar schwere gepanzerte Fahrzeuge fuhren auf die Menge los. Es gab – nach offiziellen Angaben – mehr als 150 Verletzte. „Ich habe den Eindruck", sagte mir ein Student, „die wollten gar nicht die Demonstration behindern, sondern die wollten ihre Wut an uns auslassen und uns einmal richtig verprügeln."

Noch in der Nacht wurde aus Kreisen der Bürgerrechtsbewegung „Charta 77" berichtet, es habe mindestens eine Toten gegeben. Dass die Polizei junge Tschechen ausgerechnet am Gedenktag für die Opfer der nationalsozialistischen deutschen Besatzer verprügelte, löste eine riesige Solidaritätswelle auch unter der Elterngeneration der Studenten aus. Die Prügelorgie übertraf alles bis dahin Erlebte, obwohl die Miliz schon bei zahlreichen früheren Bürgerprotesten nicht zimperlich gewesen war. Dass die Polizei bei der Gedenkkundgebung für Nazi-Opfer sogar scharfe Hunde gegen die zwar lautstark, aber friedlich demonstrierenden jungen Leute hetzte, hat die Menschen besonders empört, weil das an den Einsatz von Kampfhunden in deutschen Konzentrationslagern erinnerte. Die Partei hatte so hart zuschlagen lassen, weil der genehmigte Trauerzug der Studenten zur zahlenmäßig größten Protestkundgebung seit der Niederschlagung des „Prager Frühlings" geworden war.

Bereits am nächsten Tag sah ich erste selbstgebastelte Anstecker, die drehbar an den Jacken oder Mänteln befestigt waren. Sie zeigten die Jahreszahl 89. Wer das kleine Schild auf den Kopf drehte, las die Jahreszahl 68. Ein Prager Mathematikstudent war auf die Idee gekommen, durch simples Zahlenspiel den Wunsch der Tschechen und Slowaken nach Vergeltung für 1968 zu demonstrieren. Damals, im Prager Frühling, hatte der Reformparteichef Alexander Dubček einen „Sozialismus mit menschlichem Antlitz" versucht. Panzer des Warschauer Paktes hatten dieser „Konterrevolution" ein trauriges Ende gemacht. Nun marschierte Dubček in den Reihen der Studenten mit; er und etwa 150 Demonstranten sind dann in der Nacht verhaftet worden. Am nächsten Tag begann der „nationale Aufstand" der Tschechen. Wie immer, wenn das Vaterland in Not war, sammelten sich viele Menschen am Reiterstandbild des böhmischen Schutzpatrons Wenzel auf dem gleichnamigen Platz. Sie stellten brennende Kerzen auf, legten Blumen nieder und hefteten Zettel mit Botschaften des Protests an das Denkmal, dazu ein Porträt des demokratischen Staatsgründers Masaryk. Das hochragende Monument des heiligen Herzogs Wenzel, der Böhmen christianisierte und in dessen Regierungszeit das Land in das Heilige Römische Reich Deutscher Nation eingegliedert worden war, versammelt noch andere Nationalheilige auf seinem Sockel: Den heiligen Adalbert, den ersten Bischof von Prag, und vor allem die inzwischen heilige Agnes. Auf dem Wenzelsplatz schlägt das Herz der Tschechischen Republik. Hier bejubelten sie 1918 die Gründung ihres souveränen Staates nach dem Zusammenbruch der Habsburger Monarchie, hier standen sie 1968 voller Wut und mit Tränen gegen die anrollenden Panzer der Roten Armee.

Und an diesem Novembersonntag waren wieder über 20.000 Menschen auf den Beinen, diesmal, um gegen die Ausschreitungen der Polizei zu protestieren. Sie forderten den Rücktritt der Regierung. Die Polizei hielt sich in drohender Bereitschaft, verzichtete aber auf den Einsatz der Schlagstöcke. Über den Altstädter Ring zogen tausende mit Kerzen und Gesang. Die Menge ahnte, dass die kommunistische Parteiführung ratlos war. Ihre „Koalitionspartner", die Sozialisten und Christdemokraten, aber auch der Staatsjugendverband, distanzierten sich von den Gewaltakten der Polizei. Noch ein Jahr zuvor hatte die Partei den Protest der Demonstranten besser im Griff gehabt. Beim Gedenken an den Jahrestag der „Okkupation 1968" hatten sich tausend Prager verabredet, Zeichen der blau-weiß-roten Nationalfarben zu tragen, etwa als Jacke, Hose und Hemd oder Kopftuch, Rock und Tasche. Demonstranten, die Asternsträußchen in den Landesfarben am Denkmal des heiligen Wenzel niederlegen wollten, wurden zusammengeschlagen und mit Gewalt abgeführt.

Ein eigener Ordnungsdienst war aufgeboten, die Blumen des Gedenkens sofort wieder zu entfernen. So stark – oder besser gesagt: so schwach – war das Regime. Ein Jahr später, im Aufbruch 1989, war die Prager Führung unter den „Bruderländern im sozialistischen Lager" bereits ziemlich isoliert. Beim nördlichen Nachbarn DDR waren die Daheimgebliebenen gerade dabei, die abgewirtschaftete SED aus der Verantwortung zu jagen, auf das Bruderland Polen mit der Solidarność und auf das bereits reformierte Ungarn mit seiner offenen Grenze nach Österreich war ohnehin kein Verlass mehr. Und selbst die fernen Bulgaren hatten sich gerade angeschickt, nun von Gorbatschows Sowjetunion siegen zu lernen. Und der sowjetische Generalsekretär selbst sprach angesichts der Erosion der einst „unverbrüchlichen Freundschaft" zwischen den Ländern des Ostblocks immer öfter von den „inneren Angelegenheiten" eines Landes, in die sich Moskau nicht einzumischen gedenke. Prags Kommunisten waren also nahezu auf sich allein gestellt und mussten sich entscheiden zwischen Panzern à la Peking, wo Chinas Kommunisten auf dem Platz des Himmlischen Friedens den Protest der Studenten hatten blutig niederwalzen lassen, oder den Montagsdemonstrationen von Leipzig, wo Kerzen statt Knüppel regierten. Im Zeitalter grenzüberschreitender Kommunikation wussten Tschechen und Slowaken durch Hörfunk und Fernsehen genau Bescheid. Bis zum November 1989 hatte die ältere Generation, noch immer benommen von den Invasions-Schlägen gegen den „Prager Frühling", in politischer Abwarthaltung verharrt, zumal die Partei in den letzten Jahren mit großem Aufwand für auskömmlichen Lebensstandard gesorgt hatte. Doch am dritten Tag nach der brutalen Polizeiaktion sammelten sich bereits über 250.000 Menschen auf dem Wenzelsplatz, und das waren jetzt auch Arbeiter und Angestellte, nicht nur Studenten. Alt solidarisierte sich mit Jung.

Der Dramatiker Václav Havel gab in seiner Wohnung eine Pressekonferenz als Kopf eines neu gegründeten „Bürgerforums". Erst ein halbes Jahr zuvor war er, der prominenteste politische Häftling der ČSSR, aus dem Gefängnis entlassen worden. Schon früher war der Bürgerrechtler Havel über vier Jahre wegen „Aufruhr" in Haft gewesen. Er hatte sich mit anderen Kritikern des Regimes auf die Schlussakte der Helsinki-Konferenz für Sicherheit und Zusammenarbeit in Europa, KSZE, vom 1. August 1975 berufen. Die Gründung der Menschenrechtsbewegung „Charta 77" brachte ihm über vier Jahre Haft ein. Die Kommunisten hatten die Schlussakte mit der Garantie der Wahrung von Menschenrechten und Grundfreiheiten zwar unterzeichnet, dachten aber nicht daran, ihren Wortlaut zu achten. Sie pochten auf eine andere Absichtserklärung der Schlussakte, die zur Nichteinmischung in die inneren Angelegenheiten anderer Staaten verpflichtete. Sie behaupteten, die Menschenrechte im Sozialismus zu garantieren, und blockten jeden kritischen Hinweis aus dem Westen, Informations- oder Reisefreiheit zu gewähren, als „Einmischung in ihre inneren Angelegenheiten" ab. Mit diesem Argument pflegten die Herrschenden von Ost-Berlin bis Prag auch kritische Korrespondenten abzumahnen. Nun aber hatten sich in vier Tagen die Verhältnisse grundlegend geändert. Nun bot der in Sachen „Charta 77" vorbestrafte Dauerhäftling der Regierung Gespräche an. So begann die wohl erstaunlichste Politikerkarriere des Wendejahres. Václav Havel verlangte das Ende der kommunistischen Hofhaltung auf der Prager Burg, dem Hradschin. Und sein „Bürgerforum", das aus Aktivisten der „Charta 77", also von Dissidenten, gebildet worden war, forderte eine offizielle Untersuchung des polizeilichen Prügeleinsatzes.

Während fast ganz Osteuropa auf dem Weg zu demokratischen Reformen sei, entfache die Regierung der ČSSR einen Krieg gegen die eigenen Bürger, sagte Havel. Das „Bürgerforum" forderte den Rücktritt aller Politiker, die für das gewaltsame Ende des „Prager Frühlings" Mitverantwortung trugen, und nannte auch ihre Namen: Staatspräsident Gustáv Husák und Parteichef Miloš Jakeš. Die Regierung zeigte sich noch einmal, wie es schien, von jeder Kritik unbeeindruckt: Sie werde „die Interessen der sozialistischen Gesellschaft in der ČSSR" mit allen Kräften verteidigen. Diese Unfähigkeit, die Zeichen der Zeit zu erkennen, und die Borniertheit, die Berechtigung des Bürgerprotests wegen der Polizeiaktion gegen die jungen Leute zu leugnen, brachte die Menschen im ganzen Land noch mehr auf.

Am Abend des vierten Tages der Massenproteste berichtete ich wie an den Tagen zuvor auch für das „heute-journal" des ZDF. Den ganzen Tag über hatten an die 100.000 Studenten und Schüler, unterstützt durch prominente Künstler und Schauspieler, Vorlesungen und Unterricht bestreikt und stattdessen mit ihren Lehrern über die politische Lage diskutiert. Das staatliche Fernsehen informierte parteilich, aber mit zurückhaltenden Vokabeln zum ersten Mal über die Proteste, die es inzwischen landesweit gab. In Prag zählte das ČSSR-Fernsehen 200.000 – tatsächlich waren es sehr viel mehr –, in der mährischen Landeshauptstadt Brno (Brünn) mehrere zehntausend Demonstranten. Die Comenius-Universität in der slowakischen Hauptstadt Bratislava (Pressburg) hatte sich ganz offiziell mit den Prager Studenten solidarisch erklärt, mehr als 5000 Menschen hatten sich in der brechend vollen Sporthalle von Olomouc (Olmütz) versammelt. Im Anschluss an meine Tagesreportage wurde ich live geschaltet. Das Prager Regime versuchte, die Berichte westlicher Korrespondenten zumindest zu kontrollieren, wenn sie schon nicht zu verhindern waren. Denn auch die kommunistische Tschechoslowakei hatte in der Europäischen Konferenz für Sicherheit und Zusammenarbeit die freie Berichterstattung von Journalisten garantiert.

International üblich ist, dass Korrespondenten von der Fernsehanstalt des jeweiligen Gastlandes unterstützt werden. Sie erhalten Kopien von Beiträgen und Studiokapazität, um live zu kommentieren. Bild- und Toningenieure schalten Leitungen und Kameraleute helfen im Studio aus. Nicht so in Prag. Dort durfte ich nicht einmal das Fernsehgebäude betreten. Für Westkorrespondenten war am Rande der Stadt ein reichlich heruntergekommenes und daher unscheinbares Haus innen technisch ausgebaut worden. Allein die tägliche lange Anfahrt aus der Innenstadt dorthin kostete im abendlichen Berufsverkehr eine knappe Stunde, die bei der Produktion aktueller Beiträge fehlte.

Drinnen das Übliche: Eine Monitorwand mit Bild- und Tonregie davor, daneben ein Sprecherstudio. Das Unübliche: Hinter den tschechischen Fernsehleuten, die die Übertragungen nach Mainz schalteten, war eine Glaskabine, in der zwei unbekannte Zuhörer in Zivil Bild und Ton meiner Berichte kontrollierten.

Wir Korrespondenten hatten in diesen Wochen seit dem Budapester Flüchtlingslager und der Prager Botschaft Sieben-Tage-Wochen und 15-Stunden-Tage. Dennoch arbeiteten wir unter dauernder Adrenalin-Zufuhr, denn besonders der Fall der Berliner Mauer hatte auch uns in Prag in euphorische Stimmung versetzt. Wir überspielten also meinen Tagesbericht direkt in die Sendung des „heute-journals", dann kam live das Schaltgespräch. Einige Eindrücke und Zusatzinformationen und zum Schluss die Frage des Moderators Ruprecht Eser, wie lange sich das Regime gegen derlei Massenproteste würde behaupten können. Meine Antwort im Überschwang jener Tage: Die Polen mit der Solidarność haben neun Jahre für den Sturz der Kommunisten gebraucht, Ungarn neun Monate, die DDR vom Exodus der Flüchtlinge aus Ungarn an gezählt neun Wochen. Und, so sagte ich einfach, also, hier in Prag wird es dann nur neun Tage dauern. „Danke und gute Nacht nach Prag", sagte Eser, und ich erschrak, als ich draußen im Regieraum die Herren hinter der Glaswand heftig gestikulierend telefonieren sah. Dann stand der Regisseur auf, kam auf mich zu mit Tränen in den Augen, nahm mich in die Arme und sagte mit starkem Akzent: „Danke, lieber deutscher Freund." Tatsächlich sollte am neunten Tag nach dem Studentenprotest durch einen landesweiten Generalstreik das Ende der kommunistischen Herrschaft kommen. Doch bis dahin ereignete sich das, was später tschechisch *sametová revoluce*, die „Samtene Revolution", genannt wurde, weil sie trotz des Polizeieinsatzes gegen die Studenten gewaltfrei verlief.

Sichtbarer Ausgangspunkt dieser Revolution war der Balkon der sozialistischen Zeitungsredaktion „Svobodné Slovo", zu Deutsch „Freies Wort", hoch über dem Wenzelsplatz. Die Sozialisten waren über Jahre Verbündete der Kommunisten gewesen, in den Tagen nach der Prügelaktion der Polizei jedoch zu Kritikern ihres kommunistischen „Koalitionspartners" geworden. Also gewährten sie dem neu gegründeten Bürgerforum Zutritt. Alle Augen der Hunderttausenden richteten sich auf diesen Balkon, direkt gegenüber dem berühmten „Hotel Europa". Jeden Abend nach Betriebsschluss in der Dämmerung des November agierte dort oben in 15 Metern Höhe einer der Sprecher der „Charta 77", Václav Malý, als Moderator der Massen im Scheinwerferlicht. Um ihn und die Menge filmen zu können, benötigte Kameramann Peter Schumann eine Art Ausguck. Da wir in dem ungeheuren Gedränge keine Leiter mitnehmen konnten, fanden wir eine andere, stabilere Lösung. Auf der Straße unter dem Balkon stand eine Wurstbude und daneben eine betonierte Abfalltonne. Für eine Miete von zehn D-Mark hielt der Wurstverkäufer den Platz auf der Tonne für uns frei. So konnte Peter Schumann über die Menschenmassen schwenken, die in der Kälte vor dem Haus der „Slobodné Slovo" ausharrten. Sie wurden nicht enttäuscht. Denn zum ersten Mal konnten sie den Schriftsteller Václav Havel in der Öffentlichkeit dort oben auf dem Balkon erleben. Sie begriffen sehr schnell, dass Havel der Kopf der Opposition war, und riefen in Sprechchören über den ganzen Platz: „Havel na hrad – Havel auf die Burg", das heißt, die Menge wollte ihn statt Gustáv Husák als Präsidenten der Republik. Das war bereits Revolution. Havel sagte, er habe die Anerkennung seines Bürgerforums durch die Regierung verlangt. Und teilte im Jubel der Menschen mit, dass der kommunistische Ministerpräsident Adamec bereits das Gespräch mit der Opposition gesucht habe. Adamec habe sogar eine Regierungsbeteiligung von Nicht-Kommunisten angeboten, in jedem Fall aber den Rückzug der Polizei zugesagt und den Verzicht auf Gewalt.

Der Zug der Perestrojka hatte Prag bereits am vierten Tag nach der Studentendemonstration erreicht. Vom Balkon wurde eine Botschaft von Kardinal Tomášek verlesen. Sie war auf weiten Teilen des Wenzelsplatzes zu hören, denn wie durch ein Wunder waren überall an diesem Abend die Lautsprecher geschaltet, die sonst für Propaganda bei staatlich organisierten Kundgebungen gebraucht wurden. Der greise Kardinal hatte in über 40 Jahren kommunistischer Herrschaft Unterdrückung der Religionsfreiheit und Kirchenverfolgung erlebt. Er war als Einziger unter den Bischöfen des Landes noch im Amt, zehn Bischofssitze waren vakant, weil der Staat die Einsetzung neuer kirchlicher Oberhirten verbot. Die Kommunisten hatten sich bereits 1948 die Befugnis gesichert, Priestern und Bischöfen eine Lizenz für ihr Amt zu genehmigen oder zu verweigern. Dieses „Recht" hatte sich bereits Kaiserin Maria Theresias Sohn Joseph II. genommen. In der Folge hatten in der Tschechoslowakischen Sozialistischen Republik zahlreiche Priester Berufsverbot und mussten staatlich verordnete Strafarbeit, meist als Reinigungskräfte, leisten. Kirchliche Aktivitäten außerhalb der Gotteshäuser waren nicht gestattet, Familien- und vor allem Jugendarbeit waren streng untersagt.

Kardinal Tomášek war in den achtziger Jahren zu einer Symbolfigur des christlichen Widerstandes geworden. Er erklärte seine unbedingte Solidarität mit dem Protest der Menschen, verurteilte die „stalinistische Herrschaft der letzten vier Jahrzehnte", die Missachtung der Menschenrechte. Er forderte Freiheit für die Kirche und das Ende der Monopolherrschaft der kommunistischen Partei. Immer wieder hatten in den letzten Jahren katholische Christen gegen die Unterdrückung der Kirche aufbegehrt. Seit Oktober 1988 wurde in Olomouc / Olmütz der katholische Bürgerrechtler Augustin Navratil in einer psychiatrischen Anstalt festgehalten. Er hatte öffentlich Religionsfreiheit verlangt. Im Dezember 1988 demonstrierten rund 500 Katholiken auf dem Marktplatz von Olmütz für Navratil. Fast ebenso viele Staatssicherheitskräfte umzingelten die betende Menge. Eine halbe Million Bürger hatte sich in eine Unterschriftenliste mit der Forderung, Navratil freizulassen, eingetragen. Sogar aus Polen waren Listen mit mehr als 15.000 Unterschriften über die Grenze gekommen.

Jetzt, im „Prager Herbst", sammelten sich die Menschen täglich ab 16 Uhr auf dem Wenzelsplatz. Die Kundgebungen begannen um 17 Uhr, sehr spät für unsere 19-Uhr-Nachrichten im ZDF. Mit der Drehkassette der ersten Redebeiträge und den Bildern der Demonstranten in der Dämmerung quälte ich mich an die 200 Meter gegen die andrängenden Menschenmassen quer über den Platz, um das Material in unser Hotelzimmer zu bringen, wo wir eine transportable Schnittanlage aufgebaut hatten. Das war der schwerste Teil der Arbeit. Material sichten, schneiden, texten und dann die eilige Fahrt zum Abspielplatz in der anonymen Villa am Stadtrand. Am nächsten Tag war der Wenzelsplatz überfüllt. Eine halbe Million Menschen. Zum ersten Mal hatte das Staatsfernsehen am Abend zuvor nüchtern, wenn auch wenig ausführlich, berichtet. Spätestens jetzt war das ganze Land informiert. Und eine Mitarbeiterversammlung des Fernsehens drohte mit Streik, falls ihre Solidaritätsadresse nicht gesendet würde. Die Menschen staunten, als das tschechische Fernsehen Übertragungswagen auf den Wenzelsplatz stellte. Gesendet wurde jedoch nicht von dort. Denn vor dem Fernsehgebäude wurde Arbeitermiliz postiert, und drinnen kämpften Hardliner und Progressive um die Macht auf dem Bildschirm.

Am fünften Tag marschierten Delegationen aus Betrieben mit Transparenten auf: „Wir Arbeiter sind mit euch" und „Generalstreik". Moderator Václav Malý begrüßte eine Kolonne von Kumpeln aus einem Tiefbaubetrieb besonders herzlich. Dort hatte Malý, katholischer Priester mit Berufsverbot, Zwangsarbeit als Toilettenreiniger leisten müssen. Nun demonstrierte also auch die Arbeiterklasse gegen die „Arbeiter- und Bauernmacht". Parteichef Miloš Jakeš nannte das in einer Fernsehansprache einen „Verstoß gegen die sozialistische Verfassung". Als Václav Havel den Balkon der Zeitungsredaktion betrat, empfing ihn die legendäre „Klingel-Demonstration". Mehrere hunderttausend Menschen läuteten mit ihren Schlüsselbunden als einem Totenglöckchen die letzte Stunde des Regimes ein. Eine kurze Ansprache und dann ein gestaltetes Revolutionsprogramm. Die landesweit berühmte Sängerin Marta Kubisová, von Václav Malý angekün-

Václav Malý, Untergrundpriester 1989, heute Weihbischof in Prag (Aufnahme von 1999). © KNA-Bild

digt, erschien auf dem Balkon. Alle auf dem Platz kannten ihr Lied für Frieden im Land, gegen die Angst und gegen den Hass. Es war die Hymne des „Prager Frühlings". Marta Kubisová hatte seit 21 Jahren Auftrittsverbotá

Dann gab Malý erste außenpolitische Aktivitäten der Opposition bekannt. Das Bürgerforum habe den amerikanischen Präsidenten George Bush (sen.) um Anerkennung gebeten. Und der sowjetische Parteichef Gorbatschow wurde aufgefordert, die 68er-Invasion der Roten Armee mit dem Warschauer Pakt offiziell zu verurteilen. Sollten die Sowjets tatsächlich den damaligen Überfall auf die ČSSR für unrecht erklären, hätte das von ihnen eingesetzte Moskau-hörige Husák- und Jakeš-Regime seine Legitimität vollends verloren, erklärte Havel.

Am nächsten Tag war der Wenzelsplatz bei Einbruch der Dämmerung wieder voll. Ein Volk verabredete sich täglich. Es hatte sich in Prag herumgesprochen, dass Alexander Dubček, der einstige Reformkommunist, aus Bratislava erwartet wurde. Schunkelnd wie beim Karneval riefen die Menschen „Jakeš, Jakeš, Jakeš". Der KP-Chef wurde zum Rücktritt aufgefordert. An seiner Stelle trat der alte und neue Hoffnungsträger vor die jubelnden Massen. Noch vor einer Woche war Dubček während der Studentendemonstration vorübergehend festgenommen worden. Unten neben der Wurstbude sprach mich ein Arbeiter an. Sein Deutsch war erstaunlich gut. Er hatte seine Erinnerungen an das bittere Ende des „Prager Frühlings" von 1968 mitgebracht und wollte, dass wir das aufnehmen: Schwarz-weiße Amateurfotos, die den Einmarsch der sowjetischen Panzer auf dem Wenzelsplatz zeigen. Ein populärer Nationalschauspieler zitierte vom Balkon aus den chilenischen Dichter Pablo Neruda, der wenige Tage nach dem Militärputsch des rechten Generals Pinochet gegen den demokratisch gewählten, linken Präsidenten Chiles, Salvador Allende, an gebrochenem Herzen starb: „Die Gewalttäter, das ist wahr, betrachten sich in den Spiegeln dieser Welt. Sogar ihnen ist ihr Gesicht zuwider. Wir aber glauben an den Menschen, an Brüderlichkeit und Verständigung."

Immer lauter wurden die Forderungen nach Rückkehr zu den Idealen des demokratischen Gründervaters der Tschechoslowakei, Präsident Masaryk, und dass der Bürgerrechtler Václav Havel sein Nachfolger werden solle.

Böhmen und Mähren hatten sich Jahrhunderte unter die Habsburger Kolonialmacht geduckt. Sieben Jahre Nazi-Okkupation, 40 Jahre sozialistisch-kommunistische Parteidiktatur

– und trotzdem war die Erinnerung an die erste freie und demokratische Republik Tschechoslowakei wach geblieben. Die Kommunisten hatten offenbar vergessen, dass der brave Soldat Schwejk sich nach der Diktatur um halb sechs auf dem Wenzelsplatz verabredet hatte. Und in Prag trugen auch zahlreiche Polizisten plötzlich die blau-weiß-roten Nationalfarben der Tschechoslowakei an ihren Uniformen. Aus Schützern des Systems waren Sympathisanten der Opposition geworden. Eine Stimmung von Siegesgewissheit verbreitete sich in der Stadt. Zwar hatte die Parteizeitung „Rude Pravo" („Rotes Recht") durchblicken lassen, dass die bewaffneten Partei-Milizen auf dem Wenzelsplatz eingesetzt werden könnten, offiziell um „Gewalttaten und Plünderungen" der Demonstranten zu verhindern. Dazu waren offenbar Einheiten der Miliz aus der Provinz nach Prag verlegt worden. Doch da der Warschauer Pakt im Herbst 1989 nur noch auf dem Papier bestand, hätten Husák, Jakeš und Co. allein zuschlagen müssen, ganz ohne Hilfe vom „Großen Bruder", der nicht mehr Breschnew, sondern Gorbatschow hieß. Außerdem hatte sich schnell herumgesprochen, dass die Arbeitersoldaten nicht bereit waren, gegen die Menschen vorzugehen.

Bei der Ausgabe der Waffen hatten die Milizen sogar die Annahme der Munition verweigert. Einige führende Funktionäre hatten mit dem Gedanken einer „chinesischen Lösung" gespielt, also mit der Absicht, Waffen und Panzer gegen die Demonstranten einzusetzen. Die Kommunisten wurden politisch deutlich isoliert. Ihre „Koalitionspartner", Sozialisten und Christdemokraten, die wie in der DDR als Blockparteien den Kurs der Kommunisten mitgetragen hatten, distanzierten sich von der KP. Der Generalsekretär der Sozialisten erschien auf dem Balkon und forderte die Rückkehr zu demokratischen Traditionen nach freien Wahlen. Die herrschende Einheitsfront war zerbrochen. Das kommunistische Zentralkomitee trat eilig zu einer Sitzung zusammen, um den Rücktritt der Parteiführung mit dem Hardliner Miloš Jakeš an der Spitze zur Kenntnis zu nehmen. Gustáv Husák blieb als Staatspräsident noch im Amt, flog aber wie Jakeš aus dem Führungszirkel der Partei. Das war am siebten Tag der „Samtenen Revolution".

Der Rückzug der alten Garde, die seit 1968 in Prag die Macht hatte, war ein erster Sieg für das demonstrierende Volk. Das oppositionelle Bürgerforum zeigte sich skeptischer und nannte die Rücktritte nur „eine erste kosmetische Operation". Gekrönt wurde dieser Freitag durch die erste Rede des Reformers von 1968, Alexander Dubček, der gemeinsam mit Havel auf der täglichen Großkundgebung für Demokratie mit Ovationen gefeiert wurde. Tschechen und Slowaken hatten den Hoffnungsträger des „Prager Frühlings" nicht vergessen. Dubček hatte damals den „Kollegen Parteichefs" aus Moskau und Ost-Berlin vertraut, dass sie den neuen Prager Weg zum Sozialismus respektieren würden. Fassungslos hatte er in der Frühe des 21. August 1968 im Gebäude des Zentralkomitees erleben müssen, dass die „Genossen der Bruderländer" – mit Ausnahme Rumäniens – ihr Wort gebrochen hatten. Wie einst in Budapest 1956 hatten Moskau-hörige Genossen die sowjetische Armee mit ihren Panzern und Hubschraubern „zu Hilfe gerufen".

Der langjährige Osteuropa-Korrespondent der Wochenzeitung „Die Zeit", Christian Schmidt-Häuer, erinnert sich als Zeitzeuge an den Morgen des sowjetischen Einmarschs: „Wir wissen zu dieser Stunde, dass oben, hinter den matt erleuchteten Fenstern, die gesamte KPČ-Führung mit Parteichef Dubček sitzt. Die Reformer und ihre moskautreuen Opponenten haben bereits seit 14 Uhr über die Einberufung eines außerordentlichen Parteitages beraten und gestritten. Der jüngste und klügste Kopf der Reformkommunisten ist der 39-jährige Staatsrechtler Zdeněk Mlynář. Viele Jahre nach dem Einmarsch wird man erfahren, dass Mlynář 1950 beim Studium in Moskau einen russischen Kommilitonen zum Freund gewonnen hat, der 1968 der Welt noch völlig unbekannt ist. Er heißt Michail Gorbatschow. Gut 15 Jahre nach der Invasion wird dieser Mann die Hoffnungen der Prager Reformer auf sein eigenes Land zu übertragen versuchen."

Gorbatschow hat später das Ende des „Prager Frühlings" als eine Art Lehrstück bezeichnet, das ihm die Grenzen der Anwendung von militärischer Gewalt zum Machterhalt klargemacht habe. Obwohl er schon 1968 mit den Ideen seines Freundes Mlynář sympathisierte, hat er sich damals noch der Breschnew-Doktrin von der „begrenzten Souveränität" der Satelliten Moskaus untergeordnet und parteilichen Gehorsam geübt. Aber dann hat er – als „typischer 68er" – den „Marsch durch die – sowjetischen – Institutionen" begonnen.

In knapp zwei Tagen hatten Militärtransporter tausende Panzer auf dem Prager Flughafen Ruzyně abgeladen. Sowjetische Divisionen, an die 300.000 Mann, waren mit Streitkräften Bulgariens, Polens und Ungarns in das Land eingefallen. Tausende Prager hatten versucht, sich unbewaffnet mit ihren Körpern den Panzern entgegenzustellen. Die Prager Parteiführung hatte die Menschen zu Ruhe und Gewaltlosigkeit aufgerufen. Im ganzen Land wurden Wegweiser und Straßenschilder in Richtung Osten umgedreht. Militärkolonnen der „Bruderarmeen" fuhren zunächst im Kreis. Doch dieser gewaltlose Widerstand nutzte nichts. Die Invasoren gingen brutal gegen die hilflosen Demonstranten vor. Etwa 100 Tote und viele hundert Verletzte wurden gezählt. Zehntausende Tschechoslowaken verließen ihre Heimat und flohen in den Westen. Während die Sowjettruppen die Hauptstadt Prag und dann das ganze Land bis zum 23. August besetzten, wurde der Gefangene Dubček nach Moskau gebracht, wo er – nach einer „Beruhigungsspritze" – gezwungen wurde, ein Protokoll seiner Kapitulation als Reformsozialist zu unterschreiben. Der Kreml ließ sich in diesem Papier auch noch bestätigen, dass Dubček der „zeitweiligen Stationierung" von Sowjetsoldaten in der Tschechoslowakei zustimmte. Das war das Ende aller Hoffnungen und der Auftakt zu der sogenannten Normalisierung der Verhältnisse, also einer massenhaften „Säuberung" der Partei.

Ich selbst war in den Augusttagen von 1968 in Potsdam zu Fernseharbeiten unterwegs. Gemeinsam mit dem britischen

Kameramann Peter Boultwood drehte ich den ersten Dokumentarfilm über die DDR und noch dazu in Farbe. „Potsdam heute" sollte das Leben in der von Berlin abgeschnittenen „Bezirkshauptstadt" zeigen. Wir haben auch zum ersten Mal die Grenzanlagen von innen gedreht. Doch am 19. August abends erhielten wir vier Tage vor Ablauf unseres Visums die dringende Aufforderung, am nächsten Tag bis 12 Uhr mittags Potsdam und die DDR zu verlassen. Auf der Autobahn rings um Berlin stauten sich Militärkolonnen, sowjetische Panzer und Schützenpanzerwagen der Nationalen Volksarmee der DDR. Ich dachte an umfangreiche Manöver des Warschauer Pakts. Erst am Morgen, dem 21. August, zurück in West-Berlin, erfuhr ich aus den Morgennachrichten von RIAS Berlin, was in Dubčeks Prag geschehen war. So war ich Augenzeuge des Skandals, dass 30 Jahre nach Hitler wieder deutsche Soldaten an einem Überfall auf die Tschechoslowakei beteiligt werden sollten. Breschnew hat sie in letzter Minute gestoppt, aber sie standen an der Grenze bereit. Filmen konnten wir den Aufmarsch nicht, denn wir wurden von Fahrzeugen der Staatssicherheit zur Grenze geleitet.

Die Reformansätze Dubčeks wurden durch die neuen Moskau-orientierten Herren rückgängig gemacht und propagandistisch bekämpft. Der sowjetische Parteichef Leonid Breschnew rechtfertigte den Einmarsch mit einer neuen Doktrin: Im Kampf gegen den westlichen Imperialismus müsse die Souveränität der Bruderstaaten eingeschränkt werden. Die osteuropäischen Satelliten sollten ihre Umlaufbahn um Moskaus roten Stern immer enger ziehen. Breschnew hatte sich durch den „Hilferuf" moskautreuer Genossen abgesichert: „So bitten wir Sie, teure Führer der Sowjetunion, liebe sowjetische Kommunisten, uns mit allen euch zur Verfügung stehenden Mitteln zu helfen, da der Sozialismus in der ČSSR in Gefahr ist." Liebesgrüße nach Moskau. Der Wortlaut dieses Verrats am tschechoslowakischen Volk wurde erst nach 1992 durch Boris Jelzin bekanntgemacht.

Nach seiner Kapitulation in Moskau hatte Alexander Dubček bald alle Ämter verloren. Gustáv Husák, Moskaus Erfüllungsgehilfe als neuer Generalsekretär, schloss den verhassten Reformer aus der Partei aus. Dubček verschwand sehr schnell aus der Öffentlichkeit und wurde zur „Unperson". Die neuen Machthaber fürchteten ihn so sehr, dass er sich nur noch in der Nähe von Bratislava aufhalten durfte – streng bewacht von Sicherheitskräften. Bis zu seiner Pensionierung verdiente Dubček seinen Lebensunterhalt als Disponent eines forstwirtschaftlichen Fuhrparks. Erst 1988 hatte er sich zum ersten Mal – 20 Jahre nach dem gewaltsamen Ende seines „Sozialismus mit menschlichem Antlitz" – in seiner slowakischen Verbannung mit einem Interview für die italienische KP-Zeitung „L'Unità" wieder an die Öffentlichkeit gewagt.

Bei seinem ersten Auftritt auf dem Balkon vor einer halben Million Menschen auf dem Wenzelsplatz konnte Dubček nicht viel sagen. Er kam im Jubel der Masse kaum zu Wort. Als Gründer der neuen slowakischen Oppositionsbewegung „Öffentlichkeit gegen Gewalt" („Verejnost proti násiliu", VPN) schlug er ein Bündnis mit Havels tschechischem „Bürgerforum" („Obcanské Forum", OF) vor und rief das Volk der Tschechen und Slowaken zur Einheit auf.

Das Wochenende galt der Vorbereitung zum landesweiten Generalstreik, dem Zählappell für den Sturz des Regimes. Seit sieben Tagen war Prag nun im Ausnahmezustand des Bürgerprotests. Bei ungewöhnlicher Kälte und scharfem Wind über dem Moldau-Tal kam am Sonnabend – wie es schien – ganz Prag auf das riesige freie Letna-Feld vor dem Sparta-Stadion. Dort überragte einst ein mächtiger Stalin-Koloss die Dächer des Goldenen Prag. Die Kommunisten hatten den Sockel des überdimensionalen Götzenbildes auch nach der heimlichen Entfernung der Stalin-Figur stehen lassen. In den Jahren der Eiszeit nach dem „Prager Frühling 1968" geradezu ein Beweis dafür, dass das Fundament des Stalinismus bis zum „Prager Herbst 1989" nicht beseitigt worden war.

Diese Großkundgebung sollte der Höhepunkt der „Samtenen Revolution" werden. Die sanfte Gewalt von einer Million

Menschen stand einer plötzlichen Ohnmacht von Partei und Polizei gegenüber. Das staatliche Fernsehen übertrug die Protestveranstaltung live. Steuermann auch dieser Kundgebung war einer der Sprecher der „Charta 77", Václav Malý. Er begrüßte zwei Polizisten in Uniform, die sich trotz ihrer Angst vor den Fernsehkameras in die Öffentlichkeit gewagt hatten, Angst vor allem aber auch, weil sie trotz Befehls zum Bereitschaftsdienst die Kaserne verlassen hatten. Angst auch, weil sie zunächst ausgepfiffen wurden. Dann sagten sie, sie seien gekommen, weil sie die Menschen hier auf dem Platz und im ganzen Land stellvertretend für zahlreiche Kollegen um Verzeihung bitten wollten für den Prügeleinsatz gegen die Studenten. Moderator Malý übernahm das Mikrophon und forderte die Menschen auf, den Polizisten zu vergeben. Das allein sei der Weg zur Versöhnung. Jeder sei in Jahren der Diktatur schuldig geworden, durch aktive Unterstützung der Kommunisten, durch Schweigen, durch Wegschauen oder einfach durch Nichtstun.

Und dann stellte sich der Mann im Anorak vor. Václav Malý sagte, er sei katholischer Priester, der seit elf Jahren mit staatlichem Berufsverbot nur geheim tätig sein könne. Nun sei endlich auch für ihn die Zeit gekommen, auch öffentlich gegen dieses Verbot aufzutreten. Er regte die Demonstranten auf dem Letna an, mit ihm als Zeichen der Versöhnung das Vaterunser zu beten. Er faltete die Hände und begann: „Otce nás ... Vater unser ..." und viele tausend sprachen mit, und Millionen erlebten das am Bildschirm. Dieses Gebet legte für einen Augenblick die Last der 40 Jahre frei, die jeder einzelne Demonstrant auf dem Letna mit sich herumtrug. Am Abend sagte mir Malý: „Ich habe das ganz spontan getan, ich wollte die Menschen nicht manipulieren, ich wollte sie auch nicht für den Glauben gewinnen, ich wollte nur zeigen, dass es in einem erneuerten demokratischen Land nach alledem auf Versöhnung ankommt."

Am Montag darauf waren rund acht Millionen Tschechoslowaken, knapp die Hälfte der Bevölkerung, für zwei Stunden im Generalstreik. Deutlicher konnte den Herrschenden nicht bewiesen werden, was das Volk dachte. Prag war wie im Taumel. Junge Leute zogen singend und tanzend durch die Straßen. Vor einer großen Klinik stand das gesamte medizinische Personal, Ärzte und Schwestern, Pfleger und Laborantinnen mit einem großen Transparent: „Wir streiken so lange, bis der nächste Patient uns braucht." Und die Prager Taxifahrer drehten zwei Stunden lang Leerrunden um die Innenstadt. Millionen streikten auch in Bratislava, im mährischen Ostrau, in der Industriemetropole Brünn, in der Bierstadt Pilsen, das slowakische Kosice war ebenso im Ausstand wie das mährische Olmütz. Angesichts dieser für die Kommunisten verheerenden Lage schien es, als habe die Partei die Sprache verloren.

In der Kantine eines böhmischen Hüttenwerks stellte sich der neue Parteichef, Karel Urbánek, den Arbeitern. Das staatliche Fernsehen übertrug diese Betriebsversammlung live. Ein Arbeiter: „Es ist eine Katastrophe, wie ihr Kommunisten euch benehmt. Ihr wollt die Vertreter der Arbeiterklasse sein, dass ich nicht lache." Urbánek versicherte eilfertig, nie mehr werde die Partei etwas mit Gewalt durchsetzen. Zuruf eines Arbeiters: „Ihr werdet überhaupt nichts mehr durchsetzen, weder mit noch ohne Gewalt." Urbánek: „Wir werden in Zukunft wieder um euer Vertrauen werben." Auch der gelenkige Ministerpräsident Adamec versuchte zu retten, was möglich schien. Er wollte ganz schnell sein Kabinett umbilden, Nichtkommunisten sollten plötzlich Minister werden, Reformen wurden versprochen, Kommandeure der Polizei wurden entlassen. Staatspräsident Husák sollte schleunigst eine breite Amnestie für „Straftaten gegen die Gesellschaft" – also für nach dem politischen Strafrecht Verurteilte – erlassen und laufende Verfahren gegen Dissidenten sofort einstellen. Es nützte nichts. Nach dem Generalstreik war endgültig klar: Die Herren, die seit dem brutalen Ende des Prager Frühlings 21 Jahre die Macht ausgeübt hatten, waren mit sanfter Gewalt in Rente geschickt worden.

Der Generalstreik brachte für den Korrespondenten nur ein Problem. Weil auch die Mitarbeiter des staatlichen Fernsehens streikten, konnte ich während des Ausstandes keine Berichte nach Mainz überspielen, nur telefonieren.

Was für ein Symbol: Am Morgen nach dem imponierend erfolgreichen Ausstand begann der Umbau des Landes, und vor der Fassade des Regierungssitzes stand ein Baugerüst. Doch die Renovierungsarbeiten fanden drinnen statt. Nur noch Fotografen und Kameraleute verstellten dem Unterhändler des „Bürgerforums", Václav Havel, den Weg zum Konferenzsaal des Ministerpräsidenten Adamec. Noch im Mai hatte Havel wegen Rowdytums im Gefängnis gesessen. Mit ihm kam als juristischer Berater ein Mann, der erst zwei Tage zuvor aus politischer Haft entlassen worden war. Havel präsentierte dem nur noch amtierenden Regierungschef die Rechnung der Opposition für 21 Jahre Diktatur nach dem Einmarsch der Sowjetpanzer in Prag. Keine zwei Stunden später das Ergebnis des „Dialogs": Die Regierung hatte vor den Millionen Streikenden kapituliert. Wichtigstes Ergebnis für das „Bürgerforum": Der Satz über die „führende Rolle der Kommunistischen Partei" sollte aus der Verfassung gestrichen werden. Denn: In der Demokratie stellt sich eine Partei immer wieder dem Votum der Wähler, sie bezieht ihre Macht aus der Zustimmung der Mehrheit des Volkes, nicht aus der Verfassung, die eben diese Partei durchgesetzt hat. Weiter: Die Ideologie des Marxismus-Leninismus sollte nicht mehr gesetzliches Leitbild von Bildung und Erziehung sein. Das „Bürgerforum" sollte einen offiziellen Sitz mit Büros in Prag erhalten. Und schließlich verpflichtete sich Ministerpräsident Adamec zu einer Koalitionsregierung unter Beteiligung des „Bürgerforums" – als Übergang bis zu freien Wahlen.

Das war der zehnte Tag der „Samtenen Revolution".

Staatspräsident und Weihbischof
Wie Havel, Dubček und Malý die Diktatur überstanden und die Gesellschaft zur Freiheit verändert haben

Auf dem Prager Altstädter Ring, der die städtebauliche Kunst aus Jahrhunderten in wunderbarer Eintracht versammelt, fand am Abend des 29. Dezember 1989 ein Volksfest statt. Niemand hatte dazu eingeladen und dennoch war, so schien es, ganz Prag auf den Beinen. Einige junge Leute hatten einen großen knallroten Luftballon mitgebracht, auf den die Insignien des Kommunismus, Hammer und Sichel, gemalt waren. Und während drei Blechbläser eine Art Trauermarsch spielten, ließ man unter Beifall aus dem Ballon die Luft raus. Das pralle revolutionäre Rot war zu einer schrumpeligen Gummihülle verkommen. Der Kommunistischen Partei, die noch sechs Wochen zuvor alles im Lande kommandierte und kontrollierte, war gewissermaßen die Puste ausgegangen. Aus der Öffentlichkeit jedenfalls war sie verschwunden. Noch ein Jahr zuvor hatte sie während des Weihnachtsmarktes auf dem Altstädter Ring Schlagermusik aus großen Lautsprechern eingesetzt, um die zwei oder drei Musikergruppen mit ihren Weihnachtsliedern zu überschreien.

Schon am Vortag hatte sich bei der Sitzung des tschechoslowakischen Parlaments Sensationelles ereignet. Den Rucksack voller demokratischer Ideale, waren am Morgen 13 meist sehr junge Mitglieder des oppositionellen tschechischen Bürgerforums, der „Havel-Partei", ins Hohe Haus gekommen: Delegierte der gewaltlosen November-Revolution als neue Volksvertreter. Sie sollten die Plätze von 13 einst führenden Kommunisten einnehmen, die wegen allzu schwerer Verstrickung in den Unterdrückungsapparat aus dem Parlament ausgeschieden waren. Wenigstens diese Dreizehn waren vor freien Wahlen als „Volksvertreter" entlassen worden. Nun wurde Jan Bubenik, 21, geboren 1968, im Jahr des „Prager Frühlings", Mitglied der parlamentarischen Kommission, die den Polizeieinsatz gegen Studenten untersuchen sollte, der die „Samtene Revolution" ausgelöst hatte. „Ein Gefühl des Triumphes und eine riesige Verantwortung", sagte mir der neue Abgeordnete.

Noch wartete auf der Gästetribüne des Parlaments der Slowake Alexander Dubček, die Leitfigur des „Prager Frühlings", einziger Kandidat für das Amt des Parlamentspräsidenten, ein unglaubliches politisches Comeback. Denn genau aus diesem Amt hatten ihn die moskautreuen Kommunisten um Gustáv Husák 1969 vertrieben und regelrecht „in die Wüste" geschickt. Nun verlas der Wahlleiter eine Erklärung, mit der Dubček rehabilitiert wurde.

Alexander Dubček, der Verfemte, der Ausgestoßene, die Unperson, wurde bei einer Enthaltung einstimmig von Abgeordneten, die ganz überwiegend noch aus den Scheinwahlen des kommunistischen Staates stammten, zum Präsidenten des Parlaments und damit zum zweiten Mann des Staates gewählt. Die Repräsentanten des alten Regimes stimmten mehr aus Pflicht denn aus Neigung für den Gegner von einst. In das Amt zurückgerufen hatte ihn das Volk. Der Beifall der Abgeordneten nach der Wahl war kein Jubel, er klang eher nach höflicher Verlegenheit. „Meine Wahl ist eine Auszeichnung für das Volk, für sein politisches Engagement im November auf dem Wenzelsplatz", sagte Dubček. „Genau in diesem November vor 20 Jahren haben sie mich aus dem Parlament verwiesen. Jetzt arbeiten wir an der Demokratie unter besseren Bedingungen als damals."

„Nicht irgendeine Institution hat uns, die Reformer von 1968, rehabilitiert, nein, die Geschichte hat uns letztendlich recht gegeben", sagte mir Venek Silhan, Dubčeks einstiger Stellvertreter. Er verlangte möglichst schnell freie Wahlen, um das Parlament zu „erneuern". Silhan sitzt 20 Jahre nach dem „Prager Frühling" wieder im Parlament, in der ersten Reihe.

Dubček, der 1968 die Todsünde wider den Stalinismus begangen hatte, einen „Sozialismus mit menschlichem Antlitz" zu versuchen, hatte damit als kommunistischer Parteichef der ČSSR vor aller Welt eingestanden, dass der real existierende Sozialismus ein unmenschliches Antlitz hatte. Kein Wunder, dass Moskau im Verein mit den anderen Hardlinern des Sowjetblocks diesem Reformprojekt ein Ende gemacht hatte. Unter massivem Druck stimmte Dubček der Stationierung von Sowjetsoldaten in der Tschechoslowakei zu. Seitdem hatte Eiszeit in Prag geherrscht.

Der geschlagene Reformer musste dann den Parteivorsitz an seinen moskautreuen Widersacher Gustáv Husák abgeben, wurde vorübergehend noch Parlamentspräsident, 1969 jedoch aus der Kommunistischen Partei ausgeschlossen. Dubček hielt aber weiter an seinen sozialistischen Idealen fest und galt im Gegensatz zu den herrschenden Funktionären der Moskau-Fraktion als „ehrlicher Kommunist".

Nach seiner Ablösung von allen Ämtern hatte er zurückgezogen in einem forstwirtschaftlichen Betrieb bei Bratislava gearbeitet. Mitte der achtziger Jahre ging Dubček in Pension. Als die Demonstrationen auf dem Wenzelsplatz im November 1989 begannen, war die Symbolfigur des Prager Frühlings plötzlich wieder in der Öffentlichkeit. Noch Mitte November hatte die Parteizeitung „Rude Pravo" kommentiert, „dem Rentner Dubček kläfft kein Hund mehr hinterher". Nur eine Woche später sprach er vom Balkon der Zeitungsredaktion von „Svobodne Slovo" zu 500.000 begeisterten Menschen.

Seine Wahl zum zweiten Mann in der tschechoslowakischen Demokratie galt als „notwendige Wiedergutmachung", als Rehabilitierung des „Verräters". Václav Havel, der Kopf der „Samtenen Revolution", hatte als Voraussetzung für seine eigene Kandidatur zum Staatsoberhaupt verlangt, dass der legendäre Reformer ihm zur Seite in dieses Amt gewählt würde.

Am nächsten Morgen, am 29. Dezember 1989, wurde die erste Amtshandlung des neuen Parlamentspräsidenten zum feierlichen Finale, zum Schlussakkord der „Samtenen Revolution". Das Dissidenten-Duo Havel und Dubček zog unter Fanfarenklängen in den Vladislav-Saal auf der Prager Burg ein. Links und rechts des roten Teppichs, der für die beiden neuen obersten Repräsentanten der Tschechoslowakei ausgerollt war, zollten die Abgeordneten beider Kammern Beifall.

Zehn Monate zuvor führte noch die Staatssicherheit in Prag Regie. Die Polizisten ahnten damals nicht, dass der Mann, der mit einem blauen Häftlingstransporter ins Gefängnis gebracht wurde, angeklagt und verurteilt wegen „Anstiftung zum Rowdytum", der künftige Staatspräsident der ČSSR war.

Mitte Januar 1989 – kurz vor dem Gedenken an Jan Palach, der sich genau 20 Jahre zuvor aus Protest gegen die Beendigung des „Prager Frühlings" selbst verbrannt hatte – hatte Havel einen anonymen Brief erhalten. Darin war eine weitere Selbstverbrennung am Gedenktag Palachs angekündigt. Havel wollte das verhindern und informierte das staatliche tschechoslowakische Fernsehen, das die Meldung aber unterschlug. Daraufhin gab Havel die Warnung an westliche Nachrichtenagenturen weiter. Die wiederum meldeten, was in dem anonymen Brief stand. Und das, so die Staatsanwaltschaft, sollte ein Aufruf zu Ausschreitungen gewesen sein. Havel erhielt neun Monate verschärfte, also Isolierhaft, weil er wegen des gleichen Delikts mehrfach vorbestraft gewesen war.

Es sollte für den prominenten Bürgerrechtler und Dramatiker nach vielen Jahren hinter Gittern die letzte Haftstrafe sein. Schon 1968, während der sogenannten Normalisierung nach den durch Sowjetpanzer erstickten Reformen Dubčeks, war Havel in die Opposition gegangen.

Am 1. Januar 1977 hatten neben Havel etwa 200 Sympathisanten der neuen Bürgerrechtsbewegung die „Charta 77", eine Charta der Menschenrechte, unterzeichnet. In der Tschechoslowakei kannten das Manifest lange Zeit nur Kreise der Opposition. Doch die Staatssicherheit (Státní Bezpečnost – StB) konnte nicht verhindern, dass die Erklärung an die internationale Öffentlichkeit kam. Die „Frankfurter Allgemeine Zeitung" hat den Text abgedruckt. Viele Jahre Gefängnis waren die Rache der Herrschenden. Mit der Zeit wurde der Schriftsteller und Philosoph zu einer landesweit bekannten moralischen Instanz. International wurde er als Symbolfigur der Opposition geachtet, seine Theaterstücke über die bleierne Zeit nach 1968 wurden auf zahlreichen westlichen Bühnen gespielt. Trotz solcher Zeichen der Solidarität haben ihm die Jahre hinter Gittern seelisch viel abverlangt und seine Gesundheit schwer beschädigt. In Briefen an seine erste Frau schrieb er aus der Haft: „Liebe Olga, ich bin zu viereinhalb Jahren verurteilt worden. Wenn mir meine Bewährung dazugerechnet wird, womit zu rechnen ist, dann bedeutet das, dass ich bis auf eine Woche 64 Monate im Gefängnis sein muss."

Hinter Havels Landhaus wurde nach der Wende ein Hochsitz der Firma „Horch und Guck, tschechische Abteilung" entdeckt. Geheime Filmaufnahmen beweisen, dass der junge Havel als Stimme der Opposition auf Schritt und Tritt verfolgt worden war.

Ein „Brief an Olga" zeigt nach der Psychofolter langer Haft die verzweifelte Klage eines fast gebrochenen Mannes: „Liebe Olga, ich bin mir physisch widerlich. Mir scheint, dass ich nicht genug Kraft, Entschiedenheit und gute Laune habe. Und dass ich einfach insgesamt nichts wert bin. Eigentlich wäre es richtig, wenn ich mein weiteres Leben hier vor mich hin faulte, denn was soll ich noch draußen."

Dennoch hat dieser Mann – letztlich ungebrochen – gemeinsam mit den Demonstranten auf dem Wenzelsplatz in nur neun Tagen die Diktatur der Kommunistischen Partei gestürzt. Die Menschen hatten immer wieder lautstark gefordert: „Havel na hrad – Havel (als Präsident) auf die Burg!" Und nun, fünf Wochen später, schlug der neue – reformkommunistische – Ministerpräsident Marián Čalfa Václav Havel ganz offiziell für das Amt des Staatsoberhauptes vor. Čalfas Rede war eine einzige Verneigung vor dem früher als „Unterwühler des Sozialismus und Agent des Westens" geschmähten Schriftsteller, der danach per Akklamation zum Staatspräsidenten bestimmt wurde. Mit seiner Unterschrift unter die Verfassung legte der Bürgerrechtler dann seinen Amtseid ab. Seine Amtszeit sollte zunächst nur bis zu den ersten freien Wahlen dauern. Die früher übliche Eidesformel „auf den Sozialismus" war am Vortag auf Forderung Havels durch das Parlament gestrichen worden.

Nach dem Wahlakt zum ersten Mal militärische Ehren für das neue Staatsoberhaupt. Die Burgwache marschierte auf. Der großgewachsene Kommandeur stiefelte in leichtem Paradeschritt auf den kleineren Präsidenten zu, salutierte lauthals, für uns Korrespondenten schwer verständlich, aber offenbar mit den üblichen sozialistischen Formeln. Havel legte kurz die Hand an die Lippen und winkte freundlich ab. Eine kurz nach der Wende gegründete freie Schneider-Kooperative hatte voller Begeisterung dem neuen Staatsoberhaupt nach Vorlage von Zeitungsfotos einen Präsidentenanzug genäht. Der schöne Anzug aber hatte einen kleinen Fehler: Ein Hosenbein war zu kurz. Einige eifernde Konservative nahmen Anstoß daran und meinten später, das kurze Hosenbein sei wohl ein Geheimzeichen der Freimaurer.

Über 30.000 Bürger hatten sich im Hof der Prager Burg versammelt, um Havel und seine Frau Olga zu feiern. Sie begrüßten ihn in Sprechchören betont als den „Herrn Präsidenten". Seine Vorgänger waren stets mit „Genosse Präsident" angesprochen worden.

Vom Balkon des Präsidentenpalastes dankte Havel den Tschechen und Slowaken: „Ich verspreche, dass ich euer Vertrauen nicht enttäuschen und dieses Land zu freien Wahlen führen werde. Dies muss auf anständige und ruhige Art geschehen, damit das reine Antlitz unserer Revolution nicht beschmutzt wird, eine Aufgabe für uns alle."

Dem Staatsakt folgte ein Dankgottesdienst im Veitsdom. An der Kirchentür empfing der greise Kardinal Tomášek in purpurroter Soutane das Ehepaar Havel und die 500 überwiegend kommunistischen Abgeordneten, die gerade den Dissidenten zum Präsidenten gewählt hatten. „Der Kardinal scheint der letzte Rote in Prag zusein", so kommentierte ich damals diese denkwürdige Szene. Die Kirche stimmte an diesem Staats-Feiertag das Te Deum an: „Großer Gott, wir loben dich!", mit der Musik des tschechischen Nationalkomponisten Antonín Dvořák. Das Präsidentenpaar empfing den Segen des Kardinals mit einem Kreuzzeichen.

Noch vor seiner Wahl zum tschechoslowakischen Staatsoberhaupt hatte Václav Havel eines der bittersten Themen aufgegriffen, das die Nachbarn Deutschland und Tschechoslowakei seit 1945 als Folge der Nazi-Verbrechen an den Tschechen belastete. In einem Brief an den deutschen Bundespräsidenten Richard von Weizsäcker hatte Havel die Vertreibung der Sudetendeutschen als „eine zutiefst unmoralische Tat" bezeichnet. Er schrieb, „auf Böses wiederum mit neuem Bösen zu antworten, bedeutet, das Böse nicht zu beseitigen, sondern es auszuweiten". Juristische Konsequenzen haben diese mutigen Worte des Philosophen auf dem Präsidentenstuhl bislang nicht gehabt.

Havel hat die Tschechoslowakei in die Freiheit geführt. Er sparte dabei nicht mit Kritik, wenn es um Fehlentwicklungen in der jungen Demokratie ging. Mit aller Klarheit hat er 1997 seinen Landsleuten die Leviten gelesen. Vor beiden Häusern des tschechischen Parlaments sprach Havel von „betrügerischen Neureichen" und – so wörtlich – „von unglaubwürdigen Figuren, deren erster Gedanke ihr persönlicher Finanz-Vorteil ist und nicht die Interessen des Volkes". Der damalige Ministerpräsident Václav Klaus, Havels Widersacher und späterer Nachfolger im Präsidentenamt, saß in der ersten Reihe und wusste, dass wegen eines Parteispendenskandals auch er gemeint war. Havel sagte: „Der größte Erfolg wird von den ganz Unmoralischen erzielt. Die größten Gewinne gehen an Diebe, die man nicht bestrafen kann. … Viele Menschen sind von der neuen Gesellschaft angewidert und enttäuscht. Denn es lohnt sich in diesem Land, zu lügen und zu stehlen." Empört über diesen Rundumschlag, rührte Klaus bei den „standing ovations" für Havel keine Hand.

„Wenn ich das alles hier und die alle hier nicht mehr sehen kann, dann setze ich einfach eine Brille auf", hat Präsident Havel zu Beginn seiner Amtszeit ironisch bemerkt. „Plötzlich stelle ich fest, dass die gleiche geistige und intellektuelle Unruhe, die mich einst angetrieben hat, gegen das totalitäre System aufzustehen und dafür ins Gefängnis zu gehen, dass die bei mir nun große Zweifel am Wert meiner Arbeit auslöst. Oder der Arbeit derer, die ich unterstützt habe oder in einflussreiche Positionen gebracht habe", bilanzierte er gegen Ende seiner Zeit als Staatsoberhaupt. Und schließlich sagte der Präsident, der im Hauptberuf Theaterdichter ist: „Unabhängig davon, wie ich die Rolle gespielt habe, die mir zugeteilt war, unabhängig davon, ob ich diese Rolle überhaupt wollte, und unabhängig davon, wie zufrieden oder unzufrieden ich mit meiner Leistung bin, deute ich meine Präsidentschaft als großartiges Geschenk des Schicksals. Denn ich hatte nicht zuletzt die Gelegenheit, an wahrhaft weltverändernden historischen Ereignissen teilzuhaben."

Havel musste in seiner Amtszeit die traurige Scheidung der Tschechen von den Slowaken mitvollziehen und war zuletzt nur noch Präsident der Tschechischen Republik. Und auch die bittere Erniedrigung seines Landes beim Einmarsch der Warschauer-Pakt-Truppen hat er in der Rückschau kommentiert und mit dem Triumph der Demokratie 1989 verglichen: „Das Jahr 1968 ist gekennzeichnet durch die Ideologie des Reformkommunismus, während die Leute 1989 keinen ‚Sozialismus mit menschlichem Antlitz' mehr wollten."

Im November 1992, drei Jahre nach der „Samtenen Revolution", starb Alexander Dubček an den Folgen eines Autounfalls. Michail Gorbatschow hat „dem Führer des Prager Frühlings seinen tiefen Respekt" erwiesen. „Ich verneige mich vor ihm. Wenn wir alle den Weg weitergegangen wären, der 1968 in der Tschechoslowakei begonnen hatte, wäre die Welt heute anders, und wir hätten den Wandel heute nicht unter so großen Schwierigkeiten zu bewältigen", sagte der Mann, der 20 Jahre danach im Sinne des Reformers von Prag die kommunistische Welt verändert hat.

Auf dem Balkon der Redaktion von „Svobodne Slovo", von dem aus hoch über dem Wenzelsplatz die Redner der „Samtenen Revolution" zu den Massen sprachen, stand neben Václav Havel stets ein junger Mann. Der dirigierte die Hunderttausenden, begrüßte die Demonstranten, die aus ganz Böhmen und Mähren nach Prag delegiert worden waren, sagte die einzelnen Redner an und bat von oben um Beifall für Dubček und Havel. Václav Malý war der Moderator der Massen. Seit den Jahren der Verfolgung war er Havels Vertrauter. Sie hatten sich im Gründungskreis der „Charta 77" getroffen. Ich selbst habe Václav Malý bei einem Empfang kennengelernt, den das ZDF anlässlich meiner Akkreditierung als Korrespondent in der ČSSR gegeben hat. Neben Vertretern von Partei und Regierung, Wirtschaft, Medien und Kultur hatten wir darauf bestanden, dass auch Vertreter der Opposition, Dissidenten, geladen würden. Hinter all den dunklen Anzügen stand Malý in einem bunten Pullover. Später hat er mir gesagt, dass solche Einladungen von westlichen Institutionen für die Dissidenten der „Charta 77" existenznotwendig waren. Sehr schnell erfuhr ich von Václav Malý, dass er im Untergrund katholischer Priester mit staatlichem Berufsverbot war.

Nach ihrer Machtergreifung 1948 hatten die Kommunisten einen regelrechten Kirchenkampf begonnen. Kirchliches Vermögen wurde beschlagnahmt und katholische Schulen geschlossen. Nach 1949 wurden alle Bischöfe verhaftet und interniert. Wegen einer „Verschwörung mit dem Vatikan gegen die Republik" wurden Bischöfe, Ordensleute und Priester zu jahrelangen, manche zu lebenslangen Freiheitsstrafen verurteilt. Innerhalb von nur zwei Nächten wurden im April 1950 alle Männerorden überfallen. Die Klöster wurden geschlossen, die Mönche zur Zwangsarbeit in Lager abgeführt. Etwa 70 Prozent aller Priester und praktisch alle Ordensleute waren staatlichen Repressionen unterworfen. Der Staat erteilte Lizenzen zur Ausübung des Priesteramtes und entzog sie willkürlich, wenn Kleriker sich den staatlichen Vorgaben nicht unterwarfen. Mit der Devise „teile und herrsche" versuchten die Kommunisten, die Kirche zu spalten. Sie lockten einige vertrauensselige Priester an mit dem Versprechen, „Christen und Marxisten könnten doch gemeinsam für den inneren Frieden in der Gesellschaft und den äußeren zwischen den Staaten kämpfen".

Die von Papst Johannes XXIII. veröffentlichte Enzyklika „Pacem in terris" diente einer regimenahen oder gar parteitreuen Priestergruppe als Name. Nach dem gewaltsamen Ende des „Prager Frühlings" sollte die katholische Kirche von innen unterwandert und damit von der Partei kontrolliert und gesteuert werden. Der Vatikan verbot die Mitarbeit bei „Pacem in terris", die Gruppe der „Friedenspriester" blieb klein. Seit den siebziger Jahren gab es nur noch einen Bischof in Böhmen und Mähren, den Prager Kardinal František Tomášek. Neben der offiziellen, verfolgten römisch-katholischen Kirche hatte sich im Untergrund mit Zustimmung Roms eine Geheimkirche etabliert, eine „Kirche des Schweigens".

Ján Korec wurde 1950 zum Priester und nur ein Jahr später, mit 27 Jahren, zum jüngsten Bischof der Untergrundkirche geweiht. Er verbrachte acht Jahre in verschiedenen Gefängnissen der ČSSR. Er war wegen der Beteiligung an „Umsturzaktionen mit Zustimmung der volksfeindlichen Politik des Vatikans" verurteilt worden. Im Prozess hieß es: „Es wurde festgestellt, das die Klöster und verschiedene katholische Organisationen zu Stützpunkten für subversive Aktionen und zu Zufluchtsorten für staatsfeindliche Elemente und gegnerische Agenten geworden sind. Es wurde nämlich bewiesen, dass in mehreren Klöstern feindliche Agenten, Saboteure, ja sogar Mörder versteckt wurden. In den Klöstern wurden Waffenlager und geheime Funkanlagen entdeckt."

Ján Korec persönlich wurde beschuldigt, „als geheimer Bischof in den Jahren 1953–54 in Bratislava / Pressburg mehrere geheime Priester geweiht" zu haben. Er habe „mehrere Jesuiten zu Umsturzvorbereitungen und zum Verrat volksdemokratischer Einrichtungen" aufgewiegelt. Mit Hilfe des „vatikanischen Netzwerkes in der Slowakei" habe er eine umstürzlerische Tätigkeit entfaltet, „die gegen den Aufbau des Sozialismus, gegen die kommunistische Gesellschaft, gegen die materialistische Ideologie und gegen die marxistisch-leninistische Lehre gerichtet ist." In dieser Anklageschrift wird der Kirchenkampf definiert, den die tschechoslowakischen Kommunisten bis zum Ende ihres Regimes im Herbst 1989 geführt haben.

Die Kirchenfeindlichkeit hat auch in der heutigen Tschechischen Republik tiefe Spuren hinterlassen, ohne dass die Behörden heute auf den Marxismus-Leninismus von damals verweisen. Böses Beispiel: Der jahrelange Streit um die Prager Bischofskirche, den Veitsdom. Der Staat ließ sich durch mehrere Gerichtsverfahren bescheinigen, dass das Gotteshaus als nationales Denkmal Staatseigentum ist und nicht der Kirche gehört. Nach dem Fall des Eisernen Vorhangs ernannte Papst Johannes Paul II. Ján Korec zum offiziellen Bischof des slowakischen Bistums Nitra und nur ein Jahr später zum Kardinal. Im Untergrund hatte Korec etwa 70 Bücher geschrieben.

Der heutige Prager Kardinal Miloslav Vlk war jahrelang ebenfalls als Geheimpriester in der „Kirche der Katakomben" tätig. Er wurde von den Behörden zum Fensterputzen strafversetzt. So konnte er sich im Stadtgebiet Prags frei bewegen. Er erzählte mir, dass eine junge Frau in einer staatlichen Bank seine Termine koordiniert und organisiert hat. Von ihrem Arbeitsplatz aus konnte sie die Straße überblicken, in der Miloslav Vlk regelmäßig Schaufenster putzen musste. Per Telefon hat sie dann Gläubige informiert, die bei Vlk zur Beichte gehen wollten. Der Kardinal sieht heute in dieser Strafarbeit eine tiefe Bedeutung. Zur gleichen Zeit habe er Fenster geputzt und Seelen gereinigt, sagt er lächelnd. Noch größere Symbolkraft habe für ihn jedoch, dass er im Wartesaal vor den Verhandlungssälen eines Gerichtsgebäudes, sehr gut als interessierter Zuschauer von Prozessen getarnt, mit Angeklagten oder Zeugen auf der Bank saß und Beichte hörte. An Wochenenden machte er mit jungen Leuten Ausflüge in die Berge oder Wälder in der Umgebung von Prag und feierte dort die Heilige Messe. Damals kamen die Menschen zu ihm auch, weil sie das freie Gespräch suchten.

Zur Tarnung gegenüber der Staatssicherheit waren auch verheiratete Männer, ja sogar einige Frauen, von anderen Geheimbischöfen zu Priestern geweiht worden. Diese mutigen Lehrer oder

Ingenieure, die im „Nebenberuf" Priester waren, haben der Kirche mit hohem persönlichem Einsatz gedient. Nach der Wende wurden die ehelos lebenden Untergrundpriester in die wieder offenen kirchlichen Strukturen integriert. Die Weihe von Frauen wurde für ungültig erklärt. Den verheirateten Priestern empfahl Rom, sich wegen des Zölibats von der griechisch-katholischen Kirche der Slowakei aufnehmen zu lassen. Diese Kirche des byzantinischen Ritus lässt verheiratete Priester zu und ist mit Rom verbunden.

Im Untergrund hatten sich kirchliche Gemeinschaften gebildet, die in kleinen Gruppen Eucharistie feierten und spontane Gebete formulierten. Lesungen aus der Heiligen Schrift wurden gemeinsam interpretiert. Man lebte, so gut es unter den Bedingungen der Geheimhaltung ging, miteinander nach dem Wort: „Einer trage des anderen Last."

Jan Kofron wurde als Mitglied der „Schweigenden Kirche" in seiner Prager Gemeinschaft von dem verheirateten Geheimbischof Pavel Hajdek 1988 zum Priester geweiht. Kofron, 64, ist seit 1972 verheiratet und hat vier Kinder. Nach der Wende ruhte sein Priesteramt, weil für Rom die Gültigkeit seiner Weihe nicht erwiesen war. Außerdem wollte Kofron, der in der römisch-katholischen Tradition lebte, nicht zum byzantinischen Ritus übertreten. Seitdem arbeitete er als seelsorgerlicher Berater in einem Prager psychiatrischen Krankenhaus. Kardinal Vlk hat sich in der Sache Kofron im Jahre 2006 an die zuständige Kongregation im Vatikan und auch direkt an den Papst gewandt, um eine Sondergenehmigung für den „Geheimpriester im Wartestand" zu erhalten. Mit Unterschrift von Erzbischof Angelo Amato kam am 18. April 2008 die Nachricht aus dem Vatikan, dass Jan Kofron wieder als Priester arbeiten darf.

„Sub conditione", also unter der Bedingung, dass seine erste geheime Priesterweihe nicht gültig sein könnte, wurde Jan Kofron am Pfingstmontag 2008 in der Kapelle der Prager Karmelitinnen noch einmal zum Priester geweiht. Im Auftrag des erkrankten Kardinals Vlk hat Weihbischof Václav Malý ihm die

Hände aufgelegt. Kofrons Frau und seine Kinder saßen in der ersten Reihe. Im Priestergewand hat er seiner Frau mit einem Kuss nach der Weihe die gleichen Blumen wie zur Hochzeit überreicht. Jan Kofron wird kein Gemeindepfarrer sein. Er wird wie bisher den Kranken dienen, nun als Priester, der ihnen auch die Sakramente spenden kann. Er hat einst wirklichen Geheimdienst, Dienst im Geheimen geleistet. Pater Jan sagt, er sei „im Untergrund als Priester geboren, zur Mutter zurückgekehrt und wiedergeboren worden".

Václav Malý, der gut Deutsch spricht, hat mich mit der Opposition in Prag bekanntgemacht. Er war seit 1978 als Priester mit staatlichem Berufsverbot Verbindungsmann der katholischen Kirche zur „Charta 77". Nur gut zwei Jahre hatte Václav Malý offiziell Priester sein dürfen. Weil der junge Kaplan – seinem Gewissen folgend – die Gründungsurkunde der „Charta 77" unterschrieben hatte und sich gleichzeitig in einem Komitee für die Freilassung politischer Häftlinge engagierte, hatte ihm der Staat die Lizenz zum Priesteramt entzogen. Ihm wurde verboten, zu predigen, die Sakramente zu spenden und in einer Kirche die Heilige Messe zu feiern. Stattdessen verpflichteten ihn die Behörden zu Zwangsarbeit, weil er „ein Feind des Staates" sei, „ein Schmarotzer, der auf Kosten des Volkes" lebe. So musste er tagsüber als Heizer in Hotels, im U-Bahn-Bau oder als Toilettenreiniger arbeiten.

Doch nach Feierabend ging der Priester Václav Malý täglich in den Untergrund. Er versammelte in Wohnungen zehn bis 15 Gläubige und feierte leise betend und singend die Messe. Wir durften einen solchen Geheimgottesdienst drehen. Dazu hatten wir unsere große Fernsehkamera zerlegt. In Abständen von fünf Minuten gingen der Kameramann, der Toningenieur und der Korrespondent, jeder mit einem Kamerateil unter dem Mantel, in die Wohnung. Die Menschen saßen auf dem Teppich, und hinter dem Couchtisch sitzend zelebrierte der Priester Malý. Er wollte im Bild erkennbar sein, die Gläubigen wurden nicht identifizierbar von hinten gefilmt. Viele Untergrundpriester haben so in der kommunistischen Tschechoslowakei die Kirche lebendig gehalten.

Václav Malý, den wir den „kleinen Wenzel" nannten (Václav ist Wenzel und Malý heißt klein), wurde etwa 250-mal von der Polizei festgenommen, verhört. Man hat ihn aufgefordert, das Land zu verlassen, er wurde unter Hausarrest gestellt und geschlagen. Insgesamt sieben Monate saß er mit drei Mördern in einer kleinen Gefängniszelle. Der eine, erinnert er sich, hatte seine Frau, die Mutter von zwei kleinen Kindern war, geköpft. Der zweite hatte seine Mutter, der dritte einen Taxifahrer umgebracht.

„Das war nicht leicht für mich, aber ich bin Gott sehr dankbar, das sage ich ehrlich, das vertiefte meinen Glauben. Ohne Möglichkeit, die Heilige Messe zu feiern, ohne Möglichkeit, mit jemandem zu beten oder die Bibel zu lesen, ganz allein in einer engen Zelle mit drei Mördern. Damals habe ich gelernt, nicht nur das Böse in ihnen zu sehen, sondern auch etwas Gutes. In diesen Monaten war meine Beziehung zu Gott intensiver, das ist eine gute Ausrüstung bis heute." Der damalige österreichische Bundespräsident Rudolf Kirchschläger hat sich bei der Prager Regierung dafür eingesetzt, dass Malý in der Haft ein Neues Testament erhielt, nach sechs Monaten.

Die schwerste Zeit kam für Malý 1981. Zahlreiche Freunde der „Charta 77" waren zur Emigration gezwungen worden, andere zogen sich unter dem Druck des Regimes zurück. „Die Solidarność in Polen hatte an die zehn Millionen Mitglieder und wir waren nur noch ein kleines Häuflein", erinnert sich der „kleine Wenzel". „Havel und andere waren verhaftet, ich wurde mehrfach von der Polizei verhört und verprügelt. Die Kommunisten wollten uns tatsächlich vernichten. Und bei alldem musste ich ohne Telefon und ständig von Geheimpolizei verfolgt und observiert Kontakt zu anderen Dissidenten und vor allem zu den westlichen Korrespondenten halten. Denn die Berichte der Journalisten waren für uns ein wichtiger Schutz."

„Die Aktionen der Staatssicherheit waren äußerst brutal",

sagte mir Jiří Grundorat, der für die Untersuchung der Verbrechen der Kommunisten in Prag verantwortlich war. „Die meisten Bürgerrechtler wurden immer wieder gefoltert. Die Akten zeigen, man hat sogar gedroht, Malý zu liquidieren."

„Man hat mich immer beschuldigt, dass ich dieses System untergrabe, dass ich die Leute aufhetze, dass ich außerhalb der Realität lebe, dass ich den Leuten meine Überzeugungen zumute und aufdränge", sagte mir der Revolutionär Václav Malý 1989 auf dem Wenzelsplatz. „Man behauptete, dass die Leute zufrieden sind und in Ruhe leben wollen und dass ich ein Element bin, das die Leute beunruhigt. Meine einzige Antwort in all den Verhören war, dass es meine Pflicht ist, die Wahrheit zu sagen. Ich kann nicht gegen mein Gewissen handeln. Ich wollte die Leute nicht auf meine Seite ziehen, aber ich wollte sie dafür gewinnen, dass sie nicht ein Leben mit einem doppelten Gesicht leben, drinnen anders als draußen."

Besonders hart war für den jungen Priester, dass Kardinal Tomášek seine „politische Haltung" nicht gutgeheißen hat, denn weil Malý seine Lizenz als Priester verloren hatte, musste der Bischof auf einen dringend benötigten Seelsorger verzichten. Václav Malý erklärte, sein Gewissen gebiete ihm, an der Seite der Unterdrückten und Verfolgten zu stehen. Dennoch hat ihn der Bischof „rausgeworfen". Mitte der achtziger Jahre schloss sich auch der greise Kardinal den Dissidenten der Charta an. Er hat den „verlorenen Sohn" wieder aufgenommen und ihn dann allerdings, so gut es ging, geschützt.

Der wichtigste Erfolg der „Charta 77" in den Augen Malýs war: „Die Kommunisten haben das Informationsmonopol verloren. Und außerdem, der bürgerliche Ungehorsam hat bewiesen, dass man auch in der Diktatur frei und aufrecht leben kann, wenn man dazu Opfer bringt. Die Charta war für mich eine Schule der Demokratie. Eine ganz besondere Mischung der Weltanschauungen: Trotzkisten, Ex-Kommunisten, Agnostiker, Kulturphilosophen, Evangelische, Katholische, allen gemeinsam war der Schutz der Menschenwürde oberstes Gebot."

Nach dem Sturz der kommunistischen Regierung plante der designierte Staatspräsident Havel, Václav Malý in ein Ministeramt zu holen. Doch Malý wollte nach elf Jahren im Untergrund endlich wieder Priester in einer öffentlichen Kirche sein. Er wurde Pfarrer einer Großstadtgemeinde in Prag. Überraschend hat ihn Kardinal Vlk dann 1997 als seinen Weihbischof vorgeschlagen, der polnische Papst hat ihn ernannt.

Der Dissident mit dem Hirtenstab ging ohne Illusionen in sein Bischofsamt. Der Priester, der einst Berufsverbot vom Staat erhalten hatte, weil er angeblich der Jugend durch seine Ideen schade, war nun der verantwortliche Seelsorger für die junge Generation im Bistum Prag. 20 Jahre nach der „Samtenen Revolution" sieht Bischof Malý die Gesellschaft durch die Jagd nach Geld und Konsum gefährdet. Er weiß, dass es „keine Volkskirche mehr gibt, keine Staatskirche, sondern eine Kirche, die in der Minorität lebt. Aber", so meint er, „das hat große Vorteile. Zum Beispiel ist die Versuchung der Macht nun geringer als in einer Staatskirche."

Rumäniens blutige Revolution
Wie ein Prediger mit Worten gegen die Waffen des Diktators angetreten ist

Mitte Dezember 1989 erhielt der polnische Friedensnobelpreisträger und Arbeiterführer Lech Wałęsa einen Hilferuf per Post. Das Jahr war reich beschert und erschöpft von revolutionären Umwälzungen. Ungarn hatte den Eisernen Vorhang geöffnet, Polen die erste nichtkommunistische Regierung ins Amt gebracht, in Berlin war die Mauer gefallen, die bulgarischen Reformkommunisten hatten den Alt-Diktator Schiwkow abgesetzt, und die Tschechen und Slowaken hatten sich nach kurzer „Samtener Revolution" von der kommunistischen Herrschaft befreit. Und nun kam Mitte Dezember ein Hilfeschrei aus Rumänien. Absender war der evangelische Pfarrer László Tökés aus Timisoara, der vom rumänischen Geheimdienst, der berüchtigten Staatssicherheitstruppe Securitate, verfolgt wurde. Timisoara, zu Deutsch Temeschburg, auf Ungarisch Temesvar, gilt als „Klein-Wien" und als Mittelpunkt der Siedlung der deutschstämmigen Banater Schwaben. In Timisoara, das grenznah zu Ungarn liegt, waren die Menschen erheblich besser informiert als im Inneren Rumäniens. Ungarische Fernsehsendungen konnten in Timisoara empfangen werden, und die deutschsprachige Minderheit kannte durch ihre Kontakte in die Bundesrepublik die Lage in den revolutionären Bruderstaaten.

Der reformierte Pfarrer Tökés war Seelsorger der ungarischen Minderheit in Timisoara. Als Christ protestierte er gegen das kommunistische Regime des Diktators Nicolae Ceauşescu, als Mann der ungarischen Minderheit stritt er gegen die Übergriffe rumänischer Nationalisten auf seine Landsleute. Daher schrieb Tökés an Wałęsa und bat den „Initiator des Kampfes um Demokratie und die Menschenrechte in Osteuropa, seine Stimme zu unserer Verteidigung" zu erheben. „Ich bin seit Jahren verschie-

László Tökés, heute Abgeordneter des Europa-Parlaments. © Dr. Tibor A. Anca

denen Repressalien ausgesetzt und werde in den letzten Monaten ganz offen verfolgt."

Der junge Theologe, Jahrgang 1952, war schon in seiner Kirche seit seiner Studentenzeit ein unbequemer Mahner. Ihm wurde von der Kirchenleitung, die mit dem Regime kooperierte, auferlegt, nur Pflichtgottesdienste zu halten. Tökés aber setzte sich als kompromissloser Verfechter der Menschenrechte für die Bürger ungarischer Abstammung ein. Seine Kirche hatte ihn deshalb bereits mehrfach versetzt, bis er schließlich 1986 nach Timisoara kam. Dort kritisierte er besonders, dass das Regime planmäßig Dörfer zerstörte. Ceauşescu wollte an die Stelle von intakten Dorfstrukturen, die seit dem Mittelalter gewachsen waren, Plattenbauten für Arbeiter in seinen Agrarfabriken setzen. Am 1. September 1988 hatte die Kommunistische Partei mit ihrem „Programm der Systematisierung und Organisation" begonnen. Insgesamt 8000 von 13.000 Dörfern sollten systematisiert, also zerstört werden. Besonders die uralten Dörfer mit ungarischer oder deutscher Minderheit in Siebenbürgen wären betroffen gewesen. Die Vertreibung der Landbevölkerung aus ihren einst blühenden Dörfern und ihre Unterbringung als Facharbeiter in „agroindustriellen Zentren" wurden von der Partei als Sieg gefeiert. Die Menschen verloren damit auch das kleine Stück Ackerland oder Garten, das ihnen der Staat nach der Kollektivierung der Landwirtschaft gelassen hatte. Mit Marke Eigenbau im Vorgarten, dem sogenannten Hofland, mit ein paar Hühnern und einer Ziege hatten sie sich über manchen Versorgungsengpass hinwegretten können. Nun sollte ihnen auch das noch durch Enteignungsdekret genommen werden. Pastor Tökés appellierte an seine Amtsbrüder und deren Gemeinden, für die von der Zerstörung ihrer Häuser und von Enteignung bedrohten Dorfbewohner zu beten.

László Tökés war eine einsame Stimme in einem Land, das den Diktator Ceauşescu mit einem unfassbaren Personenkult als „conducator ljubit", als „geliebten Führer" verehren musste. Zu seinem 60. Geburtstag im Jahre 1978 widmete die Partei dem obersten Genossen eine „Omagiu presedintelui Nicolae Ceauşescu", eine 500 Seiten starke Huldigung, die alle nationalen Ergebenheitsadressen und internationalen Gratulationskuren zusammenfasste: Glückwunschtelegramme, Orden, Ehrendoktoren, Plastiken, Gemälde, die den „Erlöser Rumäniens" zeigten, und hunderte Fotos des „geliebten Führers" mit Politprominenz aus aller Welt. Natürlich auch Gedichte, Gesänge und an Peinlichkeit nicht zu überbietende Untertanen-Prosa. Pseudoreligiöse Hymnen in verschiedenen Sprachen erinnerten an Götzendienst:

Wir sind aus den Niederungen emporgestiegen zu den Höhen,
DU zeigtest den Weg.
Wir schöpften Licht aus dem Dunkel der Wasser –
Der Schöpfer des Gedankens warst DU!
Wir stellten das Drehen der Räder um
Auf den Pulsschlag DEINES lohenden Herzens.
DU gabst uns die Kraft!
Dem Sinnen und Denken gabst DU einen Sinn.

László Tökés verachtete in seinen Predigten derlei Personenkult. Im Frühjahr 1989 verschärften sich seine Konflikte mit den Kirchenoberen, die den „ungehorsamen" Pfarrer nun auch aus Timisoara verbannen wollten. Die Securitate drangsalierte Tökés und seine Familie monatelang und konnte sich dabei auf die Zustimmung der Kirchenleitung berufen. „Der Terror umfasst meine ganze Familie, auch Freunde und Gemeindeglieder. Das brutale Vorgehen des Geheimdienstes Securitate hat sogar ein Todesopfer gefordert. In meine Wohnung wurde eingebrochen, Fensterscheiben wurden eingeschlagen. Maskierte Gewalttäter haben mich in meinem eigenen Haus überfallen", klagte Tökés

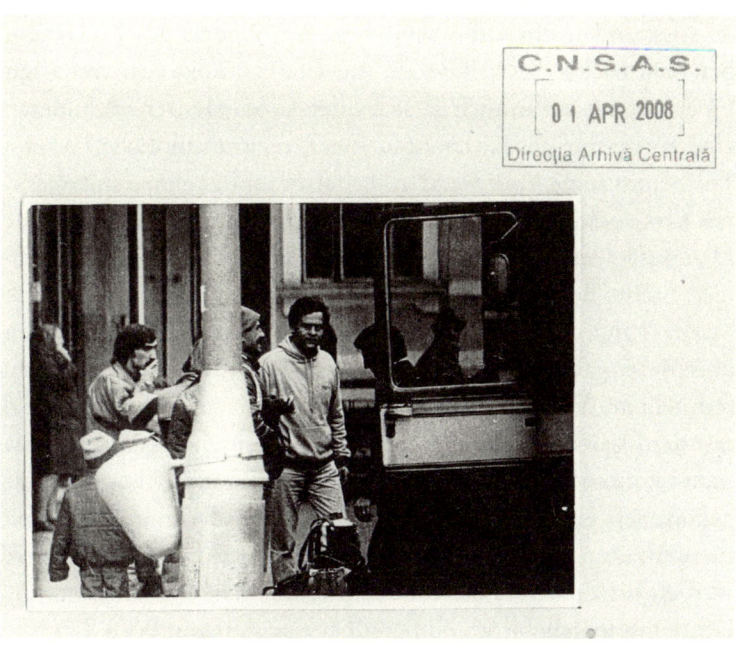

Verhaftung von László Tökés 1989; ein Foto des rumänischen Geheimdienstes Securitate. © Dr. Tibor A. Anca

in seinem Brief an Wałęsa. Das Todesopfer war sein engster Mitarbeiter: Ernö Ujvarossy war von unbekannten Tätern ermordet worden. „Tag und Nacht steht Miliz vor unserer Kirchentür und versucht die Gemeinde vom Gottesdienst fernzuhalten. Unsere Seelen sind voller Bitterkeit und Angst. Die Kirchenleitung hat den Forderungen des Regimes nachgegeben. So wurde ich arbeitslos und aus dem geistlichen Stand ausgeschlossen. Doch mit Gottes Hilfe und der unbeugsamen Unterstützung der Gemeinde erfülle ich weiter meine Aufgabe als Seelsorger. Mein Kampf um die Menschenrechte geht weiter. Aber in der nächsten Woche will man mich mit meiner schwangeren Frau und unserem dreijährigen Sohn aus der Wohnung werfen."

Der Pfarrer hatte sich deshalb in der Sakristei seiner Kirche versteckt. László Tökés hatte die Solidarität seiner Gläubigen gewonnen. Vor allem junge Gemeindeglieder standen mutig zu ihm und wollten ihn schützen. Am Abend des 15. Dezember 1989 rückte Securitate an, um Pfarrer Tökés zu verhaften. Über Nacht versammelten sich über 5000 Menschen, bildeten eine Kette um die Kirche und riefen regimefeindliche Parolen. Tökés und seine Frau wurden verhaftet und an einen unbekannten Ort verschleppt. Die Securitate ging nun brutal gegen die Demonstranten vor. Plötzlich gab es überall in der Stadt Protest. Steine flogen gegen Ceaușescu-Bilder. Die Armee schickte Verstärkung nach Timisoara. Drei Tage dauerten die Straßenkämpfe, es gab mehrere Tote. Die genaue Zahl ist bis heute nicht feststellbar. Westlichen Korrespondenten wurde Filmmaterial aus dem Leichenschauhaus der Stadt zugänglich gemacht. Niemand konnte überprüfen, wann und wie die Menschen zu Tode gekommen waren. Da ich selbst kein Einreisevisum nach Rumänien erhalten hatte, denn wegen regimekritischer Kommentare war ich für Bukarest „persona non grata", schickte ich meine Berichte mit zugelieferten Filmen über den Aufstand von Timisoara aus dem Nachbarland Ungarn nach Mainz. Die Bilder aus Timisoara landeten auch beim ungarischen Fernsehen und gingen über die Grenze zurück nach Rumänien und unterstützen die Aufständischen in ihrem Protest. Der wanderte in die Nachbarstadt Arad, weiter nach Bukarest und wurde zum Aufstand gegen das Ceaușescu-Regime.

Friedensnobelpreisträger Lech Wałęsa hat den Brief des Pfarrers Tökés mit einem Aufruf an alle Nobelpreisträger und die Weltöffentlichkeit beantwortet, gegen das Ceaușescu-Regime zu protestieren. László Tökés kam noch zu Weihnachten aus der Gewalt der Securitate frei. Über die Feiertage predigte er in verschiedenen Gemeinden. Seinen Bischof, Laszlo Papp, hat er öffentlich angeklagt, ihn an die Geheimpolizei verraten zu haben.

Nicolae Ceaușescu, Jahrgang 1918, war seit seiner Jugend Kommunist. 1965 gelangte er an die Spitze der Rumänischen Arbeiterpartei und wurde kurz darauf auch Staatschef des Landes. Er ließ sich „Conducator" – Führer – nennen und entwickelte mit seiner Frau Elena bald Züge einer roten Monarchie. Bilder zeigen ihn mit Schärpe, Orden und Szepter als einen „Messias im Sternenkranz". Auf einem dem „Conducator" gewidmeten Gemälde bringen ihm schleiergewandete Frauen Früchte, Wein und ihr Kind dar. Ceaușescu propagierte einen übersteigerten rumänischen Nationalismus, dessen Berechtigung er aus der Herkunft der Rumänen ableitete. Sie sollten sich den Ungarn und Deutschen in Siebenbürgen überlegen fühlen, weil sie von den antiken Völkern der Daker und Römer abstammten. Diese Nationalitätenpolitik des „teile und herrsche" führten zu andauernden Konflikten mit der ungarischen Minderheit, die Rumänien nach dem Ersten Weltkrieg im Vertrag von Trianon zugeteilt worden war. Die Spannungen mit den deutschstämmigen Rumänen in Siebenbürgen versuchte der „Conducator" durch Verkauf dieser Landeskinder an die Bundesrepublik Deutschland zu mildern. In den achtziger Jahren durften gegen Zahlung von etwa 100 Millionen DM pro Jahr ca. 12.000 Rumäniendeutsche ausreisen. Noch 1988, kurz vor dem Ende der Ceaușescu-Diktatur, verhandelte Bonn mit Bukarest, um die Ausreisequote auf ungefähr 30.000 Personen pro Jahr zu erhöhen. Der Leidensdruck der Menschen war so hoch, dass ein Exodus aller noch dort lebenden 230.000 Deutschstämmigen und damit der Untergang ihrer jahrhundertealten Kultur befürchtet wurde.

Allen Bürgern seines Landes hatte Ceaușescu rigorose Sparmaßnahmen auferlegt. Weil der „Conducator" sein Land trotz immenser wirtschaftlicher Schwierigkeiten von Auslandsschulden frei machen wollte, wurden Agrarerzeugnisse in großem Umfang exportiert. Strom und Gas, Öl und Heizmaterial, Lebensmittel, ja sogar Brot wurden streng rationiert. Der Stromzähler zur Kontrolle des Energieverbrauchs hing wie eine ständige Drohung in jeder Wohnung. Nur zwei Stunden lang durften an den Abenden elektrische Geräte und Lampen betrieben werden, die Zimmertemperatur durfte seit Winter 1986 nur noch 12 Grad Celsius betragen. Ein Volk saß an langen Winterabenden im Dunkeln und fror. In einem Bukarester Lebensmittelgeschäft standen die Verkäuferinnen, mit zwei oder drei Mänteln übereinander wie dicke

Puppen angezogen, und verkauften ... nichts. Denn die Regale waren vollständig leer. In einer Fleischerei gab es kein Fleisch, dafür aber einige Gläser Senf zu kaufen. Nach Brot mussten sich die Menschen frühmorgens in langen Schlangen anstellen. Obst und Gemüse waren, wenn überhaupt, nur unter der Hand durch Beziehungen ins Umland der Städte zu haben.

Die Ceaușescus lebten dagegen in kaum vorstellbarem Luxus. Nach der blutigen Revolution dokumentierten wir für das Fernsehen in einem seiner zahlreichen Paläste die buchstäblich „goldenen Wasserhähne" an den marmornen Badewannen. Wir sahen ein schlossartiges Feriendomizil am Schwarzen Meer mit viel Prunk und Protz. Der rumänische „Caesar" hatte dort einen eigenen Kinosaal, in dem er amerikanische Unterhaltungsfilme, besonders Musicals, anschauen konnte, Spielfilme, die er seinem Volk vorenthalten hat.

In Bukarest hatte er Mitte der achtziger Jahre begonnen, ganze Bezirke der Altstadt abreißen zu lassen, um Platz für Prachtalleen und ein gigantisches Gebäude zu schaffen, das im Volksmund bald Pharaonentempel hieß. Seine Macht sicherte der „Conducator ljubit" mit der Spitzel- und Schlägertruppe „Securitate". Diese gefürchtete Geheimpolizei unterdrückte jede Art von Kritik oder gar Opposition und wurde dafür mit bescheidenem Wohlstand belohnt.

Weil sich seit dem Aufruhr in Timisoara der Protest im ganzen Land ausbreitete, versuchte der Diktator mit einer Großkundgebung auf dem Platz vor seinem Palast einen Stimmungsumschwung von Bukarest aus zu erreichen. Am 22. Dezember waren die Massen wie so oft aus Betrieben, Verwaltungen und Hochschulen zur Huldigung des „Conducator" aufgeboten worden. Ceaușescu, auf dem Balkon seiner Residenz, machte plötzlich große Versprechungen, die Versorgung mit Lebensmitteln und Energie sofort zu verbessern. Doch die Massen glaubten ihm nicht mehr, die Organisatoren der befohlenen Kundgebung konnten sich nicht mehr durchsetzen, das Volk pfiff den „geliebten Führer" aus. Die vorgefertigten Jubeltransparente verschwanden plötzlich in der Menschenmenge, und regierungsfeindliche Parolen schallten über den Platz. Das Bild eines hilflos winkenden, fassungslosen Diktators ging um die Welt. Das Ehepaar Ceauşescu verließ den Balkon und floh mit einem Hubschrauber. Bis heute gibt es widersprüchliche Darstellungen, ob dieser Massenprotest spontan oder geheim organisiert war. Eine plötzlich öffentlich auftretende Opposition, die sich „Nationale Rettungsfront" nannte, zelebrierte die Revolution im Fernsehen. Niemand weiß, ob diese „Rettungsfront" den Aufstand von langer Hand geplant hatte. Sicher scheint, dass es auch für ihr Handeln „grünes Licht" aus Moskau gegeben hat. Denn Korrespondenten der sowjetischen Nachrichtenagentur TASS und des sowjetischen Fernsehens lieferten die entscheidenden Berichte über den Umsturz ins Ausland. Aus dem Studio des rumänischen Fernsehens wurde an Armee und Polizeieinheiten appelliert, auf Gewalt zu verzichten. An der Spitze der „Revolutionäre" stand Ion Iliescu, ein ehemaliger Sekretär des Zentralkomitees der Kommunistischen Partei, der wegen vorsichtiger Kritik an Ceauşescu und Sympathie für Gorbatschows Reformpolitik alle Ämter verloren hatte und zuletzt als Verlagschef für technische Bücher gearbeitet hatte. Im Fernsehstudio hatten sich Schriftsteller, Dissidenten, orthodoxe Priester und von Ceauşescu gemaßregelte Kommunisten versammelt. Draußen war das Fernsehgebäude schwer umkämpft. Anhänger des Diktators versuchten das Studio zurückzuerobern. Zum ersten Mal sendete das Fernsehen das lange verbotene Revolutionslied von 1848 „Desteapta-te, române, din somnul cel de moarte, În care te-adâncira barbarii de tirani!" – „Wach auf, Rumäne!", das nach der Revolution zur rumänischen Nationalhymne wurde:

Wach auf, Rumäne, aus deinem Todesschlaf,
in welchen dich barbarische Tyrannen versetzt haben.
Die Parole heißt Freiheit, das Ziel ist heilig.
Besser ist es, in der Schlacht zu sterben,
Als wieder Sklave auf eigenem Boden zu sein.

Das „Studio Revolution" war trotz der Schießereien den ganzen Tag auf Sendung. Über Leitung wurden die Bilder allen europäischen Fernsehanstalten zur Verfügung gestellt. Sie zeigten jedoch nur die Mitglieder der „Rettungsfront" innen im Studio. Bildberichte über den Aufruhr in der Stadt konnten zunächst nicht überspielt werden, da das Fernsehgebäude unter Beschuss lag und daher von außen nicht betreten werden konnte. TASS berichtete aus Bukarest, hunderttausende wären in Marschkolonnen mit Protestrufen „Nieder mit der Diktatur" und „Wir sind das Volk" auf den Straßen der Stadt unterwegs. Mit dem Volk hätten sich verschiedene Militäreinheiten verbündet. Doch dann kamen erste Nachrichten über Schießereien. Armee und Securitate lieferten sich schwere Gefechte. Die Geheimpolizei versuchte die Menschenmassen mit brutaler Gewalt einzuschüchtern. Vor dem größten Hotel der Stadt fuhren leichte Panzer der Securitate auf und überrollten zur Abschreckung der entsetzt zurückweichenden Menge sechs kleine Kinder. Von den Dächern der umliegenden Häuser schoss die Schutztruppe des Diktators Maschinengewehrsalven auf die Demonstranten. TASS meldete mehrere hundert Tote.

Zur gleichen Zeit wurde in Berlin das Brandenburger Tor nach 28 Jahren wieder geöffnet. Tausende von Berlinern in Ost und West feierten jubelnd das Ende der Teilung Berlins. Bundeskanzler Kohl durchschritt das Tor von Westen aus. Von Osten aus kam der DDR-Ministerpräsident Hans Modrow dem Kanzler entgegen. Der SED-Mann Modrow nutzte an diesem symbolischen Tag die Gelegenheit und gratulierte dem rumänischen Volk, weil es „seinen Diktator abgeschüttelt" habe.

Am Nachmittag meldete das revolutionäre Fernsehen aus Bukarest, der Diktator und seine Ehefrau seien auf der Flucht in der Nähe des Ortes Tirgoviste gefasst worden. Später hieß es, das Ehepaar sei außer Landes geflohen und suche Asyl in China. Die Nachrichtengebung war äußerst verworren; kein Wunder, die Gebäude von Rundfunk und Fernsehen waren schwer umkämpft, feldmarschmäßig ausgerüstete Einheiten der ceauşescutreuen Securitate gegen Soldaten der regulären Armee, die sich auf die Seite der „Rettungsfront" geschlagen hatten. Bei diesen Schießereien gab es hunderte Tote. Auch in anderen Städten Rumäniens war ein „Bürgerkrieg" zwischen der Miliz des Diktators und der „Armee des Volkes" ausgebrochen. Langsam, so war die Nachrichtenlage, setzte die Armee sich durch. Die Bürger wurden von der „Nationalen Rettungsfront" aufgerufen, keine Selbstjustiz zu üben.

In der Nacht zum 23. Dezember versuchten Ceaușescu-Getreue noch einmal, in schweren Straßenkämpfen das Fernsehgebäude zurückzuerobern, vergeblich. Stattdessen konnten die Revolutionäre mit der Festnahme des Ceaușescu-Sohnes Nicu ihren Sieg über den Clan des Diktators demonstrieren. Nicu Ceaușescu war Parteichef von Sibiu / Hermannstadt und galt als rücksichtsloser Despot. Mit Kindern als Geiseln soll er versucht haben, seine Gefangennahme zu verhindern. Er wurde im Fernsehstudio den Menschen vorgeführt. Sein Gesicht zeigte Spuren von Schlägen. Die Schießereien ließen erst in der Nacht zum 24. Dezember nach. Im ganzen Land gewann die Armee langsam die Oberhand.

Am 24. Dezember sendete der Bukarester Rundfunk zum ersten Mal seit Jahrzehnten Weihnachtsmusik. Das große Fest der Christenheit zu feiern, war unter Ceaușescu verboten. Der neue Mann, Ion Iliescu, übernahm als erster Mann der „Rettungsfront" ganz offiziell die Funktion eines amtierenden Staatschefs und Kommandeurs der Streitkräfte.

Weihnachtsfriede kam, so schien es, über den Flughafen Otopeni nach Bukarest. Der bis zum Vorabend umkämpfte Airport wurde für Hilfslieferungen aus allen Teilen der Welt geöffnet. Eine Maschine der Bundeswehr landete mit Lebensmitteln und Medikamenten. Dann aber unterbrach eine Eilnachricht den Abend des Weihnachtsfeiertags. Die Deutsche Presse-Agentur meldete am 25. Dezember um 19.48 Uhr: „Der gestürzte rumänische Diktatur Nicolae Ceaușescu ist von einem Militärtribunal zum Tode verurteilt und bereits hingerichtet worden. Dies wurde in Bukarest mitgeteilt."

Jubel über dieses Schnellgericht gab es in Bukarest nicht. Zu mitgenommen waren die Menschen von den tagelangen Straßenkämpfen. Petre Roman, der Übergangs-Ministerpräsident, begründete das Todesurteil mit der Angst vor der Befreiung des Diktators durch die Securitate. Das hätte, so Roman, zu einem Wiederaufflammen des Bürgerkriegs in Rumänien geführt.

Bereits am Zweiten Weihnachtsfeiertag beeilte sich die Botschaft Rumäniens, mich, die „persona non grata", freundlich zur Berichterstattung nach Bukarest einzuladen, das Visum würde mir am Flughafen Otopeni erteilt. Mein erster Bericht galt der Versorgungslage. Das erste Bild: Ein Soldat mit Stahlhelm und Brotbeutel, Bukarest zwischen Bürgerkrieg und Frieden. Der Kampf um das tägliche Brot ging endlich wieder siegreich aus. Als der Brotladen zum ersten Mal nach den Kämpfen morgens wieder öffnete, riefen die Menschen, die in langer Schlange warteten: „Piine, piine! – Brot, Brot!" Das Volk als Sieger der Revolution mit seiner Beute Brot: Selbst das war unter Ceauşescu rationiert. An diesem Morgen wurde das Brot richtig frisch angeliefert, nicht alt und trocken wie noch Tage zuvor. Der neue Wirtschaftsminister Stănculescu bemühte sich um eine erste Schadensbilanz der Diktatur. Die gefälschten Planerfüllungsdaten bezeichnete er mir gegenüber wörtlich als ein „unglaubliches Lügengebäude". Auf dem Bauernmarkt: Anzeichen einer kleinen Marktwirtschaft, mit Preisen, die den kommenden Kapitalismus ankündigten. Ein Truthahn, so teuer wie die Monatsmiete einer Neubauwohnung. Ein Huhn für 300 Lei bei 2500 Lei monatlichem Durchschnittslohn. Plötzlich gab es Äpfel im Privatverkauf, allerdings 10 Lei das Kilo, und dennoch standen die Menschen geduldig an. Und eine Frau lief glücklich über den Markt, sie hatte richtigen Bohnenkaffee erstanden.

Mit einem der Hilfstransporter fuhren wir aus den Bukarester Messehallen, wo wie in einem Spendenbasar die Massen von Hilfsgütern gesammelt, geordnet und verteilt wurden, in das Umland der Hauptstadt. Ganze Lkw-Ladungen gingen an Kinder, Kranke und sogenannte Helden der Revolution. Wir machten Halt an einem Kindergarten. Abgeladen wurden Plastiksäcke mit einem freundlichen Durcheinander von Liebesgaben aus Paris und Prag, aus Berlin und Wien. Ein Mann von der Finanzkontrolle prüfte vor Ort noch einmal, ob nichts von den Spenden verschwunden war. Die Versuchung, das auf den Schwarzmarkt zu bringen, war in den Zeiten der Bukarester Not groß. Die Kinder – zwischen drei und fünf Jahre alt – saßen in einem kaum geheizten Raum, mit Mützen, Mänteln, Schals und Handschuhen dick eingepackt, an ihren Tischchen. Die Innentemperaturen schwankten je nach winterlicher Außentemperatur zwischen sieben und 14 Grad. Jedes Kind bekam ein kleines persönliches Geschenk. „Was ist das?", fragten die Kinder. „Das kennt ihr noch nicht", sagte die Kindergärtnerin. „Wir wollen den Namen des Geschenks einmal üben. Euer Geschenk heißt ciocolata, ciocolata. Alle noch einmal!" Und die Kinder wiederholten brav das ihnen bisher fremde Wort.

Wenn Bücher Lebensmittel für den Kopf sind, so litten die Rumänen auch beim Lesestoff unter einer Mangelkrankheit. Die Kontakte des Landes zur Weltliteratur waren gleich null. Stattdessen hatte es Kultbücher und Lobeshymnen auf Ceaușescu in Massenauflage gegeben.

„25 Jahre Literatur müssen jetzt nachgedruckt werden, die heimlich in Rumänien geschriebene und die bekannte aus aller Welt!", sagte mir Professor Mihai Sora, der neue Unterrichtsminister, der seit zehn Jahren als zwangspensionierter Hochschullehrer zum Schweigen verurteilt war. Er saß während unseres Gesprächs vor einem völlig leeren Bücherregal. „Vor allem Geschichtsbücher müssen neu geschrieben werden. Bisher sollte die 2000-jährige Geschichte Rumäniens in unseren Schulbüchern ihren Höhepunkt im „conducator ljubit", im geliebten Führer Ceaușescu finden. Wir müssen die Menschen lehren, wieder eigenständig zu denken."

Wenig später traf ich Gelu Voican, einen Bergbaufachmann und Philosophen, der als Revolutionär der ersten Stunde stellvertretender Regierungschef wurde. Zuständig für Rumäniens Sicherheit, wurde ihm der Vorwurf gemacht, mit der alten Securitate gemauschelt zu haben. Er wies diese Unterstellung scharf zurück und versicherte, jeder einzelne Täter der Securitate würde zur Verantwortung gezogen, aber unter rechtsstaatlichen Voraussetzungen, da müsse die Schuld in jedem Einzelfall bewiesen werden.

„Bedenken Sie: Man braucht vier Wochen, um einen Hühnerdieb zu überführen und vor Gericht zu bringen. Wie viel Zeit ist dann nötig, um die Liste der Verbrechen aufzuklären, wenn einer 25 Jahre im Dienst der Diktatur gehandelt hat ...“

Bei der Selbstreinigung sollten die Fehler des alten Regimes nicht wiederholt werden. „Recht, nicht Rache“, nannte Voican seine Devise. Und dennoch hatte Gelu Voican die umstrittenste Revolutionstat geleistet, wie er mir enthüllt hat: „Ich habe im Auftrag der Nationalen Rettungsfront das Standgericht gegen Nicolae und Elena Ceaușescu organisiert. Das war die schwerste Aufgabe der ganzen Revolution. Die Hinrichtung wurde am Weihnachtstag in Tirgoviste vollzogen. Ich habe bis heute große Gewissensqualen, weil ich überzeugter Christ bin. Es war schrecklich, die Erschießung von zwei Menschen zu überwachen, ganz gleich, wie schuldig sie waren. Und das alles an diesem Tag, am Geburtstag unseres Herrn Jesus Christus.“

Das von der rumänischen Nachrichtenagentur „Agerpres“ verbreitete Kommuniqué über die Verurteilung und Hinrichtung des Ehepaars Ceaușescu hat in der Übersetzung von ADN, der damaligen DDR-Nachrichtenagentur, folgenden Wortlaut:

Am 25. Dezember 1989 fand der Prozess gegen Nicolae Ceaușescu und Elena Ceaușescu vor einem außerordentlichen Militärgericht statt.

Die Anklagepunkte:

1. *Völkermord – über 60.000 Opfer.*
2. *Unterminierung der Staatsgewalt durch die Organisierung bewaffneter Aktionen gegen das Volk und die Staatsmacht.*

3. *Vernichtung von öffentlichem Eigentum in Verbindung mit der Zerstörung und der Beschädigung von Gebäuden, Explosionen in Städten usw.*

4. *Zerstörung der Volkswirtschaft.*

5. *Versuch der Flucht aus dem Lande, abgesichert durch Fonds von über einer Milliarde Dollar auf ausländischen Konten.*

Für diese schweren Verbrechen gegen das rumänische Volk sind die Angeklagten zum Tod verurteilt worden, ihr Vermögen wird eingezogen. Gegen das Urteil gab es keine Berufung. Es wurde vollstreckt.

Die Verantwortlichen für die Hinrichtung des Diktators und seiner Frau haben wahrscheinlich eine unkontrollierbare Fortdauer des Bürgerkriegs vermieden. Doch bei den unbeirrbaren Anhängern des Diktators, die es in Rumänien von heute noch reichlich gibt, haben sie einen Mythos hinterlassen und einen Märtyrer geschaffen. Das Grab Ceauşescus wird noch immer mit frischen Blumen geschmückt.

Erst 19 Jahre nach der blutigen Revolution wurden zwei Generäle vom Obersten Gericht in Bukarest zu hohen Haftstrafen verurteilt. Sie waren für den Tod von 72 Zivilisten verantwortlich, die in Timisoara nach der Verhaftung von Pastor László Tökés demonstriert hatten. Tökés, der nach der Revolution zum Bischof ernannt worden ist, wurde Ende 2007 als unabhängiger Kandidat der ungarischen Minderheit Rumäniens in das Europaparlament gewählt.

Die Diktatur hat eine zerrüttete Gesellschaft hinterlassen, die durch viel Hass und wenig Hoffnung in die neue Zeit der Demokratie finden musste. Der Schriftsteller Mircea Dinescu hat mir die zerstörte Volksseele mit dieser Fabel erklärt:

Der liebe Gott kommt nach Rumänien und trifft einen bitterarmen Bauern. Der liebe Gott will dem Mann etwas Gutes tun und ihm eine Ziege schenken, wie sein wohlhabender Nachbar eine besitzt. Der arme Bauer lehnt müde ab und sagt, er wolle keine Ziege. Der liebe Gott sagt: „Dann wünsch dir etwas, womit ich dir eine Freude machen kann!" Da kommt Leben in den armen Bauern, und er sagt: „Du kannst mir eine große Freude machen, lieber Gott. Mach, dass die Ziege meines Nachbarn krepiert!"

30 Jahre stand vor dem Haus der früheren Parteizeitungen, die sich in Verkennung ihrer Botschaft „Freie Presse" nannten, der Revolutionär Lenin in Bronze, etwa 15 Meter hoch. Anfang 1990 hat man ihn an der Müllhalde des Bukarester Messegeländes zur vorläufig letzten Ruhe gelegt. Denn aus dem Götzenbild des Atheismus sollten Kirchenglocken gegossen werden. Die Demontage der tonnenschweren Bronze hat drei Tage gedauert. Zurück ließen die Bauarbeiter auf dem roten Marmorsockel die Inschrift: „Der Herrgott segne Rumänien."

Ohne Gott in Schrottgorod
Ein Nachwort

1991, zehn Jahre nach der Einweihung der Friedenskirche kamen mein Kollege Wolfgang Drescher, Regisseur von „Kennzeichen D", und ich wieder nach Eisenhüttenstadt. Wir wollten wissen, was aus der evangelischen Gemeinde des mutigen Pfarrers Heinz Bräuer geworden war. Als Erstes erfuhren wir, dass die Stadt mit dem wirtschaftlich gefährdeten Hüttenwerk inzwischen den schönen bösen Spitznamen „Schrottgorod" – Schrottstadt – trug. Und unser erster Eindruck: Das revolutionäre Rot der Parteifahnen war blassroten Wimpeln mit einem großen S für Sparkasse gewichen. An den Häuserwänden Graffiti-Schmierereien und über eine ganze Wand die Schrift: „Wer glaubt denn schon an Gott!" Die Menschen von Eisenhüttenstadt waren wie überall in der Ex-DDR, wie im gesamten ehemaligen Ostblock einem totalen Umbruch der Traditionen, Gewohnheiten und Lebensumstände unterworfen. Jeder versuchte, mit den neuen Steuern und Versicherungen, mit den anderen Preisen und dem riesigen Angebot, mit der Angst um den Arbeitsplatz und dem unbekannten Arbeitsamt zurechtzukommen. Die Hoffnung, nach Ende der Schikanen gegen die Christen würden viele in den Schoß der Kirche zurückkehren, war Illusion. Pfarrer Bräuer, inzwischen im Ruhestand, erzählte uns: „Erste Anfragen nach Gott sind da. Auch einzelne Anfragen nach Taufe oder nachträglicher Konfirmation. Aber dass die Leute Schlange stehen vor der Kirche, das hat wohl niemand von uns erwartet."

Im Rathaus von Eisenhüttenstadt zeigten Fresken sozialistischen Realismus. Doch dieser Realismus war Propaganda, eine Vorwärts-Lüge. Nie im Alltag der DDR waren die Menschen so sehr der Zukunft zugewandt, so heiter und so siegesgewiss, wie es die Wandbilder zeigten. Die rote Idylle täuschte ein harmonisches Familienleben im Sozialismus vor. Denn nirgendwo in der

DDR war die ohnehin immens hohe Scheidungsquote so gewaltig wie in Eisenhüttenstadt.

Vor dem Rathaus trafen wir zufällig eine Hochzeitsgesellschaft beim Familienfoto. Das junge Paar kam gerade von der standesamtlichen Trauung. Die Ersatzhandlung für religiöses Ritual, die „sozialistische Eheschließung" gab es nicht mehr, eine kirchliche Trauung wollten sie nicht. Die Braut: „Ich denke, wenn man kirchlich erzogen wäre, dann hätte man auch kirchlich geheiratet. Aber wir sind von unseren Eltern nicht so erzogen worden. Und deswegen kam es für uns auch nicht in Frage, dass wir kirchlich heiraten". Die Brauteltern, sie: „Wir haben noch kirchlich geheiratet. Und dann ..." Er setzte fort: „... umgeschwenkt zum Atheismus, weg von der Kirche. Denn erstens war es nicht mehr aktuell, und dann war unsere Kirche damals auch schwach auf den Beinen und hat die Menschen nicht mehr wirklich gefunden, sie zu führen. Und dann durch den Beruf, Kirche weg, musste sein." – „Wann war das?" – „1964."

Die Hochzeitsgäste dachten 1991 darüber nach, wie sie der im vereinten Deutschland üblichen Kirchensteuer entkommen konnten. Zu DDR-Zeiten zahlte man freiwillig ein Kirchgeld, dessen Höhe man selbst festlegen konnte. Eine Mehrheit auch der Gemeindeglieder drückte sich vor der ehrlichen Berechnung dieses Beitrags oder vergaß ihn einfach ebenso wie den Besuch des Gottesdienstes.

Ein Mann, Mitte 40: „Ich werde aus der Kirche austreten, zahle keine Kirchensteuer. Ich glaube nicht an irgendetwas, sondern nur an Dinge, die ich sehe, und was irgendwie wissenschaftlich begründet ist und was ich beweisen kann." Eine Zufallsbefragung unter Passanten bestätigte den Trend: „Ich kann mir nicht vorstellen, an Gott zu glauben, ich denke lieber an mich und glaube an mich", sagte mir ein junger Mann. Eine Frau, die zuhörte, legte ihr Glaubensbekenntnis vor der Kamera ab: „Ich bin Atheist und stehe auch dazu." Und ein Mann im Rentenalter bestätigte: „Ick hab mit Kirche nichts zu tun. Ick glaube daran nicht." – „Haben Sie an den Sozialismus geglaubt?" – „Ja, da hab ich dran geglaubt und ich bedaure, dass es so gekommen ist, wie es heute ist, das sage ich ganz ehrlich."

Mit der Einführung der Kirchensteuer in den neuen Bundesländern verließen zehntausende die Kirchen. Ein Ehepaar wollte beim Amtsgericht seinen Austritt, sicherheitshalber aus beiden Kirchen, registrieren lassen. Die Recherche ergab, dass sie weder im Verzeichnis der evangelischen noch der katholischen Kirche zu finden waren.

Die katholische „Herz Jesu"-Kirchengemeinde feierte zur gleichen Zeit gerade Fronleichnam mit einer kleinen Prozession. Die führte mit etwa 40 Gläubigen aus der Kirche heraus, blieb aber wie früher auf dem eingezäunten Rasen der Pfarrei. „Wenn wir zu DDR-Zeiten mit der Prozession auf die Straße gegangen wären, wäre das politisch unmöglich gewesen. Und außerdem waren wir nur ein kleines Häuflein, und da muss man darauf achten, dass man beieinander bleibt. Es ist nie eine Riesendemonstration gewesen", erinnerte sich der Pfarrer. Das „kleine Häuflein" der kirchentreuen Katholiken hat schwierige Jahrzehnte hinter sich. „Zu SED-Zeiten war man so ein bisschen bemitleidet, jetzt ist die Sache ganz normal und freier geworden."

Eine Frau ergänzte: „Es hat Mut dazu gehört, sich zur Kirche zu bekennen. Das begann schon in der Schule bei den Kindern. Unsere waren die einzigen, die nicht zur Jugendweihe gegangen sind. Das fiel natürlich auf. Kein Abitur, nur Berufsausbildung, aber in der Lehre ging das mit den Schwierigkeiten weiter." Ein junges Mädchen in der evangelischen Friedensgemeinde bestätigte das: „Bei uns in der Klasse war ein katholisches Mädchen, das war ständig unterdrückt, weil sie in der Kirche war. Und jetzt nach der Wende, wo sie in der Berufsausbildung ist, hat sie plötzlich auch gute Zensuren und ist ein angesehenes Mädchen."

Die Friedensgemeinde von Eisenhüttenstadt ist auch zwei Jahrzehnte nach der Wende nicht „die Kirche im Dorf", aber sie führt auch keine Existenz am Rande der Gesellschaft. 1500 Gemeindeglieder sind registriert, den Sonntagsgottesdienst besuchen im Schnitt aber nur 80. Rentnergemeinden sind für die wenigen kirchennahen Jugendlichen wenig attraktiv. Die Jungen sind anders als zu DDR-Zeiten mobil, und vor allem sind sie nicht mehr auf den „Freiraum Kirche" angewiesen.

Immerhin erteilt die Frau des Pfarrers der Friedensgemeinde seit 14 Jahren rund 150 Kindern in der Schule regulären Religionsunterricht. Dennoch gab es im Jahr 2007 keine evangelische Konfirmation und auch keine katholische Erstkommunion.

Den beiden katholischen Diasporakirchen „Heiligkreuz" und „Herz Jesu" gehören 900 Gläubige an; rund 180, also jeder fünfte besucht regelmäßig die Sonntagsmesse. Eisenhüttenstadt ist von einst 53.000 Einwohnern zu DDR-Zeiten auf nur noch 34.000 geschrumpft. Und die Abwanderung nach Westen oder in östliche industrielle „Leuchttürme" wie in die Hochtechnologie von Jena, Dresden oder Eisenach dauert an. Der gesamte 7. Wohnkomplex, ein berüchtigter Stadtteil, wurde abgebrochen, die begehrten billigen Plattenwohnungen von einst werden nicht mehr gebraucht; Rückbau heißt das in der euphemistischen Sprache der Nachwendezeit.

Die „befriedende" Rolle der Kirchen in der Gesellschaft der DDR – evangelisch wie katholisch – ist heutzutage weitgehend vergessen. Übriggeblieben sind Bilder von überfüllten Gotteshäusern mit protestierenden Gruppen der Opposition in der Endzeit des SED-Regimes. Die evangelischen Kirchen konnten zum Zufluchtsort für offene Diskussion Andersdenkender werden, weil sie über viele Jahre die Türen für die „Mühseligen und Beladenen" der Diktatur der Arbeiterklasse geöffnet hatten. Beide Kirchen widerstanden der Versuchung, sich allwissend zu geben, im Gegensatz zur Partei, die ihren „Choral" ‚Die Partei, die Partei, die hat immer recht' gerne singen ließ. Dennoch, die meisten damaligen Kirchenbesucher sind nach der Wende ohne ein Dankeschön aus den Gotteshäusern in die glitzernden Konsumtempel abgewandert.

„Die Menschen im Osten Deutschlands haben bereits vergessen, dass sie Gott vergessen haben", so die bittere Bilanz des Magdeburger evangelischen Bischofs Axel Noack. Das vereinte

Deutschland sei größer und protestantischer geworden, meinten kurz nach dem Fall der Mauer einige Beobachter, allen voran der damalige Bundespräsident Richard von Weizsäcker. Es ist zwar größer, aber nicht protestantischer, sondern atheistischer geworden. Das Beitrittsgebiet, wie die neuen Bundesländer im Vertragsdeutsch heißen, vervielfachte die Anzahl von „religiös Unmusikalischen" im vereinten Deutschland. Verdrängt ist von vielen die historische Tatsache, dass seit 1982 in der Leipziger Nikolaikirche Montagsgebete für den Frieden in der Welt und zu Hause in der DDR stattfanden. Sonst hätte es die berühmten „Wir sind das Volk"-Demonstrationen wohl kaum in Leipzig und sicher nicht ausgerechnet am Montag gegeben.

Die pluralistisch verfasste Gesellschaft des vereinten Deutschland mag auf Kirchgänger verzichten können, den überkommenen Wertekanon in Talkshows hin und her wägen oder dem Spott preisgeben, „religiöse Musikalität" der Vielen kann sie kaum entbehren. Das Verständnis einer „Matthäus-Passion", einer riesigen Zahl von Kunstwerken aus der Heiligenwelt des Mittelalters und der Renaissance, von Darstellungen des Letzten Abendmahls oder des Jüngsten Gerichts, ja sogar von Goethes „Faust und Mephistopheles" setzt Kenntnis von Schrift und Tradition des „christlichen Abendlandes" voraus. Eine sehr freundliche Dame am Schriftenstand einer spätmittelalterlichen ostdeutschen Kirche, die seit der Reformation evangelisch ist, bot mir nach der Wende eine Führung durch das Gotteshaus an. Sie zeigte mir eine schöne Madonna, das spätromanische Kruzifix, und erklärte mir die Bedeutung dieser Kunstwerke. Und dann wies sie auf die Kanzel, von der schon Luther gepredigt habe, und sagte: „Dort sehen Sie die drei Evangelisten Moses, David und Salomon."

Der Feuilleton-Autor der „Süddeutschen Zeitung", Gustav Seibt, unternahm im Frühsommer 2008 eine Reise durch ehemaliges Gebiet der DDR, durch Sachsen-Anhalt und Brandenburg und überschrieb seinen Bericht mit „Beobachtungen nach dem Ende des Christentums". Seibt, ein nüchterner Kulturkritiker und alles andere als ein frömmelnder Eiferer, besuchte einige Kirchen und Dome und fand „bezeichnend, dass nicht einmal mehr der gebildete Geschichtsrespekt, der in Museen noch verlangt wird", dort gilt. Er schrieb: „Noch hütet eine Restkirche diese Stätten. Aber sie geht mit ihnen um, als handele es sich um archäologische Orte einer längst untergegangenen vorweltlich finsteren Religion, die keinen Respekt mehr verdient."

Die Dome von Quedlinburg und Halberstadt funktionierten nur als Zusatzangebote zu den angeschlossenen Museen und seien ohne Eintrittskarte nicht zu betreten, so auch die Stiftskirche von Gernrode oder „der Berliner Dom, dem von Wilhelm II. errichteten Konkurrenzbau zu St. Peter in Rom, immerhin dort mit der Ausnahme, „wenn gerade Bischof Huber dort predigt", so Gustav Seibt in seiner Bilanz. „Wer durchs sonntägliche Brandenburg reist, wird dort kaum eine Kirche geöffnet finden. Immerhin gibt es ein Programm ‚Offene Kirchen' … Vor solchen Kirchen steht dann ein aufgeklapptes Hinweisschild wie vor einem Wirtshaus, das Spargelsuppe oder Schweinelende anbietet. An einzelnen Orten hat man sich für Mischnutzungen der längst zu großen Kirchenräume entschieden: In der Apsis ein Kreuz und ein paar Stühle für seltene Gottesdienste, am Eingang eine Volksbücherei wie in Müncheberg oder eine Begegnungsstätte für Senioren wie in Fürstenwalde."

Die junge Generation der vereinten Republik geht heute im Osten Deutschlands – wie meist im Westen auch – kaum noch in die Kirche. Doch im Gebiet der Ex-DDR hat sich die Tradition der Jugendweihe gehalten. Über die Hälfte der jungen Leute feiert mit diesem atheistischen Ersatzritus den Eintritt in die Erwachsenenwelt, wie ihre Eltern auch. Das sind anders als zu Zeiten der SED inzwischen unpolitische Großveranstaltungen mit Pomp and Circumstance.

Im Berliner Friedrichstadtpalast, der bekannt ist für Revuen und sein Ballettensemble, Auftritt eines Rosenkavaliers in Blau, der nichts mit dem Überirdischen zu tun hat, dafür irgendwie aus dem Außerirdischen auf die Bühne kommt. Er repräsentiert nicht mehr den ernsten Marx und den strengen Lenin, sondern die Spaßgesellschaft. Für die Jugendlichen und ihre Eltern, die mit Jugendweihe groß geworden sind, ein tolles Event. Vergessen ist, dass die SED mit der Jugendweihe einst Millionen auf den Sozialismus eingeschworen hat. Das Gelöbnis der Elterngeneration war noch ein pseudokirchliches Ritual, eine Art sozialistische Konfirmation: „Seid ihr bereit, den Sozialismus gegen jeden imperialistischen Angriff zu verteidigen, so antwortet: Ja, das geloben wir." – „Ja, das geloben wir."

Bereits vier Tage nach dem Fall der Mauer kam der Vorsitzende des „Zentralen Ausschusses für Jugendweihe der DDR", Egon Freyer, zu der Einsicht, „dass das Gelöbnis nicht den Erfordernissen der Erneuerung des Sozialismus in der DDR entspricht und deshalb nicht mehr abgelegt werden darf". Zwar sollte es die Jugendweihe weiterhin geben, doch das Zentralorgan der FDJ „Junge Welt" titelte: „Kein Gelöbnis mehr – das geloben wir!"

Heute geloben sie also nichts mehr. Sie diskutieren in der Vorbereitung zur Jugendweihe über Probleme mit Schule und Elternhaus, über Suchtgefahren und Mode. Beliebt sind aber vor allem Benimmkurse und Kosmetikberatung. Auf eine verbindliche Werteskala werden die Jugendweihlinge nicht mehr eingeschworen. In einer Fernseh-Umfrage wünschten sie sich alle an erster Stelle zu ihrem Festtag Geld. Die Veranstalter vom Humanistischen Verband heute legen wie damals die FDJ zu DDR-Zeiten Wert darauf, sich deutlich von den Kirchen abzusetzen. „Wir haben keinen Glauben", sagte mir der Berliner Sprecher des Humanistischen Verbands, Bruno Osuch, „wir vermitteln keine Religion, wir sind eine weltliche Gemeinschaft, wo der weltliche Humanismus im Mittelpunkt steht, ohne Religion, ohne Gott."

Gegen die Übermacht der traditionellen Jugendweihe mit ihrer Geschenkeflut versuchen einige Pfarrer heute neue Wege zu gehen. Im Erfurter Mariendom wird seit einigen Jahren statt Firmung oder Konfirmation eine „Feier zur Lebenswende" für nicht getaufte Jugendliche angeboten. Mit einer spätgotischen Madonna und Kirchenmusik. Die etwa 30 Teilnehmer pro Jahr müssen sich über Monate auf die Feier vorbereiten, durch Diskussionen über „Gott und die Welt", über die Prinzipien von „Solidarität und Subsidiarität". Und sie müssen an zwei Wochenenden soziales Handeln lernen, Obdachlose und Kranke besuchen oder in einer Suppenküche helfen. Es gibt keine Versuche, die Jugendlichen zu bekehren. Im Laufe der Jahre haben sich nur ein knappes Dutzend junger Leute nach der Lebenswende-Feier taufen lassen. Aber eine Kerze tragen sie doch. Der frühere Erfurter Dompfarrer Reinhard Hauke hat das Konzept und die Liturgie einer „Feier zur Lebenswende" entwickelt. Hauke, heute Weihbischof in Erfurt, begründet das so: „Die Kerze, die sie in der Hand halten, ist ein Symbol der Hoffnung. Die Menschen im Osten Deutschlands haben in der Wendezeit den symbolischen Wert der Kerze neu erkannt. Sie ist zum Zeichen der friedlichen Wende geworden." Und dann erklärt er, was auch der evangelische Pfarrer Führer von der Leipziger Nikolaikirche gesagt hatte: „Wer eine Kerze in der einen Hand trägt und mit der anderen die Flamme gegen den Wind schützt, hat keine Hand mehr für Gewalt frei."

Als Ergebnis von vielen Gesprächen mit dem Pfarrer formulierten die Jugendlichen vor der Versammlung ihre Hoffnungen und Sehnsüchte für die Zukunft: „Ich wünsche mir, dass die Menschen endlich lernen, miteinander in Frieden zu leben, ohne erst nach Religion oder Herkunft zu fragen." – „Ich wünsche mir, dass das Thema Gewalt an den Schulen bald der Vergangenheit angehört. Denn leider bestimmt Gewalt den Alltag vieler Schüler und Schülerinnen." – „In meinem Leben wünsche ich mir ehrliche und zuverlässige Freunde und einen verständnisvollen Partner, mit dem man durch's Leben gehen kann."

Etwa 500 Angehörige oder Freunde waren dabei, viele zum ersten Mal in einer Kirche. Eine nicht getaufte Gemeinde, die zu meinem Erstaunen unaufgefordert aufstand, als der Pfarrer ihnen allen seinen Segen ankündigte. „Schenke ihnen zahlreiche ermutigende Erfahrungen bei der Suche nach dem ‚Mehr' im

Leben, richte sie auf, wenn sie mutlos geworden sind, und lass sie die Früchte ihrer Mühe und ihres Fleißes sehen. Dazu segne alle der gute Gott, der Vater, der Sohn und der Heilige Geist. Amen." Ein Streichquartett junger Mädchen spielte Mozarts „Ave verum corpus", und ein junger Mann begleitete die Orgel mit seiner Posaune beim gregorianischen „Veni Creator Spiritus".

Nach der Feier wollte ich von den Eltern, dem Publikum oder der Spontan-Gemeinde wissen, was sie von diesem „dritten Weg" zwischen kirchlicher Feier und atheistischer Jugendweihe halten. Eine Mutter: „Ich kenne die Jugendweihe, wie sie vor der Wende stattgefunden hat, mit ihrem Für und Wider, und ich kenne sie jetzt, wie sie nach der Wende stattfindet, und muss sagen, dass das hier eine Alternative ist, weil hier Inhalte vermittelt werden und nicht nur eine Hülle da ist, um eine Familienfeier auszustatten." – Ein Vater: „Dass die Jugendlichen mitgewirkt haben, diese Feier zu gestalten, das hat mich ganz besonders bewegt." – „Sind Sie kirchlich gebunden?" – „Nein, ich bin kirchlich nicht gebunden. Ich bin Atheist."

Später erhielten die Jugendlichen nach ihrer Teilnahme an der „Feier zur Lebenswende" eine Urkunde. Ganz unten wird darauf versichert, dass die Domgemeinde Erfurt immer im Gebet an sie denken werde. Nicht alle Katholiken und Protestanten sind mit solchen alternativen Angeboten an Konfessionslose einverstanden. Besonders evangelische Pfarrer kritisieren, dass derlei Ritual mit der Feier der Konfirmation bei religiös wenig Geschulten sehr leicht verwechselt werden könnte.

„Mit der Wende kam zwar die Freiheit, aber auch eine neue Prüfung für die Kirche: Konsum statt Christentum" – so die Bilanz des hochbetagten Pfarrers Heinz Bräuer, nach dem in Eisenhüttenstadt noch vor seinem Tod Ende 2007 eine Straße benannt worden ist. Und mit dem Konsum, der dem gelebten Christentum zu schaffen macht, hat die Friedensgemeinde in der ehemaligen DDR heute die gleichen – gesamtdeutschen – Probleme wie die Schwesterkirchen in der alten Bundesrepublik auch.

Der Erzbischof von Esztergom-Budapest und Präsident des

Rates Europäischer Bischofskonferenzen, der ungarische Kardinal Péter Erdö, sagte 2008 in einem Interview mit der „Frankfurter Allgemeinen Zeitung": „In den postkommunistischen Ländern ist nach dem Untergang der früheren offiziellen Ideologie ein großes Vakuum an Weltanschauung entstanden. Die Orientierungslosigkeit hat in manchen Ländern zur Kriminalisierung und zum Zerfall der öffentlichen Ordnung geführt. Einige Politiker beginnen zu erkennen, dass die Religion eine organisierende Kraft gegen die Anarchie ist."

1989 war die christliche Botschaft eine grenzüberschreitende „organisierende Kraft". Schon über 24 Jahre zuvor hatten die polnischen Bischöfe den deutschen Bischöfen nach Krieg, Massenmord an Juden und Polen und der Vertreibung der Deutschen die Hand mit der Bitte um Vergebung gereicht.

PRZEBACZAMY I PROSIMY O PRZEBACZENIE
WIR VERGEBEN UND BITTEN UM VERGEBUNG

Dieser Satz des Breslauer Kardinals Bolesław Kominek erreichte drei Tage nach dem Fall der Berliner Mauer nun auch die Politik. Bundeskanzler Kohl war zu seinem demokratischen Amtskollegen, Ministerpräsident Mazowiecki, für einen sechstägigen Staatsbesuch nach Warschau gereist, als ihn die unerwartete Nachricht von der Öffnung der Grenze in Berlin erreichte. Er bat die polnischen Gastgeber um Verständnis, dass er sofort nach Berlin fliegen müsse, doch er versprach, nach kurzer Unterbrechung wieder zurückzukommen. „Ich bin in 28 Stunden wieder da." Mazowiecki und Kohl trafen sich also am Sonntag, an dem ganz Berlin vereint im Feiertaumel war, in Krzyżowa, dem einst deutschen Kreisau in Niederschlesien – ein Ort, der als Zentrum des geistigen Widerstands gegen den Nationalsozialismus im kommunistischen Polen nahezu unbekannt war. Ein Ort, der wie keiner geeignet war, Deutsche und Polen nach der Überwindung der braunen und der roten Diktatur zu versammeln.

Helmuth James Graf von Moltke hatte im „Kreisauer Kreis"

Gegner des Nazisystems vereint, um streng geheim Pläne für die Zukunft Deutschlands und Europas nach dem Ende der Hitlerdiktatur auszuarbeiten. Neben Moltke als der zentralen Figur des Kreises waren Gegner des Nazisystems aus nahezu allen Schichten und Weltanschauungen vertreten: der Diplomat Adam von Trott zu Solz, der Protestant Peter Graf Yorck von Wartenburg, der Jesuitenpater Alfred Delp und die Sozialdemokraten Julius Leber und Carlo Mierendorff. Die Kreisauer hatten „nicht nur die Verwüstungen der Städte, sondern auch die entsetzlichen Verwüstungen in den Köpfen und Herzen der Menschen" gesehen. Der Kreis wurde von einem als Kommunist getarnten Spitzel an die Gestapo verraten, die meisten seiner Mitglieder wurden kurz vor Kriegsende hingerichtet.

Im Innenhof des restaurierten Gutshauses der Grafen von Moltke, das heute eine Gedenk- und Jugendbegegnungsstätte ist, wurde am Sonntag nach dem Fall der Mauer ein deutsch-polnischer Gottesdienst gefeiert. Vor etwa 7000 Gläubigen tauschten Ministerpräsident Tadeusz Mazowiecki und Bundeskanzler Helmut Kohl den Friedensgruß: „Wir vergeben und bitten um Vergebung."

1978 hatte der polnische Papst Johannes Paul II. bei seiner Amtseinführung ausgerufen: „Habt keine Angst! Öffnet, reißt die Tore auf für Christus. Öffnet die Grenzen der Staaten, die wirtschaftlichen und politischen Systeme für seine rettende Macht!" Dieser Papst hatte, wie der Prager Kardinal Miloslav Vlk mir einmal sagte, „den Kommunismus auf der eigenen Haut erlebt".

Die Tore für Freiheit *von* Unterdrückung durch den Staat und Bevormundung durch selbsternannte Parteiführer wurden in den Ländern Osteuropas 1989 aufgerissen. Die Freiheit *zu* Solidarität und Subsidiarität, zu demokratischer Mitarbeit und gesellschaftlicher Verantwortung muss noch immer erarbeitet werden. Die Grenzen der Staaten, die wirtschaftlichen und politischen Systeme sind geöffnet, leider auch für einen unkontrollierten Kapitalismus, wie er schlimmer kaum in den Lehrbüchern der Kommunisten stand. Und die nun offenen Länder des Westen haben die Ost-Europäer so erlebt, wie sie der große Schriftsteller Joseph Roth aus dem östlichen Galizien charakterisiert hat: Länder, „in denen das Herz nichts ist, der Kopf ein wenig und die Faust alles". Vielleicht hat deshalb eine Mehrheit „die rettende Macht", die Johannes Paul II. vor 30 Jahren zu Hilfe rief, nicht erkannt. Hinzu kommt, dass der von den kommunistischen Machthabern militant verbreitete Atheismus in den Gesellschaften Ost- und Mitteleuropas tiefe Spuren hinterlassen hat. Zwei Generationen wurden ohne Religion geschult, Christentum und Kirche sind Millionen von Menschen seitdem fremd.

Der Pole Karol Wojtyła, der als junger Mann auch die Verbrechen des Nationalsozialismus in seiner Nachbarschaft mitansehen musste, in dessen früherem Bistum Krakau Auschwitz liegt, hat keinen Kreuzzug gegen den Kommunismus kommandiert. Er hat die Menschen zum konterrevolutionären Denken angeregt und viele den aufrechten Gang gelehrt.

Das zeitgleiche Auftreten von Michail Gorbatschow und Karol Wojtyła auf der Weltbühne mutet auch 20 Jahre danach wie ein Wunder an. Der polnische Papst hat den Abschied vom Kommunismus angestiftet, der sowjetische Generalsekretär hat das zugelassen. Dass den kommunistischen Generalsekretär eine religiöse Überzeugung geleitet habe oder dass er gar als ein Glaubender gehandelt habe, ist inzwischen verbreitete Spekulation. Gorbatschow selbst hat das zurückgewiesen. Fest steht aber, dass er die revolutionären Bewegungen, auch die christlichen Wegbereiter der Wende, gewähren ließ und sogar Sympathie für sie zeigte. Sicher hatte die sozialistische Planwirtschaft Ende der achtziger Jahre ausgedient, die Unfähigkeit der kommunistischen Alleinherrschaft, die Bedürfnisse der Menschen zu befriedigen, war unübersehbar, und natürlich gab es in allen Ländern des Ostblocks viele nicht-christliche oppositionelle Querdenker, die politische Veränderungen mit hohem persönlichem Risiko anstrebten. Doch an den Stellschrauben des Motors der Wende haben in besonderer Weise Christen verschiedener Konfessionen gedreht. Ohne den Mut von widerständigen Menschen wie Heinz Bräuer, Lech Wałęsa, Csilla von Boeselager, Oskar Brüsewitz, Imre Kozma, Christian Führer, Jerzy Popiełuszko, Václav Malý und László Tökés wäre der große Aufbruch in Osteuropa 1989 nicht in Bewegung gekommen. Auf jeden Fall wäre der Sturz der Diktaturen wohl kaum so gewaltlos gewesen. Denn die Christen hatten die Demonstranten gelehrt, sich mit Kerzen statt mit Steinen zu bewaffnen. Und so war in diesem gewaltlosen Aufstand wohl auch Christus „mit seiner rettenden Macht" gekommen.

Zeittafel

1975	
1. 8.	Konferenz für Sicherheit und Zusammenarbeit in Europa (KSZE); Unterzeichnung der Schlussakte, Garantie der Menschenrechte, Gewaltverzicht, menschliche Erleichterungen, Informationsaustausch.
1976	
18. 8.	Selbstverbrennung des Pfarrers Oskar Brüsewitz auf dem Marktplatz von Zeitz aus Protest gegen die Unterdrückung der Kirche durch die Kommunisten.
16. 11.	Ausbürgerung des regimekritischen Liedermachers Wolf Biermann nach einem Konzert in Köln. Die SED verweigert ihm die Rückkehr in die DDR. Nach Protesten gegen diese Zwangsmaßnahme wandern zahlreiche Künstler in den Westen ab oder werden ebenfalls gegen ihren Willen ausgebürgert.
1977	
1. 1.	Unterzeichnung der „Charta 77" und Gründung der gleichnamigen Oppositionsbewegung durch Václav Havel, der zwei Monate später verhaftet und zu drei Jahren Haft auf Bewährung verurteilt wird. Dann wegen „Aufruhrs" Verurteilung zu viereinhalb Jahren Haft. Briefe an seine Frau Olga.
1978	
März	Der Sprecher der „Charta 77" und mit staatlichem Berufsverbot belegte Priester Václav Malý kommt für sieben Monate in Untersuchungshaft.
6. 3.	Repräsentanten des Evangelischen Kirchenbundes in der DDR treffen sich zu einem Gespräch mit SED-Chef Erich Honecker. Der Staatsratsvorsitzende verspricht, die Beziehung zu den Kirchen zu entspannen. Die Kirche sagt, das Verhältnis zum Staat werde künftig daran gemessen, wie es dem einzelnen Christen vor Ort ergeht.
16. 10.	Wahl des Polen Karol Wojtyła zum Papst. Er nennt sich Johannes Paul II. und verkündet der Welt: „Habt keine Angst!"
1979	
11. 4.	Das SED-Regime schränkt die Arbeitsmöglichkeiten für westliche Korrespondenten weiter ein. Alle Interviews sind ab sofort genehmigungspflichtig.
2.–10. 6.	Papst Johannes Paul II. besucht seine Heimat Polen. Bis zu zehn Millionen Gläubige begleiten seine Pilgerreise.
1. 8.	Die DDR verschärft das politische Strafrecht. U. a. wird auch die Weitergabe „nicht geheimer Informationen" an westliche Korrespondenten mit Haftstrafe bedroht.

1980

1. 7.	Die drastische Erhöhung der Fleischpreise löst in Polen eine Streik-bewegung aus. Mit den Arbeitern solidarisieren sich regimekritische Intellektuelle (Adam Michnik, Jacek Kuron, Tadeusz Mazowiecki, Jozef Tischner).
14. 8.	Der Streik erreicht die Danziger Lenin-Werft. 80.000 Arbeiter in 300 Betrieben entlang der Ostseeküste schließen sich an.
17. 8.	Ein „Streikkomitee" mit Lech Wałęsa an der Spitze organisiert den Arbeitskampf.
31. 8.	Der stellvertretende Ministerpräsident Polens, Mienczyław Jagielski, und der Kopf der Streikbewegung, Lech Wałęsa, unterzeichnen ein Abkommen, in dem Polens Regierung alle Forderungen der Arbeiter akzeptiert.
17. 9.	Die Solidarność wird vom Staat Polen als erste unabhängige, freie Gewerkschaft im kommunistischen Machtbereich anerkannt.

1981

März	Truppen des Warschauer Pakts, auch die Nationale Volksarmee der DDR, proben im Manöver „Sojus 81" den Einmarsch nach Polen. „Schutz des Sozialismus – Gegen Konterrevolution" lautet der Befehl.
Oktober	In der Bundesrepublik Deutschland formiert sich eine Friedensbe-wegung gegen die atomare Aufrüstung in Ost und West. In der DDR bildet sich unter dem Dach evangelischer Kirchen die nichtstaatliche Friedensbewegung „Schwerter zu Pflugscharen", die sehr schnell vom Staat unterdrückt wird.
11.–13. 12.	Bundeskanzler Helmut Schmidt trifft den DDR-Staatsratsvorsitzen-den Erich Honecker am Werbellinsee und in Güstrow. Die Stadt wird von der Staatssicherheit hermetisch abgeriegelt.
13. 12.	Der polnische Staats- und Parteichef Wojciech Jaruzelski verhängt das Kriegsrecht in Polen. Die Solidarność wird verboten, tausende Gewerkschafter werden inhaftiert.

1982

14. 2.	Erstes Treffen unabhängiger Friedensgruppen der DDR in der Kreuzkirche Dresden. Gedenktag an die Zerstörung der Stadt und zehntausende Tote durch alliierte Bomber im Februar 1945.
Oktober	Beginn der Montagsgebete in der Leipziger Nikolaikirche.

1983

16.–23. 6.	Zweiter Besuch Johannes Pauls II. in Polen noch während des Kriegs-rechts. Vier Wochen später wird der Ausnahmezustand aufgehoben. Die Solidarność bleibt verboten. Aber der Papst empfängt den Kopf der Gewerkschaft, Lech Wałęsa.
1. 9.	Weltfriedenstag. Mitglieder der DDR-Friedensbewegung bilden eine Menschenkette zwischen den Botschaften der USA und der Sowjet-union in Ost-Berlin. Volkspolizei geht gewaltsam gegen die Menschen vor, die nur mit Kerzen demonstrieren.

1984

30. 10.	In einem Stausee bei Warschau wird die Leiche des Priesters Jerzy Popiełuszko gefunden. Der Solidarność-Verteidiger war von drei Männern des polnischen Geheimdienstes ermordet worden.
3. 11.	Mehrere hunderttausend Menschen nehmen an den Trauerfeierlichkeiten für den zum „Märtyrer" erklärten Priester Popiełuszko teil.

1985

11. 3.	Der gerade 54-jährige Michail Sergejewitsch Gorbatschow wird Generalsekretär der Kommunistischen Partei der Sowjetunion.
Oktober	Gorbatschow stellt sein umfangreiches Reform-Programm von „Glasnost und Perestrojka" vor.
Oktober	In Ost-Berlin stellt sich nach dem Vorbild der tschechischen „Charta 77" die oppositionelle „Initiative Frieden und Menschenrechte" vor.

1986

17.–21. 4.	XI. und letzter Parteitag der SED im Ost-Berliner „Palast der Republik". Gastredner Gorbatschow mahnt zur Selbstkritik und schlägt konventionelle Abrüstung in Europa vor.
2. 9.	Im Keller des Gemeindehauses der evangelischen Zionsgemeinde, Ost-Berlin, wird die „Umweltbibliothek" eröffnet. Sie entwickelt sich zu einer Sammelstelle für Informationen der kirchlichen und kirchenunabhängigen Opposition.

1987

8.–14. 6.	Dritter Besuch Johannes Pauls II. in Polen. Gespräche mit Staatschef Jaruzelski und Lech Wałęsa. Die Gewerkschaft Solidarność bleibt verboten, demonstriert aber offen.
April	In einem Interview mit der westdeutschen Zeitschrift „Stern" äußert sich der SED-Chefideologe Kurt Hager abfällig über Gorbatschows „Perestrojka". Er vergleicht die Reformen in der Sowjetunion mit einem „Tapetenwechsel", den der „Nachbar DDR" nicht nachahmen müsse.
7.–11. 9.	DDR-Staats- und Parteichef Erich Honecker besucht die Bundesrepublik. Gespräche mit Bundespräsident Richard von Weizsäcker und Bundeskanzler Helmut Kohl.
25. 11.	DDR-Staatssicherheit durchsucht die Räume der „Umweltbibliothek" in Ost-Berlin. Mehrere Mitarbeiter werden festgenommen. Kirchenkreise veranstalten Mahnwachen und Solidaritätsgottesdienste.

1988

17. 1.	Am Rande der von der SED veranstalteten Demonstration zum Gedenken an Rosa Luxemburg und Karl Liebknecht verhaftet die Staatssicherheit in Ost-Berlin 120 Menschen. 54 Demonstranten werden später zur Ausreise in den Westen gezwungen.
26. 4.	Die Belegschaft des Stahlwerks Nowa Huta bei Krakau tritt in den Ausstand. Beginn einer neuen Streikwelle in Polen unter Führung der verbotenen Solidarność.

2. 5.	Streiks auch in Danzig. Arbeiter besetzen die „Lenin-Werft". Ein riesiges Polizeiaufgebot sperrt das Gelände der Werft ab, auf dem sich Lech Wałęsa und etwa 2000 Arbeiter verschanzt haben. Die katholische Kirche versucht zu vermitteln.
5. 5.	Gewaltsame Beendigung der Streiks in Danzig, Schließung der „Lenin-Werft". Polizeiaktion gegen die Streikenden von Nowa Huta, Festnahme des Streikkomitees.
16. 5.	Das Mitglied im Zentralkomitee der ungarischen Kommunisten, Imre Pozsgay, erwartet im Interview mit dem ZDF die Aufgabe des kommunistischen Machtmonopols und verlangt ein Mehrparteiensystem.
28. 6. – 2. 7.	19. Allunions-Parteikonferenz der Kommunistischen Partei der Sowjetunion in Moskau. Gorbatschow propagiert eine Reform des politischen Systems in Richtung Präsidial-Demokratie. Boris Jelzin greift ihn deshalb an und prangert die Privilegien führender KP-Funktionäre an.
21. 8.	Massendemonstration für „Freiheit und Demokratie" in Prag. Erinnerung an den Einmarsch der Warschauer-Pakt-Truppen zur Beendigung des „Prager Frühlings" 1968. 77 Festnahmen, 28 Demonstranten werden inhaftiert.
28. 10.	Massendemonstration der Opposition auf dem Prager Wenzelsplatz anlässlich des 70. Gründungstages der Tschechoslowakei. Die Polizei setzt Schlagstöcke, Hunde und Wasserwerfer gegen die Menschenmenge ein.
1989	
1. 1.	Václav Havel wird wegen „Aufwiegelung und Störung der öffentlichen Ordnung" zu neun Monaten verschärfter Haft verurteilt.
5. 2.	In der Nacht zum 6. Februar wird an der Berliner Mauer der 20-jährige Chris Gueffroy bei einem Fluchtversuch erschossen.
6. 2.	Nach monatelangen Debatten beginnen in Warschau Verhandlungen am „Runden Tisch" zwischen der immer noch verbotenen Solidarność und der kommunistischen Regierung.
20. 2.	Eine Historikerkommission in Budapest untersucht die Schauprozesse nach der Niederschlagung des Aufstands von 1956. Etwa 10.000 Menschen werden damals von Schnellgerichten abgeurteilt, fast 300 hingerichtet.
10. 3.	Als Ergebnis der Verhandlungen am „Runden Tisch" stimmt die polnische Regierungsdelegation freien Wahlen im Juni zu. Voraussetzung war die Legalisierung der Solidarność und der „Bauern"-Solidarność.
15. 3.	Freiheitskundgebung der ungarischen Opposition am Nationalfeiertag. Gefordert werden der Abzug der sowjetischen Besatzungstruppen, Austritt aus dem Warschauer Pakt, ein Mehrparteiensystem, eine unabhängige Justiz und ein demokratisches Parlament.
17. 3.	Ungarn tritt als erstes Land im Warschauer Pakt der Flüchtlingskonvention der Vereinten Nationen bei.
23. 3.	Das ungarische Parlament garantiert das Streikrecht per Gesetz.

29. 3.	In Budapest beginnt die Exhumierung der hingerichteten Revolutionäre von 1956. Prominentestes Opfer damals: Ministerpräsident Imre Nagy.
30. 3.	Die ungarischen Kommunisten beschließen ein Mehrparteiensystem und größere Freiheiten für die Medien.
17. 4.	Der ungarische Ministerpräsident Miklós Németh fordert eine radikale Trennung von Regierung und Partei.
18. 4.	Das ungarische Fernsehen sendet ein Interview mit dem verfemten ehemaligen tschechoslowakischen Parteichef Alexander Dubček. Der Reformpolitiker meint, die Niederschlagung des „Prager Frühlings" habe die Reformen um 20 Jahre zurückgeworfen. Prag protestiert gegen die Sendung.
25. 4.	Moskau beginnt mit dem Abzug seiner Besatzungstruppen aus Ungarn.
2. 5.	An der Staatsgrenze zu Österreich beginnen ungarische Pioniere mit der Entfernung des Eisernen Vorhangs. Die militärische Führung nennt die Stacheldrahtverhaue überholt. Ab sofort kontrollieren nur noch Grenz-Patrouillen im Hinterland.
Mai	Nach weltweiten Protesten wird Václav Havel vorzeitig aus der Haft entlassen.
7. 5.	Kommunalwahlen in der DDR. Bürgerrechtler decken zahlreiche Fälschungen zugunsten des SED-Regimes auf.
9. 5.	Der schwerkranke ehemalige Staats- und Parteichef Ungarns, János Kádár, wird auch von allen übrigen Parteiposten abgelöst.
4. 6.	Bei den ersten freien Wahlen in Polen erringt die Solidarność einen überwältigenden Sieg.
4. 6.	Das kommunistische Regime in Peking beendet mit einem Massaker auf dem „Platz des himmlischen Friedens" – Tien An Men – die Proteste der chinesischen Demokratiebewegung. Schreckensbilanz: 3000 Tote.
9. 6.	Ungarns Kommunisten beschließen Verhandlungen mit der Opposition am „Eckigen Tisch".
16. 6.	Unter Anteilnahme von hunderttausenden werden in Budapest die hingerichteten Führer des ungarischen Aufstands von 1956 feierlich beigesetzt. Radio Warschau nennt die Trauerfeier „das Ende des Stalinismus in Ungarn".
19. 6.	Die Stichwahl in Polen bestätigt den Sieg der Solidarność. 99 von 100 Senatoren in der zweiten Kammer gehören Lech Wałęsas „Bürgerkomitee" an.
6. 7.	Die hingerichteten Führer des ungarischen Volksaufstandes von 1956 werden vom Obersten Gericht als Patrioten anerkannt und vom Vorwurf des Landesverrats freigesprochen. Am selben Morgen stirbt der Verantwortliche für die Hinrichtungen, Ex-Parteichef János Kádár.
8. 8.	In der Ost-Berliner Ständigen Vertretung der Bundesrepublik Deutschland wollen 130 Menschen ihre Ausreise erzwingen. Die Mission wird wegen Überfüllung geschlossen.

12. 8.	Die bundesdeutsche Botschaft in Budapest wird wegen Überfüllung mit 180 DDR-Flüchtlingen geschlossen.
13. 8.	28. Jahrestag des Mauerbaus. Die deutsch-ungarische Malteserfrau Csilla von Boeselager errichtet auf dem Gelände der katholischen Kirchengemeinde „Zur Heiligen Familie" das erste Flüchtlingslager für Ausreisewillige aus der DDR.
19. 8.	Bei einem „Paneuropäischen Picknick" fliehen etwa 800 DDR-Bürger über die kurzzeitig geöffnete Grenze bei Sopron von Ungarn nach Österreich.
24. 8.	Tadeusz Mazowiecki wird als erster Nicht-Kommunist zum polnischen Ministerpräsidenten gewählt.
24. 8.	Mit Hilfe des Internationalen Roten Kreuzes werden 107 DDR-Bürger, die die deutsche Botschaft in Budapest wochenlang besetzt hatten, in den Westen ausgeflogen. 50 weiteren Zufluchtsuchenden aus der Budapester Botschaft gelingt auf eigenes Risiko mit 100 anderen DDR- Bürgern die Flucht über die grüne Grenze nach Österreich.
2. 9.	Nach gescheiterten Verhandlungen des ungarischen Außenministers Gyula Horn mit DDR-Außenminister Oskar Fischer in Ost-Berlin schickt die DDR-Botschaft einen Unterhändler vor das Malteserlager. Er soll Fluchtwillige zur Rückkehr in die DDR überreden.
10. 9.	Der ungarische Außenminister Gyula Horn verkündet über das Fernsehen, dass alle Inhaber eines DDR-Passes vom 11. 9. an das Land Richtung Westen verlassen können. Zehntausende hatten auf dieses Signal gewartet und reisen über Österreich in die Bundesrepublik Deutschland.
25. 9.	Montagsgebet und erste Montagsdemonstration in Leipzig.
30. 9.	Bundesaußenminister Genscher verkündet den Besetzern der deutschen Botschaft in Prag, dass ihre Ausreise genehmigt wurde. Außenamts-Staatssekretär Sudhoff bringt diese Nachricht den wartenden Flüchtlingen in Warschau. Insgesamt reisen daraufhin fast 5000 DDR-Bürger in den Westen aus.
2. 10.	Montagsgebet und Montagsdemonstration mit 20.000 Teilnehmern in Leipzig. Stasi und Volkspolizei lösen die Kundgebung gewaltsam auf.
4. 10.	Innerhalb von drei Tagen ist die deutsche Botschaft in Prag zum zweiten Mal überfüllt. Bis zu 10.000 Flüchtlinge werden in den Westen entlassen. Die DDR setzt den visafreien Reiseverkehr mit der Tschechoslowakei aus.
7.–8. 10.	Die DDR-Führung feiert den 40. Jahrestag der DDR. Gegendemonstranten werden verhaftet.
8. 10.	Auf dem Parteitag der ungarischen Kommunisten beschließen 80 Prozent der Delegierten, ihre Partei aufzulösen und sie zu einer sozialdemokratischen Partei umzuwandeln.
9. 10.	Montagsgebet und Montagsdemonstration mit über 70.000 Teilnehmern. Stasi und Polizei greifen nicht ein. Die Menge ruft „Wir sind das Volk" und „Gorbi, Gorbi".

10. 10.	Das Zentralkomitee der bulgarischen Kommunisten und das Parlament in Sofia stürzen den Diktator Todor Schiwkow, der seit 33 Jahren Staats- und Parteichef war.
14. 10.	Seit Öffnung der ungarischen Grenze sind fast 40.000 DDR-Bürger in den Westen geflüchtet.
16. 10.	Friedensgebete in fünf Leipziger Kirchen. An dieser Montagsdemonstration nehmen fast 100.000 Menschen teil.
18. 10.	SED-Generalsekretär Erich Honecker tritt als Staats- und Parteichef zurück. Nachfolger wird der SED-Politbürokrat Egon Krenz.
23. 10.	Ungarn bekommt eine neue Verfassung, wird demokratische Republik und legt den bisherigen Titel „Volksrepublik" ab. Der neue Nationalfeiertag erinnert an den Beginn des Aufstands von 1956.
4. 11.	Auf dem Ost-Berliner Alexanderplatz demonstrieren eine halbe Million Menschen für Freiheit und Demokratie in der DDR.
9. 11.	SED-Politbürokrat Günter Schabowski erläutert auf einer Pressekonferenz in Ost-Berlin eine neue Reiseverordnung, die eine sofortige Ausreise für alle DDR-Bürger erlaubt. Die Mauer fällt.
12. 11.	Papst Johannes Paul II. spricht die böhmische Königstochter Agnes und den polnischen Franziskaner Adam Chmielowski heilig. 9000 tschechoslowakische und 7000 polnische Pilger reisen nach Rom. Die Feier wird vom ČSSR-Fernsehen direkt übertragen: der erste Gottesdienst im Prager TV.
17. 11.	Prag: Genehmigte Demonstration von 50.000 Studenten und Professoren zum Gedenken an den von Nazis ermordeten Studenten Jan Opletal. Als die Menge „Freiheit" skandiert, schreitet die Polizei brutal ein: Zahlreiche Verletzte.
18.–25. 11.	Tägliche Massendemonstrationen auf dem „Wenzelsplatz" in Prag. Der Schriftsteller Václav Havel und der Reformer von 1968, Alexander Dubček, sprechen zu hunderttausenden.
26. 11.	Eine Million Demonstranten fordern in Prag den Rücktritt der Spitzen von Regierung und Partei. Der Sprecher der „Charta 77" und Untergrundpriester Václav Malý betet mit der Menge das Vaterunser. Das staatliche Fernsehen überträgt die Kundgebung landesweit live.
27. 11.	Generalstreik in der Tschechoslowakei.
28. 11.	Die Kommunistische Partei der ČSSR verzichtet nach Verhandlungen mit der Opposition auf die in der Verfassung garantierte „führende Rolle der Partei". Die Regierung tritt zurück. Eine Koalition mit Beteiligung der Opposition wird gebildet.
9. 12.	Nach weiteren Demonstrationen und Streikdrohungen tritt der tschechoslowakische Staatspräsident Gustáv Husák zurück.
15. 12.	Im rumänischen Timisoara verhaftet die Securitate den reformierten Pastor László Tökés, der seit Wochen in der Sakristei seiner Kirche Zuflucht gesucht hat. Polizei und Securitate gehen militärisch gegen etwa 5000 Demonstranten vor, die eine Menschenkette gebildet haben.
16. 12.	Straßenkämpfe in Timisoara. Die Securitate ermordet 72 Menschen.

18. 12.	Die Unruhen greifen von Timisoara auf die Stadt Arad über. Die Armee setzt wieder Panzer und Hubschrauber ein.
21. 12.	Bei einer vom Regime organisierten „Sympathiekundgebung" für Staats- und Parteichef Nicolae Ceaușescu wird gegen den Diktator in Bukarest protestiert. Ceaușescu flüchtet mit seiner Frau im Hubschrauber. Die Securitate eröffnet das Feuer auf die Demonstranten.
22. 12.	Unter dem Jubel von zehntausenden aus Ost und West wird das Brandenburger Tor in Berlin wieder geöffnet.
22.–24. 12.	Straßenkämpfe in Bukarest und anderen Städten Rumäniens. Zahlreiche Tote. Das Ehepaar Ceaușescu wird auf der Flucht verhaftet. Oppositionelle und Kommunistische Gegner des Diktators versammeln sich im Fernsehstudio, feiern und kommentieren den Verlauf der Revolution.
25. 12.	Von einem militärischen Schnellgericht wird das Ehepaar Ceaușescu zum Tode verurteilt und hingerichtet. Die Leichen werden im Fernsehen gezeigt.
27. 12.	Pastor László Tőkés, inzwischen aus der Haft entlassen, wirft der reformierten Kirchenleitung vor, mit dem rumänischen Diktator kollaboriert zu haben.
28. 12.	Der in der Folge des „Prager Frühlings" von 1968 gestürzte Reformer Alexander Dubček wird tschechoslowakischer Parlamentspräsident.
29. 12.	Der Kopf des oppositionellen Bürgerforums und Gründer der „Charta 77", Václav Havel, wird einstimmig zum Präsidenten der Tschechoslowakei gewählt.
30. 12.	Die Tschechoslowakei beginnt an der Grenze zu Österreich mit dem Abbau des Eisernen Vorhangs.

Quellen- und Literaturverzeichnis

Accattoli, Luigi: Johannes Paul II., Biografie, Komet Verlag, Köln 2005.

Ash, Timothy Garton: Ein Jahrhundert wird abgewählt,
  Verlag Hanser, München 1990.

Bahrmann, Hannes; Links, Christoph: Chronik der Wende, Teil 1 u. 2,
  Ch. Links Verlag, Berlin 1994/94.

Bartoszewski, Wladysław (Hg): Die Kraft des Augenblicks,
  Verlag Herder, Freiburg 2004.

Bartoszewski, Wladyslaw: Und reiß uns den Hass aus der Seele,
  Deutsch-Polnischer Verlag, Warschau 2005.

Bäume, Beatrix: Erinnerungen an Zugliget, Privataufzeichnungen.

Besier, Gerhard: Pfarrer, Christen und Katholiken,
  Neukirchener Verlag, Neukirchen-Vluyn 1991.

Besier, Gerhard: Der SED-Staat und die Kirche,
  Verlag Bertelsmann, München 1993.

„Blickpunkt DDR", hg. v. Nationalrat der Nationalen Front.

von Boeselager, Csilla: Nachlass, Tagebuch.

Bräuer, Heinz: Christus ist unser Friede, Privatdruck, Eisenhüttenstadt o. J.

Brose, Thomas: Zwischen Himmel und Erde,
  Echter Verlag, Würzburg 2008.

BStU–Akten: Verhöre von „Republikflüchtlingen".

Bund der Ev. Kirchen in der DDR: Bericht der 1. Tagung der 4. Synode des
  Bundes der Ev. Kirchen in der DDR (29.–31. 1. 1982 in Herrnhut).

Dziwisz, Stanisław: Mein Leben mit dem Papst,
  Benno-Verlag, Leipzig 2007.

Dziwisz, Stanisław: Gespräch mit dem Autor, Krakau 2008.

Englisch, Andreas: Johannes Paul II., Ullstein-Verlag, Berlin 2004.

Fugel, Adolf: Christen unterm Roten Stern, Verlag Herder, Freiburg 1984.

Galazka, Grzegorz: Johannes Paul II. – Papst und Mensch,
  Pattloch Verlag, München 2003.

Havel, Václav: Eine Selbstanalyse. Rede am 20. 9. 2002 in New York.

Horváth, István: Die Sonne ging in Ungarn auf,
  Verlag Universitas, Wien 2000.

Huber, Hermann: DDR-Flüchtlinge in der Deutschen Botschaft Prag /
  Das Palais Lobkowicz, Verlag Vitalis, Prag 1999.

Johannes Paul II.: Erinnerung und Identität,
  Weltbild Verlag, Augsburg 2005.

Johannes Paul II.: „Gedanken über das Vaterland" aus: Opere letterarie –
  Poesie e drammi, Vatikanstadt 1993, Zitat S. 151.

Johannes Paul II.: Reden – in: www.vatican.va.

Johannes Paul II: Römisches Triptychon, Verlag Herder, Freiburg 2003.

Johannes Paul II.: Wir fürchten die Wahrheit nicht,
  Verlag Styria, Wien 1997.
Kaltefleiter, Werner / Oschwald, Hans-Peter: Spione im Vatikan,
  Pattloch Verlag, München 2006.
http://blog.kath.de/kaltefleiter Allegro Andante – Gedanken zum Zeitge-
  schehen.
von Keyserlingk, Theresia – Telefoninterview über Zugliget.
von Keyserlingk, Theresia: Private Aufzeichnungen.
Kemper, Max-Eugen: Vatikan, Politik und Diplomatie – Ein anderer Blick
  auf den Kirchenstaat, Thomas-Morus-Akademie Bensberg 2004.
Kofron, Jan: Gespräch mit dem Autor, Prag 2008.
Kohl, Helmut: Erinnerungen 1982–90,
  Verlag Droemer Knaur, München 2005.
Korec, Ján Kardinal: Die Nacht der Barbaren, Verlag Styria, Graz 1996.
Kozma, Imre: Gespräch mit dem Autor.
Loest, Erich: Nikolaikirche, Linden-Verlag, Leipzig 1995.
Malý, Václav: Gespräch mit dem Autor, Prag 2008.
Ministerium für Volksbildung der DDR (Hg.): Lesebuch 3, Ausgabe 1970.
Moerstedt-Jauer, Christa: Die halbe Hauptstadt – Ost-Berliner Ansichts-
  sachen, Berlin 1987.
Müller-Enbergs, Helmut; Schmoll, Heike; Stock, Wolfgang: Das Fanal,
  Verlag Ullstein, Berlin 1993.
Münz, R. / Seifert, W. / Ulrich, R. E.: Zuwanderung nach Deutschland,
  Campus-Verlag, Frankfurt 1999.
Nagy, Laszlo: Das Paneuropäische Picknick, www.berliner-mauer.de.
Neubert, Ehrhart: Unsere Revolution, Verlag Piper, München 2008.
Passauer, Martin-Michael: Das Jahr 1987 – Kirche mittendrin,
  Vortrag, 26. 9. 2007.
Pragal, Peter: Der geduldete Klassenfeind, Osburg Verlag, Berlin 2008.
Ritter, Gerhard A.: Der Preis der Einheit,
  Verlag C.H. Beck, München 2006.
Roß, Jan: Johannes Paul II., der Jahrhundertpapst,
  Rowohlt Taschenbuch Verlag, Reinbek bei Hamburg 2003.
Schaper, Edzard: Der vierte König, Verlag Jacob Hegner, Köln 1961.
Schäfer, Bernd: Staat und katholische Kirche in der DDR,
  Böhlau Verlag, Köln 1999.
Schultze, Harald (Hg.): Das Signal von Zeitz,
  Evangelische Verlagsanstalt, Leipzig 1993.
Schmidt, Andreas: Leerjahre, Tykve Verlag 1986.
Schultze, Harald (Hg.): Das Signal von Zeitz,
  Evangelische Verlagsanstalt, Leipzig 1993.
Siedlarz, Jan: Kirche und Staat im kommunistischen Polen,
  Verlag Ferdinand Schöningh, Paderborn 1996.
Sommer, Norbert: Fliegender Fels, Wichern-Verlag, Berlin 2003.

Subklew, Marianne; Hoffmann, Martin: Ich wurde mutiger –
Der Pankower Friedenskreis, H + P Druck, Berlin 2003.

Sudhoff, Jürgen: Gespräch mit dem Autor, Berlin 2008.

Svidercoschi, Gian Franco: Karol, Verlag Herder, Freiburg 2003.

Tiefensee, Eberhard: „In meinem Gott überspringe ich Mauern" –
Leipziger Revolutionserfahrungen – in: Gewagte Freiheit,
Benno-Verlag, Leipzig 1999.

Vehres, Gerd: Interview in „Freitag" 38, 10. 9. 2004.

Vlk, Miloslav Kardinal: Gespräch mit dem Autor, Prag 2008.

Weigel, George: Zeuge der Hoffnung – Johannes Paul II. (Brief Johannes
Pauls II. an Breschnew), Schöningh-Verlag, Paderborn 2002.

Wnuk-Lipinski, Edmund: Christentum Weltpolitik, Heft Nr. 1 (2) Konrad-
Adenauer-Stiftung in Polen, Kardinal Stefan Wyszynski-Universität
Warschau

Wolle, Stefan: Die heile Welt der Diktatur. Alltag und Herrschaft in der
DDR 1971–1989, Berlin 1998.

www.stiftung-aufarbeitung.de

Zulehner, Paul u. a.: Religion und Kirchen in den Reformländern
Ost(Mittel)Europas, Schwabenverlag, Ostfildern 1999–2003.

Namenregister